초보자를 위한

웹 프로그래밍 제대로 배우기

이병관 · 정은희 · 양승해 공저

도서출판 상 학 당

머리말

인터넷을 기반으로 하는 웹이 대중에게 알려진 지는 오래되지 않았지만 웹디자인 기술은 급속도로 발전해오고 있다. 매스컴에 따르면, 3~6세의 절반이 넘는 아동들이 인터넷을 이미 이용하고 있을 만큼 인터넷 사용자 폭은 넓게 퍼져 있다. 이러한 웹디자인을 기반으로 한 인터넷의 활용은 작게는 개인의 취미생활에서, 넓게는 전문성을 갖춘 사용자들에게 사용된다.

따라서 현대사회에서는 인터넷과 웹에 대한 이해를 기본으로 웹서버 관리, 디자인에 관한 다양한 컴퓨터 지식이 필수적이다. 이러한 지식으로 사이트에 많은 고객들이 방문할 수 있게 하려면, 고객에게 좋은 정보를 제공해야 하기 때문에 자료에 대한 선별능력과 가공능력도 필요하다.

웹디자이너는 웹디자인 지식뿐만 아니라 동시에 컴퓨터 프로그램 지식, 인터넷 사용경험, 유저인터페이스 등의 여러 가지 기술도 가지고 있어야 한다. 요즘은 드림위버, 나모웹에디터, 프론트페이지 등 많은 프로그램들이 나와 웹디자이너들에게 편리를 제공하지만, 훌륭한 디자이너가 되기 위해서는 기본적인 HTML과 기타 프로그램의 속성들을 알고 있어야 한다. 따라서 이 교재에서는 독자들에게 웹서버를 구축하는 과정, HTML, JavaScript, ASP, PHP를 체계적으로 설명함으로써 웹프로그램을 공부하는 초보자들에게 좋은 지침서를 제공하고자 한다.

이 교재는 모두 12장으로 구성되어 있는데, 1, 2장에서는 기본이 되는 ASP와 PHP의 환경설정을 했고, 3장에서는 HTML 중에서 기본이 되는 내용을 예제를 통하여 이해하기 쉽도록 했으며, 4장에서는 HTML 기능에 JavaScript를 추가하여 프로그램을 동적으로 표현하였다. 또한 5~8장에서는 ASP의 기본편과 응용편으로 나누어 독자가 이해하기 쉽도록 화면을 이용하여 표현하였다. 9~12장에서는 PHP의 기본설명과 MySQL을 이용한 연동과정을 예제를 통하여 설명하였다.

아무쪼록 이 교재로 인해 웹디자인에 관해 새롭게 접근하고자 하는 독자들에게 많은 도움이 되었으면 하는 바람이고, 이 교재의 개발에 노력을 아끼지 않은 남두도서 사장님과 직원 여러분에게도 감사드린다.

저자 일동

차 례

제 4 장 • JavaScript • 125

제 5 장 • ASP 시작하기 • 159

제 6 장 • 제어문 • 199

제 7 장 • 애플리케이션 프로그램 • 243

제 8 장 • ASP 예제 • 261

제 9 장 • PHP 기본 • 349

제 10 장 • MySQL • 381

제 11 장 • 주요 함수 • 397

제 12 장 • PHP 예제 • 421

1장 ASP 환경설정

ASP(Active Server Page)는 웹 페이지를 클라이언트 위주로 구성하는 MS사가 제공하는 애플리케이션이다. HTML(Hyper Text Markup Language)이 사용자들에게 일방적으로 서버 측의 정보만을 보여주는 웹 페이지이므로 서버를 위주로 하는 웹 프로그램인 반면에 ASP는 사용자들이 원하는 정보를 얻을 수 있는, 예를 들면 자료를 다운받는 기능, 게시판을 이용할 수 있는 기능, 서버 운영자에게 메일을 보낼 수 있는 기능들을 사용자들에게 주므로 클라이언트를 위한 웹 프로그램이다.

ASP가 갖추어야 할 조건은 고객의 기호도에 따른 정보의 제공이다. 각각 다른 웹사이트를 방문하였을 때 웹을 작성한 서버는 고객의 기호도에 대한 적절한 상품을 제공할 수 있어야 한다. 그러기 위해 서버 측에서는 고객의 기호도를 판단할 수 있는 기준을 이용하여 필요한 상품을 제공해 주어야 한다. 이러한 동적인 기능을 갖는 것을 스크립트라고 한다. 스크립트를 사용하면 웹 페이지를 통해 고객의 정보를 입력받아 이를 처리하여 결과를 보여주는 일이 수월해진다. 따라서 ASP는 고객의 정보에 대하여 동적인 기능을 제공해준다.

실례로 자료의 보고라 불리는 인터넷은 ASP를 이용하여 뉴스와 날씨를 매일 수정하여 정보를 제공하는 기능을 하는데, 먼저 새롭게 제공되는 정보를 데이터베이스로부터 가져와 웹 페이지로 생성하여 보여준다. 그렇기 때문에 고객은 항상 갱신된 정보를 매일 받아볼 수 있는 것이고, 매일 고정된 페이지 정보를 제공하는 것보다 매일 새로운 정보를 보내주는 동적인 프로그램이 고객에게 훨씬 매력이 있음은 당연한 것이다. ASP는 이렇게 갱신된 데이터베이스를 통하여 고객의 기호를 만족시킬 수 있는 스크립트를 제공하여 준다.

이런 웹사이트를 구축하려면 먼저 사용자를 관리하는 페이지가 필요하다. 이 사용자가 등록된 사용자인지를 데이터베이스와 비교 확인하게 된다. 이 페이지를 로그인 페이지라고 하고, 처음 방문하는 고객은 해당 홈페이지의 인증을 받기 위한 회원등록절차를 거쳐야 한다.

아래의 [그림 1-1]은 사용자 등록을 ASP를 이용하여 보여주는 과정을 간단하게 설명한 것이다.

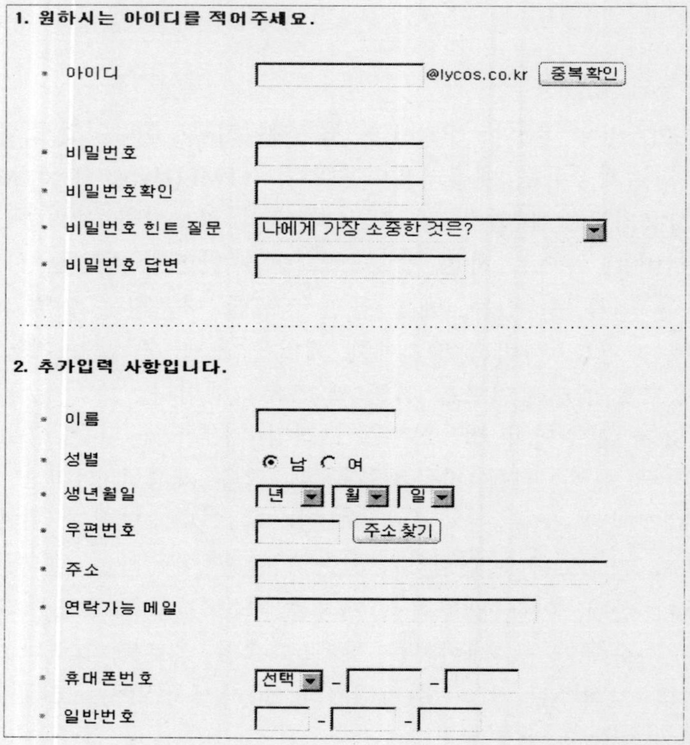

[그림 1-1] ASP를 이용한 사용자 등록

ASP를 이용하려면 처음 들어온 고객은 자신에 대한 정보를 서버의 데이터베이스에 등록하여야 하고, 다시 등록했던 자신의 아이디와 패스워드를 이용하여 웹 페이지에 로그인하면 정보를 이용할 수 있는 권한이 생기게 된다.

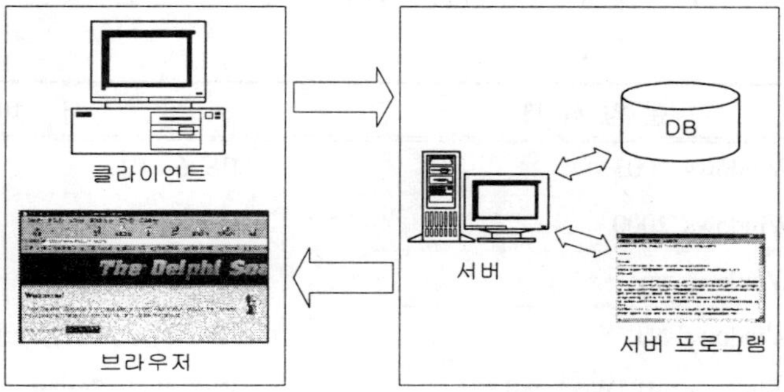

[그림 1-2] 클라이언트와 서버

ASP 서버의 페이지 원리는 매우 간단하다. [그림 1-2]에서와 같이 클라이언트가 원하는 정보를 서버에게 요청하면 요청된 내용을 서버에서는 데이터베이스와 서버의 프로그램을 이용하여 클라이언트의 브라우저에 보여주게 된다. 하지만, 하나의 웹 페이지에서 보이는 것이 아니라 상당히 많은 웹 페이지를 이용하기 때문에 상당히 복잡하다.

ASP의 환경은 1절을 통하여 윈도우즈 네트워크 버전인 2000, NT, XP상에서 IIS를 통한 ASP 설정과 2절을 통하여 윈도우즈 95, 98등의 PWS를 통한 환경 설정을 살펴보기로 하자.

1. IIS 환경설정

ASP를 시작하기 전에 프로그램을 제작하기 위한 운영체제와 editor(tool)를 무엇으로 사용할지를 정해야 한다.

(1) 운영체제

ASP는 Microsoft사에서 나온 OS이다. 실제로 ASP는 Windows NT 기반에서 사용될 수 있는 IIS(Internet Information Server)를 주로 사용하고 있다. 이 장에서는 Windows xp에서 사용되는 IIS(Internet Information Service)

설치에 대해서 설명하기로 한다.

추가로 운영체제에 사용되는 서버는 다음과 같은 것들이 있다.

운 영 체 제	서 버
Windows 2003	IIS 6
Windows 2000	IIS 5
Windows xp	IIS 5
Windows NT	IIS 4(옵션 팩을 설치)
Windows NT Workstation	Peer Web Server
Windows 98	Personal Web Server

그럼, 이제부터 IIS 설치하는 과정에 대하여 알아보자.

IIS는 Windows XP 이상에서 사용할 수 있는 서비스로, Windows XP 운영체제를 설치시 기본항목으로 설치되지 않으므로, 사용자가 직접 프로그램을 추가 설치 해주어야 한다. 먼저, 제어판의 프로그램 추가/제거 항목을 선택하고, 프로그램 추가/제거 창의 왼쪽 메뉴에서 윈도우즈 구성요소 추가/제거(A)를 선택한다.

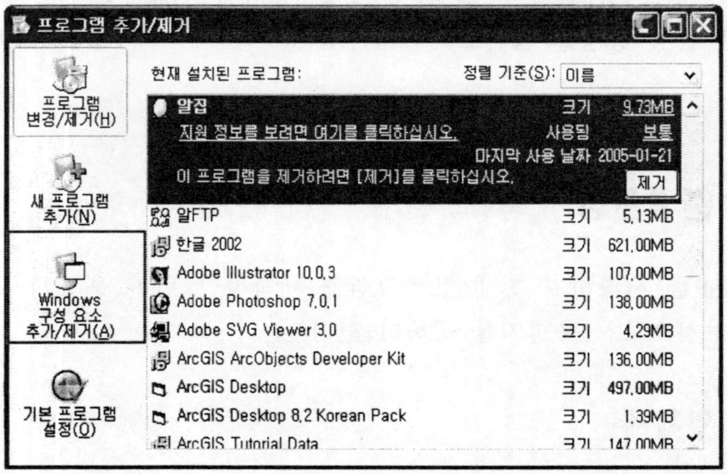

[그림 1-3] 프로그램 추가/제거

[그림 1-4]에서와 같이 인터넷 정보 서비스(IIS)를 체크 한 후, 자세히 버튼을 선택하여 IIS의 세부 항목을 선택한다.

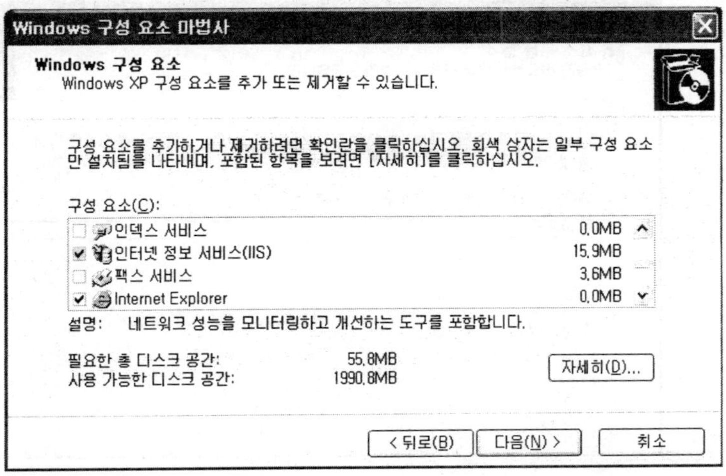

[그림 1-4] IIS 설치 화면

[그림 1-5]는 IIS의 세부 선택 사항을 선택하는 대화상자이다. 이 대화상자에서 필요한 항목을 체크한 후 '확인' 버튼을 선택한다.

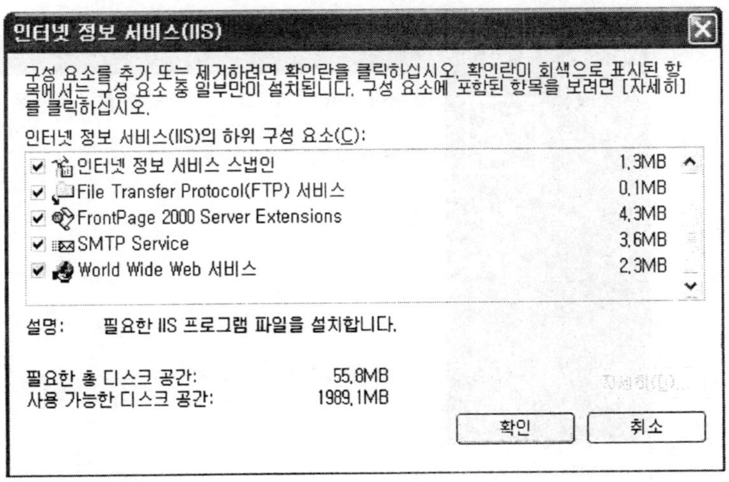

[그림 1-5] IIS 옵션 대화상자

Windows의 구성 요소 마법사의 '다음(N)'버튼을 선택하면, [그림 1-6]의 설치 화면이 나온다.

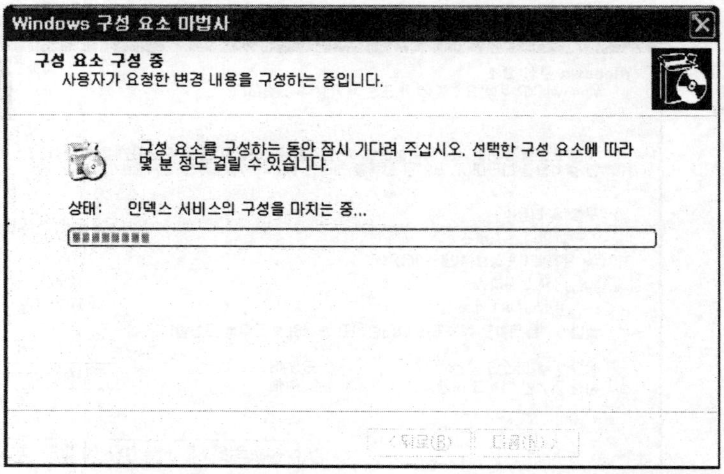

[그림 1-6] IIS 설치중 대화상자

IIS는 PWS에서처럼 설치할 경로를 지정해줄 필요가 없으며, 자동으로 C:|Inetpub 디렉토리를 생성해주며, [그림 1-7]은 IIS 설치의 마지막 단계 대화 상자로 '마침'을 선택함으로써 웹서버 설치가 끝나게 된다.

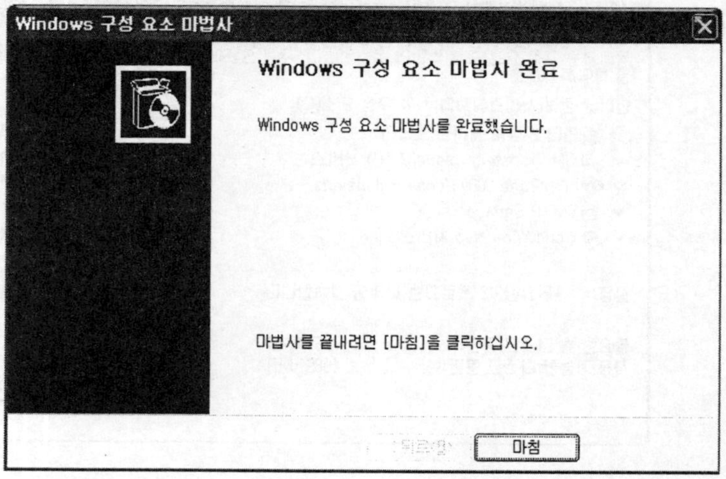

[그림 1-7] IIS 설치 종료 대화상자

[그림 1-8]은 웹 페이지에서 서버 측을 관리하는 기능을 한다. IIS에서 중요한 것은 가상 디렉토리를 지정해주는 방법인데, 여기서 가상 디렉토리란 서버에서 단 하나의 홈 디렉토리만을 가지고 있을 때에는 상관없지만 여러 개의 사이트를 유지해야 한다면 하드 공간의 용량에 따라서 해당 폴더를 서브 디렉토리로 설정해서 웹서버를 유지할 수 있다.

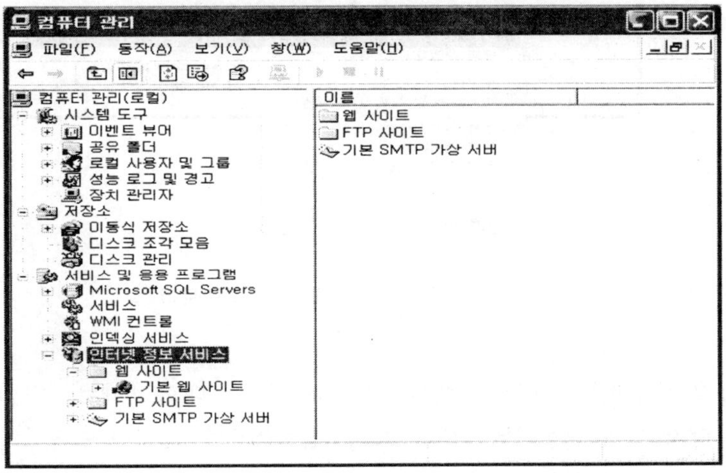

[그림 1-8] IIS 대화상자

IIS에서 가상 디렉토리를 설정해주며 추가하는 방법은 좌측의 '기본 웹 사이트'를 선택한 후 마우스 오른쪽 버튼을 클릭하여 빠른 메뉴를 찾는다. [그림 1-8]처럼 빠른 메뉴에서 '새로 만들기 → 가상 디렉토리'를 선택하여 [그림 1-9]처럼 가상 디렉토리를 추가하여 또 다른 웹 서버를 운영할 수 있게 된다.

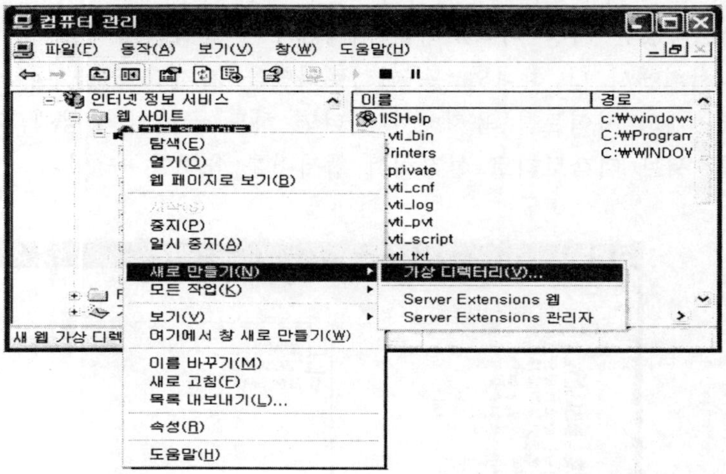

[그림 1-9] IIS 가상 디렉토리 설정

[그림 1-9]는 가상 디렉토리를 추가하는 대화상자로, 디렉토리를 선택하고 액세스 형식을 '읽기(R)', '스크립트(S)'로 선택하여 환경을 설정해준다.

2. PWS 환경설정

PWS는 위에서 설명한 바와 같이 초기의 윈도우즈에 설정이 가능한 웹 서버 이다. 윈도우즈 95, 98등과 같은 종류가 있으며, 아래의 순서에 의해 ASP환경을 설정한다.

그럼, 이제부터 PWS를 설치하는 과정에 대하여 알아보자.

웹사이트에서 압축된 파일을 받아서 압축해제 프로그램을 이용하여 [그림 1-10]의 "pws.exe" 압축파일을 풀어주면 PWS 폴더가 생성된다.

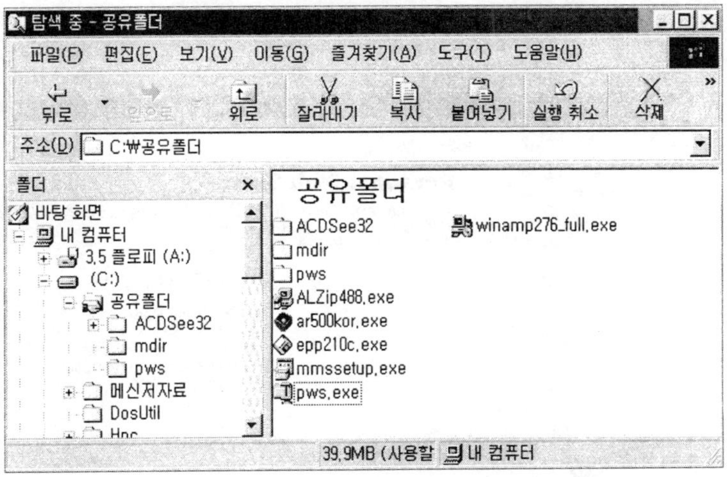

[그림 1-10] PWS 폴더 생성

[그림 1-11]에서와 같이 PWS 폴더 내부에 있는 'setup.exe'를 선택하면 서버 프로그램이 설치되기 시작한다.

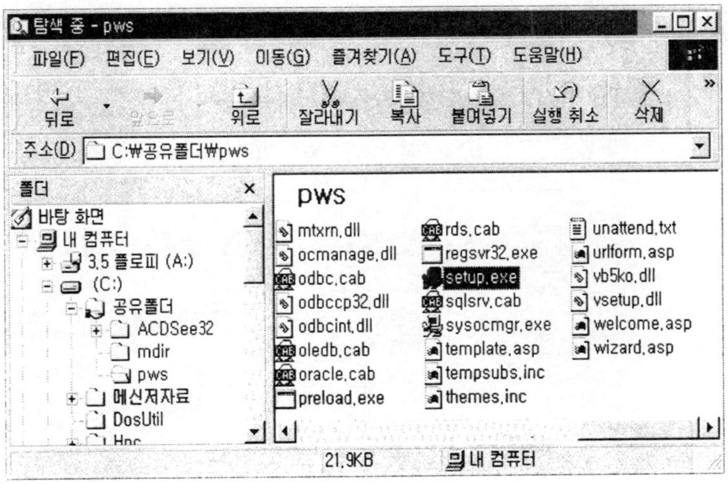

[그림 1-11] setup 파일 실행

[그림 1-12]는 PWS를 설치하는 초기 대화상자이다. 이 대화상자에서 '다음' 버튼을 선택한다.

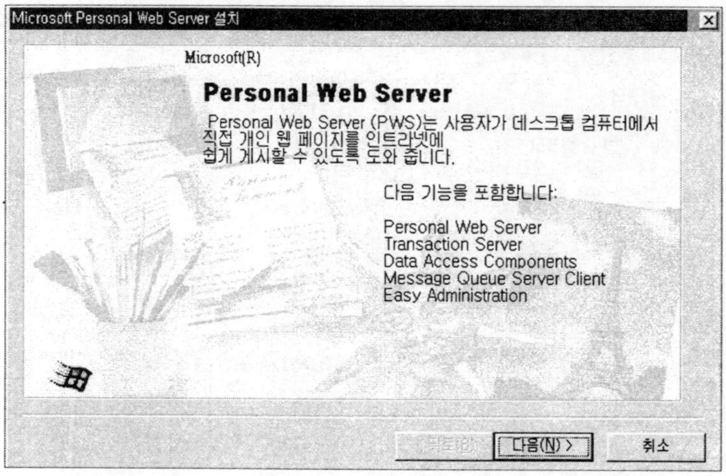

[그림 1-12] PWS 설치 초기화면

다음과 같은 설치옵션이 나오면, 일반적으로 '표준 설치(T)'를 선택한다.

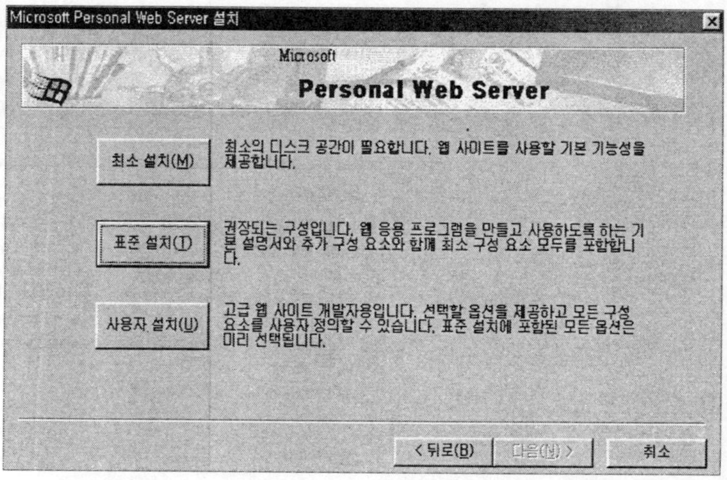

[그림 1-13] PWS 설치옵션 대화상자

[그림 1-14]는 PWS를 설치할 경로를 지정해주는데, '찾아보기(R)' 버튼

을 선택하여 설치하고자 하는 디렉토리 경로를 지정해줄 수도 있고, 또 기본 값으로 설정되어 있는 'C:\Inetpub\wwwroot' 폴더에 설치할 수도 있다. 일반적으로 정의되어 있는 'C:\Inetpub\wwwroot'에 설치하는 경우가 대부분이다.

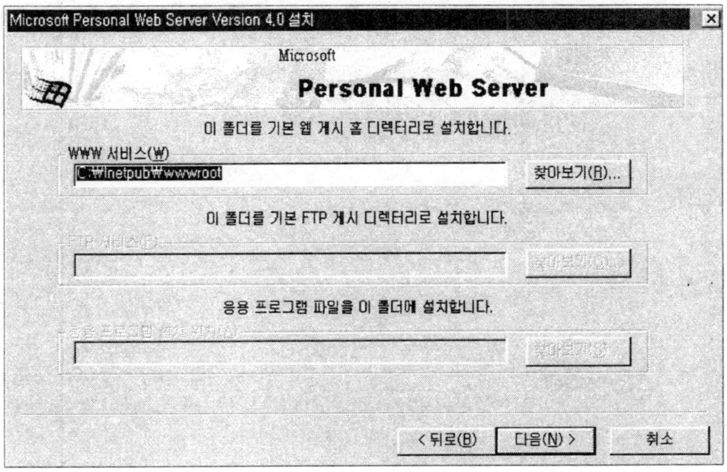

[그림 1-14] PWS 설치경로 지정

[그림 1-15]는 설치되는 진행을 보여주는 그림이다.

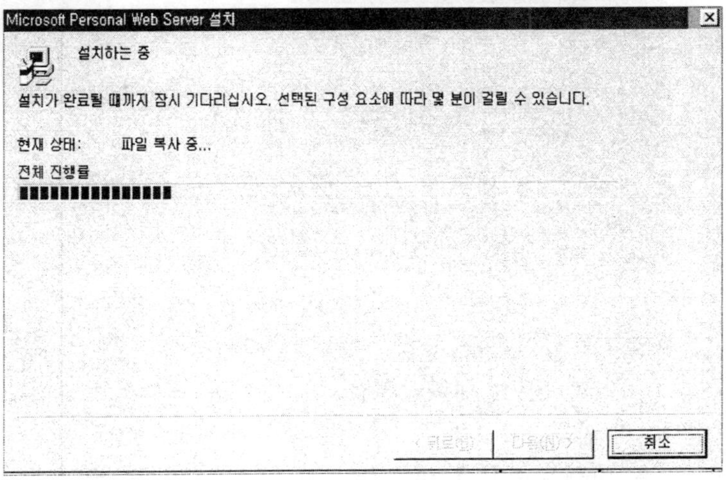

[그림 1-15] 설치중 대화상자

[그림 1-16]은 PWS 프로그램 설치의 마지막 단계 대화상자로 이 과정에서 '마침'을 선택함으로써 웹서버의 설치가 끝나게 된다.

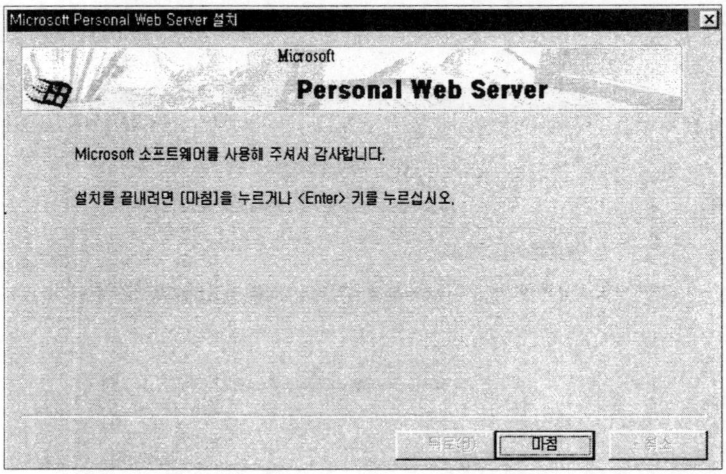

[그림 1-16] PWS 설치종료 대화상자

[그림 1-17]은 PWS 환경을 컴퓨터에 설정하기 위하여 시스템을 다시 시작하는 대화상자로, 이 대화상자에서 '예(Y)'를 선택한다.

[그림 1-17] 시스템 다시 시작 대화상자 [그림 1-18] PWS 단축 아이콘

[그림 1-18]은 시스템을 다시 시작하였을 때 바탕화면에 생성되는 단축 아이콘으로 이 아이콘을 통하여 PWS를 바로 제어할 수 있다.

[그림 1-19]의 PWS 대화상자는 웹 페이지에서 서버 측을 관리하는 기능을 한다. 일반적으로 처음 설치할 때 경로를 변경하지 않는다면 [그림 1-19]의 홈 디렉토리에서 설정한 대로 기본 서버의 폴더가 유지된다.

'기본 프로그램' 기능은 PWS의 초기 대화상자로 '시작(S)'으로 되어 있다. 이 상태에서 다시 선택하면 '멈춤(S)' 버튼으로 설정되어 웹 클라이언트에서 서버로 접근할 수 없도록 하는 기능을 한다.

PWS 대화상자에서 중요한 것은 가상 디렉토리를 지정해주는 방법인데, 이러한 기능을 도와주는 방법은 '고급' 메뉴를 실행하여 가상 디렉토리를 설정해주는 것이다. 가상 디렉토리란, 서버에서 단 하나의 홈 디렉토리만을 가지고 있을 때에는 상관없지만 여러 개의 사이트를 유지해야 한다면 하드 공간의 용량에 따라서 해당 폴더를 서브디렉토리로 설정해서 웹서버를 유지할 수 있다.

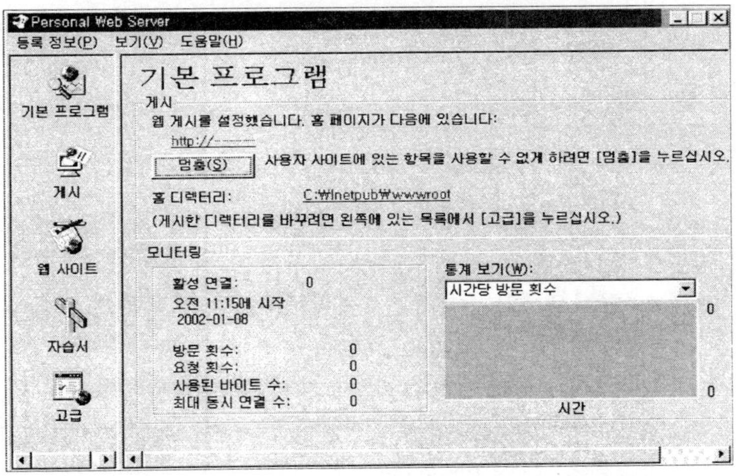

[그림 1-19] PWS 기본 프로그램 대화상자

[그림 1-20]에서 가상 디렉토리를 설정해주며 추가하는 방법은 우측의 '추가(A)' 버튼을 선택하여 디렉토리를 선택([그림 1-21]의 가상 디렉토리 추가)하면 또 다른 웹서버를 운영할 수 있게 된다.

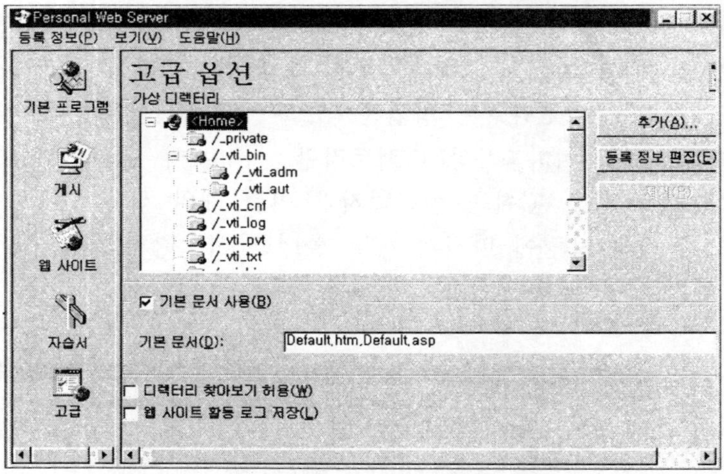

[그림 1-20] PWS 가상 디렉토리 설정

[그림 1-21]은 가상 디렉토리를 추가하는 대화상자로, 디렉토리를 선택하고 액세스 형식을 '읽기(R)', '스크립트(S)'로 선택하여 환경을 설정해준다.

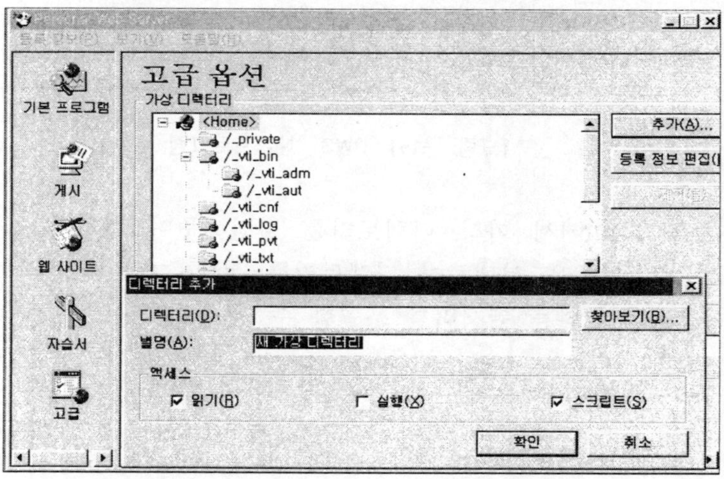

[그림 1-21] 가상 디렉토리 추가

3. 데이터베이스 설정하기

데이터베이스는 클라이언트로부터의 회원정보나 서버 측의 자료를 저장, 관리하는 저장소로, 종류로는 SQL이나 Access 외에도 여러 가지가 있는데, 이 장에서는 MS-Access 2000을 사용하는 것을 기준으로 설명하고자 한다. 일반적으로 개인 사이트의 경우에는 MS-Access 97(2000)을 위주로 사용하고, 전자상거래와 같은 큰 규모의 사이트인 경우에는 MS-SQL 7서버, Oracle 등의 서버 급 데이터베이스를 사용하는 것이 가장 좋다.

이제 데이터베이스를 설정하는 과정을 보기로 하자.

(1) ODBC 설정하기

ODBC(Open DataBase Connectivity)는 데이터베이스와 애플리케이션의 다리 역할을 하는데, 간단히 설명하면 ODBC 응용 프로그램과 데이터베이스 프로그램 사이에 위치하면서 응용 프로그램의 명령을 데이터베이스 프로그램으로 전달하게 된다. 이것을 데이터베이스 프로그램의 종류에 따라 다르게 코딩할 필요가 없게끔 만들어진 표준화된 인터페이스라고 할 수 있다.

ODBC의 설정은 서버 측에서 하게 되는데 사용할 데이터베이스 종류에 따라 각각 다르게 설정해주게 된다. 그럼, ODBC를 설치하는 과정을 보기로 하자.

[그림 1-22]는 윈도우즈에서 ODBC 환경을 설정해줄 수 있는 제어판으로 들어가는 과정을 보인 것으로 먼저 '윈도우즈 바탕화면 ⇒ 시작 ⇒ 설정 ⇒ 제어판' 순서로 선택한다.

[그림 1-22] 제어판 선택

[그림 1-23]은 제어판에서 'ODBC 데이터 원본(32비트)'을 설정하는 아이콘을 선택하는 그림이다.

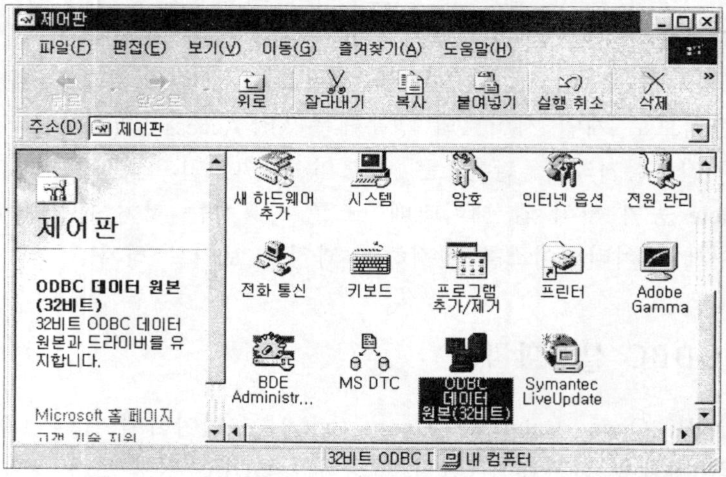

[그림 1-23] ODBC 선택

[그림 1-24]는 ODBC 데이터 원본 관리자 대화상자의 '사용자 DSN'에서 데이터베이스 종류를 선택하기 위해 '추가(D)'를 선택하는 과정을 보인 것이다.

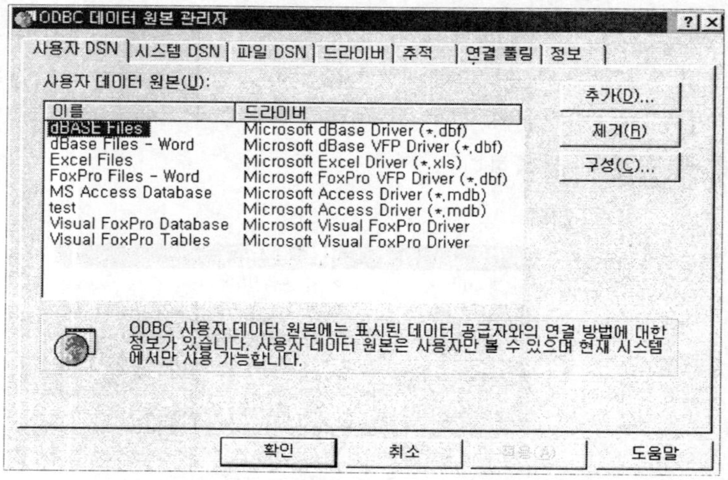

[그림 1-24] ODBC 데이터 원본 관리자 대화상자

[그림 1-25]에서는 데이터베이스를 Access 97(2000)을 사용하기 위한 형식인 'Microsoft Access Driver(*.mdb)'를 선택한 후 '마침'을 선택하는 것을 보인 것이다.

[그림 1-25] 새 데이터 원본 만들기 대화상자

[그림 1-26]은 프로그램과 연동하여 앞으로 사용할 Access의 파일명을 정해준 것으로, 원본의 이름을 'asp_test'로 설정하였다.

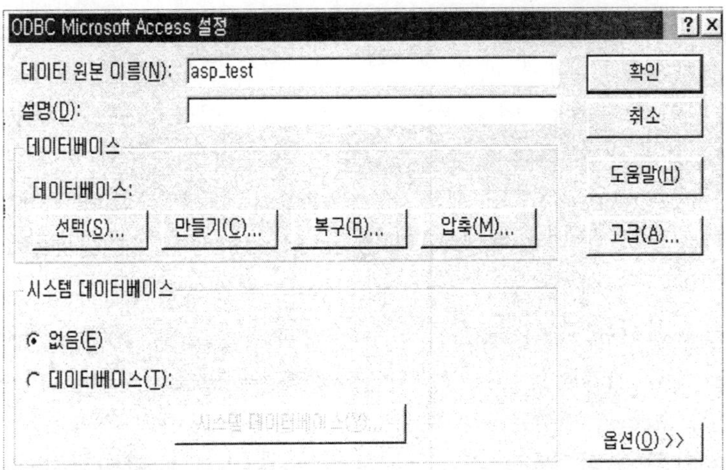

[그림 1-26] 데이터 원본 이름(N) 입력 대화상자

[그림 1-27]에서 전 단계에서 입력한 'asp_test'라는 파일이 등록된 것을 확인할 수 있다. 이제 Access 프로그램에서 'asp_test'라는 파일로 해서 디자인을 하는 단계에 대하여 알아볼 차례이다.

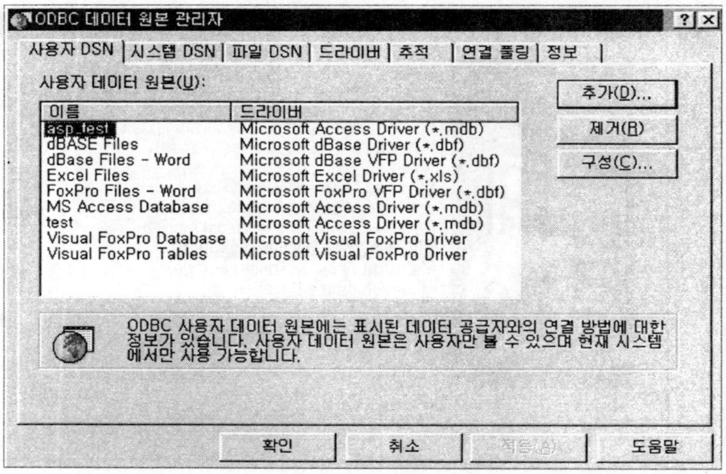

[그림 1-27] Access 파일명 확인

(2) Access 익히기

Access 2000은 Windows XP나 Windows NT를 운영체제로 하는 데이터베이스 관리 시스템으로 이전 Access 97을 보강한 데이터베이스이다. 액세스는 초보자들이 쉽게 배울 수 있으며, 데이터베이스 구축이 용이하고, 인터넷과 인트라넷에 연동하여 사용할 수 있다. 또한 VBA(Visual Basic Application)를 사용하여 프로그래밍도 가능하다.

Access 2000은 97과 다른 것이 데이터 액세스 페이지 기능을 추가하고 있다는 것이다. 따라서 누구나 쉽게 인터넷이나 인트라넷상에서 HTML 문서를 만들어 데이터를 보여주는 기능이 추가되었다.

이 장에서는 설치하는 과정은 생략하고 Access 2000을 시작하는 과정과 몇 가지의 예제문을 통하여 Access 2000과 친숙해지기를 바란다.

먼저 Access 2000을 시작하는 방법은 두 가지가 있다. 바탕화면에서 단축 아이콘을 선택하는 방법과 [그림 1-28]에서와 같이 바탕화면에서 '시작 ⇒ 프로그램(P) ⇒ Microsoft Access'를 선택하는 방법이 있다.

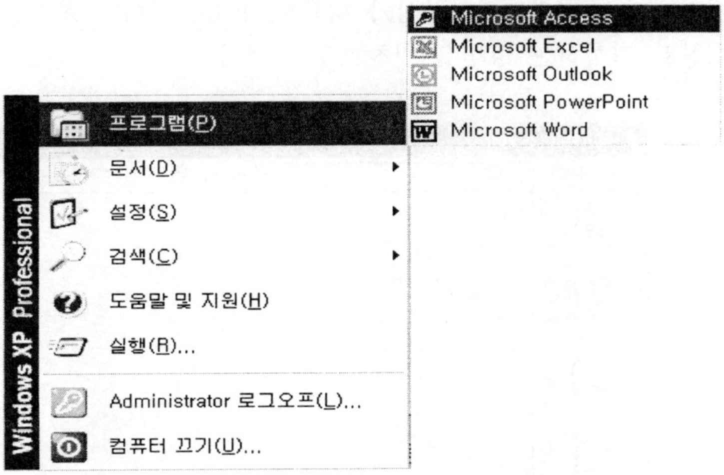

[그림 1-28] Access 시작하기

[그림 1-29]에서와 같이 새로 데이터베이스를 만드는 방법은 '새 파일 만들기'를 선택하고, '열기'는 전에 저장한 파일을 열어서 작업을 계속하고자 할 때 선택하는 방법이다.

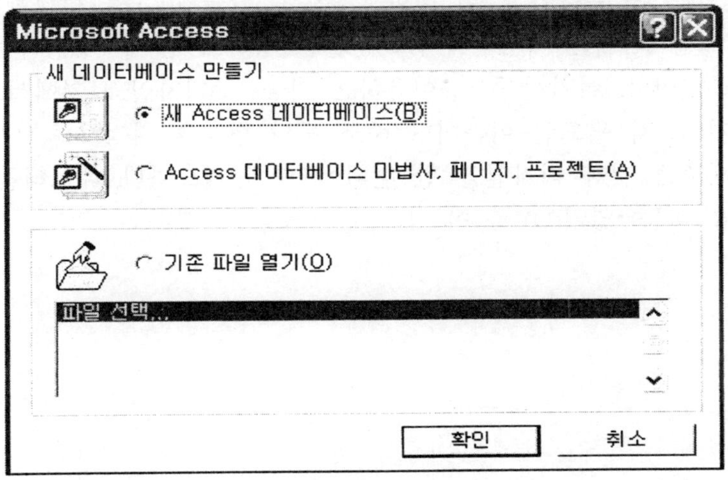

[그림 1-29] Access 파일열기 대화상자

[그림 1-29]에서 '새 Access 데이터베이스'를 선택하면 [그림 1-30]의 '새 데이터베이스 파일' 대화상자가 나온다. [그림 1-1]의 회원등록을 'asp_test' 테이블로 작성하는 방법을 익혀보도록 하자.

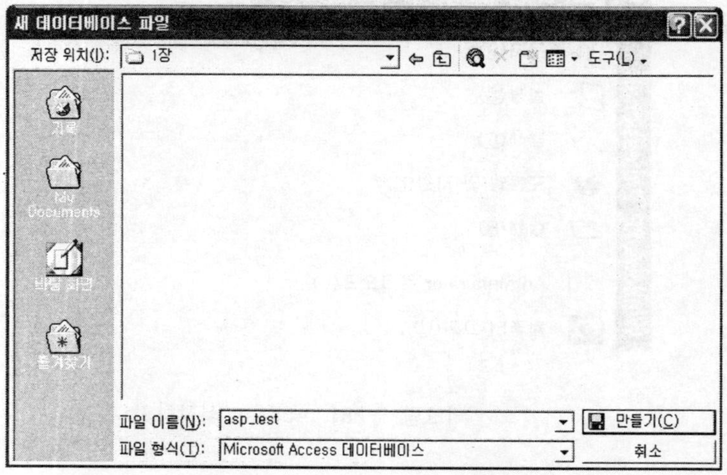

[그림 1-30] 새 파일 대화상자

[그림 1-30]은 'asp_test.mdb'라는 파일명으로 저장할 데이터베이스 명을 설정해주는 부분이다. 이 대화상자에서 '만들기(C)'를 선택한다.

[그림 1-31]는 데이터베이스 명을 지정하고 난 후 생성되는 테이블의 초기화면이다. 여기서 주로 이용하는 기능은 '디자인 보기에서 새 테이블 만들기'로 각 필드인 이름이나 주소 등의 형식을 지정하는 '디자인(D)'을 설정해주는 것과 디자인을 한 결과에 맞게 필드마다 데이터를 넣어주는 기능을 하는 '열기(O)'를 이 창에서 선택할 수 있다.

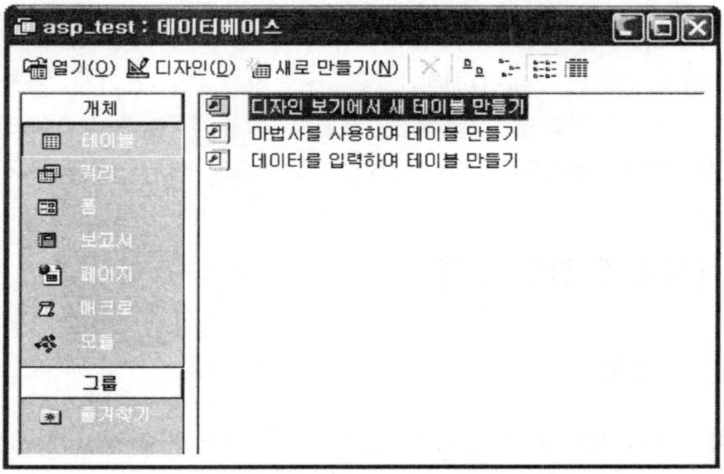

[그림 1-31] asp_test 데이터베이스 초기화면

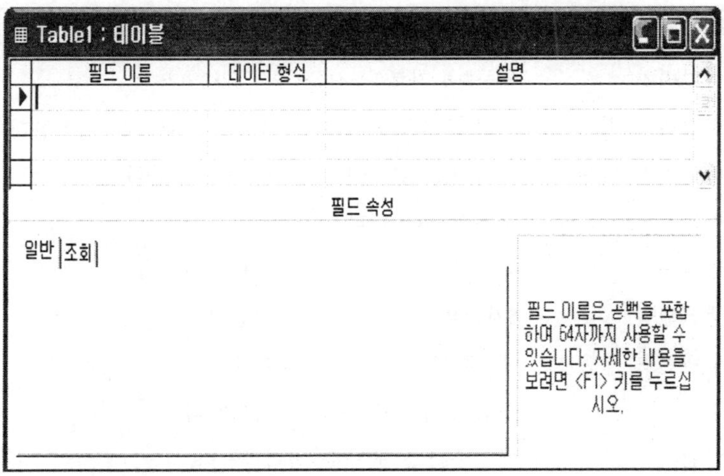

[그림 1-32] 디자인 테이블

[그림 1-32]는 [그림 1-31]의 창에서 '디자인(D)'을 선택했을 때 생성되는 창으로 데이터베이스의 기본적이고 중요한 요소이다. 우선 테이블의 형식을 작성한 후 이것을 기초로 하여 쿼리, 보고서, 폼, 페이지 등을 작성할 수 있다.

이제, 테이블 설계, 테이블 작성, 테이블 조작 등 중요한 사항에 대하여 살펴보고, 회원등록 테이블을 직접 작성하여 이해해보도록 하자.

테이블 설계는 데이터베이스를 구축하는 데 있어서 가장 중심이 되는 부분으로 각 필드를 설계하는 기술이 나중에 웹에서 실행하였을 때 에러와 불필요한 공간의 낭비를 줄이는 부분으로 매우 중요하다.

(3) 테이블과 필드 설계

1) 필드 선정

회원관리 테이블의 항목을 보면서 각 필드들의 정보에 대하여 정의하기로 하자.

필드	형식
아이디	영문, 숫자로 고유의 식별자이면서 기본 키이다.
비밀번호	영문, 숫자로 공간을 주지 않는다.
비밀번호 힌트	문자로 비밀번호를 알 수 있는 힌트를 제공한다.
비밀번호 답변	비밀번호 힌트에 대한 답을 제공한다.
이름	회원의 이름이다.
성별	남여를 체크박스를 이용하여 정한다.
생년월일	8자리의 문자형으로 정의한다.
우편번호	-를 없애고 6자리로 정한다.
주소	회원의 주소로 문자로 정의한다.
메일	메일주소를 문자로 입력받는다.
휴대전화 번호	-를 없애고 문자로 입력받는다.
일반전화	-를 없애고 문자로 입력받는다.

2) 각 필드별 크기와 형식 지정

아이디는 영문과 숫자로 조합하여 표현할 수 있으며, 테이블의 디자인 설정 부분에서 기본 키로 만들어주어서 다른 회원과 중복이 불가능하게 설정해주어야 한다. 비밀번호는 영문자와 숫자의 조합으로 각 문자가 1바이트의 크기이므로 8자리를 8바이트로 지정해준다. 또 비밀번호 힌트는 체크박스에서 선택한 값을 기준으로 비밀번호를 잊었을 때 물음에 해당하는 답변을 제공해준다.

이름은 한글의 이름을 최대한 5자로 주었을 때 한글형이 2바이트씩이므로 10바이트의 크기를 제공해준다. 성별은 2바이트의 텍스트 형태로 설정하면 되고, 생년월일은 8바이트의 문자형으로 설정하여 공간의 낭비를 없앤다.

우편번호는 '-' 없이 입력하므로 6바이트의 텍스트로 설정하고, 주소는 최대 25자로 하였을 때 한글을 기준으로 50바이트의 공간을 주면 된다. 메일주소는 영문자와 숫자를 조합하기 때문에 20바이트의 공간을 주고, 휴대전화와 일반전화는 최대한 15자리로 하였을 때 15바이트의 텍스트로 설정해주면 된다.

다음 표를 보면서 회원등록의 각 필드마다의 크기와 형식을 정의해 보자.

필드 명	필드 크기(byte)	필드 명	필드 크기(byte)
아이디	텍스트(8)	생년월일	텍스트(8)
비밀번호	텍스트(8)	우편번호	텍스트(6)
비밀번호 힌트	텍스트(20)	주소	텍스트(50)
비밀번호 답변	텍스트(10)	메일	텍스트(20)
이름	텍스트(10)	휴대전화 번호	텍스트(15)
성별	텍스트(2)	일반전화	텍스트(15)

3) 필드 데이터 형식

Access 데이터베이스에서는 다음 표와 같은 데이터 형식을 사용하여 테이블을 작성할 수 있다.

형 식	설 명	크 기
텍스트	· 가장 기본적인 데이터 형식 · 이름, 주소 등 문자와 숫자, 특수기호로 저장	기본 50 최대 255바이트
메모	· 아주 긴 메모나 문자열 저장	64,000자
숫자	· 숫자형 데이터 저장	1, 2, 4, 8바이트
일련번호	· 액세스에서 새 레코드가 추가될 때마다 1씩 증가하는 고유 일련번호	4바이트
날짜/시간	· 날짜, 시간 지정	8바이트
통화	· 화폐 값과 숫자형 값	8바이트
예/아니오	· 예/아니오 값(true/false)	1비트
OLE 개체	· 마이크로 엑셀 스프레드시트, 워드 문서, 파워 포인트 문서연결 및 이미지 저장을 할 경우	1GB
하이퍼링크	· 웹 페이지 주소 저장	
조회마법사	· 콤보박스를 사용한 목록 값에서 값을 선택	4바이트

이제 실례로 회원등록 데이터베이스를 만들어보자.

[그림 1-33]은 회원 등록의 Access에 관한 것으로 테이블 목록화면 상단의 '새로 만들기(N)'를 선택하면 새 테이블 창이 나타나며, 새 테이블 창의 데이터시트 보기, 디자인 보기, 테이블 마법사의 항목들은 새 테이블을 직접 작성하는 것이고 테이블 가져오기, 테이블 연결의 항목은 외부 파일을 불러와서 사용하거나 연결하여 사용이 가능해진다. 먼저 디자인 보기를 통해서 항목별 설계를 해보기로 하자.

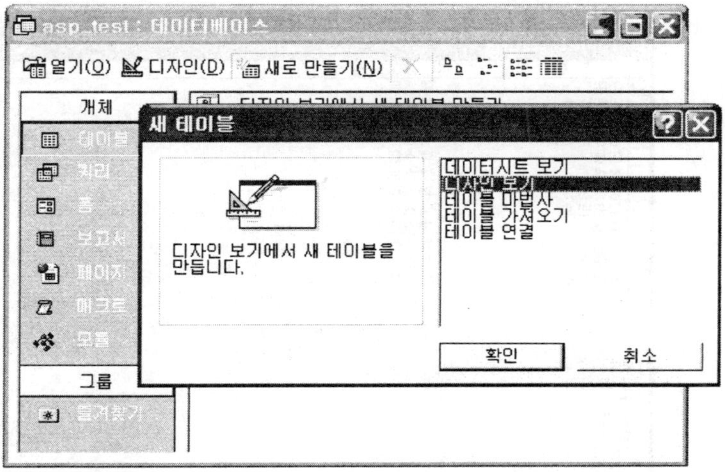

[그림 1-33] 디자인 보기 선택

[그림 1-33]에서 '디자인 보기'를 선택하면 디자인 테이블이 나타난다.

이 테이블에서 주의할 점은 아이디를 기본 키로 정의해주어 고객마다의 아이디를 기준으로 구분할 수 있도록 하는데, 그림에서 보면 필드 이름의 아이디 항목 왼쪽에 키가 생성된 것을 볼 수 있다.

또, 비밀번호를 숫자형이 아닌 텍스트 형태로, 생년월일, 우편번호, 휴대전화, 일반전화 역시 숫자처럼 보이지만 데이터 형식은 텍스트로 정의해주어야 한다는 것이다. 하지만 숫자로 정의해주어야 할 경우에 이 테이블에는 없지만, 예를 들어 점수와 같은 필드로 산술적으로 계산을 필요로 할 때에는 반드시 숫자형으로 정의해주어야 한다.

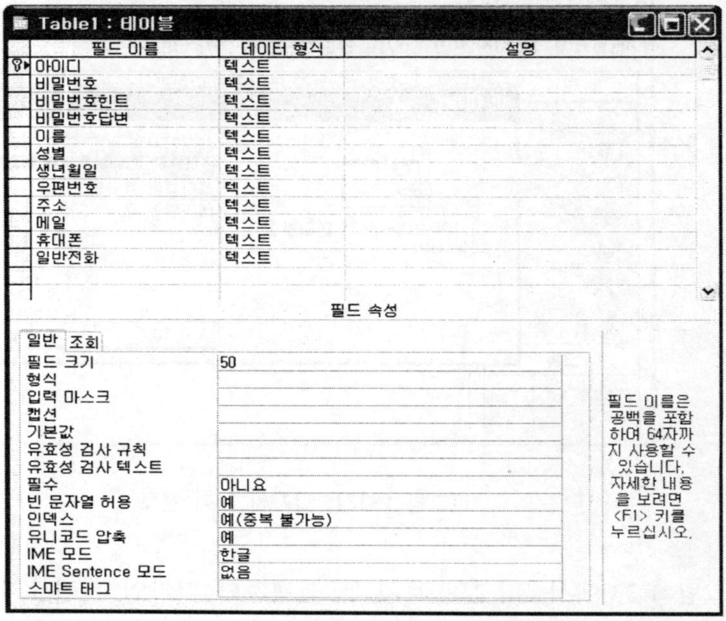

[그림 1-34] 필드 작성

[그림 1-35]는 디자인을 설계하고 난 후 저장하여 실제 데이터를 입력하기 위한 마지막 단계로 지금의 디자인을 저장하는 과정으로, 작성된 테이블을 '회원정보'라 하고 저장을 해 둠으로써 디자인 과정을 마치게 된다.

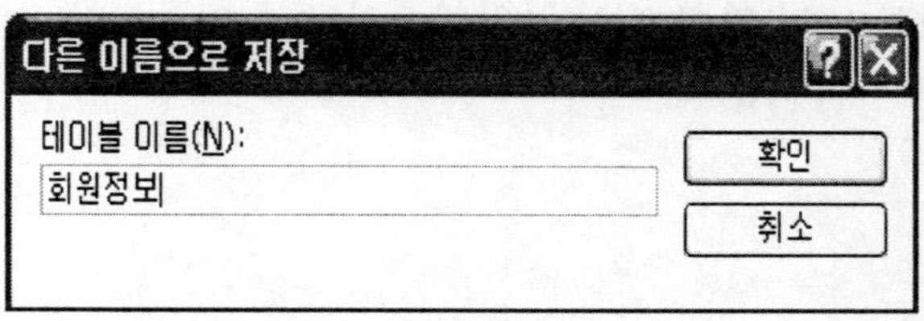

[그림 1-35] 회원등록 테이블 작성 완료

[그림 1-36]은 [그림 1-35]의 과정에서 지정한 테이블 이름으로 '회원정보'라는 테이블이 작성된 결과를 보이는 것이다.

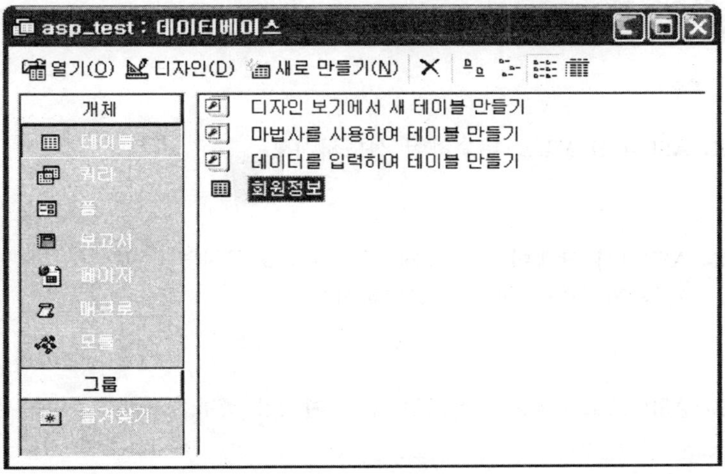

[그림 1-36] 회원정보 테이블 디자인 완료

이제 [그림 1-37]과 같이 디자인 한 회원정보에 실제의 데이터를 입력하는 일이 남았다.

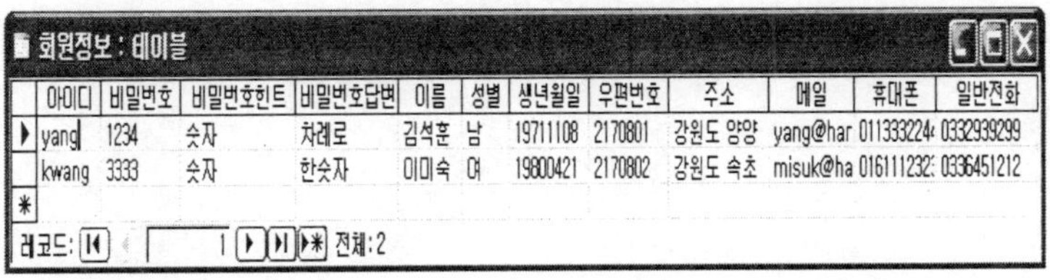

[그림 1-37] 테이블에 데이터 작성하기

지금까지 Access 프로그램을 이용하여 테이블을 디자인하고, 데이터를 입력하는 과정을 예제를 통하여 알아보았다.

연습문제

1. ASP와 HTML을 비교하여 설명하시오.

2. ASP에서 고객이 서버에게 데이터를 요구하였을 때 자신의 웹 페이지에서 결과를 확인하는 과정을 설명하시오.

3. ASP 프로그램을 작성하는 주요 환경을 종류를 들어 설명하시오.

4. IIS에서 가상 디렉토리를 추가하는 과정을 설명하시오.

5. Access에서 학점관리 프로그램을 데이터베이스에 등록하는 과정을 디자인을 포함하여 테이블 내에 데이터를 입력하는 과정을 설명하시오(단, 학점관리 프로그램에 필요한 필드는 학번, 이름, 국어, 영어, 수학, 총점, 평균, 학점 등으로 한다).

2장 PHP 환경설정

1. PHP 시작하기

PHP는 HTML 문서 내부에 사용가능한 스크립트 언어(sever-side HTML-embedded language)로서 웹 페이지 작성시 데이터베이스를 연동하기 위한 필수적인 도구이다. 이와 비슷한 웹 스크립트 언어로는 Microsoft사의 ASP가 있다.

PHP는 1994년 Rasmus Lerdorf라는 사람에 의해 처음으로 고안되었으며 자신의 개인 홈페이지를 만들기 위한 용도로 사용되었으며, PHP 문서의 기본 확장자는 *.php, *.phtml, *.php3을 사용하는데 주로 *.php를 사용한다. PHP의 약자도 Personal HomePage Tools로 여기서 유래되었으나, 현재 PHP의 의미는 Professional HTML Preprocessor로 사용되고 있다. 외부적으로 널리 사용하게 된 것은 1997년 Zeev Suraski와 An야 Gutmans가 명령어 해석기를 만든 PHP3이 발표된 이후 부터이다. 현재 PHP5는 기존의 해석 엔진보다 더욱 빠른 Zend라는 엔진과 함께 개선된 기능과 새로운 기능으로 구성되어 있다.

PHP는 HTML 폼을 통해 데이터를 전달받고 이를 처리할 수 있으며, HTTP 인증, 파일 업로드 기능, 동적인 GIF 생성, 거의 모든 데이터베이스와의 연동이 가능하며, 약 1500가지 이상의 함수를 지원한다.

PHP의 장점을 살펴보면 다음과 같다.

• PHP는 무료이다.

PHP가 빠른 속도로 많은 웹 사이트의 주요 스크립트로 정착하게 된 가장 큰 이유가 무료라는 이유일 것이다. 특히, PHP와 궁합이 가장 잘 맞는 웹

서버인 Apache 서버, 관계형 데이터베이스인 MySQL 서버 역시 무료인 것에 비해, ASP는 IIS에서만 동작이 가능하기 때문에, IIS를 지원하는 운영체제를 별도로 구매를 해야 하며, MSSQL 또한 별도로 구매해야 한 단점이 있다.

• Unix, Windows, Linux, Mac 등 모든 운영체제를 지원한다.

기존의 ASP 사용자들이 PHP로 선회하는 가장 큰 이유 중의 하나가 운영체제 지원의 폭이 좁다는 것이다. PHP가 모든 운영체제를 지원하는 반면에 ASP는 Windows 운영체제만을 지원함으로, ASP로 작성된 프로그램은 Unix, Linux 계열에서 사용할 수 없으므로 개발자 입장에선 PHP를 선호할 수 밖에 없다.

• PHP 해석 엔진인 Zend가 Apache 서버에 탑재되어 있으므로 Unix, Linux 운영체제에서 Windows 운영체제에서 보다 속도가 빠르다.

• 데이터베이스를 다양하게 지원한다.

PHP에서 지원하는 데이터베이스는 Oracle, Sybase, mSQL, MySQL, Solid, ODBC, PostgreSQL, Adabas D, FilePro, Velocis, Infomix, dBase, Unix dbm가 있다.

• 간결한 구조로 되어 있고, 기존의 C 언어와 비슷하므로 쉽게 배울 수 있다.

• HTML 문서 내에 <? >만을 붙여 사용할 수 있다.

• 함수가 많아 작업이 편리하다.

웹 프로그래밍 중에서 가장 어려운 부분이 데이터베이스 연동인데, PHP는 데이터베이스 엔진과의 인터페이스에 필요한 함수들과 라이브러리들이 제공된다.

2. 윈도우 환경에서 PHP, MySQL 설치하기

APM이란 Apache, PHP, MySQL의 줄임말로서 PHP를 구축하기 위해 반드시 설치되어야하는 파일들이다. 물론, PHP는 Windows 운영체제에서도 실행되지만, Unix, Linux 운영체제에 PHP 해석 엔진이 탑재되어 있기 때문에 Windows 운영체제보다 실행 속도가 더 빠르기 때문에, PHP는 Unix,

Linux 운영체제를 선호하는 경향이 있다.

본 교재에서는 IIS를 지원하지 않는 Wondows 운영체제(Windows 98, Windows Home Edition)에 Apach, PHP, MySQL를 손쉽게 설치할 수 있도록 개발된 윈도우용 APM_Setup을 다운받아 설치해보고, IIS를 지원하는 Windows NT급 운영체제에 PHP와 MySQL을 설치하는 방법을 살펴보자.

(1) APM(Apache, PHP, MySQL) 설치

APM은 말 그대로 Apache, PHP, MySQL을 한번의 설치 작업만으로 끝낼 수 있는 아주 편리한 프로그램으로, IIS가 설치되지 않는 Windows 98 또는 Windows Home Edition 운영체제를 사용하는 사용자들이 PHP와 MySQL을 학습할 목적으로 사용하기에 적합하다.

① APM_Setup을 http://www.apmsetup.com에서 최신 버전으로 다운로드 받는다. 실행 파일을 더블클릭 하면 언어를 선택하는 화면이 나오며, “Korean"을 선택한 후 OK 버튼을 선택하면 [그림 2-1]의 APM_Setup 설치 시작 화면이 나온다.

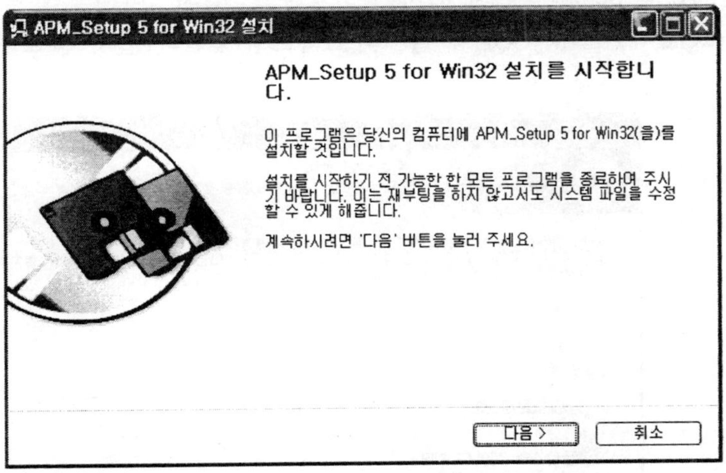

[그림 2-1] APM_Setup 설치 시작 화면

② APM_Setup 설치 시작화면에서 “다음”클릭하면 설치되는 APM_Setup의

구성에 대한 사용권 계약에 대한 내용인 Apache, PHP, MySQL 버전 등이 출력된다.

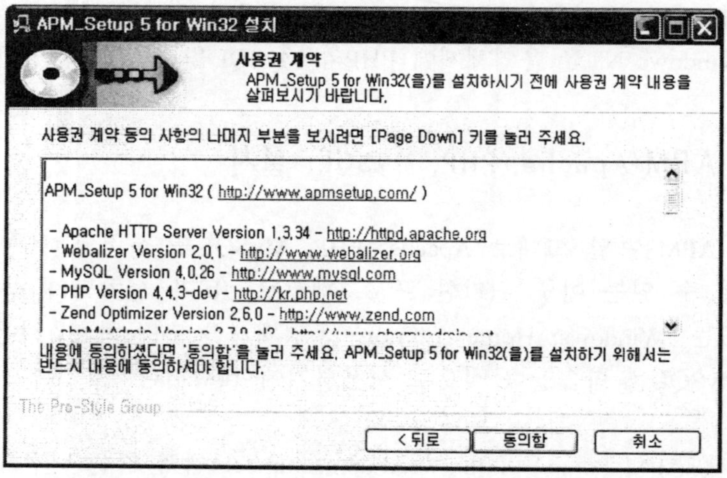

[그림 2-2] APM_Setup 사용권 계약 동의 화면

③ "동의함"버튼을 클릭하고, 구성요소를 선택한 후 "다음" 버튼을 클릭하면, APM_Setup의 설치 위치를 선택하고 "설치" 버튼을 클릭하면 자동으로 Apache, PHP, MySQL이 설치되고, [그림 2-4]의 설치 종료 창이 출력된다.

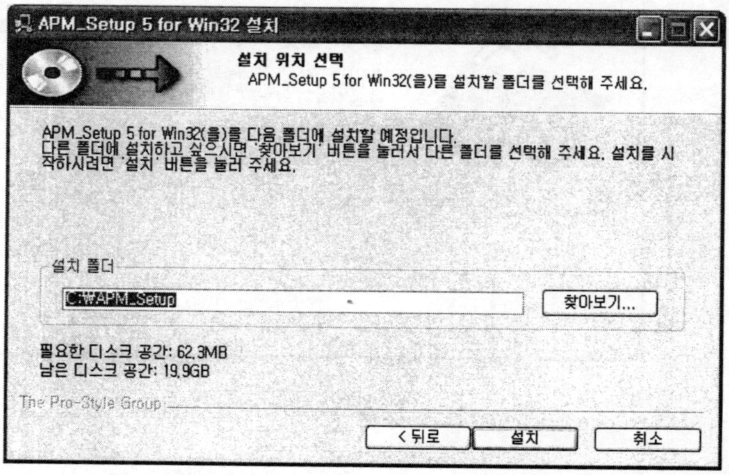

[그림 2-3] APM_Setup 설치 위치 선택 화면

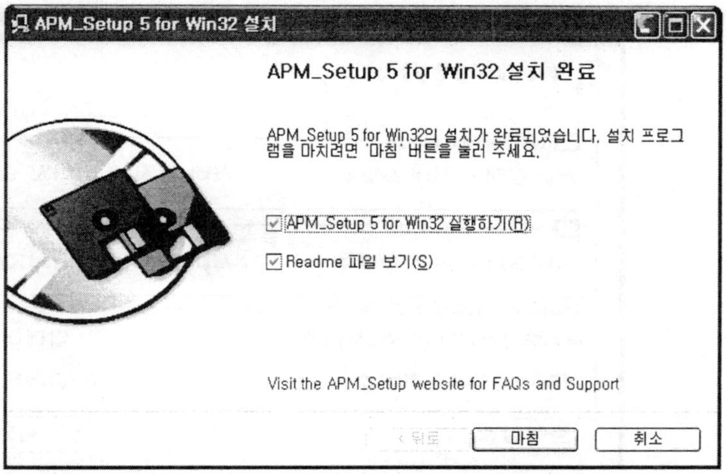

[그림 2-4] APM_Setup 설치 완료 화면

④ 그림 4에서 "마침" 버튼을 클릭하면 [그림 2-5]처럼 Windows의 작업 표시줄 도구 모음 칸에 APM_Setup 5 Monitor 아이콘이 생성된다.

[그림 2-5] APM_Setup Monitor

APM_Setup의 설치가 완료되면 기본적으로 Apache 서버와 MySQL 서버가 실행되며, [그림 2-6]의 "환경설정"을 선택하여 PHP, MySQL 환경을 변경할 수도 있다. 컴퓨터를 종료하면 자동으로 APM_Setup이 종료되므로 컴퓨터를 새로 부팅 하였을 때, 바탕화면의 APM_Setup 아이콘을 클릭하면 APM_Setup 화면이 실행되면서 Apache, MySQL 서버가 실행된다.

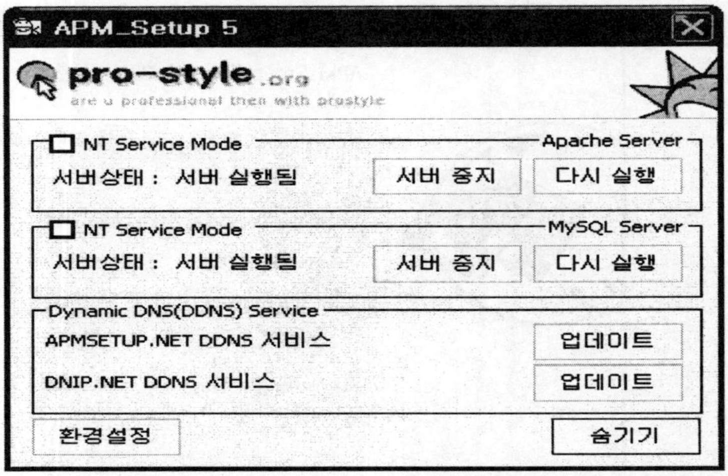

[그림 2-6] APM_Setup 실행 상태 확인 화면

(2) phpMyAdmin

APM_Setup은 MySQL 서버의 사용법이 매우 편리하다. 기존의 사용법에 따라 MySQL Console을 사용할 수 있으며, MicroSoft 사의 ACCESS처럼 MySQL 관리(phpMyAdmin)를 이용해 손쉽게 데이터베이스와 테이블을 생성, 수정, 삭제를 할 수 있다.

① APM_Setup Monitor를 마우스 오른쪽 버튼을 클릭하면 [그림 2-7]의 메뉴가 나타나면, 메뉴 중에서 MySQL 관리(phpMyAdmin)을 선택한다.

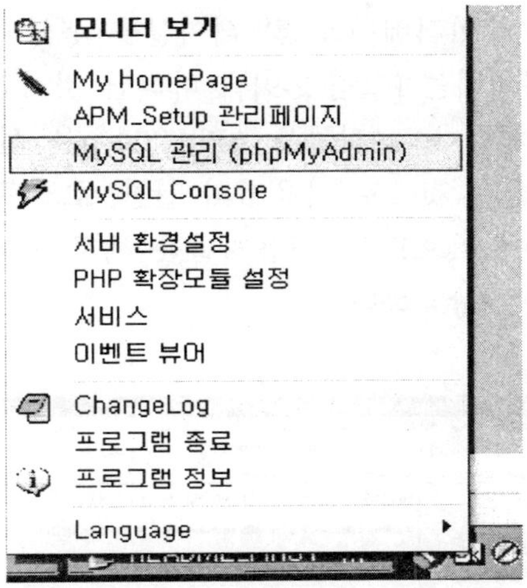

[그림 2-7] APM_Setup 메뉴

② APM_Setup 설치시 모든 사용자명과 암호가 root와 apmsetup으로 설정되어 있으므로, phpMyAdmin 화면의 사용자명과 암호에 root, apmsetup을 입력한 후 "로그인" 버튼을 클릭 한다.

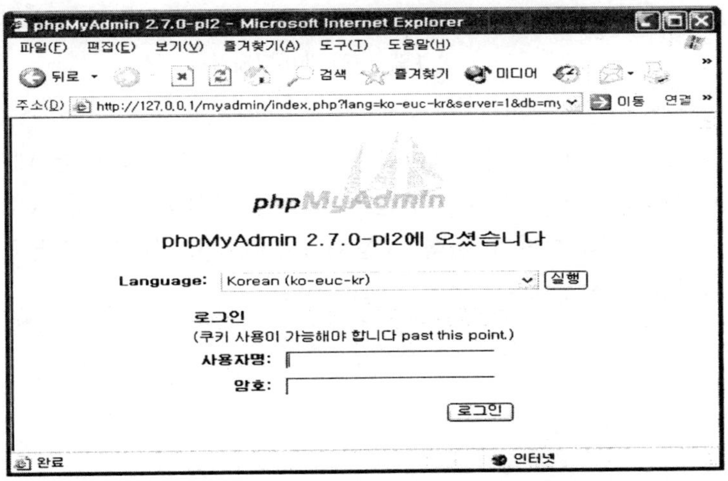

[그림 2-8] phpMyAdmin 로그인 화면

③ 지금부터 데이터베이스 및 테이블을 생성해보자.

MySQL 서버에는 [그림 2-9]에 나타난 것처럼, 기본적인 데이터베이스와 테이블이 존재한다. 이것들은 APM_Setup을 설치할 때 MySQL 서버에 기본적으로 생성된 것으로 사용자의 권한, 호스트의 정보, MySQL 서버 정보 등이 저장되어 있으므로, 사용자들은 새로운 데이터베이스를 생성하여 사용하는 것이 바람직하다.

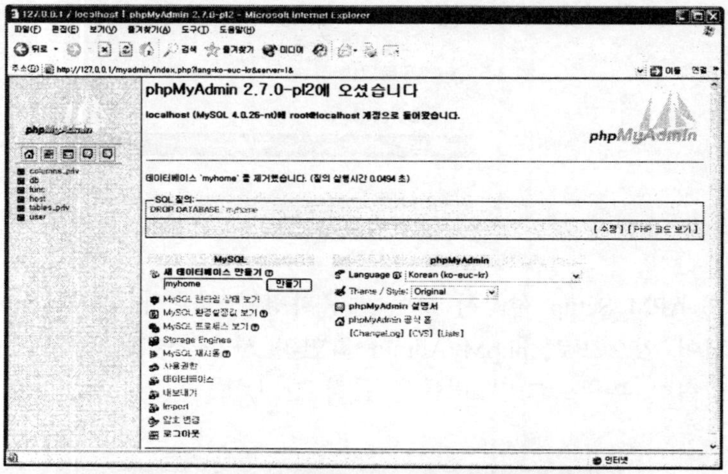

[그림 2-9] 데이터베이스 생성

❶ [그림 2-9]의 "데이터베이스 만들기"에 새로 작성할 데이터베이스 이름(myhome)을 입력한 후 "만들기"버튼을 클릭하면 그림 10의 결과화면이 출력된다. 결과화면의 왼쪽 부분에 myhome(0)이라고 출력되는 이유는 아직 테이블을 생성하지 않았기 때문이다.

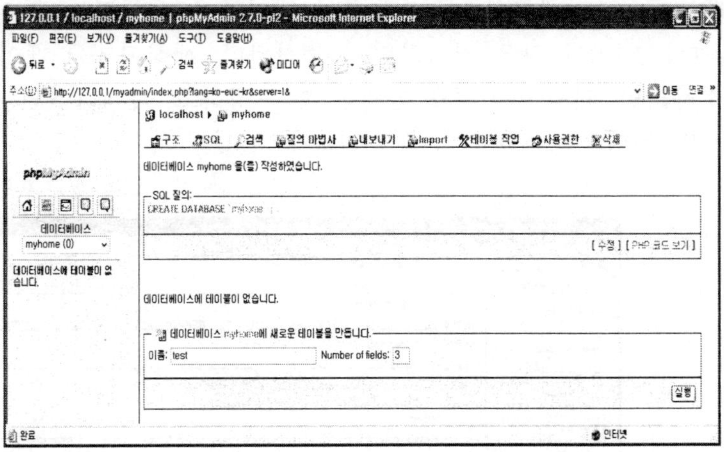

[그림 2-10] myhome 데이터베이스

❷ [그림 2-10]의 "... 새로운 테이블..."에 새로 작성할 테이블 이름(test)와 테이블에 작성할 필드 수(3)를 입력한 후 "실행" 버튼을 클릭하면 myhome 데이터베이스 내에 test라는 테이블이 생성되면서, [그림 2-11]처럼 입력된 필드 수만큼 필드항목이 생성된다. MySQL에서 지원하는 데이터 형식은 MSSQL에서 지원하는 형식과 동일하므로, 여기서는 설명을 생략하자.

test 테이블에 고유번호(idx), 이름(name), 전화번호(phone) 필드를 생성하고, 고유번호는 자동증가 하도록 입력한 후 "저장" 버튼을 클릭한다.

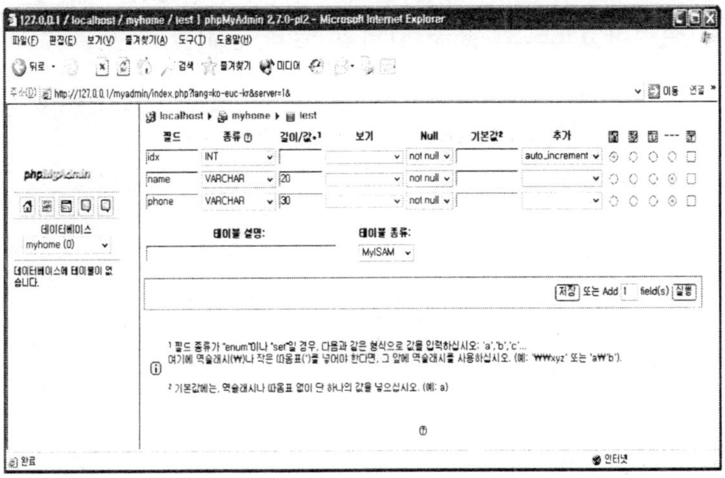

[그림 2-11] 필드 내용 입력

❸ myhome 데이터베이스에 test 테이블이 생성되는 질의문이 실행되고, [그림 2-12]와 같은 결과화면이 출력된다. 생성된 test 테이블의 필드를 수정하려면, 연필 아이콘을 클릭한 후 수정하고, 삭제하려면 × 아이콘을 클릭하면 된다.

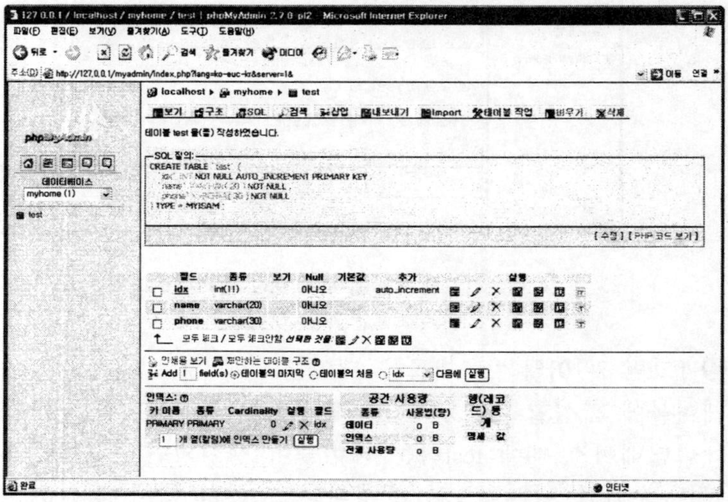

[그림 2-12] 테이블 수정화면

❹ 생성된 테이블에 레코드 삽입하려면 상단의 메뉴 중에서 "삽입"을 클릭한 후, 이름과 전화번호를 입력한다. 여기서 idx는 테이블 생성시 자동증가로 설정하였으므로 값을 입력할 필요가 없다.

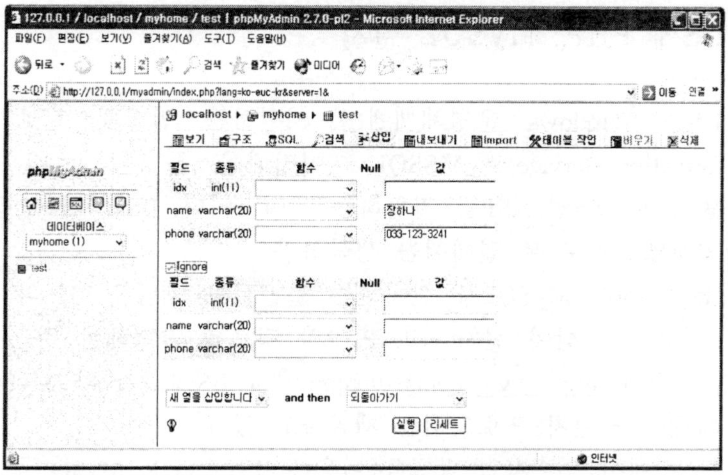

[그림 2-13] 레코드 삽입

❺ 입력된 레코드를 확인하려면 상단 메뉴 중에서 "보기"를 선택한다.

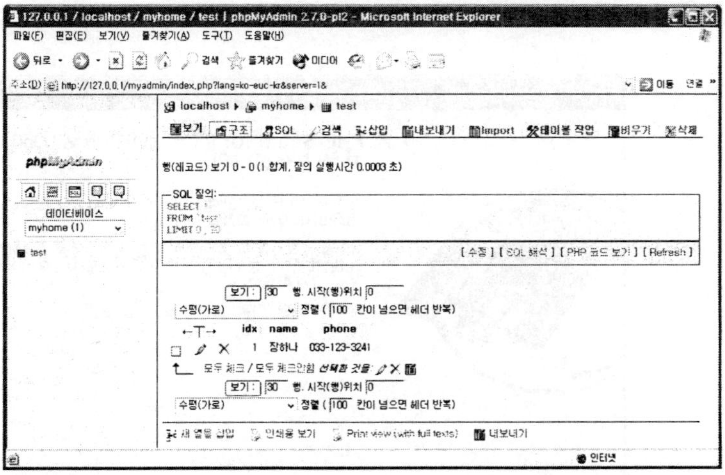

[그림 2-14] 레코드 확인

(3) IIS에 PHP, MySQL 설치

IIS는 Windows 운영체제에서 지원하는 인터넷 정보 서비스(Internet Information Service)로 MSSQL 데이터베이스를 연동할 때 사용하는 Server 측면 프로그램인 ASP를 지원하는 서비스이다. IIS 설치 방법은 제 1장에서 설명하였으므로 본 절에서는 생략하자.

IIS에 PHP, MySQL을 설치하는 일반적인 방법은 PHP와 MySQL을 별도로 다운로드 받아 설치하고, PHP의 정보를 수정해야 하는 어려움이 있는데, 최근에 http://www.apmsetup.com에서 IIS에 PHP와 MySQL을 자동으로 설치해주는 설치 프로그램을 제공하고 있다.

본 서에서는 후자인 방법을 이용해 IIS에 PHP, MySQL을 설치해 보자.

① PHP, MySQL을 최신 버전으로 다운로드 받은 후, 실행파일을 더블클릭하여 실행시키면, 컴퓨터에 설치되어 있는 IIS버전을 체크하여 IIS 버전 정보창이 출력되면 "확인"버튼을 클릭하면, 그림2의 컴퓨터 PHP, MySQL을 설치 시작화면이 나온다.

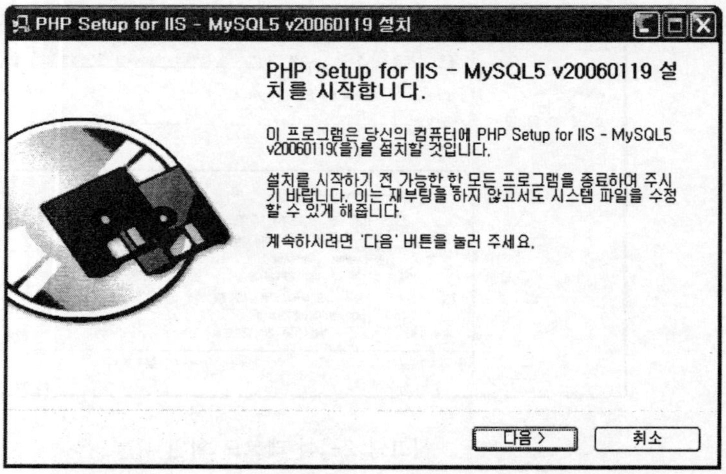

[그림 2-15] PHP, MySQL 설치 시작 화면

② "다음" 버튼을 선택하면, PHP, MySQL 버전에 대한 정보와 사용권 계약 동의 사항에 대한 화면이 출력된다.

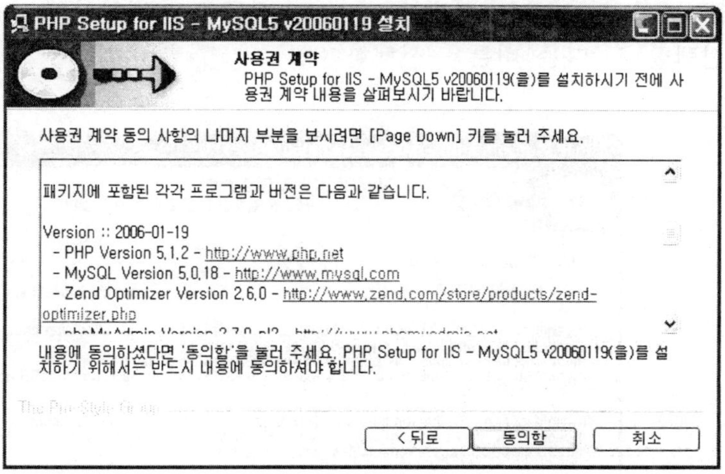

[그림 2-16] 사용권 계약 화면

③ "동의함"버튼을 클릭하면 PHP, MySQL 구성 요소를 선택할 수 있는 화면이 출력된다. Zend는 PHP를 실행 속도를 지원하는 엔진이고, phpMyAdmin은 기존의 MySQL Console 대신에, MicroSoft 사의 ACCESS처럼 손쉽게 데이터베이스와 테이블을 생성, 수정, 삭제를 할 수 있도록 지원해주는 소프트웨어이다.

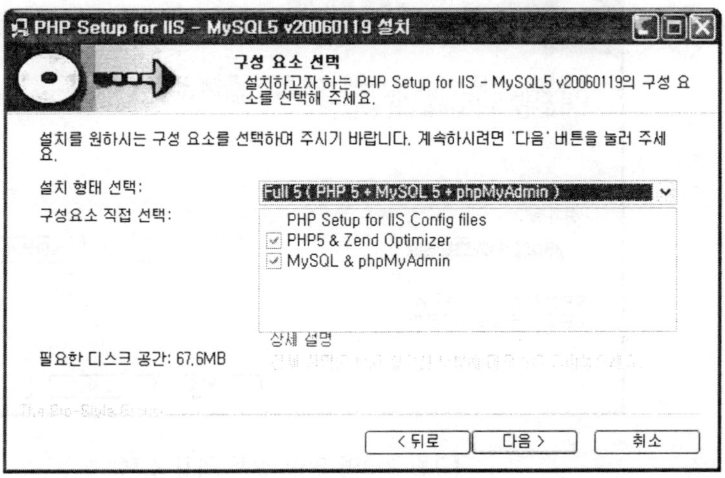

[그림 2-17] 구성요소 선택

④ MySQL 서버를 실행할 MySQL 데몬을 선택한다. mysql-nt.exe 데몬을 선택한 후 다음 버튼을 선택한다.

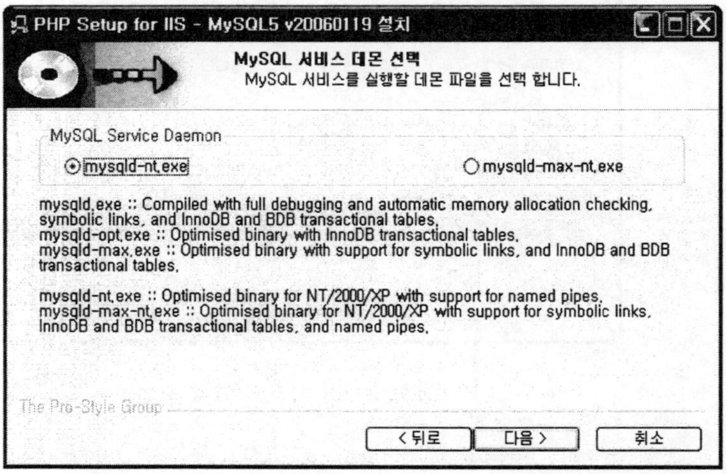

[그림 2-18] MySQL 서비스 데몬 선택 화면

⑤ PHP, MySQL을 설치할 폴더를 선택한 후 설치 버튼을 선택한다.

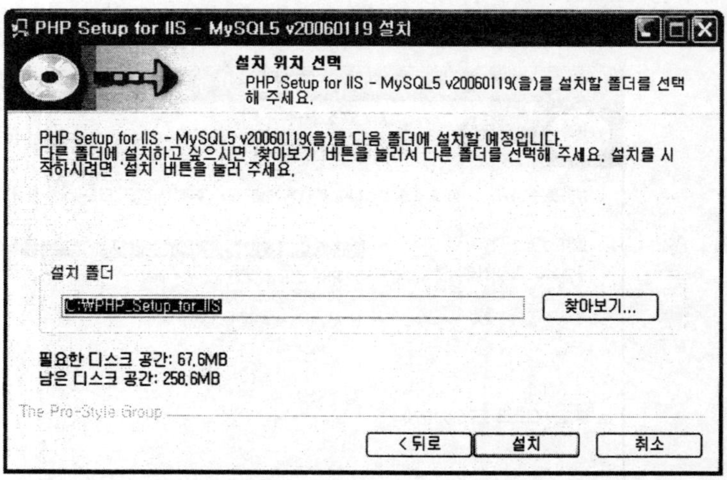

[그림 2-19] PHP 설치 위치 선택

⑥ 지정된 폴더에 PHP, MySQL이 설치되고, PHP, MySQL 설치 완료 화면이 출력된다. PHP가 성공적으로 설치되면 [그림 2-21]의 PHP 정보 화면이 출력된다.

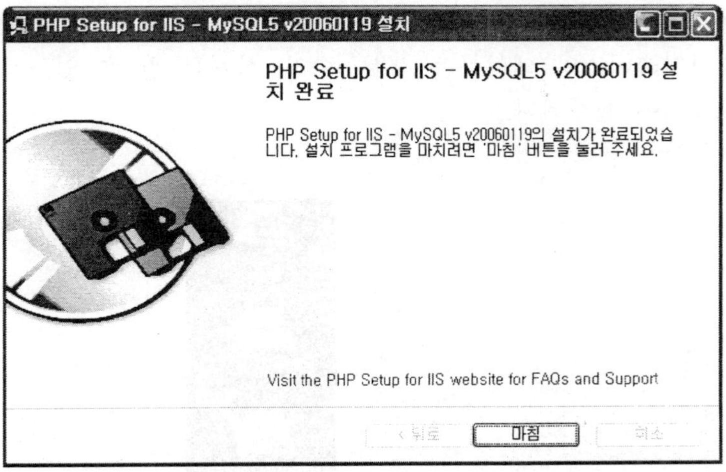

[그림 2-20] 설치 완료 화면

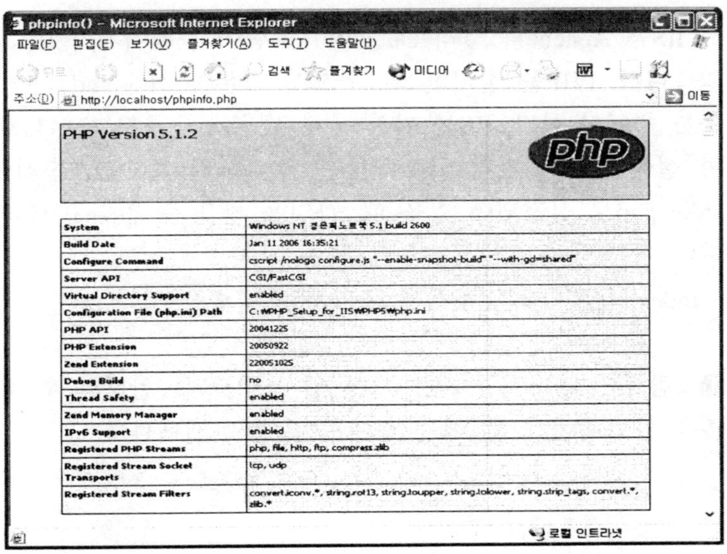

[그림 2-21] PHP 정보

설치를 완료한 후, Windows 바탕화면에 [그림 2-22]처럼 PHP에 관련된 icon이 세 개가 생성되어 있을 것이다. “PHP Setup...” 아이콘을 클릭하면, http://www.ampsetup.com 홈페이지에 접속하고, "PHPINFO"를 클릭하면 이 컴퓨터에 설치된 PHP에 대한 정보가 출력된다. 그리고, "phpMyAdmin"은 MySQL 서버를 console 방식이 아닌 MicroSoft 사의 ACCESS처럼 손쉽게 데이터베이스와 테이블을 생성, 수정, 삭제를 할 수 있도록 지원해주는 프로그램이 실행된다.

[그림 2-22] PHP 아이콘

⑦ IIS는 Apache와 달리 Default라는 단어의 페이지가 IIS 문서에 지정되어 있습니다. PHP를 설치한 후, 반드시 기본 문서에 index.php 파일을 추가해 주는 주어야 한다. IIS는 기본 문서 사용에 등록된 순서대로 문서를 검색하여 실행하므로, 만약 index.php를 추가하지 않으면, 홈페이지 초기화면이 index.php로 설정되어 있을 때, 파일을 찾을 수 없다고 에러 메시지가 출력된다.

index.php를 기본 문서에 추가하는 방법을 살펴보자.

❶ “컴퓨터 관리” 창에서 “기본 웹 사이트”를 선택한 후 마우스 오른쪽 버튼을 클릭하여 빠른 메뉴 중에서 속성을 선택한다.

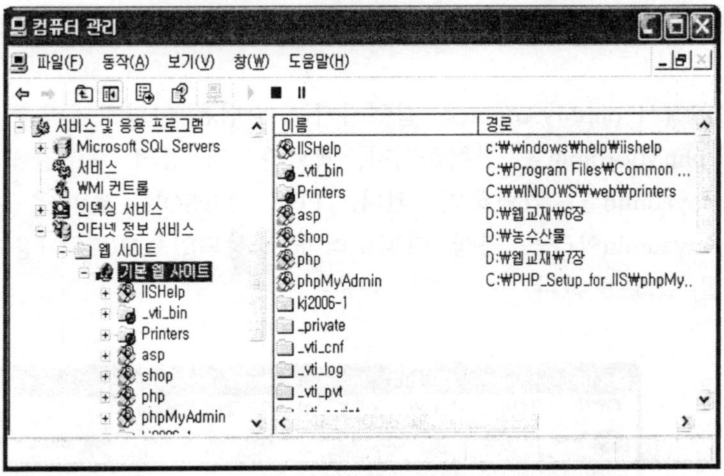

[그림 2-23] 컴퓨터 관리 화면

❷ "기본 웹 사이트 등록 정보" 창에서 "문서"를 선택 한 후 추가 버튼을 클릭하여 "index.php"를 입력한 후 확인 버튼을 클릭하면 기본 문서 사용 목록에 index.php가 추가된다.

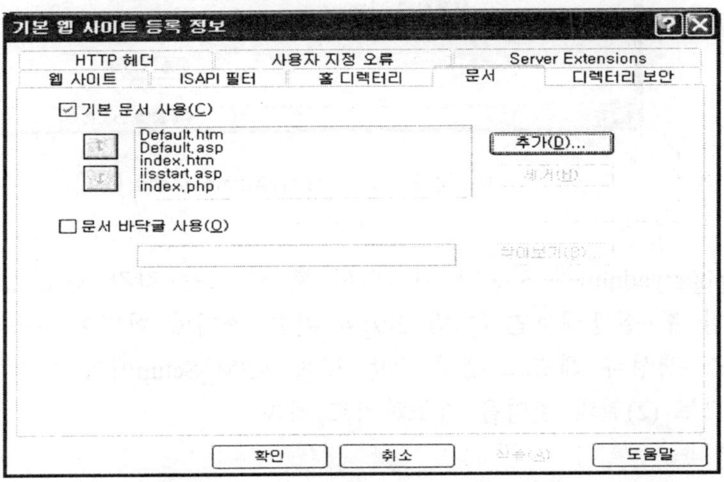

[그림 2-24] 기본 웹 사이트 등록정보

(4) IIS에서 phpMyAdmin 사용법

IIS에서 phpMyAdmin을 실행시키는 방법은 바탕화면의 PHP 관련 아이콘 중 phpMyAdmin을 선택하거나, 웹브라우저 창의 주소란에 http://localhost/phpmyadmin을 입력하면 된다. PHP, MySQL 설치시 자동으로 IIS에 phpmyadmin이라는 가상 디렉토리가 생성되었으므로, 사용자가 별도로 지정할 필요는 없다.

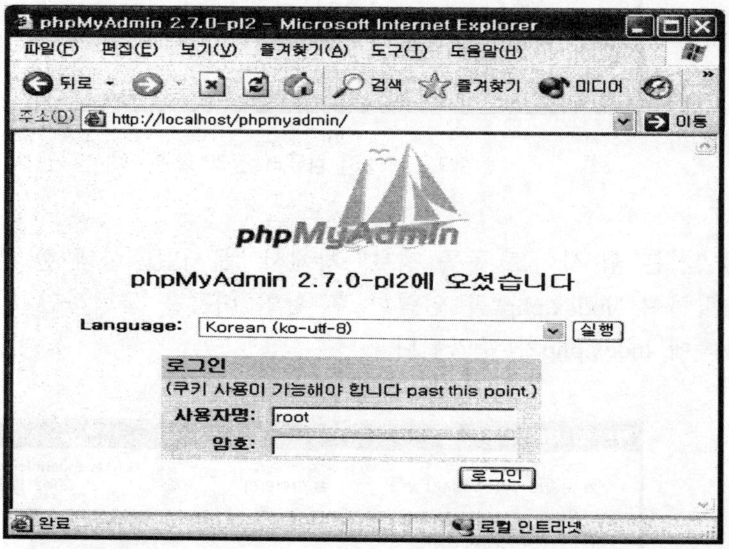

[그림 2-25] phpMyAdmin 실행화면

phpmyadmin의 사용자 아이디와 패스워드는 각각 root, 123456이므로 입력한 후 실행해보면 [그림 2-9]와 같은 형태의 화면이 출력된다. 데이터베이스 생성과 레코드 생성 방법 또한 APM_Setup에서 설명한 방법과 일치하므로 (2)절의 설명을 참조하기로 하자.

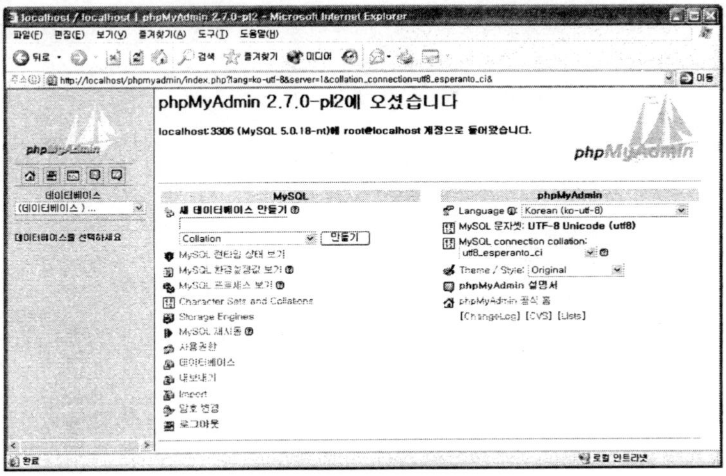

[그림 2-26] phpMyAdmin 실행화면

3장 HTML

HTML(Hyper Text Markup Language)은 웹 브라우저를 통하여 정보를 볼 수 있는 웹문서를 만드는 언어이다. HTML은 인터넷의 보급으로 발전한 언어로써 최급 웹 표준협회인 W3C에서 HTML 4.01 버전을 출시하였다. HTML로 제작한 웹 문서를 인터넷 익스플로러의 웹브라우저를 이용하여 네트웍으로 연결된 전세계 어느 곳에 서나 실시간으로 확인 할 수 있다.

인터넷은 웹(WWW, World Wide Web)의 등장으로 널리 보급되었다. 웹은 단순한 Text 위주의 정보 전달보다는 그림, 사운드, 동영상 등 다양한 정보를 시각적으로 제공하기 위해서 개발되었다. 이 웹의 개발은 인터넷을 통하여 다양한 정보를 효율적이고 쉽게 전달할 수 있게 하였으며, 이와 함께 웹문서 제작 언어인 HTML언어 또한 빠른 속도로 발전하였으며 프론트페이지, 드림위버, 나모 웹에디터와 같은 웹문서 저작도구가 등장하였다.

인터넷이란 말을 모르는 사람은 없겠지만 구체적으로 정의하자면 "전세계에 걸쳐 수많은 컴퓨터들이 연결된 네트워크의 네트워크"라 할 수 있으며 인터넷에 연결된 컴퓨터들은 서로간의 통신을 위해 TCP/IP(Transmission Control Protocol/Internet Protocol)라는 통신규약(프로토콜)을 사용한다.

이러한 인터넷은 크고 작은 네트워크들이 연결되어 인터넷이라는 커다란 네트워크를 이루고 있다. 그래서 인터넷을 TCP/IP라는 고리로 연결된 그물망에 비유하며 WWW는 Hypertext를 기반으로 한 인터넷 자원을 검색하고 접근할 수 있도록 지원하는 시스템을 의미한다.

여기서 HTML 소스를 구성하는데 필수적인 요소가 바로 태그인데, HTML 소스는 여러 가지 태그로 구성되어 하나의 화면을 보여주는 한 페이지를 구성한다. 단, 여기서 주의할 것은 HTML 언어로 만들 때 파일의 확장자는 반드시 .html 또는 .htm으로 사용해야 한다.

1. 태 그

HTML 언어는 반드시 정해진 규칙을 따라야 한다. HTML의 규칙 중에서 가장 중요한 것이 태그 이다. 태그(tag)란 “<”와 “>” 기호사이의 명령어로 이루어진다는 점을 들 수 있다. HTML 언어를 이용하여 웹 문서에 삽입할 텍스트의 크기, 컬러, 유형을 정의하는 것에 사용되며, 이미지를 삽입하기 위한 용도에도 사용된다. 또한, 모든 HTML의 형식은 태그를 기본으로 한다. 보통 HTML 태그는 <태그>와 </태그>로 짝을 이루어 사용되고, 이 둘 사이에 문장이 들어가게 된다. 처음에 < >로 나오는 태그를 ‘시작 태그(start tag)’라 부르고, 나중에 </ >로 나오는 태그를 ‘끝 태그(end tag)’라 부른다.

2. HTML의 기본 구조

HTML 문서는 처음에 HTML 태그를 사용하여 HTML 문서의 시작을 표시한다. HTML 문서는 크게 HEAD 부분과 BODY 부분으로 나눈다. HEAD부분에서는 TITLE과 문서 전체의 내용을 정의하는 내용들이 포함된다. BODY 부분에는 HTML의 실제 내용이 들어가게 된다.

HTML의 기본 구조와 코딩하는 순서(① ~ ⑧)를 이 절에서 정의한다. 코딩은 화면으로 출력하기 위해 형식(태그)과 내용(표현할 문서)을 정해진 구문에 맞춰 작성하는 과정으로 보통 교재에서 표현하는 예제문들은 작은 프로그램을 표현하지만, 상품으로 출시되는 홈페이지의 경우에는 상당히 많은 소스를 갖고 있다. 이러한 상품의 경우에 에러를 찾는 다는 것은 쉽지 않은 작업이다. 따라서, 처음에 HTML을 공부하는 입장에서 올바른 코딩 습관을 갖는다면, 에러를 쉽게 찾는 유능한 홈페이지 디자이너가 될 것이다.

```
<HTML>   ① : HTML 문서의 시작
<HEAD>   ③ : HTML 문서의 헤더 시작 부분
<TITLE>  ⑤ : HTML 문서의 타이틀 시작 부분
             제목이 웹 브라우저창에 표현된다.
</TITLE> ⑥ : HTML 문서의 타이틀 끝 부분
</HEAD>  ④ : HTML 문서의 헤더 끝 부분
<BODY>   ⑦ : HTML 문서의 몸체 시작 부분
             표현하고자 하는 문서를 입력한다.
</BODY>  ⑧ : HTML 문서의 몸체 끝 부분
</HTML>  ② : HTML 문서의 끝 부분
```

[그림 3-1] HTML의 기본 형식

(1) <HTML>

웹 문서는 <HTML> 태그로 시작하여 </HTML> 태그로 종료한다. 웹 문서의 시작을 알려주는 태그임으로 모든 웹 문서는 <HTML> 태그가 문서의 첫 부분에 반드시 있어야 한다.

(2) <HEAD>

웹 문서는 <HEAD>와 </HEAD>사이에 정보를 표현한다. 하지만, <HEAD>태그 자체로 HTML문서의 정보를 담고 있는 것은 아니고, <표 3.1>에서와 같은 항목에 의해서 표현할 수 있도록 도와주는 역할을 담당한다.

웹 문서에서 상세한 정보를 입력하거나 검색엔진이 자료를 검색할 때 <META>태그를 사용한다. 즉, 웹 문서의 저자 또는 핵심 키워드를 <META>태그에서 설명하여 웹 문서의 정보를 미리 파악할 수 있다. 또한, 웹 페이지의 전체 Font face, font size, font color등의 동시에 일정하게 지정할 때에도 사용된다.

아래의 예제는 실행시켰을 때 화면상에 나타나는 문자는 아니지만, 소스를 통하여 웹 문서를 작성한 사람의 정보나 일정 시간이 흐른 후에 해당 사이트로 이동하는 기능을 갖는다.

〈표 3-1〉 HEAD 태그의 내용

태그 종류	설 명
Title	문서의 제목을 나타내는 태그로 브라우저의 타이틀 바에 나타난다.
Base	HTML 파일이 위치한 장소의 URL을 표현한다.
Link	외부의 문서와의 관례를 표현, 외부 스타일 시트를 지정한다.
Meta	HTML 문서 안에서 이 문서에 대한 정보를 표현한다.
Http-equiv	문서의 문자형 지정, 화면 자동 갱신한다.
Name	메타 정보의 이름을 나타낸다.
Contents	실제 메타 데이터의 정보를 담는 부분이다.

[예제 3-1] <META>

```
작성자 이름 : <META name="author" content="홈사랑">
웹 문서 정보 : <META name="description" content="웹 문서의 내용">
일정 시간후 문서 이동 : <META http-equiv="refresh" content="10,
www.daum.net">
```

(3) <TITLE>

웹 문서의 타이틀을 지정하는 태그로서 지정한 문서의 타이틀은 웹 브라우저 왼쪽 상단에 나타난다. 이 태그는 64문자 이내로 타이틀의 내용을 기입해야 한다. HTML 문서의 타이틀을 보고 문서의 내용을 알 수 있도록 간단하고 명료하게 적는 것이 좋다.

(4) <BODY>

이 태그는 본문 입력에 관한 태그이다. 이 태그 안에서 원하는 문서를 입력하거나 그림등을 넣으면 브라우저에 그대로 표현이 된다. <BODY>태그는 브라우저 창의 기본 환경을 설정하는 속성들을 갖고 있다. 창의 배경색, 배경그림, 하이퍼 링크 등의 환경을 설정하는 속성들이 있다. 특히 배경색을 지정하거나 배경그림을 삽입할 때, 링크와 관련된 글자색을 설정할 때 <BODY> 태그 속성을 이용하여 구현한다.

3. 주 석

HTML 소스는 그래픽이 없는 텍스트로 되어 있어서, 문서의 내용이 많아지고 복잡해지면 소스를 분석하기가 힘이든다. 따라서, 소스 사이에 주석을 삽입하여 소스 이해를 쉽게 할 필요성이 있다. 또한, Java Script나 VBScript 등과 같은 문서의 함수를 인용할 경우에도 주석 태그는 사용된다. 그리고 소스에 웹 문서를 제작한 사람의 정보인 이름, 소스 작성일자, E-mail, 웹 문서의 간략한 정보 등을 표현하기 위한 용도로도 사용이 된다.

<!--태그는 주석의 시작을 의미하며 --> 태그는 주석의 끝을 의미한다. 주석 태그는 배치에 제약을 받지 않으며 소스의 어떤 곳에서도 사용이 가능하다. 또한, 한 줄에서 처리되는 방법과 여러 줄의 소스를 동시에 묶어서 처리하는 방법도 있다.

[예제 3-2]

```
<HTML>
<HEAD>
<TITLE> 주석 태그 </TITLE>
</HEAD>
<BODY>
  <!-- 작성자 : 홈사랑 -->
  이 부분은 화면으로 출력된다.
  <!--
       이 부분은 브라우저에 출력되지 않는다.
  -->
</BODY>
</HTML>
```

• 결과 •

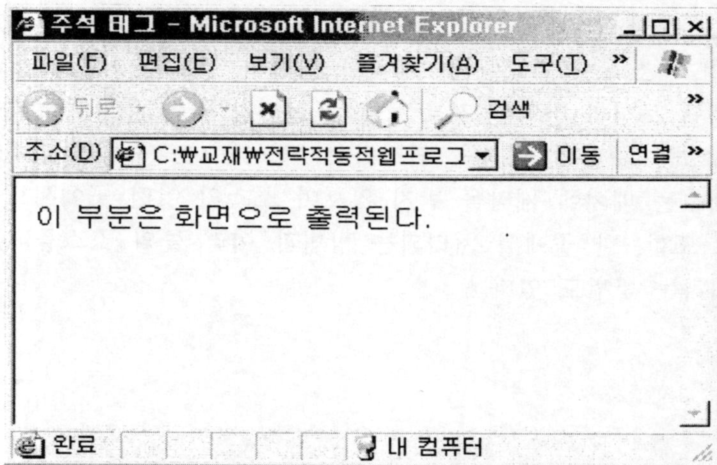

[그림 3-2] 주석 태그

4. 제목 쓰기

<H> 태그는 제목을 표시하는데 사용한다. 총 6가지 종류가 있으며, 글자의 크기는 <H1>이 가장 크며, <H6>으로 갈 수록 작아진다. <H> 태그는 <H1>으로 시작하여 </H1>으로 종료하는데, 나중에 설명이 될
 태그인 줄바꿈 태그를 설정하지 않더라도 다음 태그와의 사이는 자동으로 한 줄 떨어져서 출력된다. 또한, 제목 문자가 진하게 표현된다. 속성으로는 align (수평정렬) 태그를 사용하며, 정렬의 종류로는 left(왼쪽 정렬), center(가운데 정렬), right(오른쪽 정렬) 등이 있다.

[예제 3-3]

```
<HTML>
<HEAD>
<TITLE> <Hn>태그 </TITLE>
</HEAD>
<BODY>
  <h1> h1의 글자 크기입니다.</h1>
  <h2 align="center"> h2, 가운데 정렬의 글자</h2>
  <h3 align="left"> h3, 왼쪽 정렬의 글자</h3>
  <h4 align="right"> h4, 오른쪽 정렬의 글자</h4>
  <h5 align="center"> h5, 가운데 정렬의 글자</h5>
  <h6 align="left"> h6, 왼쪽 정렬의 글자</h6>
</BODY>
</HTML>
```

• 결과 •

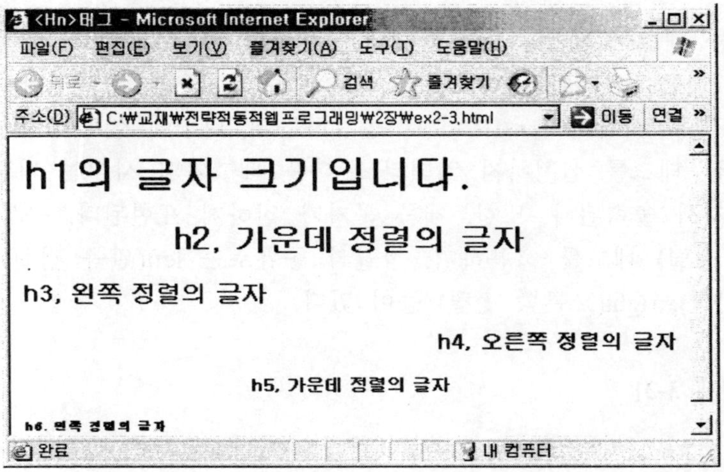

[그림 3-3] Hn 태그

5. Font 태그

<font> 태그는 글자체를 바꾸거나 글자의 색, 크기를 바꿀 때 사용한다. <font> 태그는 텍스트 태그 중에서 가장 기초가 되는 태그이며 많이 사용되는 태그로서 자세하게 알아 두어야 한다. 또한, 스타일 시트를 이용하여 <font> 태그의 속성을 바꾸거나 고급 기능을 표현 할 수 있다.

<font> 태그의 속성은 아래의 표와 같다.

속성	설 명
face	글자의 글꼴을 변경할 수 있다. 글꼴은 Windows 폴더의 Fonts 폴더 내의 종류로 표현이 가능하다.
size	글자의 크기를 변경할 수 있다. 종류는 1(작은 글자)에서부터 7(큰 글자)까지 표현이 가능하다.
color	글자의 색을 변경할 수 있다. 색상명은 가장 기본인 Red, Green, Blue로 표현이 가능하다.

<Font face>에서의 주의할 점은 홈페이지를 만든 환경에 있는 문자형이 클라이언트 환경에서 지원하지 않을 경우에는 일반 폰트로 표현된다. 또한, <hn> 태그에서는
 태그를 생략하여도 다음 문장과 줄 바꿈이 되지만, <font> 태그는 반드시
 태그를 입력해야지만 줄 바꿈이 가능하다.

<Font Size>에서는 일반 글자의 크기를 지정하지 않았을 경우 <font size="3">의 경우와 같으며, <Hn>태그와 반대의 속성을 갖는다. 또 다른 크기 조절 방법은 글자의 기본 크기를 <basefont> 태그를 사용하여 지정한 후에, +나 -기호를 사용하여 값을 변경할 수 있으며 1~7의 값을 벗어나서는 안된다.

<Font color>에서 RGB 값이란 RED(빨강), GREEN(녹색), BLUE(청색)로, 이것을 기본으로 한다. 또한, 이것을 이용하여 많은 색을 표현할 수 있으며 이들 색상은 16진수로 표현된다. 16진수는 0, 1, 2, 3, 4, 5, 6, 7, 8, 9, A, B, C, D, E, F로 각각의 색상을 000000에서 FFFFFF까지 256색상을 표현할 수 있으며, 이들을 조합하여 사용한다.

검정색 : 000000　　흰　색 : FFFFFF
적　색 : FF0000　　녹　색 : 00FF00
청　색 : 0000FF

그러나, 모든 색상들에 대하여 16진수 값을 기억할 수 없으므로 색상 표(color table)를 가지고 있거나, 드림위버에서 찾아보거나, 또는 Color Center 웹사이트의 pop 메뉴에서 배경색상, 텍스트, 링크 등을 선택한 후 화면하단에 보이는 색상 표에서 원하는 색상을 지정하면 화면 왼쪽에서 16진수 값을 구할 수 있다.

단, 글자에서 색을 지정할 때는 배경색상에 주의해야 한다. 배경색상이 black인데 글자를 black으로 지정하면 글자는 배경색상에 가려 보이지 않게 되므로 주의해서 색상 표에서 제공하는 코드를 선택해야 한다.

[예제 3-4]

```
<HTML>
<HEAD>
<TITLE> <Font>태그 </TITLE>
</HEAD>
<BODY>
<font size="1" color="red" face="궁서체"> 글자크기 1, 글자색 red,
        글꼴 궁서체</font><br>
<font size="3" color="green" face="돋움체"> 글자크기 3, 글자색
        green, 글꼴 돋움체</font><br>
<font size="7" color="blue" face="굴림체"> 글자크기 7, 글자색 blue,
        글꼴 굴림체</font><br>
<font size="+3" color="#ff0000" face="궁서체"> 글자크기 +3, 글자
        색 #ff0000, 글꼴 궁서체</font><br>
<font size="-1" color="#00ff00" face="돋움체"> 글자크기 -1, 글자색
        #00ff00, 글꼴 돋움체</font><br>
</BODY>
</HTML>
```

• 결과 •

[그림 3-4] Font 태그

6. 특수문자 태그

홈페이지를 작성하다 보면, 수학 공식, 그리스 문자 등의 특수 문자를 사용할 경우가 발생한다. 특수문자는 대개 키보드 자판에 나와 있지 않기 때문에 특수문자 코드를 이용하여 화면에 표시한다. 그러므로, ISO-8859-1 글자 집합에 정의된 글자를 이용하여 웹 페이지에 표시한다. html은 공백, 또는 키보드의 특수문자를 다른 기호를 이용하여 제공하고 있다.

다음의 표는 가장 보편적으로 사용하는 특수문자 태그의 종류이다.

이름 값	수 값	기호
		space(공백)
<	<	<
>	>	>
"	"	"
&	&	&
φ	Φ	∅
™	™	TM(위 첨자로 표시)
©	©	©
®	®	®

[예제 3-5]

```
<HTML>
<HEAD>
<TITLE> 특수문자 태그 </TITLE>
</HEAD>
<BODY>
태그는 &lt; 로 시작해서 &gt; 로 닫는다. <br>
또, 특수 태그는 &quot; &amp; &quot; 로 표현된다.<br>
그리고 등록 기호는 &#174; 이며, 저작권은 &copy; 로 표현하며
빈 칸은   로 표현한다.
</BODY>
</HTML>
```

• 결과 •

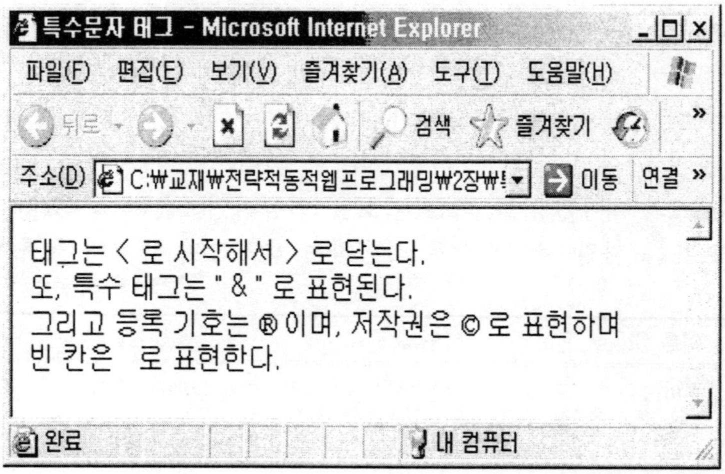

[그림 3-5] 특수문자 태그

7. 문자효과 태그

html 태그로 홈페이지에 삽입할 글꼴을 지정하기 위해서 물리적인 스타일을 적용하는 방법을 이용할 수 있다. 물리적 스타일이란 프로그래머의 컴퓨터에 설치된 운영체제에서 자체적으로 지원하는 텍스트 스타일을 말하며, 그 예로는 진하게, 위 첨자, 아래 첨자, 삭제표시등 등의 종류를 들 수 있다.

아래의 표는 물리적인 태그에 따른 기능을 설명한 것이다.

물리적 스타일의 태그	기능
<b>	입력한 글자를 진하게 표현한다. =<strong>
<big>	입력한 글자를 크게 한다.
<blink>	입력한 글자를 깜빡이게 한다.
<i>	입력한 글자를 기울여 표현한다. =<em>, <dfn>, <var>, <cite>
<kbd>	입력한 글자가 키보드로 입력한 것과 같은 효과를 나타낸다.
<small>	입력한 글자를 작게 표현한다.
<sup>	입력한 글자를 위 첨자로 표현한다.
<sub>	입력한 글자를 아래 첨자로 표현한다.
<tt>	입력한 글자를 타자 체로 표현한다. =<code>, <samp>
<u>	입력한 글자 아래에 밑줄을 긋는다.
<del>	입력한 글자를 삭제표시로 표현한다. =<strike>

[예제 3-6]

```
<HTML>
<HEAD>
<TITLE> 문자효과 태그 </TITLE>
</HEAD>
<BODY>
        일반글자<b>진한글자</b><br>
        일반글자<big>조금 큰 글자</big><br>
        일반글자<blink>조금 깜빡이는 글자</blink><br>
        일반글자<i>기울린글자</i><br>
        일반글자<kbd>키보드 글자</kbd><br>
        일반글자<small>작은 글자</small><br>
        일반글자<sup>위 첨자</sup><br>
        일반글자<sub>아래첨자</sub><br>
        일반글자<tt>타자체 글자</tt><br>
        일반글자<u>밑줄 그은 글자</u><br>
        일반글자<del>삭제 표시</del>
</BODY>
</HTML>
```

• 결과 •

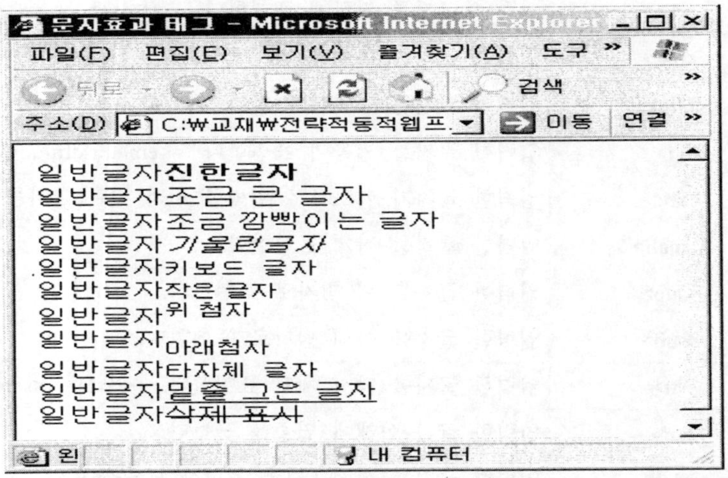

[그림 3-6] 문자효과 태그

8. 줄 바꿈 태그

<p>는 paragraph의 약자이다. 문단을 구분지을 때 사용하는 태그이며, 문단과 문단 사이에 빈 줄을 삽입한다. 또한, 문단이란 글의 단락이기 때문에 시작은 <p>로 끝은 </p>로 정의 한다. 그리고
은 한 줄만 띄우는 역할을 한다.

다음은 <P>태그의 속성에 대한 정의이다.

속 성	기능	
Align	Left	왼쪽 정렬
	Center	가운데 정렬
	Right	우측 정렬

[예제 3-7]

```
<HTML>
<HEAD>
<TITLE> 줄 바꿈 태그 </TITLE>
</HEAD>
<BODY>
        일반적인 줄 바꾸기 기능 <br>
        문장을 단락별로 수평 문자정렬은<br>
        <p align="right">오른쪽으로 표현하며</p>
        <p align="center">가운데 정렬 문단이며</p>
        <p align="left">왼쪽 정렬 문단이다.</p>

</BODY>
</HTML>
```

• 결과 •

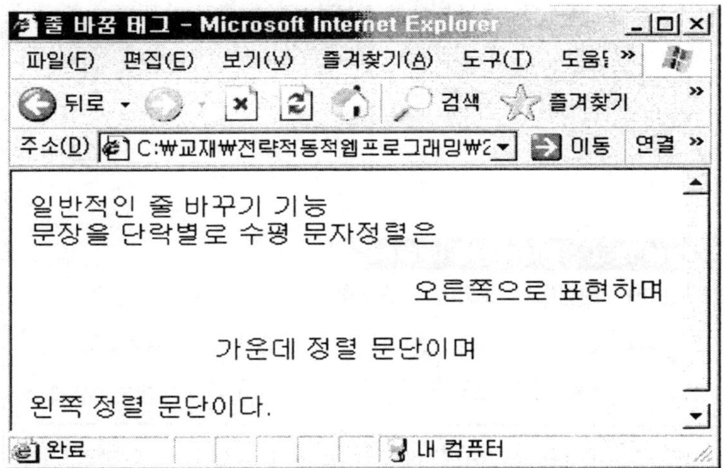

[그림 3-7] 줄 바꿈 태그

위의 예제에서 align속성은 수평을 기준으로 문자를 정렬하는 방식으로 left(왼쪽), center(가운데), right(오른쪽)등으로 표현할 수 있다.

9. pre 태그

공백, 특수문자와 줄바꿈이 있는 소스들을 에디터에 코딩하는 그대로 브라우저에 출력하는 태그가 <pre> 태그이며 끝은 </pre> 로 정의한다. 또한 공백이 많아 필요한 수학 해설 풀이나 프로그램 소스를 보여주고자 할 때 유용하다.

[예제 3-8]

```
<HTML>
<HEAD>
<TITLE> pre 태그 </TITLE>
</HEAD>
<BODY>
        <pre>
          문자를 있는 그대로 표현하기 위해
                pre 태그를 사용하며
          별도의 줄바꿈 태그도 사용하지 않는다.
                이것이 홈페이지의 흥미이다.
        </pre>
</BODY>
</HTML>
```

• 결과 •

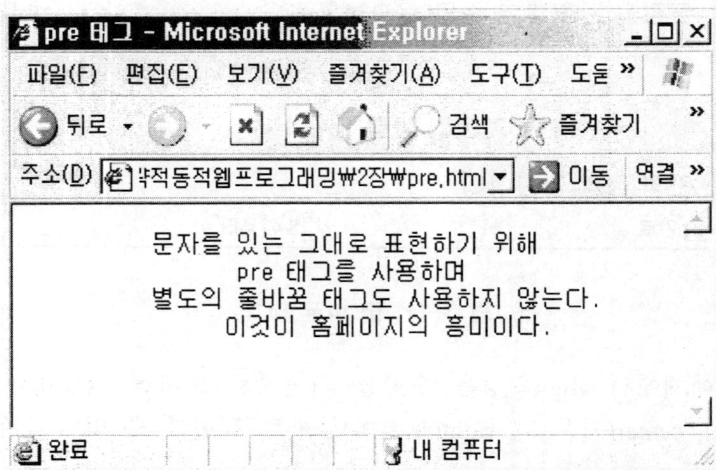

[그림 3-8] pre 태그

10. 선 그리기 태그

HTML 은 선을 그리기 위해서 <hr> 태그를 사용한다. HTML 을 통하여 홈페이지를 작성하면서 태그의 종류에 따라서 닫는 태그가 있는 것과 없는 것이 있다. 선 그리기 태그는 닫는 태그가 없다. <hr> 태그를 이용하여 선을 그릴 때는 선의 길이와 폭, 위치를 <hr> 태그가 가지는 속성을 이용하여 지정할 수 있다.

다음의 표를 통하여 선 그리기 태그의 속성을 보기로 하자.

속 성	형 식	기 능
size	<hr size = n>	선의 두께(픽셀과 %)
color	<hr color = color name>	선의 색깔
width	<hr width = n>	선의 너비(픽셀과 %)
align	<hr align = left/center/right>	선의 정렬(왼쪽, 가운데, 오른쪽)
noshade	<hr noshade>	수평선의 음영효과을 없앰

[예제 3-9]

```
<HTML>
<HEAD>
<TITLE> 선 그리기 태그 </TITLE>
</HEAD>
<BODY>
   기본 선 <hr>
빨갛고 두께가 4, 너비가 30픽셀의 선 <hr color="red" size="4" width="30">
빨갛고 두께가 4, 너비가 30%의 선 <hr color="red" size="4" width="30%">
파랗고 두께가 7, 너비가 40픽셀, 가운데 정렬의 선
<hr color="blue" size="7"  width="40" align="center">
녹색이고 두께가 20, 너비가 20픽셀, 왼쪽 정렬, 음영효과 없는선
<hr color="green" size="20"  width="20" align="left" noshade>
</BODY>
</HTML>
```

• 결과 •

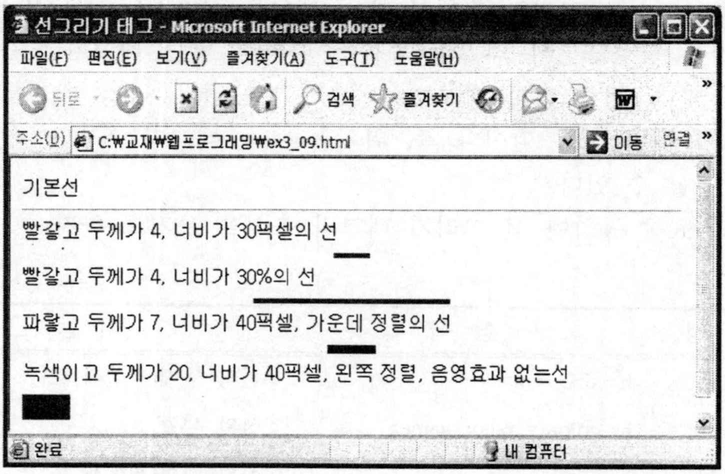

[그림 3-9] 선 그리기 태그

11. 긴 인용문 사용 태그

<blockquote> 태그는 HTML 문서에서 인용문을 표현할 때 사용하는 기능이다. 단락을 구별지어 주며, 들여쓰기, 글꼴의 형태 변경 등이 자동으로 이루어지므로 더욱 효과적으로 인용문을 사용할 수 있다. <blockquote>는 인용<quote>될 부분에 구획(block)을 정의하는 태그이다.

[예제 3-10]

```
<HTML>
<HEAD>
<TITLE> 인용문 사용 태그 </TITLE>
</HEAD>
<BODY>
        즐거운 글을 홈페이지를 통하여 만드는 방법은<br>
        <blockquote>드림위버나 나모를 이용하는 방법과<br>
        메모장을 이용하여 직접 코딩하는 경우로 구분할 수 있다.<br>
        </blockquote>
        홈페이지를 잘 가꾸는 방법은 지속적인 관심을 갖고<br>
        업그레이드 하는 과정이 중요하다.
</BODY>
</HTML>
```

• 결과 •

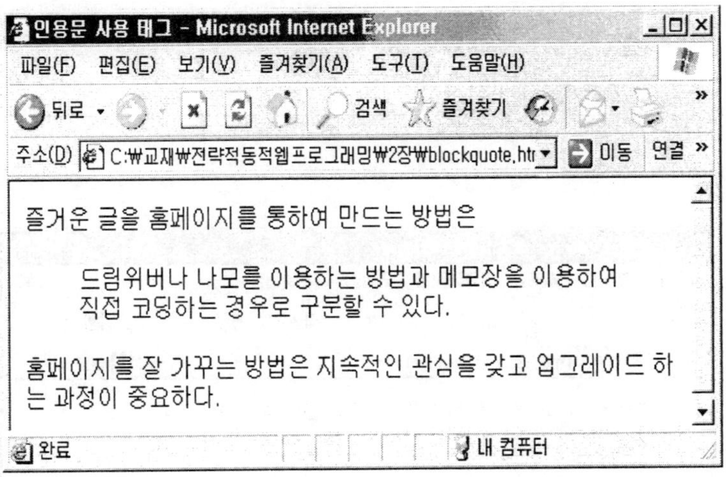

[그림 3-10] 인용문 사용 태그

12. <address> 태그

주소 태그(address)란 웹상의 주소나 전자우편 주소를 적어놓는 태그를 말한다. 홈페이지를 처음 열었을 때, 하단의 관리자에게 보내는 메일의 문자가 대부분 기울림체로 표현되는데, 그때 사용되는 태그가 <address> 캐그이다. 이렇게 주소 입력 태그를 좀더 심화시켜 홈페이지 방문자를 위해 배려를 한 것이 바로 <address> 태그이다. 따라서 해당 문자를 선택하면 관리자에게 바로 메일을 보내는 창이 자동으로 나타나며 주로 outlook express가 이 기능을 대행한다.

[예제 3-11]

```
<html>
<head><title> 주소 태그 </title></head>
<body>
        <address>
        홈페이지에 관하여 문의사항이 있으신 분은
        <a href="mailto:admin@kd.ac.kr">여기</a>
        를 선택하세요
        </address>
</body>
</html>
```

• 결과 •

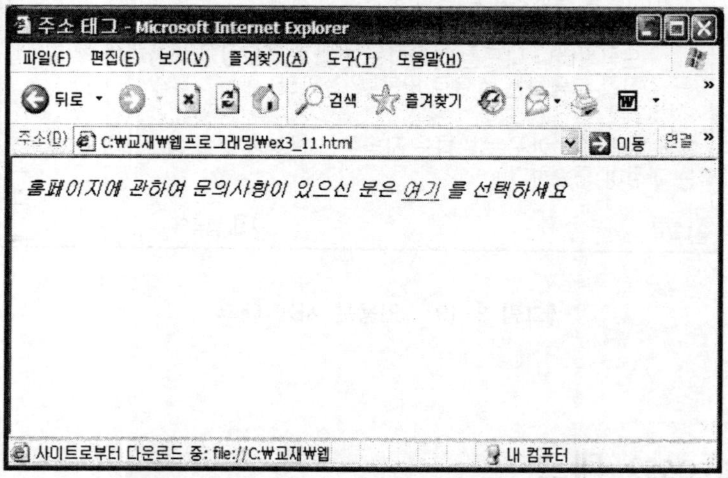

[그림 3-11] 주소 태그1

위의 그림에서 "*여기*"를 선택하였을 때 아래 그림의 결과가 나타난다. 따라서, 해당하는 제목과 문의 사항을 관리자에게 바로 전송할 수 있는 폼을 제공한다.

예에서 href는 하이퍼 링크의 약자로 해당하는 웹 페이지를 연결해주는 역할을 한다. 하지만, 메일로 링크를 설정할 때에는 반드시 "mailto: "의 형식을 따라야 하는 점이 특징이다.

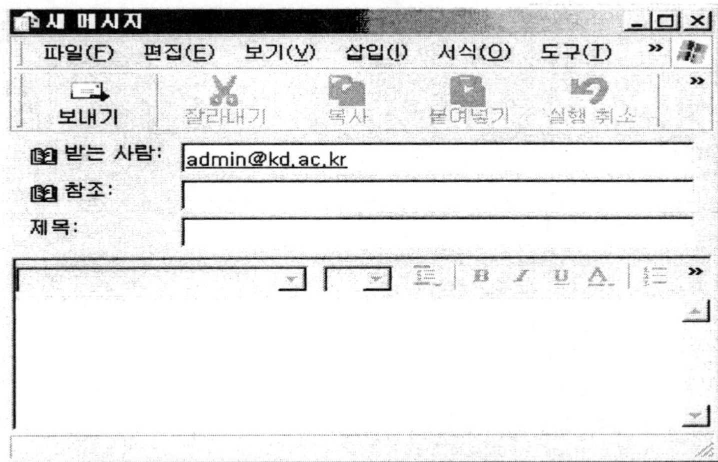

[그림 3-12] 주소 태그2

13. 링크 태그

홈페이지를 만드는데 있어서 반드시 알아야 하는 항목으로 링크 태그가 있다. 그래서 하이퍼 링크라고 하며, 텍스트를 선택하였을 때에는 하이퍼 텍스트, 이미지를 선택하였을 때에는 하이퍼 이미지로 구분할 수 있다. 링크를 사용하면 자신의 웹 사이트에 있는 다른 웹 페이지나 다른 웹 사이트로 이동할 수 있다. 즉, <a> 태그를 사용하면 웹 페이지에 있는 텍스트나 이미지에 웹의 다른 페이지를 링크시킬 수 있다.

그리고 자신이 작성하지 않은 웹 페이지에 대한 링크를 만들려면, 해당 웹 페이지의 절대 URL 주소를 지정해 주어야 한다. 여기서 절대 URL이란 http://www.kd.ac.kr과 같은 웹 페이지의 전체 이름으로 된 주소를 의미한다.

또한, 링크의 설정은 크게 두 가지로 표현할 수 있다. 즉, 내부의 다른 위치의 문서로 이동하는 내부링크와 해당하는 또다른 웹 페이지로 연결하는 외부링크로 정의된다.

(1) 내부링크

웹 페이지 안에 같은 웹 페이지의 다른 부분으로 이동할 수 있는 링크를 넣을 수 있다. 이렇게 하면 사용자가 보고 싶은 내용으로 좀 더 빨리 이동할 수 있다. 다만 문제점은 작성하던 파일에 에러가 발생되면 해당 문서 자체를 잃을 수 있다.

[예제 3-12]

```
<HTML>
<HEAD>
<TITLE> 내부링크 태그 </TITLE>
</HEAD>
<BODY>
  <center>
<a name="main"><h3>동아리 활동</h3></a>
<a href="#봉사활동"> 봉사활동 동아리</a><p>
<a href="#홈페이지"> 홈페이지 제작 동아리</a><p>
</center>
<p>
<a name="봉사활동">봉사활동 동아리</a><p>
우수한 학문을 바탕으로<br>
보다 진취적이고 활동적인 대학인으로서<br>
올바른 봉사의식을 고취시키며<br>
자신보다는 타인을 생각하는<br>
올바른 학원문화를 꽃피운다.<br>
<div align="right"><a href="#main">메뉴로</a></div><br>
<a name="홈페이지">홈페이지 제작 동아리</a><p>
이론을 바탕으로한<br>
홈페이지 제작 동아리는<br>
수업을 통한 기본 지식을 기준으로<br>
웹 페이지 제작을 통한<br>
 보이는 학습을 실천한다.<br>
<div align="right"><a href="#main">메뉴로</a></div><br>
</BODY>
</HTML>
```

• 결과 •

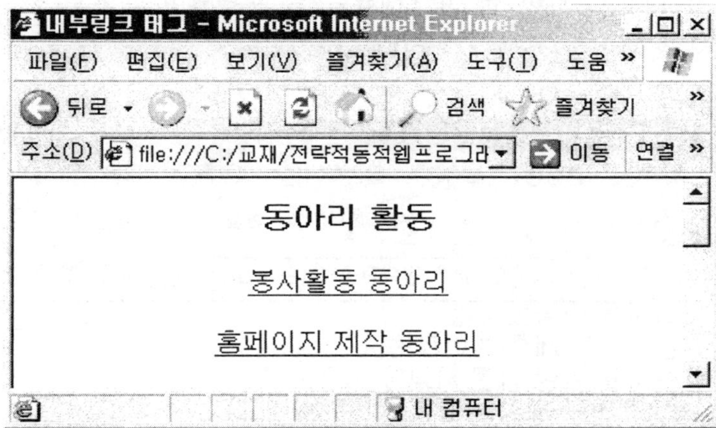

[그림 3-13] 내부링크 태그1

위의 그림은 메뉴 페이지로 주의할 점은 웹 브라우저를 제목만 보이도록 축소시켜야한다.

메뉴중에서 "봉사활동 동아리"를 선택하였을 경우와 "홈페이지 제작 동아리"를 선택하였을 경우로 구분할 수 있는데, 먼저 "봉사활동 동아리"를 선택하면 아래의 그림과 같이 해당 메뉴의 가장 처음 항목이 웹 브라우저에 나타난다.

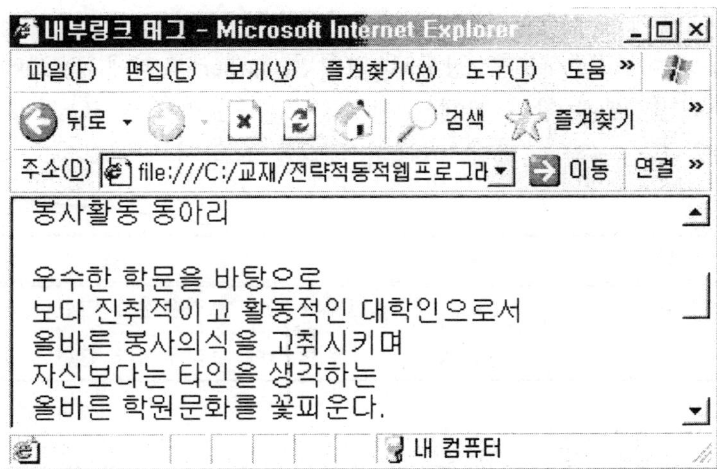

[그림 3-14] 내부링크 태그2

[그림 3-14]는 "봉사활동 동아리"를 선택했을 경우이며, [그림 3-15]는 해당 메뉴의 내용을 확인 한 후 "메뉴로"를 선택하였을 경우 처음의 목록으로 이동하는 과정을 보이는 것이다.

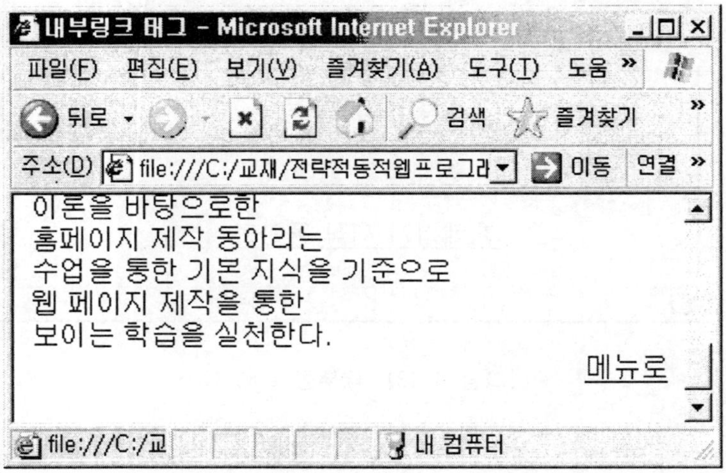

[그림 3-15] 내부링크 태그3

(2) 외부링크

외부 링크를 사용하면 다른 웹 사이트로 이동할 수 있다. 외부 링크와 같은 경우에는 target 속성을 사용하여 브라우저를 출력한다. 링크에 연결된 웹 사이트를 새로운 창으로 열려면, target 속성에 _blank 값을 사용한다. 그러면, 현재 창과 별개의 새로운 창이 열리게 되고, 링크된 웹 사이트의 내용이 출력되게 된다. 아래의 속성을 통하여 알아보자.

태그	속성	기능
target	_self	현재의 창에 브라우저가 열린다.
	_blank	새로운 창에 브라우저가 열린다.

[예제 3-13]

```
<HTML>
<HEAD>
<TITLE> 외부링크 태그 </TITLE>
</HEAD>
<BODY>
<h3> 자주 방문하는 사이트 </h3>
<a href="http://www.yahoo.co.kr" target="_blank">야후로 이동</a><p>
<a href="http://www.daum.net" target="_self">daum으로 이동</a>
</BODY>
</HTML>
```

• 결과 •

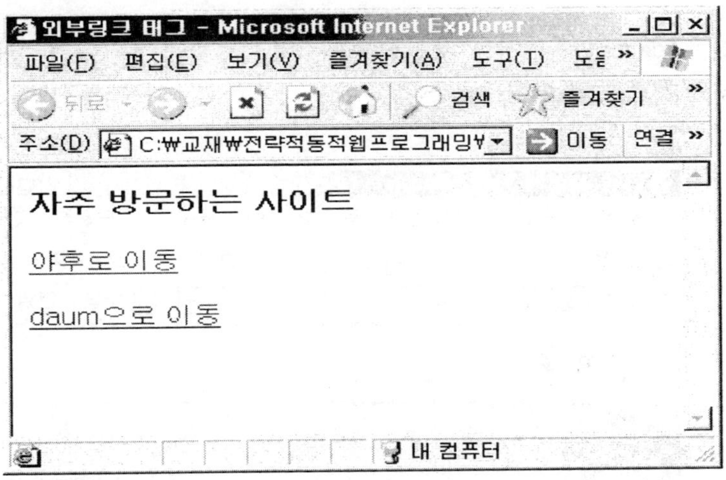

[그림 3-16] 외부링크 태그1

위의 예제를 입력하였을 때 초기 화면은 [그림 3-16]과 같다. 이 경우에 "야후로 이동"을 선택하게 되면 [그림 3-17]이 나타난다.

[그림 3-17] 외부링크 태그2

또한, "daum으로 이동"을 선택하였을 경우에는 [그림 3-18]과 같이 Daum 사이트로 이동된다.

[그림 3-18] 외부링크 태그3

14. 이미지 태그

그림을 삽입할 때 <img> 태그를 사용한다. 홈페이지에서는 일반적으로 텍스트를 이용하여 내용을 설명할 수 있지만, 가장 우수한 홈페이지는 간략한 그림을 통하여 전달하고자 하는 내용을 홈페이지 방문자들에게 보이는 것이다. 따라서, 이 절에서는 이미지를 유용하게 사용하는 방법에 대하여 익히도록 한다. <img> 태그의 src 속성은 그림 파일을 지정하여 삽입할 때 사용한다. 그림은 텍스트보다 용량이 크기 때문에 너무 많은 그림을 삽입하면 문서 로딩 시간이 길어질 수 있다. 이 태그는 종료 태그를 사용하지 않는다.

다음의 표는 이미지 태그에 사용되는 속성들을 정의한 것이다.

속 성	설 명
src	그림 파일의 위치를 지정한다. 지원 파일의 형식은 gif, jpeg, bmp 등이 있다.
alt	그림 파일에 대한 설명문 이다.
width	그림의 가로의 크기를 나타내며, 픽셀과 비율(%)로 표현한다.
height	그림의 세로의 높이를 나타내며, 픽셀과 비율(%)로 표현한다.
align	그림파일과 같이 나타나는 텍스트의 정렬방식을 정한다. 형식은 top, center, bottom, left, right 등이 있다.
vspace	그림과 글 사이의 상하 여백을 나타낸다.
hspace	그림과 글 사이의 좌우 여백을 나타낸다.
border	그림의 외곽선 굵기를 설정한다. 값이 0인 경우에는 외곽선이 나타나지 않는다.

이미지는 홈페이지를 제작할 때 소스와 별도의 폴더를 만들어서 작성하게 되면 파일을 정리하기가 쉽다. 여기에서 이미지 폴더에 대한 경로 지정은 다음과 같다.

이미지 파일을 삽입할 웹 문서 파일의 위치로 표시하는 방법으로 이미지 파일이 웹 문서 파일과 같은 디렉토리에 있는 경우, 하위 디렉토리에 있는 경우, 상위 디렉토리에 있는 경우를 말하며 각각 다음과 같이 표현한다.

```
<IMG src="img.gif">
<IMG src="icons/img.gif">
<IMG src="../img.gif">
```

다음의 과정을 통하여 이미지의 속성들에 대하여 익혀보도록 하자.

(1) 이미지 넣기

이 절에서는 가장 기본이 되는 이미지를 웹 브라우저에 삽입하는 과정을 [예제 3-14]를 통하여 보인다.

[예제 3-14]

```
<HTML>
<HEAD>
<TITLE> 이미지 태그 </TITLE>
</HEAD>
<BODY>
        나의 추억이 담긴 그림입니다.<br>
        <img src="img.gif" alt="이쁜 나의 어린시절">
</BODY>
</HTML>
```

• 결과 •

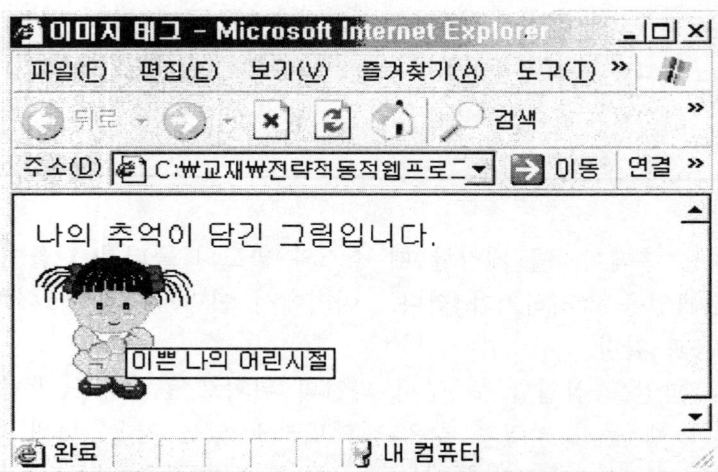

[그림 3-19] 이미지 태그1

(2) 이미지 여백설정

이 절에서는 이미지의 상하, 좌우 여백을 설정하는 과정에 대하여 [예제 3-15]를 통하여 보인다.

[예제 3-15]

```
<HTML>
<HEAD>
<TITLE> 이미지 태그 </TITLE>
</HEAD>
<BODY>
        나의 추억이 담긴 그림입니다.<br>
        여백을 지정해 보자<br>
        <img src="img.gif"><br>
        <img src="img.gif" hspace="20"><br>
        <img src="img.gif" hspace="30" vspace="30">
</BODY>
</HTML>
```

• 결과 •

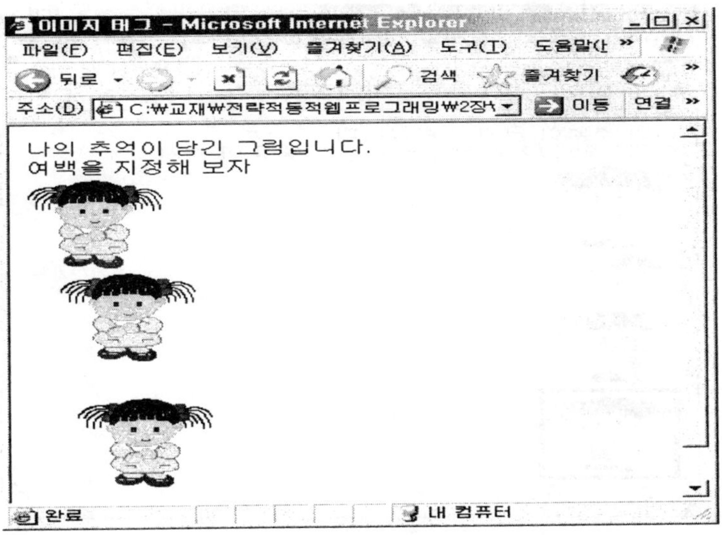

[그림 3-20] 이미지 태그2

(3) 이미지 크기와 두께

이 절에서는 이미지의 크기 조정과 마치 액자모양의 외각 테두리의 선을 지정하는 방법에 대하여 [예제 3-16]을 통하여 보인다.

[예제 3-16]

```
<HTML>
<HEAD>
<TITLE> 이미지 태그 </TITLE>
</HEAD>
<BODY>
나의 추억이 담긴 그림입니다.<br>
이미지의 크기와 테두리의 크기를 알아 보자<br>
<img src="img.gif"><br>
<img src="img.gif" width="50"><br>
<img src="img.gif" width="80" height="80"><br>
<img src="img.gif" width="80" height="80" border="4">
</BODY>
</HTML>
```

• 결과 •

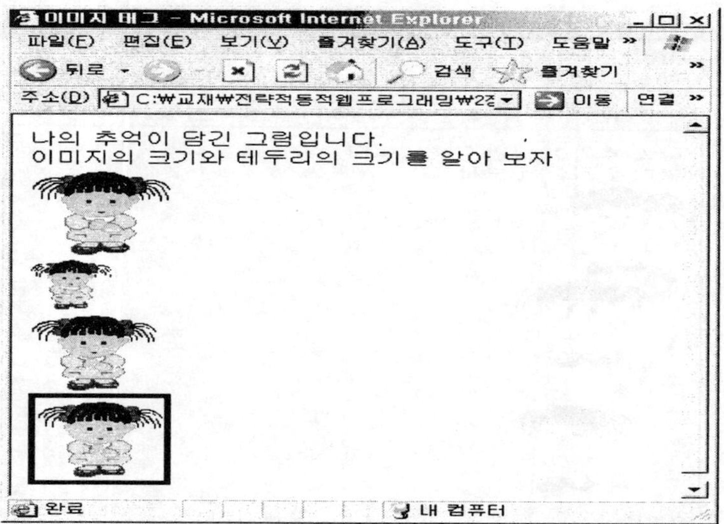

[그림 3-21] 이미지 태그3

15. 동영상 삽입 태그

그림을 삽입할 때 <img> 태그를 사용하는 것처럼 플래시, 동영상, 음악 파일을 삽입할 때 <embed> 태그를 사용한다. 플래쉬의 확장자는 swf이며 동영상의 확장자는 avi, mpeg, asf등이 있다. 또한 음악파일의 확장자는 mid, wav등이 있다. 플래시는 작은 파일이지만 사운드, 음성, 동영상을 제공하는 매키로 미디어사에서 출시한 제품이다. 또한, 플래시가 등장하기 전에는 움직이는 그림인 Gif Animation을 이용하여 표현하였다. 하지만 플래시보다 파일용량이 크며 사운드, 음성 등의 기능이 제한되어 있다는 단점을 가지고 있다. <embed> 태그로 삽입된 swf, avi, asf 파일등을 웹 브라우저를 통하여 볼 수 있는 것인 아니다. 왜냐하면 웹 브라우저로 스스로 swf, avi, asf 파일을 볼 수 있도록 하는 것이 아니라 별도의 플러그 인 프로그램을 설치해야 하기 때문이다.

아래의 표를 통하여 <embed> 태그의 속성을 보기로 한다.

속 성	설 명
src	그림 파일의 위치를 지정한다.
alt	그림 파일에 대한 설명문 이다.
width	그림의 가로의 크기를 나타내며, 픽셀과 비율(%)로 표현한다.
height	그림의 세로의 높이를 나타내며, 픽셀과 비율(%)로 표현한다.
align	그림파일과 같이 나타나는 텍스트의 정렬방식을 정한다. 형식은 top, center, bottom, left, right 등이 있다.
vspace	그림과 글 사이의 좌우 여백을 나타낸다.
hspace	그림과 글 사이의 상하 여백을 나타낸다.
border	그림의 외곽선 굵기를 설정한다. 값이 클 수록 선의 두께는 커진다.

또한, 동영상과 음악파일에 관련된 <embed> 태그 추가 속성들은 다음과 같다.

속 성	설 명
src	파일이 있는 위치와 음악 파일명을 지정한다.
loop	자동으로 반복되는 수를 표현한다.
volume	사운드의 크기를 표현한다.
width	동영상의 너비를 표현한다.
height	동영상의 높이를 표현한다.
hidden	동영상의 숨김 여부를 결정한다.
autostart	자동 재생 여부를 결정한다.

<embed> 태그는 음악파일과 동영상파일에 따라 차이가 있다. 먼저 음악파일과 같은 경우를 예를 들면 <embed src="sample.mid" autostart="true" loop="3" volume="10"></embed>로 표현하지만, 동영상파일의 경우에는 <embed src="sample.mid" border="3" autostart="false" width="200"></embed> 등으로 표현할 수 있다.

[예제 3-17]

```
<HTML>
<HEAD>
<TITLE> 동영상 삽입 태그 </TITLE>
</HEAD>
<BODY>
<h2>내가 즐겨보는 영화</h2>
<embed src="sample.avi" width="300" height="300"></embed>
</BODY>
</HTML>
```

• 결과 •

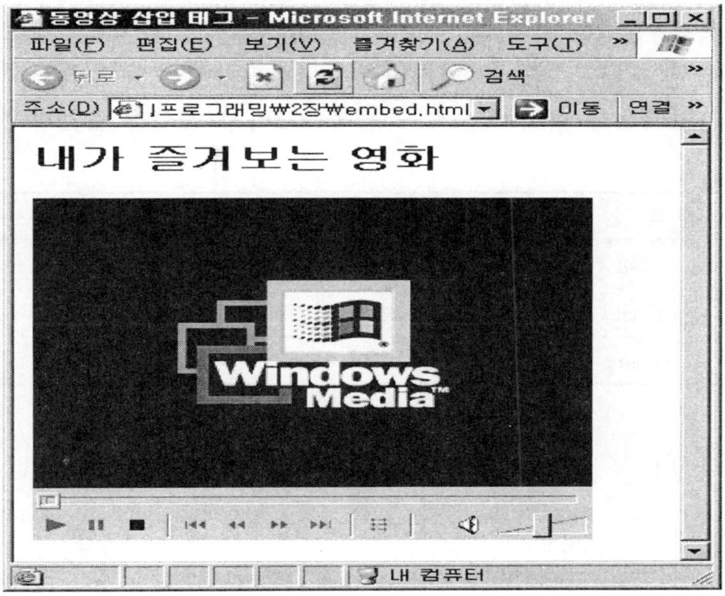

[그림 3-22] 동영상 삽입 태그

16. 목록 태그

목록이라는 것은 문서에서 어떤 내용을 다룰지 간략하게 보여줄 때 사용된다. 웹 문서에서도 목록을 만들수 있는데, html 태그 중에서 <OL>, <LI>, <UL>, <DL>, <DD>, <DT> 태그의 조합으로 홈페이지에 목록을 만들 수 있다. 목록을 만들 때 사용자가 일일이 숫자나 기호를 붙여서 만들 수 있지만 목록 태그를 이용하면 쉽게 만들 수 있다. 하지만 사용자의 기호에 따라서 목록 태그를 사용하는 경우와 이미지를 목록의 아이콘으로 지정하는 사용자도 있다.

(1) 순서 없는 목록

순서가 없는 목록(Unordered List)을 만들 때 <UL>태그와 <LI> 태그를 사용한다. <LI> 태그는 List의 약자로 리스트 요소를 의미한다. 목록을 만드는 방법은 <UL> 태그로 순서 없는 목록을 선언한 후 <LI> 태그를 사용하여 항목을 입력한다. 이때, <UL> 태그를 지정한 후 <LI> 태그를 생략하면 영역만 구분되지 기호는 나타나지 않기 때문에 주의하여야 한다.

아래의 표에서와 같이 순서없는 목록은 3가지 속성을 갖는다.

속 성	설 명
disk	●모양으로 초기값이다.
circle	○으로 속이 빈 원이다.
square	■으로 속이 찬 사각이다.

[예제 3-18]

```
<html>
<head><title>목록 만들기</title></head>
<body>
<h2>순서가 없는 목록만들기</h2>
<p>
    <ul>
            <li>홈페이지 만들기</li>
            <ul>
                    <li>홈페이지의 기본</li>
                    <li>태그를 익히자</li>
                    <ul>
                            <li>여는 태그</li>
                            <li>닫는 태그</li>
                            <li>태그 조합</li>
                    </ul>
                    <li>올바른 저장방법</li>
            </ul>
            <li>ASP 이용하기</li>
            <li>PHP 이용하기</li>
            <li>XML 이용하기</li>
    </ul>
</body>
</html>
```

• 결과 •

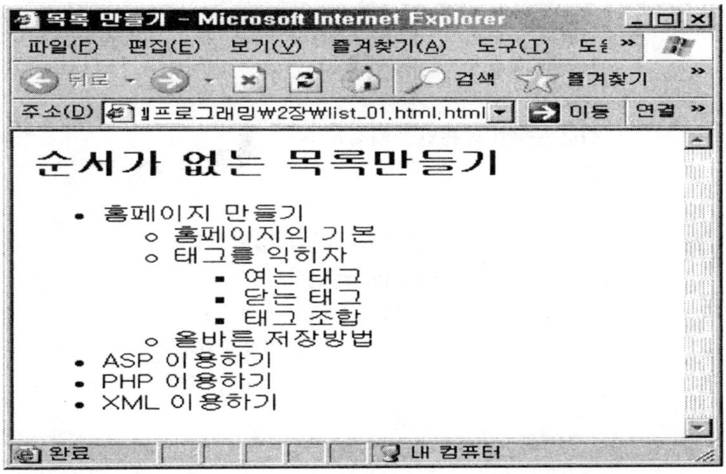

[그림 3-23] 목록 태그1

(2) 순서 있는 목록

순서 있는 목록(ordered list)을 만들 때 <OL> 태그와 <LI> 태그를 사용한다. <LI> 태그는 List의 약자로 리스트를 의미한다. 사용법은 <OL> 태그로 순서 있는 목록을 선언한 후 <LI> 태그를 사용하여 항목을 입력한다. <OL> 태그에는 5가지 타입이 있으며, 속성으로는 속성을 정의할 type과 시작 값을 표현하는 start이다. 아래의 표를 이용하여 그 속성을 보도록 하자.

속 성	설 명
1	아라비아 숫자로 초기값이다.(ex, 1, 2, 3, 4, ...)
A	영어 대문자 이다.(ex, A, B, C, D, ...)
a	영어 소문자 이다.(ex, a, b, c, d, ...)
I	로마 대문자 이다.(ex, I, II, III, IV, V, ...)
i	로마 소문자 이다.(ex, i, ii, iii, iv, v, ...)
type	속성의 스타일을 지정한다.(ex, <ol type="A">)
start	순서있는 목록의 시작값을 지정한다.(ex, <ol start="2">)

[예제 3-19]

```
<html>
<head><title>목록 만들기</title></head>
<body>
<h2>종합 목록만들기</h2>
<p>
     <ul>
              <li>나의 취미 생활</li>
              <ol type="A">
                       <li>독서</li>
                       <li>여행</li>
                       <li>낚시</li>
              </ol>
     </ul>
     <ul>
              <li>방학동안 계획</li>
              <ol>
                       <li>영어학원 등록</li>
                       <li>회사 잔무 처리</li>
                       <li>등산</li>
              </ol>
     </ul>
     <ul>
              <li>좋아하는 음식</li>
              <ol type="I" start="3">
                       <li>야채 쌈</li>
                       <li>생선</li>
                       <li>불고기</li>
              </ol>
     </ul>

</body>
</html>
```

• 결과 •

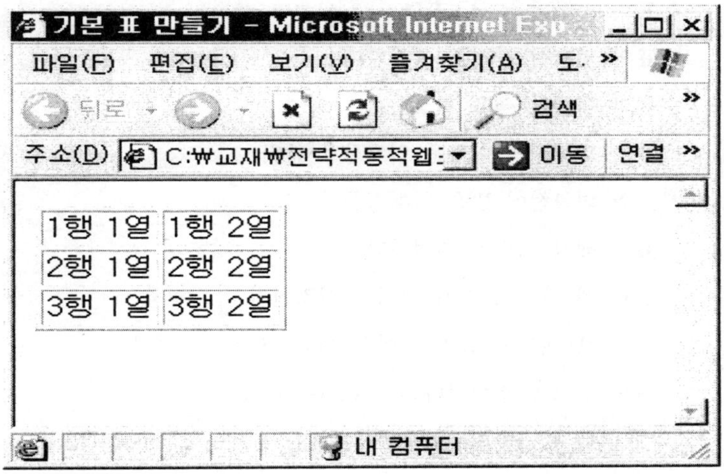

[그림 3-25] 태그1

(1) 표의 기본 속성

일반적으로 표의 크기를 설정하지 않을 경우에는 가장 긴 내용(text)를 기준하여 표의 크기가 정해진다.

아래의 표는 통하여 가장 많이 사용되는 표의 속성들을 익혀보기로 하자.

속 성	설 명
bgcolor	표의 바탕색을 지정한다.
border	표의 외곽선 굵기를 지정한다.
bordercolor	표의 외곽선 색을 지정한다.
bordercolordark	표의 외곽선에 어두운 입체감을 준다.
bordercolorlight	표의 외곽선에 밝은 입체감을 준다.
background	표의 배경 그림을 지정한다.
cellspacing	셀과 셀 사이의 간격 크기를 설정한다.
cellpading	셀과 셀 내부의 글자 사이의 여백 크기를 설정한다.
align	표의 위치를 정렬한다.(left, center, right)
valign	셀 안에서 글자의 상하 위치를 정렬한다.(top, middle, bottom, baseline)
width	표의 너비 크기를 지정한다. 단위는 %, 픽셀이 있다.
height	표의 높이 크기를 지정한다. 단위는 %, 픽셀이 있다.
hspace	표와 표 밖의 주위 글자와의 좌우 여백 크기를 설정한다.
vspace	표와 표 밖의 주위 글자와의 상하 여백 크기를 설정한다.
frame	표의 외곽선 형식을 지정한다. 형식은 void(모든 선을 제거), above(위 외곽선만 보이게 설정), below(아래 외곽선만 보이게 설정), hsides(위 아래 외곽선만 보이게 설정), lhs(왼쪽 외곽선만 보이게 설정), rhs(오른쪽 외곽선만 보이게 설정), vsides(좌우 외곽선만 보이게 설정), box(상하 좌우 모든 외곽선을 보이게 설정) 등이 있다.
rules	표 안에서 셀 선의 형식을 지정한다. 형식은 none(모든 내부 선을 제거), basic(<thead>, <tbody>, <tfoot> 태그 안에 있는 가로 경계선만 표시), rows(가로 경계선만 표시), cols(세로 경계선만 표시), all(모든 경계선을 표시) 등이 있다.

[예제 3-21]

```
<html>
<head><title> 표 속성 만들기 </title></head>
<body>
        <table border="4" width="200" height="50">
        <caption valign="top">표 외곽선 두께(border="4")</caption>
                <tr>
                        <td>1행 1열</td>
                        <td>1행 2열</td>
                </tr>
        </table>
        <table bgcoler="yellow" border="1" width="200" height="50">
        <caption valign="top">표 배경색(bgcolor="yellow")</caption>
                <tr>
                        <td>1행 1열</td>
                        <td>1행 2열</td>
                </tr>
        </table>
<table bordercolor="tail" bordercolordark="maroon" border="1" width="200"
 height="50">
        <caption valign="top">표 외곽선 색</caption>
                <tr>
                        <td>1행 1열</td>
                        <td>1행 2열</td>
                </tr>
        </table>
        <table cellspacing="15" border="1" width="200" height="50">
        <caption valign="top">표 셀과 셀 사이의 간격
        (cellspacing="15")</caption>
                <tr>
                        <td>1행 1열</td>
                        <td>1행 2열</td>
                </tr>
        </table>
        <table cellpadding="20" border="4" width="200" height="50">
        <caption valign="top">셀 안의 text와 경계사이 여백
        (cellpadding="20")</caption>
                <tr>
                        <td>1행 1열</td>
```

```
                    <td>1행 2열</td>
                </tr>
        </table>
        <table frame="vside" border="1" width="200" height="50">
        <caption valign="top">표 외곽선 모양(frame="vside")</caption>
                <tr>
                    <td>1행 1열</td>
                    <td>1행 2열</td>
                </tr>
        </table>
        <table rules="rows" border="1" width="200" height="50">
        <caption valign="top">표 셀 구분선</caption>
                <tr>
                    <td>1행 1열</td>
                    <td>1행 2열</td>
                </tr>
        </table>
</body>
</html>
```

• 결과 •

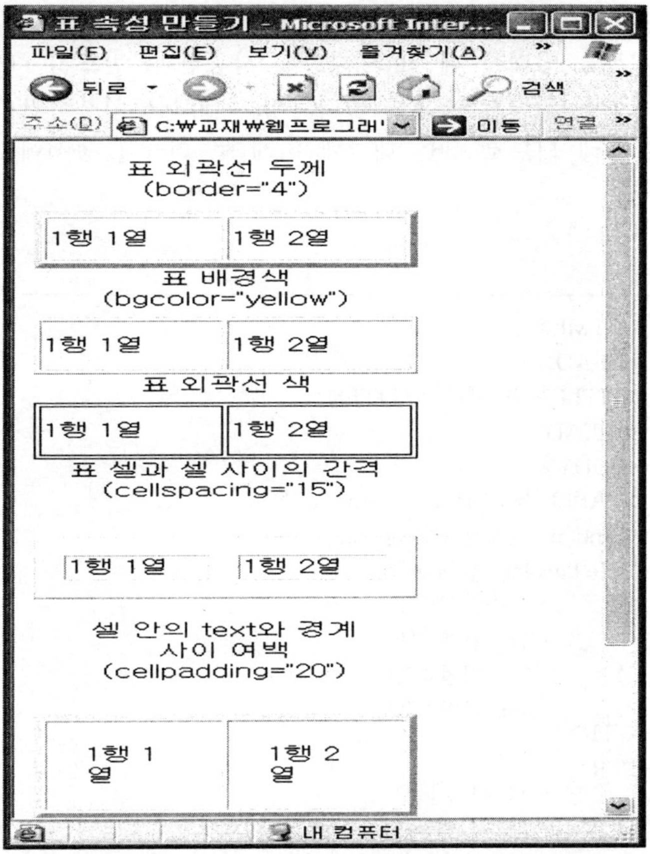

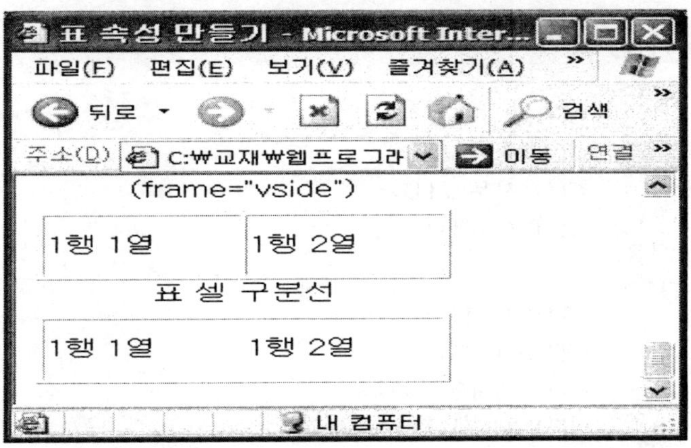

[그림 3-26] 표 태그2

(2) 표 제목 만들기

행과 열의 제목을 입력할 때 <th> 태그를 사용한다. 반드시 <th> 태그를 이용하여 열 제목을 입력할 필요는 없다. <th> 태그를 이용하면 진하게 가운데 정렬이 동시에 되므로 <td> 태그에 비해 두 기능을 동시에 보인다.

[예제 3-22]

```
<HTML>
<HEAD>
<TITLE> 표 제목 </TITLE>
</HEAD>
<BODY>
<TABLE border="2" width="450">
<caption>가족소개</caption>
<TR bgcolor="yellow">
        <Th>순서</Th>
        <Th>관계</Th>
        <Th>직업</Th>
        <Th>나이</Th>
</TR>
<TR>
        <TD>1</TD>
        <TD>아빠</TD>
        <TD>교수</TD>
        <TD>47</TD>
</TR>
<TR>
        <TD>2</TD>
        <TD>엄마</TD>
        <TD>사무</TD>
        <TD>44</TD>
</TR>
<TR>
        <TD>3</TD>
        <TD>나</TD>
        <TD>회사원</TD>
        <TD>24</TD>
</TR>
<TR>
        <TD>4</TD>
```

```
                <TD>남동생</TD>
                <TD>학생</TD>
                <TD>22</TD>
        </TR>
        </TABLE>
        </BODY>
        </HTML>
```

• 결과 •

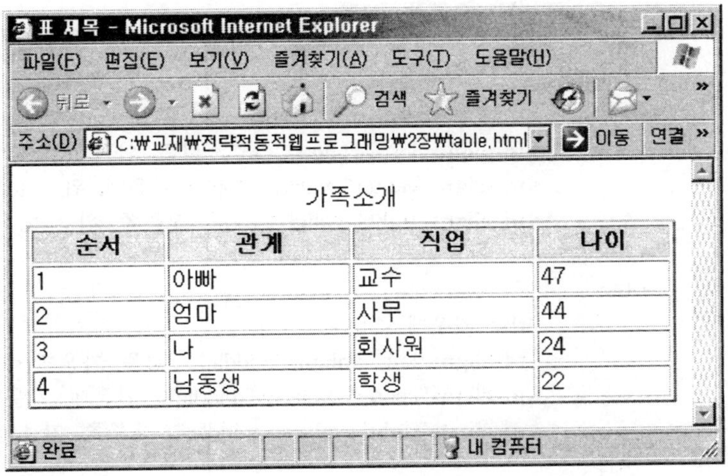

[그림 3-27] 표 태그3

(3) 문자 정렬하기

표 기능에서 가장 중요한 것 중에 하나가 표 내부에 문자를 어떻게 정렬할 것인가를 표현하는 것이다. 수평적 정렬방식인 align과 수직적 정렬방식인 valign의 사용방법을 이 절에서 보기로 한다. 또한, 표에서 빈 칸을 표현할 경우는 <td>   </td>로 표현해야 한다.

[예제 3-23]

```
<html>
<head><title> 문자 정렬하기</title></head>
<body>
    <table border="1" width="500" height="300">
    <tr>
            <th>   </th>
            <th> 왼쪽 </th>
            <th> 가운데 </th>
            <th> 오른쪽 </th>
    </tr>
    <tr>
            <th> 위 </th>
            <td align="left" valign="top"> 왼쪽, 위 </td>
            <td align="center" valign="top"> 가운데, 위 </td>
            <td align="right" valign="top"> 오른쪽, 위 </td>
    </tr>
    <tr>
            <th> 가운데 </th>
            <td align="left" valign="middle"> 왼쪽, 가운데 </td>
            <td align="center" valign="middle"> 가운데, 가운데 </td>
            <td align="right" valign="middle"> 오른쪽, 가운데 </td>
    </tr>
    <tr>
            <th> 아래 </th>
            <td align="left" valign="bottom"> 왼쪽, 아래 </td>
            <td align="center" valign="bottom"> 가운데, 아래 </td>
            <td align="right" valign="bottom"> 오른쪽, 아래 </td>
    </tr>
    </table>
</body>
</html>
```

• 결과 •

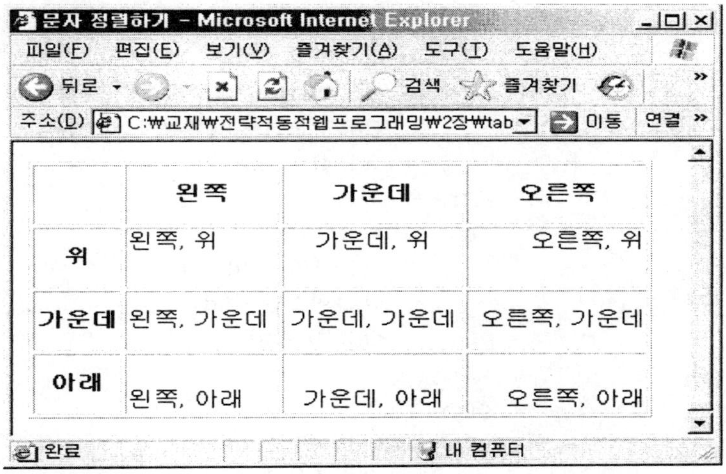

[그림 3-28] 표 태그4

(4) 셀 병합하기

표에서 중용한 기능중에 하나가 셀을 병합하는 기능이다. 셀 병합하는 종류에는 행 병합(colspan="n")과 열 병합(rowspan="n")으로 구분되며 아래의 예제를 통하여 알아보기로 하자.

[예제 3-24]

```
<html>
<head><title> 셀 병합</title></head>
<body>
        <table border="1">
                <tr>
                        <th colspan="4">우리 회사 소개</th>
                </tr>
                <tr>
                        <th>직급 </th>
                        <th>부서 </th>
                        <th>이름 </th>
```

```
                        <th>나이 </th>
                </tr>
                <tr>
                        <td>부장 </td>
                        <td rowspan="2">회계부 </td>
                        <td>강문선 </td>
                        <td>41 </td>
                </tr>
                <tr>
                        <td>대리 </td>
                        <td>이소연 </td>
                        <td>29 </td>
                </tr>
                <tr>
                        <td>과장 </td>
                        <td>총무부 </td>
                        <td>권문진 </td>
                        <td>30 </td>
                </tr>
        </table>
</body>
</html>
```

• 결과 •

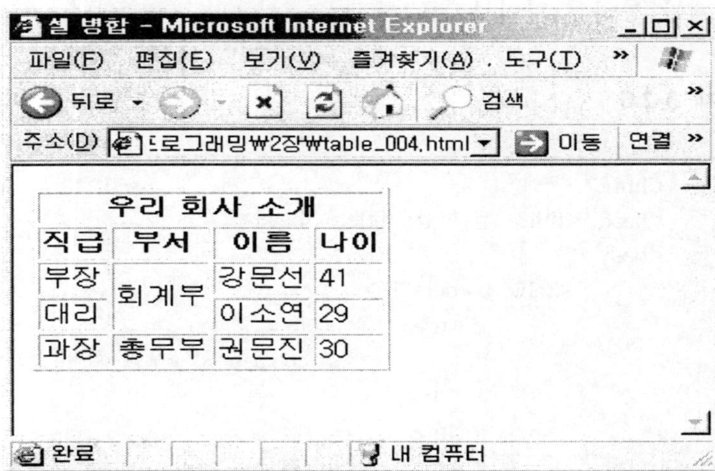

[그림 3-29] 표 태그5

18. 폼 태그

폼에서는 텍스트 상자, 텍스트 영역, 체크 상자, 메뉴 등과 같은 폼 요소들을 사용해서 정보를 입력하고 선택 사항들을 선택할 수 있다. 폼 요소들을 컨트롤이라고 한다. 일반적으로 폼에 요소를 추가할 때에는 해당 요소의 이름을 제공해 주어야 하며, 이름은 폼의 결과물에서 각 요소들을 구분할 때 사용되는 것으로 웹 페이지에는 나타나지 않는다.

(1) 체크 상자

여러 선택사항 중에서 2가지 이상을 선택할 경우에 체크 상자를 이용한다. 그리고 name 속성은 만들어 놓은 각 체크상자 그룹에 이름을 부여한다. 지정한 이름은 폼 결과에서 해당 체크상자 그룹을 구분할 때 사용된다. Value 속성은 그룹에 들어 있는 개별 체크상자의 이름을 지정한다.

[예제 3-25]

```
<html>
<head><title> 체크 상자</title></head>
<body>
<form action="main.html" method="post">
<h2>가보고 싶은 산</h2>
<input type="checkbox" name="mou" value="sola" checked>설악산<p>
<input type="checkbox" name="mou" value="jiri">지리산<p>
<input type="checkbox" name="mou" value="soba">소백산<p>
<input type="checkbox" name="mou" value="hanl">한라산<p>
</form>
</body>
</html>
```

• 결과 •

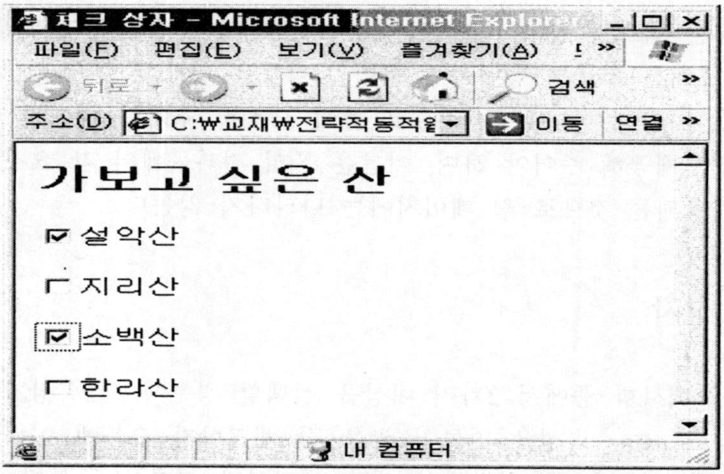

[그림 3-30] 체크 상자 태그

(2) 라디오 버튼

라디오 버튼은 여러 선택 사항들 중 하나만 선택할 경우에 사용한다. 그리고 name 속성은 만들어 놓은 라디오 버튼 그룹에 동일한 이름을 부여하며, value 속성은 폼 결과에서 해당 하는 라디오 버튼 그룹을 구분할 때 사용된다. 즉, value 속성은 그룹에 들어있는 개별 라디오 버튼 이름을 지정해야 한다. 라디오 버튼의 결과는 하나이므로 name은 모두 동일하게 주어야 한다. 그 대신 value는 다르게 하여야 한다.

[예제 3-26]

```
<html>
<head><title> 라디오 버튼</title></head>
<body>
<form action="main.html" method="post">
<h2>직업을 선택하시오.</h2>
<input type="radio" name="job" value="stud" checked>학생<p>
<input type="radio" name="job" value="prof">교수<p>
```

```
<input type="radio" name="job" value="hous">주부<p>
<input type="radio" name="job" value="nurs">간호사<p>
</form>
</body>
</html>
```

• 결과 •

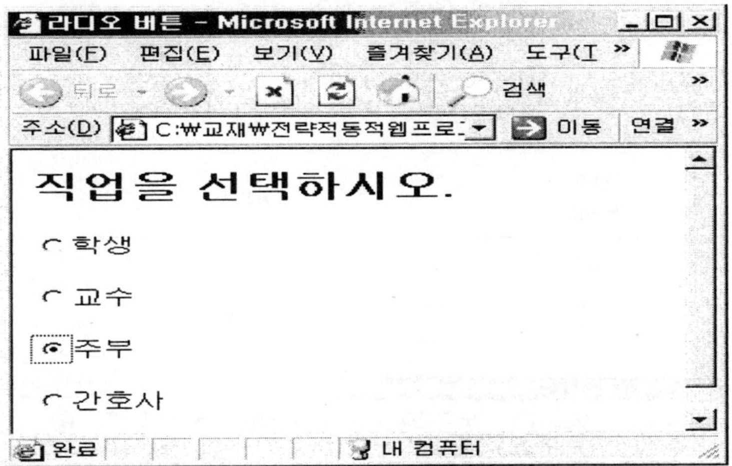

[그림 3-31] 라디오 버튼 태그

(3) 선택 메뉴

사용자가 여러 항목 중 한 항목을 선택하려면, 폼에 select 태그를 이용하여 메뉴를 추가시킨다. 메뉴는 보통 직업이나 도시명, 제품명 들과 같은 목록에 예를들 수 있고, 이 가운데 하나를 선택하게 할 때 사용된다.

<option> 태그는 메뉴의 각 항목을 지정한다. value 속성은 각 항목의 이름을 지정한다. selected 속성을 사용하면, 메뉴의 특정 항목이 자동으로 선택되어 있도록 할 수 있다. 그리고 초기에 나타나게 하고 싶은 값을 selected를 쓰며, size는 보이고 싶은 항목수를 지정한다. 또한, 2개 이상의 항목을 선택하게 하려면 multiple을 입력한다.

[예제 3-27]

```
<html>
<head><title> 선택 태그</title></head>
<body>
        <form action="main.html" method="post">
        <h2>월을 선택하시오.</h2>
        <select name="mon" size="2" multiple>
        <option value="1">1월
        <option value="2">2월
        <option value="3">3월
        <option value="4" selected>4월
        </form>
</body>
</html>
```

• 결과 •

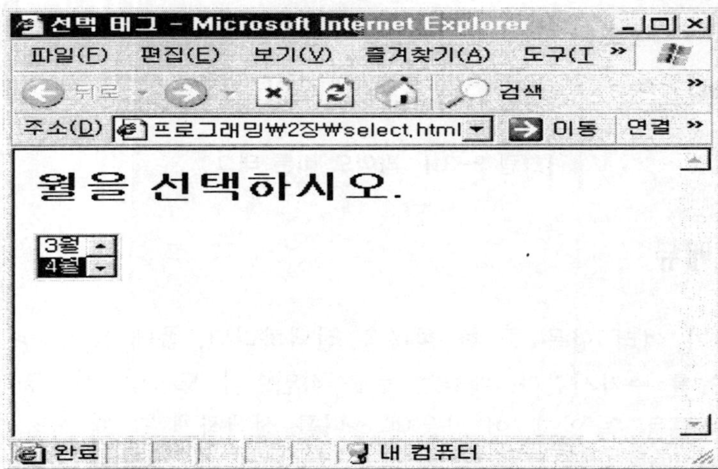

[그림 3-32] 선택 태그

(4) textarea 태그 & password 태그

textarea 태그는 사용자에게 데이터를 여러 줄로 입력할 수 있도록 입력창을 표현하는 상자이다. textarea 태그의 형식은 name="개체 명", 입력하는 행을 표현하기 위한 rows="줄 수" 열을 표현하기 위한 cols="열 수"포 표현된다. 또한, password 태그는 사용자가 데이터를 입력할 수 있는 텍스트 상자를 생성하고, 입력된 문자는 "*"형태로 화면에 출력된다. 형식은 name="개체 명", 상자의 길이(크기)를 나타내기 위한 size="상자 크기", 패스워드 상자의 초기 값 정의를 위한 value="값"으로 표현된다.

[예제 3-28]

```
<html>
<head><title> textarea & password </title></head>
<body>
        <hr>성적 입력하기</hr>
        <form action = "result.asp" method="post">
        이름 : <input type="text" name="main" size="20" maxLength="40"><p>
        패스워드 : <input type="password" name="pass" size="20"><p>
        성적 : <input type="text" name="grade" size="10" value="0"><p>
        평가 : <textarea name="etc" clos="30" rows="3">
                </textarea><p>

        <input type="submit" value="입력하기">
        <input type="reset" value="취소하기">
</body>
</html>
```

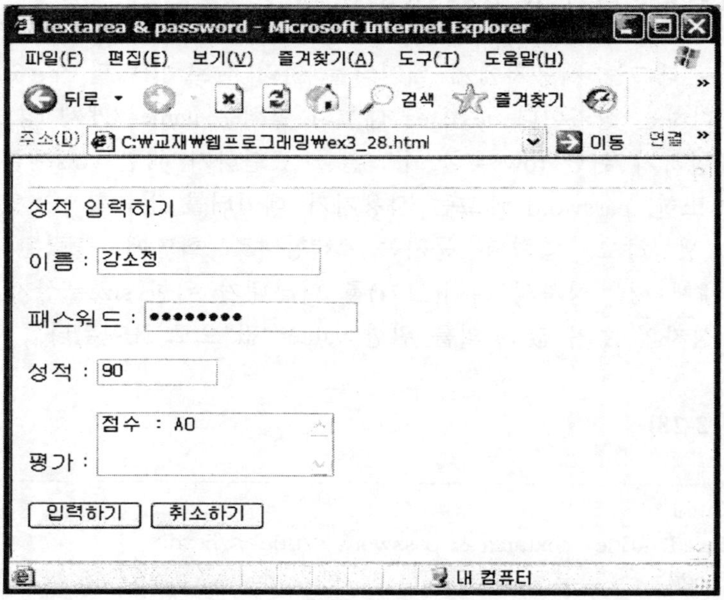

[그림 3-33] textarea & password 태그

(5) 전송 및 취소 버튼

폼에 "전송" 버튼을 추가하면, 사용자가 폼에 입력한 정보를 전송할 수 있다. value 속성은 전송 버튼에 나타나는 텍스트를 지정한다. 그리고 value 속성을 사용하지 않으면 전송 버튼에는 자동으로 "쿼리 전송" 이나 "전송" 이라는 텍스트가 나타난다. 즉, 전송 버튼을 선택했을 때, 데이터를 받는 파일이름을 폼의 action에 나타난 파일에 저장하며, 그 방식은 method에 기록된 방식에 따른다. 그리고 폼의 "취소" 버튼을 만들면, 폼에 입력했던 정보를 모두 취소할 수 있다.

[예제 3-29]

```
<html>
<head><title> 전송 태그</title></head>
<body>
<form action="main.html" method="post">
<h2>직업을 선택하시오.</h2>
```

```
<input type="radio" name="job" value="stud" checked>학생<p>
<input type="radio" name="job" value="prof">교수<p>
<input type="radio" name="job" value="hous">주부<p>
<input type="radio" name="job" value="nurs">간호사<p>
        <h2>월을 선택하시오.</h2>
        <select name="mon" size="2" multiple>
        <option value="1">1월
        <option value="2">2월
        <option value="3">3월
        <option value="4" selected>4월
        <input type="submit" value="확인">
        <input type="reset" value="취소">
        </form>
</body>
</html>
```

• 결과 •

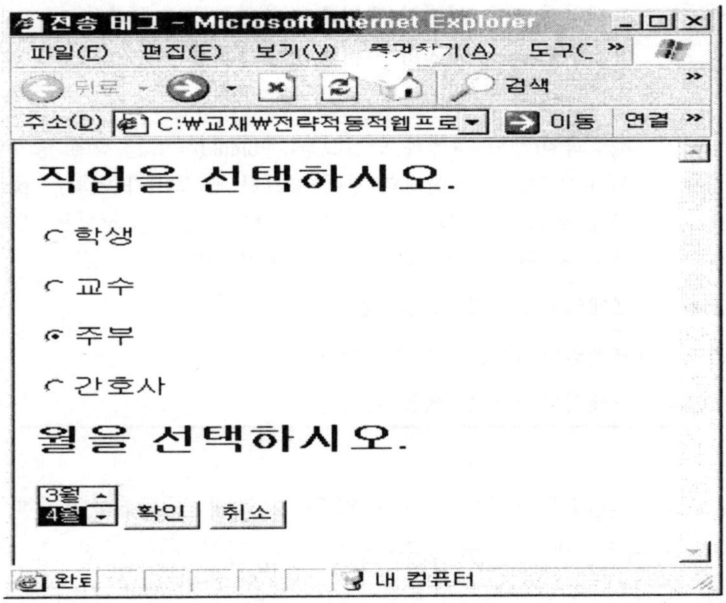

[그림 3-34] 전송 태그

19. 프레임 태그

프레임이란 브라우저 화면을 여러 개로 분할하여 각기 다른 문서를 보여주는 것을 의미한다. 예를 들어 화면을 3단 프레임으로 나누었다면, 프레임 소스까지 4개의 html 문서를 만들어야 하며, 각각의 프레임영역마다 표현하고자 하는 문서들을 링크를 설정하여 보여줄 수 있다. 이렇게 프레임을 만드는 데에는 두 가지 종류의 문서가 존재한다. 첫 번째는 브라우저 화면에 나타날 프레임 형식을 지정하는 문서이고, 두 번째는 각 프레임 안에서 보여줄 실제 내용이 들어 있는 문서이다.

아래의 표를 통하여 프레임 태그에서 사용되는 속성들에 대하여 알아보자.

속 성	설 명
name	프레임의 식별이름을 설정한다.
scrolling	스크롤바를 사용할지의 여부를 결정한다.(auto(자동), yes(있음), no(없음))
marginwidth	프레임의 좌우 여백의 크기를 픽셀단위로 지정한다.
marginheight	프레임의 상하 여백의 크기를 픽셀단위로 지정한다.
target	링크로 연결된 웹 문서를 보여줄 프레임을 지정한다. 종류에 따라 해당파일(해당 파일과 연결설정), _blank(새로운 창에 링크된 웹 문서가 열림), _self(현재의 창에 링크된 웹 문서가 열림), _parent(현재 창의 부모 프레임에 링크된 웹 문서가 열림), _top(모든 프레임을 해제한 후 링크된 웹 문서가 열림)등이 있다.
noresize	프레임의 크기를 고정시킨다.
url	프레임의 웹 문서를 지정한다.
bordercolor	프레임의 외곽선 색을 설정한다.

<frameset>은 브라우저상에서 프레임을 어떻게 만들 것인지를 지정하는 태그이다. 즉 좌우 상하로 몇 등분할 것이며 각각 나누어진 프레임의 크기는 어떻게 할 것인지를 정하게 된다. 기본형식은 아래와 같다.

```
<html>
<head><title></title></head>
<frameset>

</frameset>
</html>
```

프레임을 제공하는 웹 브라우저는 <body> </body>태그를 무시한다. 또한, 프레임 문서는 <frameset>에 상하로 나누려면 rows, 좌우로 나누려면 cols를 이용하여 값을 입력한다.

(1) 4:1 비율로 나누기

프레임을 2단으로 나누며 좌우, 혹은 상하의 비율을 4:1로 나눈다. 아래의 예제에서 left.html 파일은 <frame src="left.html">로 right.html 파일은 <frame src="right.html">로 링크를 설정하므로 프레임 파일까지 모두 3개의 파일이 한 브라우저에 출력된다.

[예제 3-30]

```
<html>
<head><title> 프레임 4:1</title></head>
 <frameset cols="4*, *">
        <frame src="left.html">
        <frame src="right.html">
 </frameset>
<html>
```

• 결과 •

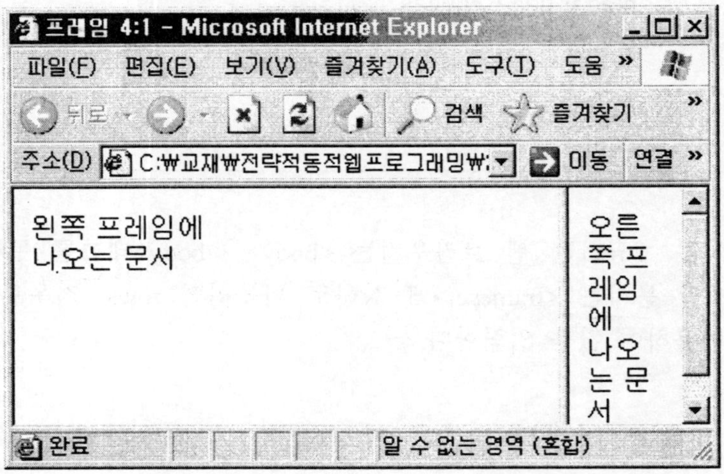

[그림 3-35] 프레임 태그1

(2) 픽셀로 나누기

프레임을 나누는 기준은 %(비율)과 픽셀이 있다. %는 브라우저 크기에 비례하여 나눠지는 상대적인 값이며, 픽셀은 고정된 프레임의 크기로 표현된다. <frameset cols="120, *">로 설정된 프레임은 좌측 프레임의 크기를 120픽셀로 고정한 후 나머지의 오른쪽 영역은 전체 픽셀의 크기의 나머지 값으로 설정해 준다.

[예제 3-31]

```
<html>
<head><title> 픽셀로 나누기</title></head>
 <frameset cols="120, *">
        <frame src="left.html">
        <frame src="right.html">
 </frameset>
</html>
```

• 결과 •

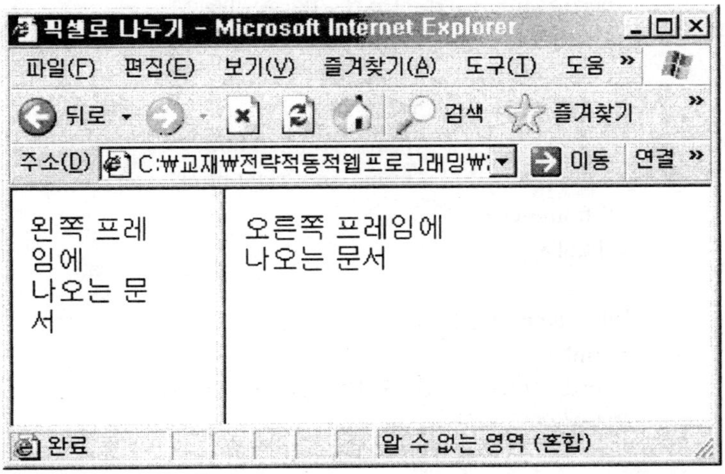

[그림 3-36] 프레임 태그2

(3) 3단으로 나누기

주로 표현되는 기법중에 하나가 3단 프레임이다. 상하로 나눈후에 하단의 프레임을 다시 좌우로 나눔으로서 상단의 프레임에는 이미지나 메뉴를 위치시키며, 좌측 프레임에는 서브 메뉴들을 보이며, 마지막으로 오른쪽 하단 프레임에는 메뉴를 선택하였을 때의 결과 들을 표현하기 위한 자리로 설정한다. 이때, <frameset>은 상하를 나눌때와 좌우로 나눌때를 포함하여 2번 사용된다.

[예제 3-32]

```
[file name : index.html]
<html>
<head><title> 3단 나누기</title></head>
 <frameset rows="120, *">
       <frame src="top.html">
       <frameset cols="160, *">
              <frame src="left.html">
              <frame src="right.html", name="main">
 </frameset>
</html>

[file name : top.html]
<html>
<head><title> 상단 프레임 </title></head>
 <body>
      상단 페이지가 표현된다.
 </body>
</html>

[file name : left.html]
<HTML>
<HEAD> <TITLE> 프레임 왼쪽에 나오는 문서 </TITLE>
</HEAD>
<BODY>
 왼쪽 프레임에<BR>
 나오는 문서
</BODY>
</HTML>

[file name : right.html]
<HTML>
<HEAD> <TITLE> 프레임 오른쪽에 나오는 문서 </TITLE>
</HEAD>
<BODY>
 오른쪽 프레임에<BR>
 나오는 문서
</BODY>
</HTML>
```

• 결과 •

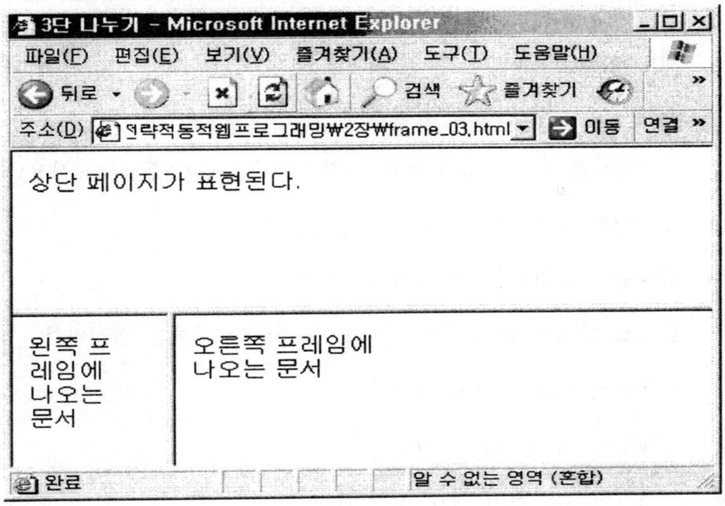

[그림 3-37] 프레임 태그3

(4) <iframe>로 나누기

html 문서의 중간에 다른 html 문서를 보여주려고 할 때 사용한다. 내부 프레임(inline frame)이라는 의미이다.

<iframe>의 속성은 다음 표와 같다.

속 성	설 명
align	프레임과 text와의 정렬위치를 저정한다. left(왼쪽), right(오른쪽), center(가운데), top(위), baseline(기준선), bottom(아래)
name	프레임이 식별 이름을 설정한다.
scrolling	스크롤바를 사용할지의 여부를 결정한다. auto(자동), yes(사용), no(없음)
marginwidth	프레임의 좌우 여백의 크기를 결정한다.
marginheight	프레임의 상하 여백의 크기를 결정하다.
target	링크로 연결된 웹 문서를 보여줄 프레임의 이름을 결정한다.
noresize	프레임의 크기를 고정 시킨다.
url	프레임의 웹 문서를 지정한다.
bordercolor	프레임의 경계선의 색을 지정한다.
frameborder	프레임의 경계선을 보여줄지 여부를 결정한다. yes(예), no(아니오)

[예제 3-33]

```
[iframe.html]
<html>
<head><title> iframe </title></head>
        <h3>iframe 예제</h3>
        <table border="2">
        <tr>
        <td>
        <a href="left.html" target="right">선택</a>
        </td>
        </tr>
        <tr>
        <td>
        <iframe src="test.html" name="right"></iframe>
        </td>
        </tr>
        </table>
</html>
```

```
[left.html]
<HTML>
<HEAD> <TITLE> 프레임 왼쪽에 나오는 문서 </TITLE>
</HEAD>
<BODY>
  왼쪽 프레임에<BR>
  나오는 문서
</BODY>
</HTML>

[test.html]
<html>
<head><title> test 페이지</title></head>
<body>
가장 초기의 화면입니다.
</body>
</html>
```

• 결과 •

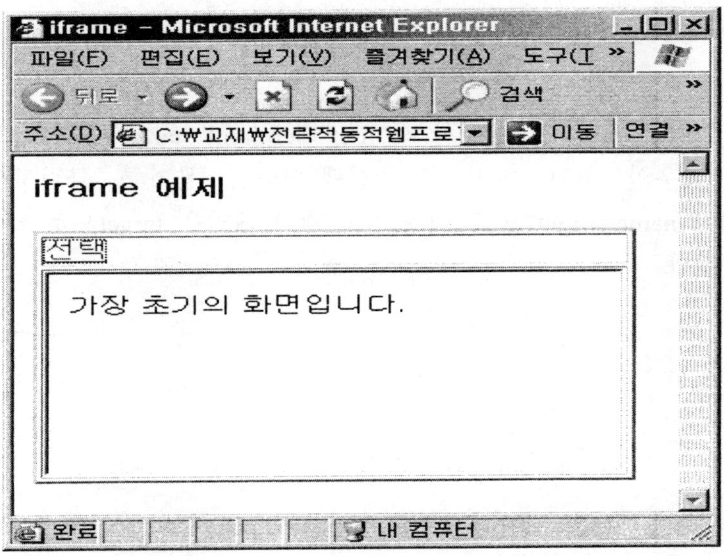

[그림 3-38] 프레임 태그4

위의 그림은 테이블을 두 행으로 나눈후에 첫 번째 행에서 <a href="left.html" target="right">선택</a>을 선택하기 전 화면으로 가장 기본의 값인 test.html을 두 번째 행에 출력하는 그림이다.

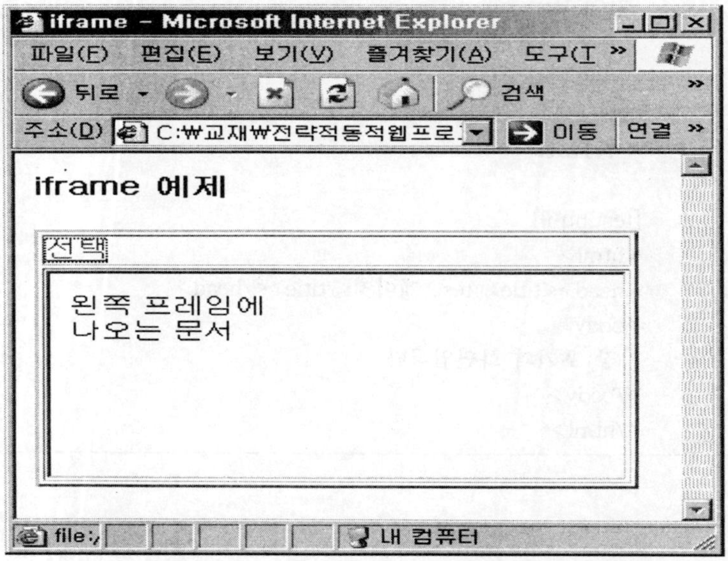

[그림 3-39] 프레임 태그5

위의 그림은 첫 번째 행에서 <a href="left.html" target="right">선택</a>을 선택한 경우의 결과 화면으로 "선택"이라는 문자를 클릭하였을 경우 left.html이 name="right"으로 지정된 하단 프레임을 target으로 하여 메시지가 출력된다.

연습문제

1. HTML을 실행하기 위한 과정을 설명하시오.

2. <hn>태그와 <font>태그를 비교 설명하시오.

3. ASP와 HTML의 공통점과 차이점에 대하여 설명하시오.

4. 링크 태그를 이용하여 다음의 결과를 확인하시오.
소스 : <a href=http://kr.yahoo.com/ target="_blank"> 야후로 이동 </a>

5. 이미지 태그와 marquee태그를 이용하여 다음의 결과를 확인하시오.
소스 : <marquee direction=up scrollamount=3 behavior=alternate height=130>
<marquee scrollamount=2 direction=right><imagesrc="filename"></marquee>
</marquee>

6. 이미지의 수치를 픽셀과 %로 구분하여 설명하시오.

7. 다음의 목록을 코딩하시오.

```
I. 취미생활
 ○ 독서
 ■ 낚시
 ● 공부하기
D. 좋아하는 음식
 a. 야채볶음
 b. 생선 매운탕
 c. 계절과일
■ 나의 친구들
 ii. 김하늘
 iii. 문소라
 iv. 이소룡
```

8. 다음의 표를 코딩하시오.

<table>
<tr><th></th><th>강</th><th>산</th><th>지역</th><th>비고</th></tr>
<tr><td>이문선</td><td>내린천</td><td>설악산</td><td rowspan="2">강원도</td><td rowspan="3">※ 아름다운
우리강산</td></tr>
<tr><td>아름이</td><td>소양강</td><td>오대산</td></tr>
<tr><td>강문일</td><td>청계천</td><td>남한산</td><td>서울</td></tr>
</table>

4장 JavaScript

자바스크립트(JavaScript)란 상호작용 가능한 동적 웹 문서를 작성할 수 있도록 넷스케이프(Netscape)사와 선 마이크로시스템(SunMicroSystem)사가 개발한 웹용 프로그램 언어이다. 넷스케이프사는 웹 기술에서 사요될 수 있는 언어인 라이브 스크립트(Live Script)의 개발을 진행하고 있었고 비슷한 시기에 선(Sun)사는 자바의 개발을 진행하고 있었다. 넷스케이프사는 선사의 자바가 웹 기술에서 접목할 수 있는 적합한 언어라고 생각하여 2개의 기술을 연결할 수 있는 새롭고 강력한 스크립트 언어를 개발하였다.

스크립트 언어는 웹의 출현 훨씬 이전부터 존재하였으며, 컴퓨터나 프로그래밍에 익숙하지 못한 사용자들에게 간편하게 프로그램할 수 있도록 기능을 제공하는 수단으로 개발되었다. 스크립트 언어의 예로는 CGI프로그래밍 언어로 유명한 Perl, C++이 있으며 자바스크립트도 이 계열에 속하는 언어이다.

1. 자바스크립트와 자바의 차이점

자바스크립트는 객체지향 언어이지만 완전한 객체 지향은 아니다. 자바스크립트에서는 클래스를 정의하거나 상속할 수 없기 때문이다. 자바스크립트와 자바의 차이점은 아래의 표와 같다.

내용	자바 스크립트	자바
독립성	HTML과 함께 사용된다.	HTML과 독립적으로 사용된다.
보안성	소스가 공개된다.	소스가 공개되지 않는다.
형식	인터프리터 방식, 동적 연결방식	컴파일 방식, 정적 연결방식
함수선언	미리 선언하지 않고 사용한다.	선언부에서 미리 선언한다.
상속성	객체 기반 언어, 클래스와 상성 성에 지원이 안된다.	객체 지향 언어, 클래스나 상속성에 지원 된다.

2. 자바스크립트의 형식

자바스크립트의 기본 형식은 <script> ~ </script>의 형태이며, 선언 내부의 태그를 통하여 표현할 함수를 실행 시킨다. 자바스크립트를 사용한다는 것을 선언하기 위해 <script language="JavaScript"> ~ </script>로 정의하며, <script> 태그는 <head> 태그나 <body> 태그 내에 위치한다. <head>와 </head> 태그 내에서는 함수와 같은 스크립트로 정의할 내용을 입력하며 <body> 태그 내에서 자바스크립트로 실행할 내용을 지정할 내용을 입력한다.

아래의 그림은 자바스크립트를 실행하는 형식을 표현한 것이다.

```
<html>
<head><title>JavaScript 실행하기</title>
  <script language="JavaScript">
    <!--

    //-->
  </script>
</head>
<body>
 <script language="JavaScript">
    <!--

    //-->
  </script>
</body>
</html>
```

3. 주석의 사용

자바스크립트는 주석을 사용할 수 있다. 주석의 의미는 여러 가지가 있다. 첫째, 프로그램을 개발한 사람의 정보를 표현하는 것이다. 따라서, 소스를 분석하는 중 의문사항을 개발자에게 문의하기 위한 용도로 사용된다. 둘째, 자바스크립트를 실행하고 싶지 않은 경우 주석처리함으로 프로그램 전체의 에러와는 무관하게 실행할 수 있게 하기 위하여 사용된다. 셋째, 소스를 작성한 후 오랜 시간이 지난후 다시 확인하고할 때 주석을 통해서 쉽게 내용을 이해할 수 있도록 도움말 구실을 한다.

이러한 주석의 형식은 아래의 그림과 같다.

```
<script language="JavaScript1.2">
<!--
// 한 줄의 주석 문에 사용한다.
/* 한 줄 이상의 주석 문에 사용한다.
   자바스크립트 언어는 주석문은 출력되지 않는다.
*/
//-->
</script>
```

4. 예약어

자바스크립트에서는 미리 정의된 예약어를 변수나 함수이름 또는, 레이블 이름으로 사용할 수 없다. 아래의 표는 예약어의 종류를 표현한 것이다.

abstract, boolean, break, byte, case, catch, char, class, const, continue, default, do, delete, double, else, extends, export, false, final, finally, float, for, function, goto, if, implements, import, in, instanceof, int, interface, long, native, new, null, package, private, protected, public, return, short, static, super, switch, synchronized, this, throw, throws, transient, true, try, typeof, var, void, while, with

5. 변 수

변수(Variable)란 값을 저장하는 공간으로서 변수의 이름은 사용자가 필요에 따라서 임의로 변경할 수 있다. 변수는 문자, 숫자, 부호 등을 값으로 대입할 수 있으며, 자바스트립트에서는 변수를 사용하기 쉽도록 정의하였다. 형식은 변수명 앞에 var을 입력하기도 하지만 자바스크립트에서는 생략이 가능하다. 주로 변수는 영문자와 숫자사이에 "_"로 시작하기도 하며, 숫자는 0부터 임의의 숫자를 선정하며, 알파벳은 대소문자를 혼용하거나, 대문자 혹은 소문자만 사용하여도 된다.

[그림 4-1]을 통하여 변수의 사용 예를 간단히 보기로하자.

[예제 4-1]

```
<html>
<head><title>변수 사용법</title>
<script language="javascript">
<!--
  var i=10;
  var j=20;
  var total;
   total = i + j;
   document.write("total은 ", total, "이다.")
//-->
</script>
</head>
<body>
</body>
</html>
```

• 결과 •

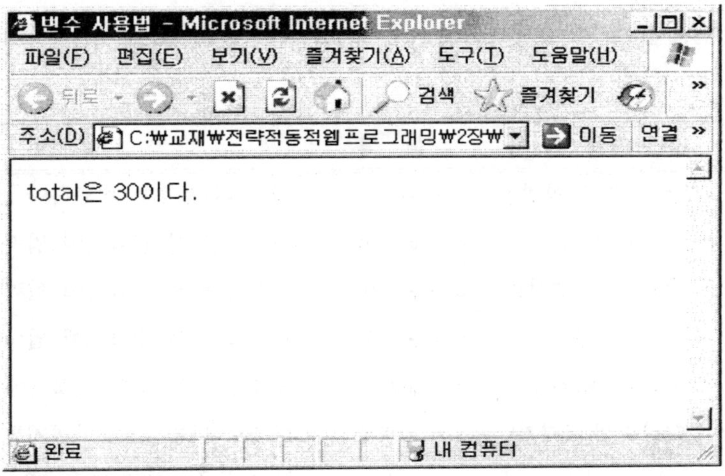

[그림 4-1] 변수 사용법

[그림 4-1]은 변수, i, j, total를 두어 각각의 정수값을 합한 결과를 total 변수에 누적한다. 그리고, document.wirte출력문을 이용하여 결과값을 출력할 수 있다.

6. 연산자

자바스크립트에서는 여러 가지 연산자를 사용한다. 연산자는 자바스크립트 연산에서 예약 기호로 산술 연산자, 단일 연산자, 대입 연산자, 비교 연산자, 논리 연산자, 비트 연산자 등이 있다.

(1) 산술 연산자

산술 연산자는 컴퓨터에서 사칙 연산 등을 수행한다. 피연산자는 변수, 상수 또는 수식이 올수 있다. 또한, /(나눗셈) 연산자는 좌측 연산자를 이용해 우측 피연산자를 나누었을 경우 몫을 표현하는 것이며, %(나머지)는 좌측 연산자를 이용해 우측 피연산자를 나누었을 경우의 나머지 값을 표현하는 것이다.

아래의 표는 산술 연산자에 쓰이는 부호에 따른 설명이다.

일반 산술 연산자	형 식	설 명
-(부호 변환(단항연산))	c = -a	a의 값의 부호를 변환하여 c에 입력
+(덧셈)	c = a + b	a와 b를 더한 값을 c에 입력
-(뺄셈(이항연산))	c = a - b	a에서 b를 뺀 값을 c에 입력
*(곱셈)	c = a * b	a와 b를 한 값을 c에 입력
/(나눗셈(몫))	c = a / b	a를 b로 나눈 값의 몫을 c에 입력
%(나눗셈(나머지)	c = a % b	a를 b로 나눈 값의 나머지를 c에 입력
++(증가연산)	c=a++, c=++a	a를 1씩 증가한 값(c=a++은 a의 원래의 값을 c에 전달한 후 1증가, c=++a는 a의 원래의 값을 증가연산한 값을 c에 입력)
--(감소연산)	c=a--, c=--a	a를 1씩 감소한 값(c=a--은 a의 원래의 값을 c에 전달한 후 1감소, c=--a는 a의 원래의 값을 감소연산한 값을 c에 입력)

[예제 4-2]

```
<html>
<head><title> 산술연산자 </title></head>
<body>
    <script language="javascript">
    var a = 50
    var b = 30
    document.write("산술 연산의 예<p>")
    c = a+b
    document.write("a+b=" + c + "<br>")
    c = a-b
    document.write("a-b=" + c + "<br>")
    c = a*b
    document.write("a*b=" + c + "<br>")
    c = a/b
    document.write("a/b=" + c + "<br>")
```

```
          c = a%b
          document.write("a%b=" + c + "<br>")
          c = ++a
          document.write("++a=" + c + "<br>")
          c = b--
          document.write("b--=" + c + "<br>")
          </script>
     </body>
     </html>
```

• 결과 •

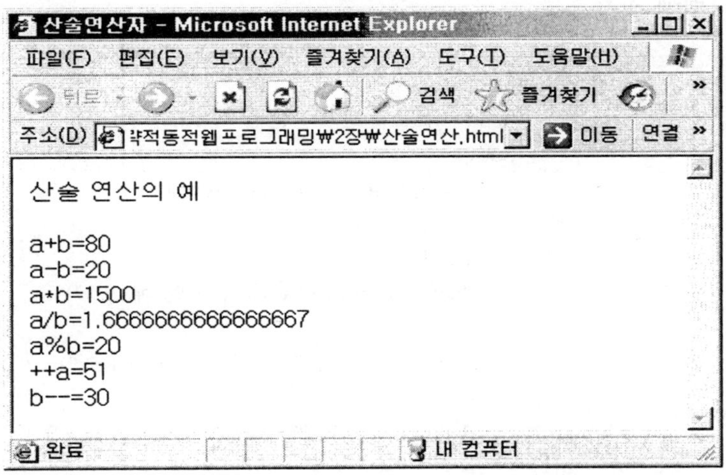

[그림 4-2] 산술연산자

(2) 관계 연산자

관계 연산자는 두 개의 값을 비교하여 비교한 결과의 값이 참이면 "true"를 거짓이면 “false”의 값을 해당 변수에 입력한다. 관계연산자의 종류는 다음과 같다.

일반 관계 연산자	형 식	설 명
>(크다)	c = a > b	a가 b보다 큰지를 비교하여 c에 값을 입력
<(작다)	c = a < b	a가 b보다 작은지를 비교하여 c에 값을 입력
>=(크거나 같다)	c = a >= b	a가 b보다 크거나 같은지를 비교하여 c에 값을 입력
<=(작거나 같다)	c = a <= b	a가 b보다 작거나 같은지를 비교하여 c에 값을 입력
==(서로 같다)	c = a == b	a와 b의 값이 서로 같은지를 비교하여 c에 값을 입력
!=(서로 같지 않다)	c = a != b	a와 b의 값이 서로 같은 않은지를 비교하여 c에 값을 입력

[예제 4-3]

```
<html>
<head><title> 관계연산자 </title></head>
<body>
    <script language="javascript">
    var a = 50
    var b = 30
    document.write("관계 연산의 예<p>")
    c = a>b
    document.write("a>b=" + c + "<br>")
    c = a>=b
    document.write("a>=b=" + c + "<br>")
    c = a<=b
    document.write("a<=b=" + c + "<br>")
    c = a==b
    document.write("a==b=" + c + "<br>")
    c = a!=b
    document.write("a!=b=" + c + "<br>")
    </script>
</body>
</html>
```

• 결과 •

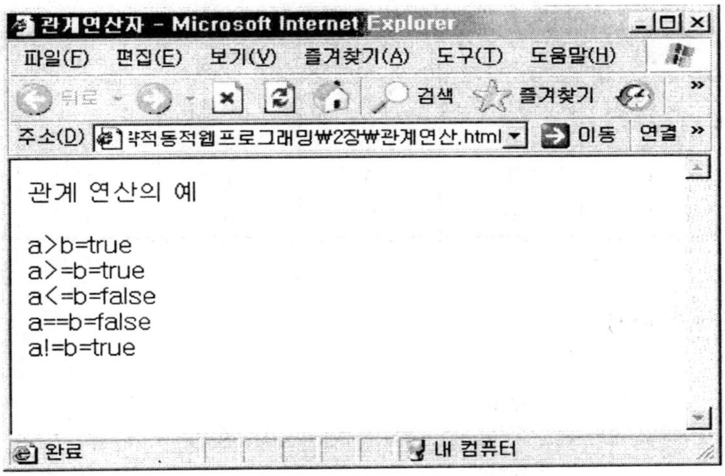

[그림 4-3] 관계연산자

(3) 논리 연산자

논리 연산자는 결과 값이 참인지 거짓인지를 나타낼 때 사용한다. 두 값을 비교한 후에 결과값이 조건을 만족하면 참(True)이고, 만족하지 않는 경우에는 거짓(False)가 된다. 논리 연산의 결과는 아래와 같다.

일반 논리 연산자	형식	설명
!(논리 부정(여집합))	c = !(a > b)	a가 b보다 큰지를 비교하여 부정의 값을 c에 입력
&&(논리 곱(교집합))	c = a && b	a와 b의 논리 곱(교집합)을 c에 입력
||(논리 합((합집합))	c = a || b	a와 b의 논리 합(합집합)을 c에 입력
^(XOR(배타적논리합))	c = a ^ b	a와 b의 배타적논리합을 c에 입력
?(조건표현식)	c=(a>b)?"a가크다":"b가크다"	a와 b의 값을 비교한 후 참이면 조건식 바로 뒤의 값을, 거짓이면 조건식 맨 뒤의 값을 c에 입력

또한, 각 논리 연산자의 결과값을 나타낸 진리표는 아래와 같다.

a	b	!a	a&&b	a||b	a^b
0	1	1	0	1	1
0	0	1	0	0	0
1	1	0	1	1	0
1	0	0	0	1	1

[예제 4-4]

```
<html>
<head><title> 논리연산자 </title></head>
<body>
    <script language="javascript">
    var a = 5
    var b = 3
    document.write("논리 연산의 예<p>")
    c = !(a>b)
    document.write("!(a>b)=" + c + "<br>")
    c = a && b
    document.write("a&&b=" + c + "<br>")
    c = a||b
    document.write("a||b=" + c + "<br>")
    c = a^b
    document.write("a^b=" + c + "<br>")
    c = (5>3) ? 5:3
    document.write("(5>3)?" + c + "<br>")
    </script>
</body>
</html>
```

• 결과 •

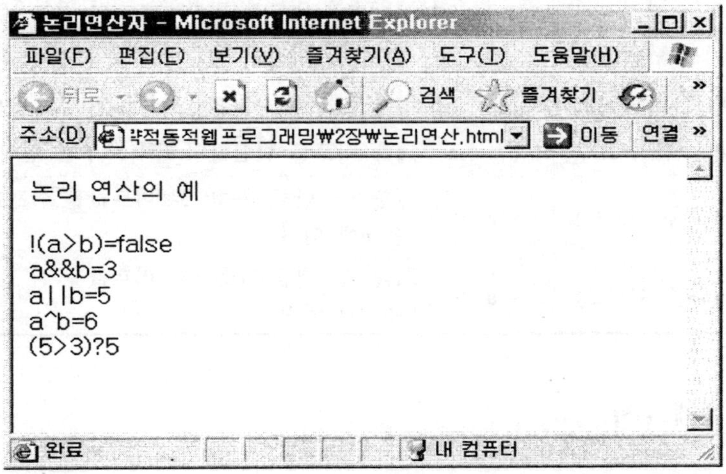

[그림 4-4] 논리연산자

(4) 비트 연산자

비트 연산자는 컴퓨터에서 자료를 나타내는 가장 최소의 단위인 0과 1 사이의 and, or, xor, shift 연산등을 수행하는 것을 의미한다. 컴퓨터는 기본적으로 비트에 의해 일을 수행하며, 이러한 일을 수행하는 가장 작은 단위가 비트이다. 따라서, 비트를 이용하여 연산자로 연산한 결과를 재 조합하여 결과값을 수행한다. 아래의 그림을 이용하여 비트 연산의 연산자별 결과 값을 보기로 하자.

일반 논리 연산자	형식	설명
&(비트 단위 and)	c = a & b	a와 b를 비트로 변환하여 and 연산후에 c에 입력
|(비트 단위 or)	c = a | b	a와 b를 비트로 변환하여 or 연산후에 c에 입력
^(비트 단위 xor)	c = a ^ b	a와 b를 비트로 변환하여 xor 연산후에 c에 입력
~(비트 단위 보수)	c = ~a	a를 비트로 변환하여 1의 보수를 연산후에 c에 입력
>>(우측 쉬프트)	c = a >> b	a를 b값 만큼 우측으로 비트값을 쉬프트 한 후 결과값을 c에 입력
<<(좌측 쉬프트)	c = a << b	a를 b값 만큼 좌측으로 비트값을 쉬프트 한 후 결과값을 c에 입력

[예제 4-5]

```
<html>
<head><title> 비트연산자 </title></head>
<body>
    <script language="javascript">
    var a = 5
    var b = 1
    document.write("비트 연산의 예<p>")
    c = a & b
    document.write("a&b=" + c + "<br>")
    c = a | b
    document.write("a|b=" + c + "<br>")
    c = a^b
    document.write("a^b=" + c + "<br>")
    c = ~a
    document.write("~a =" + c + "<br>")
    c = a >> b
    document.write(" a >> b = " + c + "<br>")
    c = a << b
    document.write(" a << b = " + c + "<br>")
    </script>
</body>
</html>
```

• 결과 •

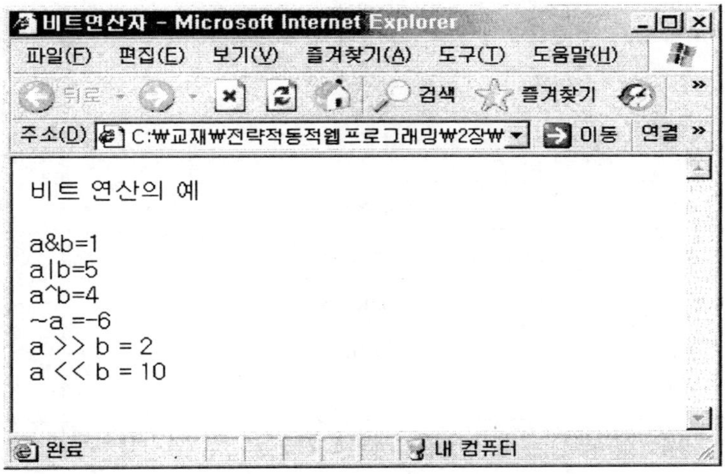

[그림 4-5] 비트연산자

(5) 우선순위 연산자

자바스크립트를 수행하다 보면 여러 종류의 연산자를 사용하게 된다. 이때, 단일 연산일 경우에는 문제가 없겠지만 복잡한 다중 연산의 경우에는 우선순위를 고려하여 프로그램을 작성해야 한다. 만약 c = (2 + 3) * 5의 값과 c = 2 + (3 * 5)의 값은 결과값이 각각 25와 17로 두 가지의 값으로 출력되게 된다. 이렇게 같은 숫자와 연산자를 이용하여 프로그램을 작성하더라도 우선순위 문법에 의하여 원하는 값이 올바르게 표현되지 않을 경우가 있다. 다음의 그림은 우선순위 연산자의 순서에 대하여 정의한 것이다.

우선순위	연산자	설 명
1	(), []	괄호, 대괄호
2	!, ~, -, ++, --	부정, 증감
3	*, /, %	산술(승, 제, 나머지)
4	+, -	산술(가, 감)
5	<<, >>, >>>	비트 쉬프트
6	==, !=	관계(등호)
7	and, &	비트
8	xor, ^	비트
9	or, |	비트
10	and, &&	논리
11	or, ||	논리
12	?:	조건
13	=, +=, -=, *=, /=, %=, <<=, >>=, >>>=, &=, ^=, |=	대입, 복합대입
14	,	쉼표

일반적으로, 우선순위 연산자는 좌측결합, 즉 연산자를 여러게 동시에 사용하면 왼쪽에서 오른쪽 방향으로 연산이 이루어지는 것과 연산우선 순위에 의거해 순서대로 연산이 이루어지는 두 가지 형식을 갖는다.

7. 제어문

자바스크립트 프로그램을 작성할 때 흐름의 순서를 제어해 주는 것이 제어문의 역할이다. 제어문을 이용하여 조건에 맞는 프로그램을 실행, 반복되는 문장을 쉽게 표현, 조건이 맞을 때까지 계속 기다리는 기능등을 쉽게 표현할 수 있다. 따라서 제어문을 정확하게 이해할 수 있다면 자바스크립트 언어 뿐만아니라 여러 컴파일러를 이용하는 프로그램에도 유용하게 쓰일 수 있다. 기본적으로 사용하는 제어문의 종류는 아래의 그림과 같다.

제어문	설 명
if, if else	조건에 따라 해당 수행문을 실행
for	해당하는 내용의 수행문을 반복하여 실행
for in	루프를 돌며 주어지 개체의 속성에 대해 실행
while	조건에 만족할 경우동안 수행문을 실행
do while	작업을 수행한 후 조건을 비교하여 참일 경우 반복실행
break	for, while 문에서 break 문을 만나면 이하의 수행문을 종료
continue	for, while 문에서 continue 이하의 문장을 무시하고 조건의 비교를 수행
switch case	해당하는 내용의 수행문을 선택하여 실행

(1) if 문

if 문은 주어진 조건을 판독한 후에 그 값이 참일 경우에 코드를 실행하는 제어문으로 일반 형식의 아래와 같다.

[형식 1] if문

```
if(조건)
 코드;
```

설명 : 주어진 조건이 참일 경우 "코드"를 실행하며, 거짓일 경우에는 실행하지 않는다.

[형식 2] if문

```
if(조건)
  {
코드 1;
코드 2;
코드 3;
  }
```

설명 : 주어진 조건의 값이 { }이라면, 내부의 모든 수행 코드를 실행한다.

[형식 3] if문

```
if(조건 1) {
 if(조건 2)
          코드 1;
        if(조건 3)
  코드 2;
}
```

설명 : 코드 1은 조건 1과 조건 2가 만족해야만 수행되며, 코드 2는 조건 1과 조건 3이 만족해야만 수행된다.

[형식 4] if else문

```
if(조건 1)
   코드 1;
else(조건 2)
   코드 2;
```

설명 : 조건 1이 참일 경우 코드 1을 수행하며, 그렇지 않고, 조건 2가 참일 경우 코드 2를 수행한다.

[형식 5] if else문

```
if(조건 1)
  코드 1;
else if(조건 2)
  코드 2;
else if(조건 3)
  코드 3;
```

설명 : 조건 1이 참일 경우 코드 1을 수행하고, 조건 2가 참일 경우 코드 2를 수행하며, 조건 3이 참일 경우 코드 3을 수행한다.

[예제 4-6]

```
<html>
<head><title> if else 문 </title></head>
<body>
    <script language="javascript">
    <!--
    var input="당신의 점수를 입력하시오."
    var su=""
    var output = prompt(input, su)
    document.write("입력한 점수는"+output+"점이고")
    if(output>=90)
            document.write("A학점입니다.<br>")
    else if(output>=80)
            document.write("B학점입니다.<br>")
    else if(output>=70)
            document.write("C학점입니다.<br>")
    else if(output>=60)
            document.write("D학점입니다.<br>")
    else
            document.write("F학점입니다.<br>")
    -->
    </script>
</body>
</html>
```

• 결과 •

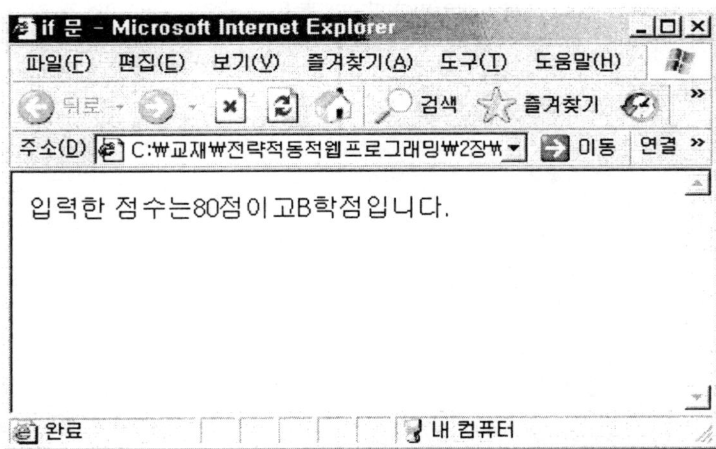

[그림 4-6] if else 문1

[예제 4-7]

```
<html>
<head><title> if else 문 </title></head>
    <script language="javascript">
    <!--
    document.write("<h2> 가장 좋아하는 산은" + "<p>")
    function mountain(san) {
    if(san=="설악산")
    alert("설악산은 강원도에 있습니다.");
    else if(san=="한라산")
    alert("한라산은 제주도에 있습니다.");
    else if(san=="북한산")
    alert("북한산은 서울에 있습니다.");
    }
    //-->
    </script>

<body>
<form>
<input type="button" value="설악산"
onClick="mountain('설악산')">
<input type="button" value="한라산"
onClick="mountain('한라산')">
<input type="button" value="북한산"
onClick="mountain('북한산')">
</form>
</body>
</html>
```

● 결과 ●

[초기화면]

[그림 4-7] if else 문2

[설악산을 클릭했을 경우]

[그림 4-8] if else 문3

[한라산을 클릭했을 경우]

[그림 4-9] if else 문4

(2) for 문

for 문은 조건식이 참일 경우에 주어진 코드를 반복하여 실행한다. while 문과의 차이점은 조건식을 초기화할 수 있고, 반복할 때마다 조건식의 증감을 조절할 수 있다는 점이다.

초기화 부분은 처음 한번만 수행되며, 초기화 부분과 조건의 증감 부분이 1개 이상일 경우는 각각을 콤마(,)로 구분한다.

[형식] for 문

for (초기화; 조건; 조건의 증감)
  코드;

설명 : 초기값의 설정과 조건에 맞춰서 증가, 혹은 감소연산하므로 해당 조건까지 코드를 수행하는 제어문이다.

[예제 4-8]

```
<html>
<head><title> for 문 </title></head>
<body>
      <script language="javascript">
      var i, j;
      document.write(" 구구단 <p>")
      for(i=1; i<10; i++)
      {
      for(j=1; j<10; j++)
      document.write(i + "*" + j + "=" + i*j + "  ");
      if(j=10)
      document.write("<br>")
                  }
      </script>
</body>
</html>
```

• 결과 •

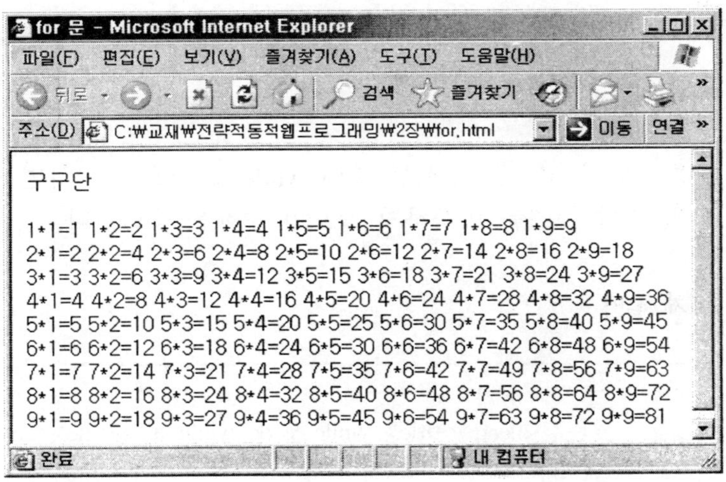

[그림 4-10] for 문

(3) while 문

while 문은 문장 내에 있는 조건의 참과 거짓 여부를 판단해서 조건이 참일 경우에만 문장을 반복하여 실행하는 순환문이다. 만약 while 문을 빠져 나오려면 주어진 조건이 거짓(0)일 경우이다. while 문은 루프를 실행하기 전에 먼저 조건을 검사한 다음 실행하며, do while 문은 일단, 루프를 실행한 후에 while의 조건을 검색하는 차이점을 갖는다.

[형식 1] while 문

```
for (조건)
  {
  코드;
  }
```

설명 : 조건을 만족하면 코드를 수행한다.

[형식 2] do while 문

```
do
  {
  코드;
  } while(조건)
```

설명 : 먼저 코드를 수행한 후에 while(조건)을 만족하면 다시 루프를 수행하며, 만약 조건을 만족하지 않으면 수행을 중단한다.

[예제 4-9]

```
<html>
<head><title> while & do while 문 </title></head>
<body>
      <script language="javascript">
      var i;
      document.write(" while 문 <p>")
      i = 1;
      while(i > 5)
```

```
        {
        document.write(i + "<br>");
        i++
        }
        document.write("<br>");

        document.write(" do while 문 <p>")
        i = 1;
        do
        {
        document.write(i + "<br>");
        i++;
        }while(i > 5)
        document.wirte("<br>");
        </script>
    </body>
    </html>
```

• 결과 •

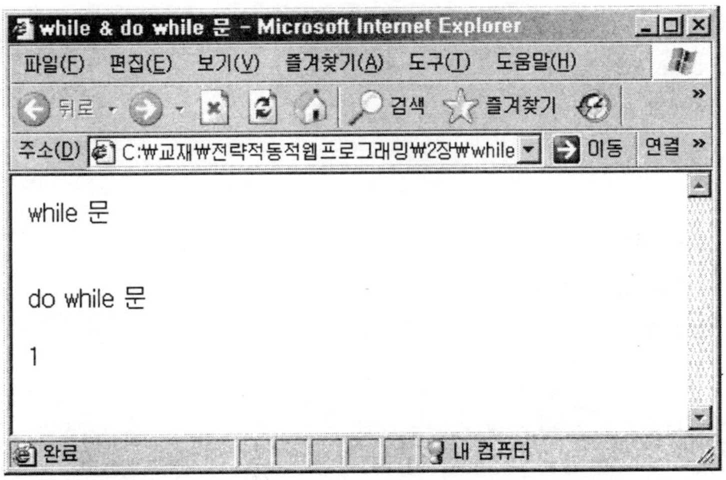

[그림 4-11] while & do while 문

(4) switch case 문

switch case 문은 여러 개의 레이블에 값을 미리 설정해 놓고 주어진 값과 비교하여 일치하면 해당 레이블의 코드를 수행한다. 해당하는 레이블이 존재하지 않는 경우에는 default 레이블의 코드가 자동으로 수행된다. 또한, default 레이블은 생략이 가능하다.

[형식 1] switch case 문

```
switch (비교 값)
  {
  case 값 1:
  코드 1;
  break;

  case 값 2:
  코드 2;
  break;

  case 값 3:
  코드 3;
  break;

  default:
  코드 n;
  break;
  }
```

설명 : 조건을 만족하면 코드를 찾아서 해당 case 문에 도달하였을 경우 해당 코드를 실행한 후 종료한다.

[예제 4-10]

```
<html>
<head><title> swich case & break 문 </title></head>
<body>
    <script language="javascript">
    var score;
    var sum;
    document.write(" 결과는 <p>")
    score = prompt("학점을 입력하시오(대문자)");
    switch(score)
            {
            case "A":sum = '90~100점';
            break;
            case "B":sum = '80~89점';
            break;
            case "C":sum = '70~79점';
            break;
            case "D":sum = '60~69점';
            break;
            case "F":sum = '59점 이하';
            break;
            default:sum = '해당 점수 없음';
            break;
            }
    document.write(score + ":" + sum + "<br>");
    </script>
</body>
</html>
```

• 결과 •

[초기화면]

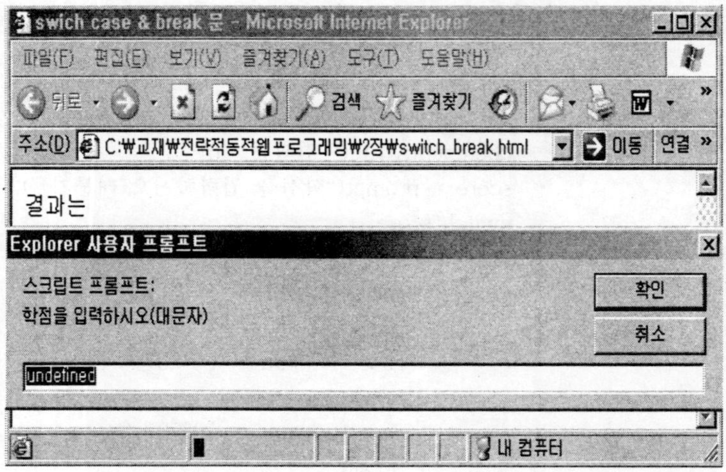

[그림 4-12] swich case & break 문1

[점수 입력화면]

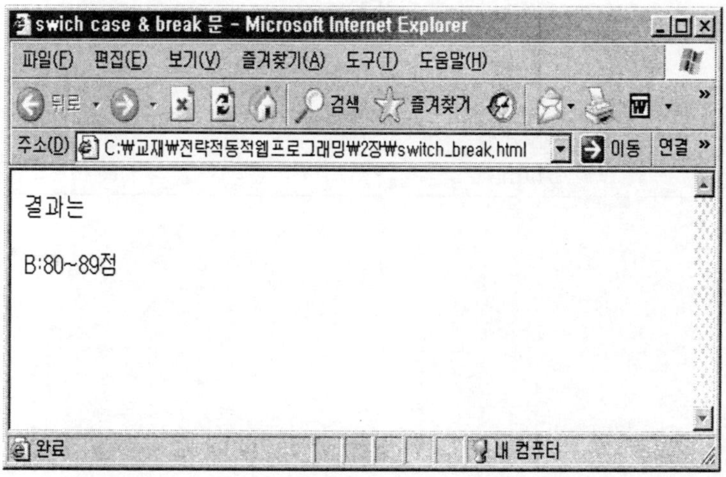

[그림 4-13] swich case & break 문2

(5) continue 문

continue 제어문은 for문이나 while문에서 반복적인 코드의 수행 중에 사용된다. continue문은 보통 if 문과 함께 사용되며, if 문에서 조건식이 참일 경우 continue이하의 코드는 수행하지 않고 for 문이나 while 문의 조건식 비교 항목으로 건너뛴다.

[예제 4-11]

```
<html>
<head><title> continue 문 </title></head>
<body>
    <script language="javascript">
    var first;
    var second;
    var result;

    for(first = 2; first<=9; first++)
    {
            if(first == 5)
             continue;
            for(second=1; second<=9; second++)
            {
                    result=first*second;
            }
    }
    document.write(first + "*" + second+"="+result);
    </script>
</body>
</html>
```

• **결과** •

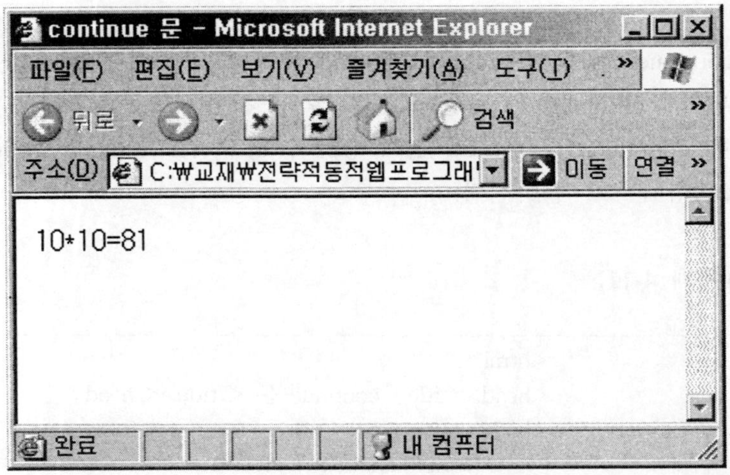

[그림 4-14] continue 문

8. 홈페이지에 유용한 응용프로그램

이 절에서는 홈페이지를 꾸미는데 필요한 자바스크립트 알고리즘을 몇 가지 소개하고자 한다.

(1) 오늘날짜 표시하기

오늘의 날짜를 표현하는 프로그램으로 연, 월, 일을 표시하는 함수를 사용하여 날짜를 표현한다. 홈페이지를 만들 때 필요한 내용중에 하나이다.

[예제 4-12]

```
<html>
<head><title> 날짜 </title>
<body>
    <script language="javascript">
    <!--
    var dt=new Date();
```

```
document.write("오늘은 <p>");
document.write(dt.getFullYear() + "년" +
(dt.getMonth()+1)+"월" + dt.getDate() + "일")
      document.write("입니다.");
      //-->
      </script>
</head>
</body>
</html>
```

• 결과 •

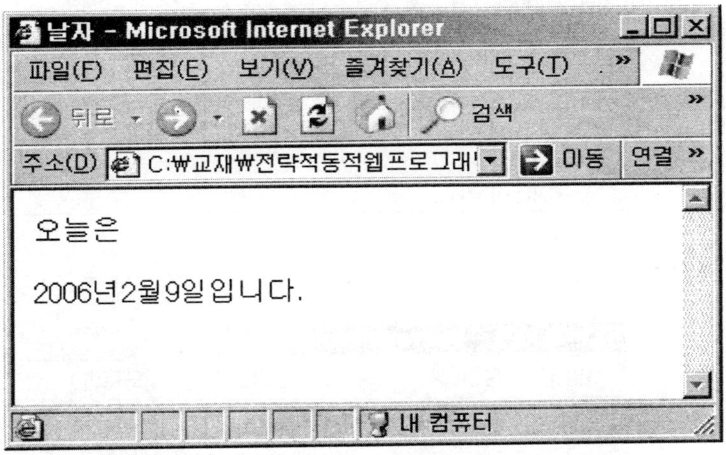

[그림 4-15] 날 짜

(2) 현재 시간 표시하기

현재의 시간을 표시하는 프로그램으로시간, 분, 초를 표시하며, 날짜를 포함하여 홈페이지를 만들 때 필요한 내용중에 하나이다.

[예제 4-13]

```
<html>
<head><title> 현재시간 </title>
<body>
      <script language="javascript">
      <!--
```

```
            var tm=new Date();
            var am_pm=tm.getHours();

            document.write("지금시간은 <p>");

            if(am_pm < 12)
            document.write("오전 : ".fontcolor("red"));
            else{
            document.write("오후 : ".fontcolor("green"));
            am_pm -= 12;
            }
            document.write(am_pm + "시" + tm.getMinutes()+"분" +
tm.getSeconds() + "초")
            document.write("입니다.");
            //-->
            </script>
        </head>
        </body>
        </html>
```

• 결과 •

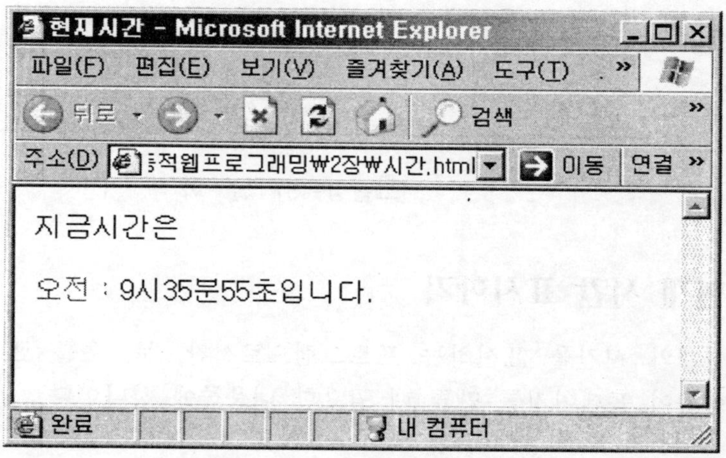

[그림 4-16] 현재 시간

(3) 인쇄 버튼 설정하기

홈페이지를 제작하다 보면, 우측마우스를 이용해서 그 페이지의 소스를 옮겨가는 것을 거부하는 사이트도 있다. 주로 홈페이지를 많이 작성해 본 사람들이 자신들의 홈페이지 노출을 막기위한 방법이기도 하다. 또한, 지금의 예제는 반대개념으로 현재의 홈페이지 내용을 인쇄시키고자 하는 경우에 인쇄 버튼을 활성화 시키는 예제이다.

[예제 4-14]

```
<html>
<head><title> 인쇄하기 </title>
</head>
<body>
        <p>인쇄하세요<p>
        <p>
        <a href="javascript:window.print()">
        현재의 페이지를 인쇄합니다.</a>
        </script>
</body>
</html>
```

• 결과 •

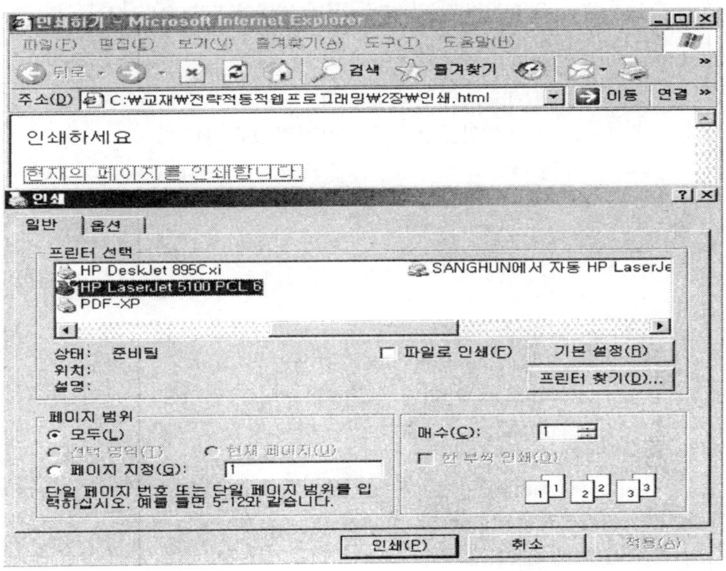

[그림 4-17] 인쇄하기

(4) 아이디&패스워드 확인

홈페이지를 방문할 때 아이디와 패스워드를 검색하는 로그인 화면이 있다. 지금의 예제는 아이디와 패스워드를 검색하는 과정을 간단하게 표현한 것으로 아이디와 패스워드를 올바르게 입력하면 야후사이트에 링크를 거는 예문이다.

[예제 4-15]

```
<script Language="Javascript">

function LogIn(){
loggedin=false;
username="";
password="";
username=prompt("아이디를 입력하십시오 :","아이디");
username=username.toLowerCase();
password=prompt("암호를 입력하십시오","암호");
password=password.toLowerCase();

if (username=="user" && password=="pass") {
loggedin=true;
window.location="http://www.yahoo.co.kr";
}

if (loggedin==false) {
alert("암호를 잘못 입력하셨습니다.");
}

}
</SCRIPT>

<center>
<form name="testform">
암호와 아이디 목록<br>
id : user 암호 : pass<br>

<input type=button value="로그인" onClick="LogIn()"
class="test_input">
</form>
</center>
```

• 결과 •

[그림 4-18] 암호설정1

[그림 4-18]은 초기화면으로 로그인 버튼을 누르기 전까지의 과정이다.

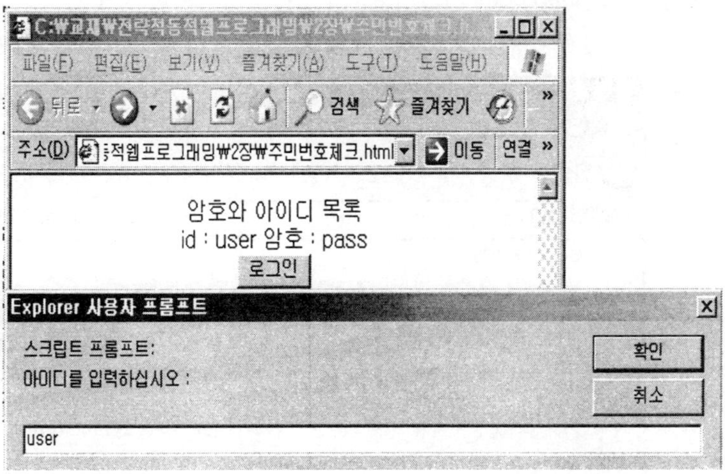

[그림 4-19] 암호설정2

[그림 4-19]는 로그인 버튼을 선택한후 먼저 아이디 창에 “user"를 입력한 결과이다.

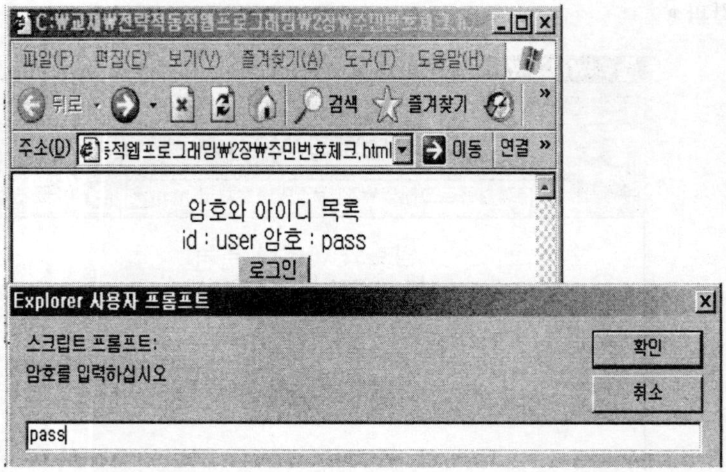

[그림 4-20] 암호설정3

[그림 4-20]은 패스워드를 입력한 후 확인 버튼을 선택하는 과정에 대한 것이다. 결국, 아래의 그림과 같이 아이디와 패스워드가 일치하면 해당 사이트(http://kr.yahoo.com/)로 이동하는 과정을 표현한다.

[그림 4-21] 암호설정4

5장 ASP 시작하기

ASP(Active Server Page)의 기본 단위는 *.asp 파일이다. HTML이 *.html 또는 *.htm으로 파일 확장자 명을 정의하는 반면에 ASP 파일은 *.asp로 파일 확장자 명을 정의해주어야 한다. ASP 파일은 단순한 HTML의 기본 언어와 함께 코딩된 텍스트 파일로 스크립트 언어도 함께 포함하고 있다. 여기서, 스크립트 언어란, Visual Basic이나 Java 프로그램처럼 별도의 컴파일을 하지 않고 브라우저 상에서 사용자에게 보이게끔 해주는 언어를 말한다.

클라이언트가 HTML 페이지를 요구했을 때 서버는 요구한 HTML 파일을 읽어서 클라이언트에게 보내주고, 클라이언트는 이것을 전송받아 브라우저에서 확인할 수 있는데, 만약 클라이언트가 요구한 형식이 ASP 파일이라면 [그림 1-2]에서 보듯이 파일을 바로 클라이언트에게 보여주는 것이 아니라 처리 과정을 한 번 거치도록 되어 있다. 이때 서버는 요구한 ASP 파일을 읽어서 이 파일에 있는 서버 스크립트를 실행하고 그 결과를 HTML 형식으로 클라이언트에 전송한다. 이렇게 ASP를 HTML로 전송하는 과정을 서버의 ASP.dll이라는 파일에서 컴파일한다고 생각하면 된다. 단지 클라이언트 측에서는 소스를 ASP 형식으로 볼 수 없고, 이미 변형된 HTML 형식으로 보게 된다.

간단한 ASP 페이지 예제를 만들어보자. ASP문은 HTML 문장 내에서 <% … %> 안에 있는 내용으로 서버 스크립트이다. 위에서 설명한 대로 <% … %> 내의 소스는 클라이언트에 제공해주지 않는다. 이 부분은 서버에서 실행되는 코드이므로 실행 후 생성된 HTML 페이지를 클라이언트에 전송한다.

```
<HTML>
<HEAD>
</HEAD>
<BODY>
<p>
 <% for i=3 to 6 %>
        <font  color="blue" size=<%=i%>>
        ASP를 시작합시다. <br>
        </font>
 <%next%>
 </BODY>
</HTML>
```

[그림 5-1]은 "ASP를 시작합시다."라는 문장을 for문을 이용하여 글자 크기를 한 단계씩 크게 출력하는 그림을 보인 것이다.

[그림 5-1] ASP 코드 예제

[그림 5-1]은 ASP 코드를 이용하여 코딩한 것을 웹에서 확인한 결과로 웹브라우저에서 우측 마우스 버튼을 클릭하여 소스보기를 선택했을 때 즉, 클라이언트 측에서 소스보기를 선택했을 때에는 [그림 5-2]와 같이 HTML 코드로 분석되어 보여준다.

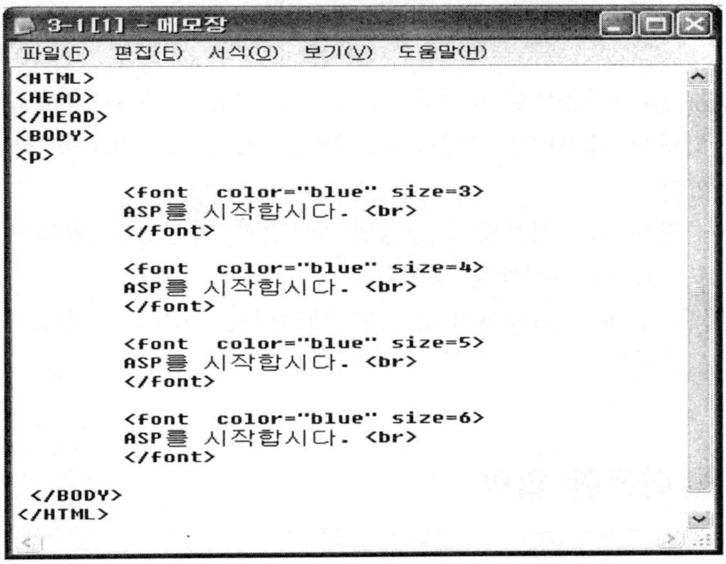

[그림 5-2] ASP문을 클라이언트에서 보기

이렇게 HTML문과 ASP문은 서버 측에서 코딩한 결과와 클라이언트 측에서 확인한 소스가 각각 달리 표현됨을 볼 수 있다.

1. 데이터 입력

웹 사이트에 처음 방문하여 웹 페이지의 정보를 보고자 할 때에는 먼저 사용자 등록을 하여야 한다. 이러한 사용자 등록은 1부의 [그림 1-1]을 통하여 보았다. 이 장에서는 버튼 속성과 텍스트 속성을 이용한 사용자 이름의 등록을 예를 들어보기로 하자.

간단한 웹 사이트를 구축한다고 생각해보자. 어떤 사용자가 사이트에 들어왔을 때 등록된 회원인지 아닌지 알아야 할 것이다. 이것에 따라 이동할 페이지를 결정한 다음 사용자가 원하는 내용을 선택할 수 있도록 입력 페이지를 만들어준다. 여기에 사용자가 데이터를 입력할 것이다.

사이트를 구축하는데 있어 사용자로부터 데이터를 입력받는 것은 기본 동작이다. 페이지에서 데이터를 입력받는 가장 간단한 방법은 폼을 이용하는 방법이다. HTML에서 자주 이용하는 방법으로 <FORM> 태그를 주어 사용자에게 입력하도록 입력공간을 제공하고 사용자는 여기에 입력한다. 폼(form)은 디폴트로 버튼을 가지고 있으며, 이 서브밋(submit) 버튼을 통하여 입력한 데이터를 전송하고 새로운 페이지를 열도록 하는 기능을 가지고 있다.

이 장에서는 서브밋이 생성될 때 결과 확인으로 열리는 페이지를 ASP 프로그램으로 작성해볼 것이다.

다음 절에서 사용자가 입력한 데이터는 서버로 전송된 후 결과 페이지에 이용된다.

2. 폼을 이용한 입력

폼은 먼저 <FORM> 태그로 시작하여 </FORM> 태그로 닫아준다. <FORM> 태그에는 action 속성과 method 속성이 있다.

먼저 <FORM> 태그의 구성을 보면 다음과 같다.

```
<FORM action="test1.asp" method="post">
....
</FORM>
```

action 속성에는 데이터를 서브밋 했을 때 값이 전송되는 파일명을 말하며, ASP 파일 이름으로 지정한다. method 속성에는 입력한 데이터를 전송하는 방식을 지정하는데, 서버로 데이터를 전송할 때에는 두 가지 방법(Get, Post)이 있으므로 이 중에 하나를 선택한다.

각각에 대해서는 다음 표를 이용하여 간단하게 알아보기로 하고, 다음에 자세하게 예를 통하여 알아보기로 하자.

Get 방식	Post 방식
URL을 통해 값 전달 보안이 필요 없는 곳에 사용 문자열 길이에 제한이 있음 프로그램 제작이 용이(CGI의 경우) <form> 또는 <a> 태그를 사용하여 값 전달	STDIO를 통해 값 전달(CGI) 보안이 필요한 곳에 사용 문자열 길이에 제한이 없음 프로그램 제작의 어려움(CGI의 경우) <form>태그를 사용하여 값 전달

<Form> 태그 안에서 action 속성은 서브밋 버튼을 눌렀을 때 읽어올 페이지가 어떤 파일인지, 즉 결과를 보여줄 페이지를 알려주는 것으로 사용자가 서브밋 버튼을 클릭했을 때 입력한 데이터를 서버로 보내면서 이 파일을 요구하게 된다. 앞의 경우 'test1.asp' 파일을 요구할 것이다.

(1) 서브밋 버튼과 리셋 버튼

보통 폼 안을 구성하는 버튼은 두 개의 디폴트 입력 버튼을 가지고 있다. 하나는 서브밋(submit) 버튼이고, 다른 하나는 리셋(reset) 버튼이다. 서브밋 버튼은 폼에 입력한 데이터를 전송하는 용도로 사용되고, 리셋 버튼은 입력 필드를 초기화함으로써 데이터를 다시 입력하고자 할 때 사용한다.

다음은 버튼을 이용하여 값을 전달하는 서브밋 버튼과 초기화하는 리셋 버튼을 사용하는 예제이다. 서브밋 값은 'result.asp'로 전송될 것이며, 형식은 'post' 형식으로 전송될 것이다.

```
<P> 입력해 주시기 바랍니다. </P>

<FORM action="result.asp" method=Post>

        <P><INPUT type="submit" value="쿼리 전송">
        <INPUT type="reset" value="초기 설정으로"><P>

</FORM>
```

수행 결과는 다음과 같다.

[그림 5-3] 서브밋 버튼과 리셋 버튼

(2) INPUT 태그를 버튼으로 지정하기

<INPUT> 태그를 버튼으로 지정하려면 다음과 같은 형식을 따르면 된다.

```
<INPUT type="button" value="클릭하세요">
```

type은 보여줄 이미지인 'button'을 지정하고, value는 버튼에 보여줄 텍스트의 이름을 입력하면 되는 것으로 사용자는 이 페이지를 보았을 때 '클릭하세요'라는 버튼을 보고 선택하게 되는 것이다.

(3) <INPUT> 태그 이용

버튼을 이용하여 폼의 결과 값 전달과 초기화시키는 과정은 보았고 이제는 데이터를 입력받아보도록 하자. 폼에서 입력받는 공간을 입력 필드(input field)라고 한다. 입력 필드는 <INPUT> 태그를 이용해서 정의하며, type에 따라 버튼, 텍스트, 라디오 버튼 등등 입력 형태를 달리한다. 실제로 사용자가 입력하는 곳은 각 입력 필드이다.

이름을 넣을 수 있는 텍스트 입력 창에 이름을 입력하고 두 개의 버튼 즉, 보내기 버튼을 통하여 'name.asp'로 결과 값을 보내고, 초기화하는 'reset' 버튼은 텍스트 창을 전과 같이 초기화시켜준다.

```
<P> 이름 입력하기 </P>

<FORM action="name.asp" method="post">

이름 :<INPUT type="text" name="name"><p>

<INPUT type="submit" value="보내기“>
<INPUT type="reset" value="초기화">

</FORM>
```

수행 결과는 다음과 같다.

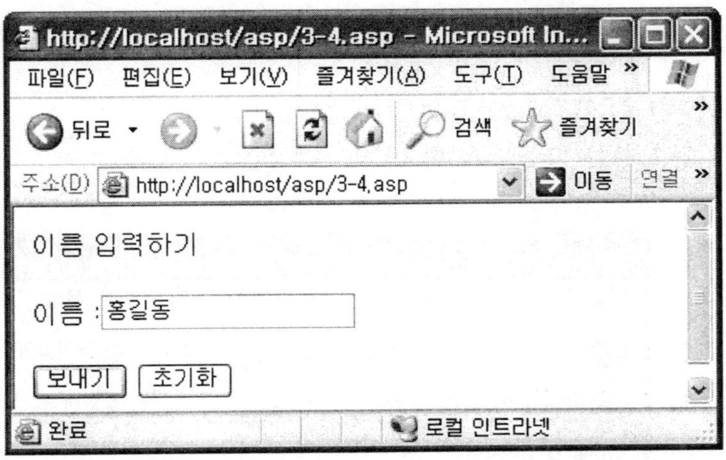

[그림 5-4] 이름 입력하기

[그림 5-4]에서와 같이 이름의 텍스트 창에 '강감찬'을 입력하고 보내기를 선택하면 'name.asp' 파일에 '강감찬'이라는 이름이 전송되게 된다. 또 초기화 버튼을 선택하면 'reset' 명령에 의해 초기화되며 준비상태가 된다.

(4) 폼 데이터 형태

이제 하나의 데이터를 더 추가해보자. 위의 예에서와 같이 이름이라는 폼을 기본으로 하고, 전화번호를 입력받는 창을 하나 더 추가로 작성하여 보자. 역시 '이름'과 '전화번호'를 입력받는 창인 'result.asp'로 보내기 버튼을 통하여 값을 전송하고 'reset'을 선택했을 때에는 이름과 전화번호를 입력받는 창을 초기화시키고 입력대기 상태가 된다.

```
<P> 이름, 전화번호 입력하기 </P>

<FORM action="result.asp" method="post">

이    름 :<INPUT type="text" name="name"><BR>
전화번호 :<INPUT type="text" name="tel_num"><BR>

<INPUT type="submit" value="보내기“>
<INPUT type="reset" value="“초기화”>

</FORM>
```

수행 결과는 다음과 같다.

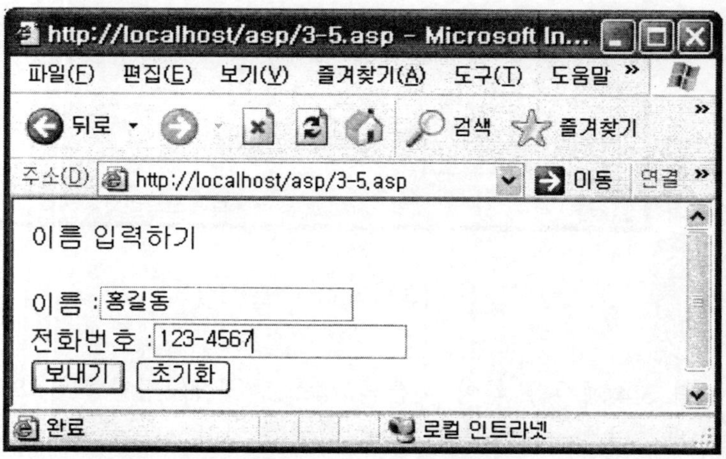

[그림 5-5] 이름, 전화번호 입력하기

사용자가 서브밋 버튼을 누르는 순간 입력받은 데이터를 전송하게 되고 Action 속성에 지정한 결과 페이지를 부르게 된다.

지금까지는 데이터를 입력하여 보내는 과정을 설명하였고, 다음에는 사용자가 입력한 데이터를 넘겨받는 과정에 대하여 다뤄보기로 하자.

3. 입력 데이터 가져오기

지금까지는 기본적인 이름과 전화번호를 입력하는 예를 통하여 값을 전달하는 방식을 배웠고, 이제 폼 데이터를 어떻게 전송받는지에 대하여 알아보자.

ASP에서 폼 데이터를 다루려면 먼저 Request 개체와 Response 개체에 대해서 알아야 할 것이다. Request 개체는 폼 데이터를 가져오는 데 사용하며, Response 개체는 결과 페이지를 보일 때 사용한다. 이와 같이 ASP에서 다루는 각종 개체에 대해서 다루어보자.

(1) Request 개체 이용

폼 데이터를 입력하고 서브밋을 하면, 서버에는 두 가지 정보가 전송된다.

하나는 사용자가 입력한 폼 데이터이고, 다른 하나는 폼 데이터를 처리해서 보여줄 결과 페이지 URL이다.

결과 페이지에서 입력 데이터를 어떻게 이용하는지 알아보자.

다음에 보인 예제는 폼을 이용해서 이름과 전화번호를 입력받는 간단한 예제이다.

```
<HTML>
<BODY topmargin="30" leftmargin="30">
<H2>따라하기 </H2>
<HR>
 이름, 전화번호 입력하기
```

```
<HR>
<FORM action="result.asp" method="post">

이름 :<INPUT type="text" name="name"><BR>
      전화번호 :<INPUT type="text" name="tel_num"><BR>
      <HR>
      <INPUT type="submit" value="보내기“>
</FORM>
</BODY>
</HTML>
```

수행 결과는 다음과 같다.

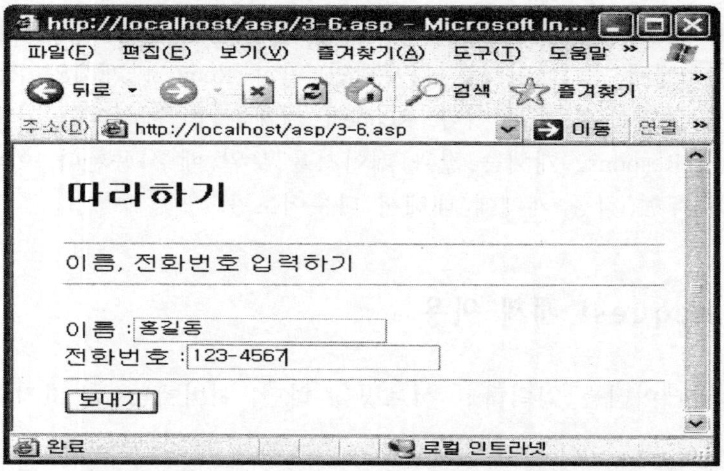

[그림 5-6] 이름, 전화번호 입력 대화상자

위의 예제에서 사용자가 보낸 결과를 확인하려면 아래와 같이 Request 개체를 이용해서 폼 데이터를 가져온 다음, 이것을 다시 결과 페이지에 보여주는 것이다.

```
'입력 필드 값 가져오기
입력 필드 값 = Request.Form("입력 필드 이름“)
```

Request 개체에서 폼 데이터를 가져오려면 입력 필드 이름을 키 값으로, 해당 입력 필드 값을 구할 수 있다. 이제 <INPUT> 태그에서 왜 name 속성을 지정하지 않으면 값을 이용할 수 없는지 이해가 될 것이다.

(2) 변수 이용

프로그램을 만들 때 보통 변수를 선언하고, 이 변수 이름에 변수 값을 임시로 저장해두었다가 이용을 하게 되는데, ASP에서도 스크립트를 이용하여 변수를 이용할 수 있다. 데이터의 값을 보일 때 Request 개체를 이용해서 바로 값을 가져올 수도 있고 또 일단 변수에 값을 저장해두었다가 이것을 이용하기도 한다.

변수를 이용하는 형식은 아래 그림과 같다.

```
<%
Dim strName, strEmail '변수선언

strName = Request.form("name") '변수에 입력 값을 가져옴
strEmail = Request.form("email")
%>
```

위의 그림은 Dim이라는 키워드를 이용해서 변수를 선언하고 값을 할당해주는 것으로 strName과 strEmail은 변수 이름이 되고, name과 email은 변수 값이 된다.

오른쪽에 있는 값을 왼쪽 변수에 넣는 것을 '할당'이라고 하며, 변수에 값을 넣을 때에는 할당 연산자(=)를 이용한다. 만약 변수에 값이 제대로 들어가지 않는다면 선언한 변수 이름과 입력 필드 이름이 정확한지 확인해보아야 한다.

이 코드는 모두 ASP 코드이기 때문에 반드시 <% 와 %> 사이에 있어야 한다. 변수 선언 및 이용은 간단하며 변수를 선언할 때는 키워드 Dim을 써주고, 변수 이름은 알파벳 문자를 이용해서 간단하게 정의한다. 숫자나 특수기호를 사용할 수 없으며, 공백문자를 포함할 수 없다. 바로 다음 절에서 변수에 대하여 예를 들어 설명할 것이다.

(3) 결과 페이지 만들기

ASP에서 어떤 값을 HTML 페이지로 보여줄 때 Response.Write 메소드를

이용하는데 다음 코드는 Response 메소드를 이용해서 HTML 페이지에 텍스트를 보내는 형식이다. 이 텍스트는 HTML 페이지 일부가 되며, 브라우저로 보인다.

```
<%
Response.Write "안녕하세요. Active Server Pages."
%>
```

브라우저 상에 문자를 출력하는 형식은 두 가지가 있다. 바로 데이터 원본을 출력하는 경우와 지금과 같이 Response.Write문을 이용하여 출력을 하는 경우이다. ASP는 ASP.dll 파일에서 컴파일하여 HTML 웹 페이지에 "안녕하세요. Active Server Pages."라는 문자열을 클라이언트의 브라우저에 그대로 보이게 해준다.

그리고, HTML 페이지는 이런 단순한 텍스트 외에도 태그를 이용하는데, HTML 태그 역시 Response.Write 메소드를 이용해서 HTML 페이지를 넣을 수 있다. 예를 들어 가로줄을 넣어 구분하려면 다음과 같이 태그를 넣어줄 수 있다.

```
<%
<!-- HTML 페이지에 <HR> 태그를 넣는다. -->
Response.Write "<HR>"
%>
```

ASP 코드와 HTML 언어의 개념을 확실하게 구분해두어야 하는데 위에서 설명한 바와 같이 HTML 코드 영역이라면 <HR>을 바로 써서 구분 선을 추가할 수 있지만 ASP 코드 영역에서는 Response.Write 메소드를 이용하여 선을 추가하여야 한다.

Response.Write 메소드에는 문자열뿐만 아니라 값을 가진 변수를 이용할 수도 있는데 변수가 가진 값을 HTML 페이지에 보여주려면 다음과 같이 변수 이름을 바로 써주면 된다.

다음과 같은 코드를 작성해보자.

```
<%
Dim strHello '변수선언
```

```
strHello="안녕하세요. Active Server Pages."
Response.Write strHello '변수 값 인출
%>
```

수행 결과는 다음과 같다.

[그림 5-7] 변수 선언 예제

(4) Response 개체 이용

작지만 이제는 HTML의 정적인 페이지에서 벗어나 약간은 ASP의 동적인 페이지를 볼 수 있었다. ASP의 기본이 되는 자료의 저장과 저장된 자료를 출력해내는 방법은 거의 ASP 문서의 전체에서 볼 수 있다.

ASP 파일은 ASP 코드와 HTML 태그 그리고 일반 텍스트를 혼합해서 구성되어 있다. 이런 형식들을 모아서 하나의 웹 페이지를 만들어내는 것으로 HTML 페이지 소스에 태그나 함수를 넣을 수 있는 방법으로는 HTML 소스에 바로 입력해주거나 ASP 영역에서 Response 개체를 이용하는 방법이 있다. 다음의 예제를 작성해보자.

```
<H2>입력한 내용 확인 예제 </H2>
<HR>
<%
Dim strName, strPon_num '변수선언
```

```
strName=Request.form("name")
strPon_num=Request.form("Pon_num")

Response.Write"<br>이름 : " & strName
Response.Write"<br>전화번호 : " &strPon_num
%>
```

수행 결과는 다음과 같다.

[그림 5-8] 입력 내용 확인

[그림 5-8]은 선 태그까지는 HTML 문서를 이용하였고, 변수를 선언하는 부분과 변수 값을 변수 이름에 저장하여 다시 인출시키는 과정까지는 <% … %> 형식으로 표현하며 이 <% … %> 내부의 소스 코딩은 ASP 언어에 속한다. ASP 코드 영역에 있는 내용은 서버에서 실행되며, 클라이언트의 웹브라우저에서는 결과 값만 볼 수 있게 된다. 결국, Response.Write 메소드는 ASP에서 실행되며 값만 클라이언트의 웹브라우저에 보이는 것이다.

4. 변 수

변수란 프로그램이 실행되는 동안 값을 임시로 저장하기 위해 프로그래머로부터 이름을 할당받은 메모리의 영역을 가리키는 것으로, 일반적으로 변수는 이름과 데이터 형식으로 구성되어 있다.

예를 들어 음식점에서 메뉴를 선택하여 주문을 하였다면 주인은 나중에 메뉴의 이름과 수량을 알아야 총 금액을 알고, 계산을 받을 수 있다. 이렇게 메뉴의 가격과 수량을 변수 이름이라는 price와 count로 저장하여 합한 결과를 통해 돈을 받게 되는 것이다. 실제로 변수 값은 메모리 어딘가에 저장되어 있고 프로그램에서는 이것을 변수 이름을 통하여 찾아낼 수 있는 것이다.

프로그램을 만들 때 사용하는 프로그램 언어가 무엇이든지 변수와 같은 개념은 반드시 이용하게 된다. 단, 변수 선언 방식과 사용 방법은 각 언어마다 조금씩 다르므로 우리가 공부하고자 하는 ASP 스크립트에서도 문법에 맞게 변수를 사용하여야 한다.

VBScript에서는 변수를 Dim문을 이용하여 선언하는데 이러한 변수는 자동적으로 Variant형을 갖는다. 변수는 무슨 값을 할당했느냐에 따라 Numeric이나 Array와 같은 서브형으로 할당된다.

자바스크립트에서도 마찬가지로 별도로 형을 지정하지 않고 Var문을 이용해서 변수를 선언한다. 이 두 가지 스크립트 모두 데이터형을 쉽게 다룰 수 있도록 형 변환을 자동으로 처리한다. 실제로는 Dim문이나 Var문을 이용해서 변수를 선언하지 않더라도 변수를 사용할 수 있다. 다만, 정확하게 정의를 해주지 않으면 원하는 값이 다르게 얻어질 수가 있다.

이렇게 선언된 변수는 ASP 코드에서 임의의 값을 저장하는 저장소의 역할을 수행한다. 그러나 다른 프로그래밍 언어와 달리 ASP에서의 변수의 데이터 형식은 값이 정해질 때 결정된다. 예를 들어 price=5라는 값을 입력하면 price는 숫자형이 되고, price="5"를 입력하면 price라는 변수 값은 5라는 문자형이 된다. 문자형의 변수 값은 “”로 표현된다.

위의 선언문처럼 Dim이라는 키워드를 이용하여 변수를 선언하는 것을 명시적인 선언이라 한다. Dim 변수 이름의 형식으로 선언하면, ASP에 Dim 이후에 적혀져 있는 변수 이름의 형식으로 사용하겠다는 것을 미리 알려주는 역할을 하게 된다.

(1) 변수 선언

스크립트에서 변수를 명시적으로 선언하는 방법으로 Dim을 이용한다. 예를 들어 price를 선언한다고 하면 다음과 같은 형식으로 선언한다.

```
<% Dim price %>
```

변수는 여러 개의 변수 이름을 동시에 선언할 수 있다. 단 주의할 점은 변수 이름과 변수 이름 사이에는 반드시 콤마(,)로 구분 지어야 한다. 아래의 그림은 price, num, count라는 세 개의 변수 이름을 하나의 키워드인 Dim을 이용하여 표현한 예이다.

```
<% Dim price, num, count %>
```

변수를 명시적으로 선언하지 않고 암시적으로 사용하기도 하는데, 이것은 변수를 미리 선언하고 사용하는 것이 아니라 스크립트 중간에서 변수에 해당하는 값이 숫자인지, 아니면 문자인지를 파악하고 그때의 형식에 맞게 값을 할당하는 변수를 선언하여 사용하는 것이다.

아래와 같은 변수의 형식은 변수 값을 미리 설정해주어서 해당하는 변수명의 값을 이용하는 예를 보여준 것이다.

```
<% price=0 %>
```

(2) Option Explicit

VBScript에서 변수를 사용하기 전에 변수를 반드시 선언할 필요는 없는데, 다음 그림과 같이 변수를 바로 사용해도 된다. strprice라는 변수를 선언하지 않고 바로 “ASP강좌입니다.”라는 문자열을 정의하여도 웹 페이지에서 실행했을 때에는 “ASP강좌입니다.”라는 문자가 출력되는 것을 알 수 있다.

```
<% strprice="ASP강좌입니다.“ %>
<%=strprice%>
```

하지만 스크립트가 복잡해지고 길어지면 변수를 선언해서 사용하는 것이 코드를 알아보기에도 쉽고, 버그를 줄일 수 있는 방법이다. 예를 들어, 변수 이름을 잘못 입력했다 하더라도 임의로 변수를 선언한 것처럼 되기 때문에 에러를 보여주는 것이 아니라 잘못된 결과를 보여줄 수 있다.

Option Explicit을 다음과 같이 페이지 상단에 써주는 경우 모든 변수를 반드시 선언해야 한다. 선언하지 않은 변수에 대해서는 변수가 정의되어 있지 않다는 에러 메시지를 나타내게 되며 변수 선언은 Dim을 이용한다.

```
<% Option Explicit %>

<%
        Dim strprice
        strprice="ASP강좌입니다.“
%>
<%=strprice%>
```

[그림 5-9]는 strprice라는 변수명을 통해 “ASP강좌입니다.”가 출력되는 결과를 보여주는 것이다.

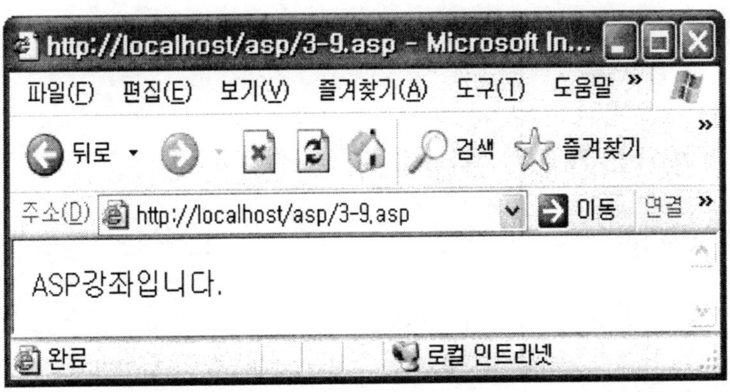

[그림 5-9] 변수 예제

[그림 5-10]은 변수를 선언하지 않고 <% Option Explicit %>를 설정해주었을 때의 예제이다. 그럼 변수를 선언하지 않은 예제를 보기로 하자.

```
<% Option Explicit %>
<%
strprice="ASP강좌입니다."
%>
<%=strprice%>
```

[그림 5-9]와는 다른 에러 메시지를 보이는데, 이것은 변수를 선언해주지 않았기 때문에 strprice라는 변수 이름을 인식하지 못하여 생긴 오류이다.

[그림 5-10] 변수 에러

(3) Empty 변수와 NULL값

1) Empty 변수

변수에 값을 할당하기 전 변수는 비어 있는 상태이다. 이것을 Empty 변수라고 하는데 달리 말하면 숫자 0이나 " "로 표현한 것은 반드시 변수에 속한다. 이것은 0값이 있다는 표현과 같은 것이지만 처음부터 비어 있는 Empty 상태일 때는 어떠한 변수가 들어오기를 기다리는 상태를 의미한다.

2) IsEmpty() 함수

변수가 비어 있는지 확인하는 함수는 IsEmpty() 함수로 해당하는 값이 있을 때에는 false 값을, 비어 있을 때에는 true 값을 보인다. 다음 예에서 strprice에는 값을 할당했기 때문에 false를 보일 것이고, strnum은 비어 있기 때문에 true를 [그림 5-11]을 통하여 볼 수 있다.

```
<% strprice = ″ASP강좌입니다.“ %>

<%=IsEmpty(strprice)%>
<%=IsEmpty(strnum)%>
```

수행 결과는 다음과 같다.

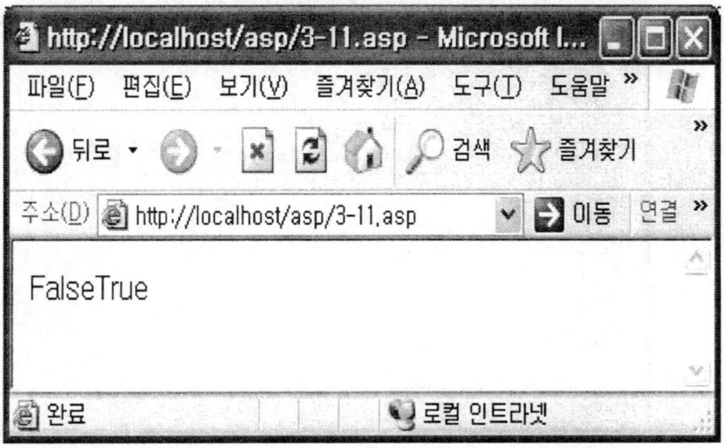

[그림 5-11] IsEmpty() 함수

[그림 5-11]은 단지 변수에 해당하는 값이 있는지 없는지를 구분하여 false인 경우에는 비어 있지 않음을 의미하고 true인 경우에는 비어 있음이 참임을 나타내는 것이다. 따라서 strprice에 해당하는 값은 "ASP강좌입니다."로 비어 있는 상태가 아님을 보였다.

다음 예에서 IsEmpty()는 false값을 리턴하며 IsNull()은 true값을 리턴한다. 만약 값을 가진 변수를 Empty 변수로 만들려면 다음과 같이 Empty값을 할당한다.

```
<% '변수에 NULL값을 할당한다.%>
<% strprice = NULL %>

<br><%=IsEmpty(strprice)%>
<br><%=IsNULL(strprice)%>

<br><%=IsEmpty(strnum)%>
<br><%=IsNULL(strnum)%>

<% '변수를 Empty 변수로 만든다.%>
<%strprice=Empty%>
```

수행 결과는 다음과 같다.

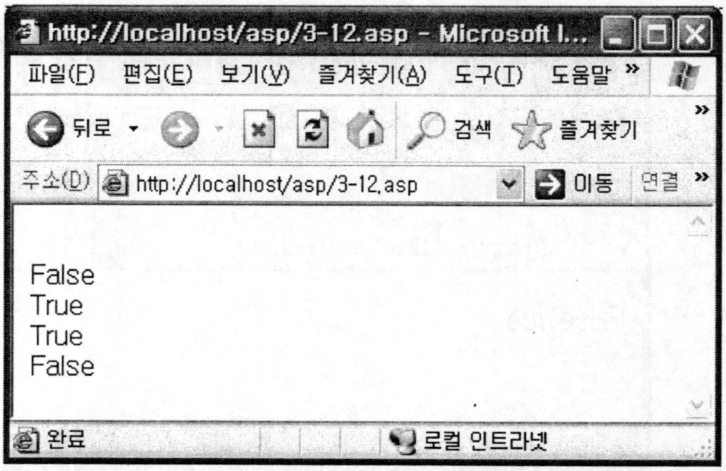

[그림 5-12] IsEmpty()와 IsNull()의 예

(4) 변수 이름 짓기

변수 이름은 알아보기 쉽도록 만들고 기본 규칙을 따라야 하는데 그 규칙들은 다음과 같다.

① 변수 이름은 반드시 알파벳 문자로 시작해야 하며 알파벳 문자와 '_' 문자 외에 다른 특수문자는 사용하지 않는다.

② 변수 이름의 길이는 255문자를 넘어서도 안 되며 변수를 선언하고

사용하는 같은 범위에서는 이용이 중복될 수 없다.

③ 변수 이름은 이름만 보아도 용도와 데이터형을 알 수 있도록 만들어 주어야 한다. 그래서 변수 이름은 보통 데이터형을 나타내는 접두어로 시작하며 접두어를 보고 데이터형을 짐작할 수 있어 보다 코드 읽기가 쉬워진다. 언어마다 접두어를 붙이는 방식이 약간 다르다.

(5) 지역변수와 전역변수

변수를 설정하는 것을 위에서 배웠고 이제는 변수 중에서 지역변수와 전역변수에 대하여 다뤄보기로 하자.

먼저 지역변수(local variable)라는 것은 프로그램을 모듈 단위로 나누었을 때 작은 그룹인 모듈 내에서의 변수를 지역변수라 하고, 전역변수(global variable)라는 것은 프로그램의 전체를 제어할 수 있는 변수를 뜻하는 것으로 프로그램이 시작되면서 끝나는 시점까지의 생명을 갖는 변수를 말한다.

그럼 예제를 통하여 지역변수와 전역변수를 비교하기로 하자.

```
<HTML>
<HEAD><TITLE>지역변수, 전역변수</TITLE>
</HEAD>
<BODY>
<%Global="Global은 전역변수이다."%>
<%
        Sub Proc1()
                Local = "proc1 : 지역변수이다."%>
                <%=Local%>
                <%=Global%>

<% End Sub%>
<%
        Sub Proc2()
                Local = "proc2 : 지역변수이다."%>
                <%=Local%>
                <%=Global%>
        <% End Sub%>
```

```
<P> Global 변수 값
<BR> <%= Global %>
<P> Proc1()을 호출하면...
<BR> <% Proc1 %>
<P> Proc2()을 호출하면...
<BR> <% Proc2 %>

</BODY>
</HTML>
```

결과는 [그림 5-13]과 같은데, global은 전역변수를 의미하며 proc1과 proc2는 지역변수를 의미한다.

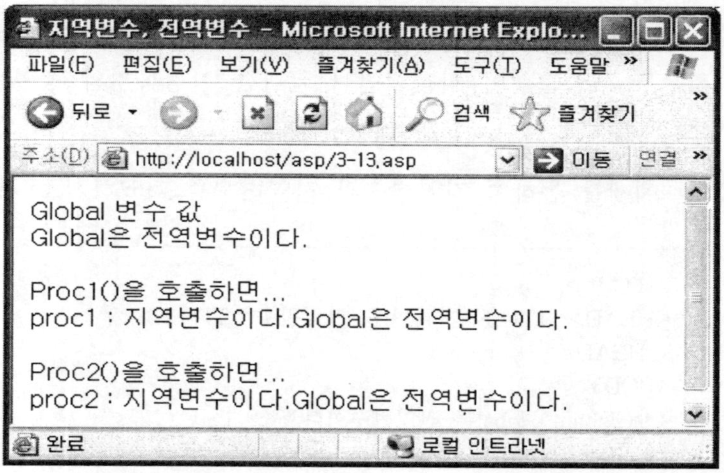

[그림 5-13] 전역변수와 지역변수의 예

5. 상 수

변수가 프로그램 코드에서 변하는 값을 저장하는 장소라면 상수는 항상 일치하는 값을 저장하는 장소라고 하면 정확할 것이다. 즉 상수라는 것은 프로그래머나 시스템에 의해 미리 정해져 있는 것으로, 복잡한 숫자의 값을 미리 지정해주어 프로그래머가 사용하고자 할 상수 이름을 변수 이름처럼 불러서 연산에 적용한다.

상수의 선언은 Const라는 키워드를 이용하여 변수의 선언과 비슷하게 선언한 후 값을 대입하는데, 대문자를 주로 사용한다.

상수 선언의 형식은 다음과 같다.

```
<% Const pi=3.14 %>
```

위에서 보듯이 pi를 여러 번 연산해야 하는 연산문에서 3.14를 상수 pi로 설정해주고 3.14를 연산해야 할 때마다 pi를 대신 사용함으로써 번거로움을 줄일 수 있다.

다음은 pi를 예를 들어 보여주는 문장이다.

```
<%
const a=1
const b=4

Response.Write "a + b ="&(a+b)&"<br>"
Response.Write "a * b ="&(a*b)&"<br>"

%>
```

a, b를 상수로 숫자를 대입하여 상수 정의해주고 두 가지 환경으로 연산해주었을 때 [그림 5-14]에서와 같이 덧셈의 결과와 곱셈의 결과 값을 얻을 수 있다.

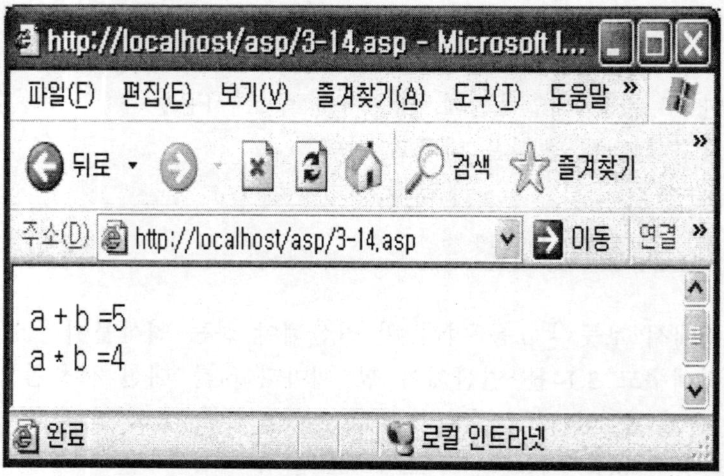

[그림 5-14] 상수를 이용한 예

6. 데이터형

데이터 형식이라는 것은 변수나 상수에서 가질 수 있는 값의 형식을 가리키는 것으로 예를 들어 숫자 데이터 형식과 문자 데이터 형식은 각각 다른 것이다. 실제 프로그래밍에서는 데이터 형식이 상당히 중요한데, 숫자 1과 문자 1은 서로 다른 결과 값을 가져올 수 있기 때문이다.

다른 언어에서는 많은 데이터 타입을 가지고 있지만, VB 스크립트에서는 Variant라는 한 가지 테이터 타입만을 지원한다. 따라서, 변수를 선언할 때 정수(int)나 문자열(string)을 특별히 선언해줄 필요가 없다. 그러나 이런 Variant 타입의 변수들은 변수에 값이 지정될 때 그 값의 타입에 따라 자동으로 서브타입으로 결정된다.

예를 들어, a라는 변수에 30이라는 값이 들어가면 정수형으로 결정되고, 'ASP 따라하기'라는 문자열이 들어가면 문자열형으로 바뀐다. 어떻게 보면, 편리하게 보일 수도 있다. 하지만, 소스 코드가 길어지게 될 경우 이러한 묵시적인 형 변환은 코드의 디버깅 작업을 어렵게 만들 수도 있다.

다음 표를 이용해 데이터 서브타입(subtype)을 확인해보도록 하자.

서브타입	설명
Empty	변수의 값이 아직 초기화되지 않은 경우이다. 그 값은 숫자변수의 경우 0, 문자열 변수의 경우 길이가 0인 빈 문자열이다.
Null	Null이란 데이터 타입은 데이터의 값이 아무것도 없다라는 특별한 타입의 데이터 타입이다. 즉, 값 자체가 아무런 데이터도 지정되지 않았다는 것이다. Null이 되기 위해서는 변수에 Null을 지정해야만 한다.
Boolean	true 또는 false만을 가지는 논리적인 데이터 타입이다.
Byte	정수 값을 가지며, 0에서 255까지의 정수를 포함한다.
Integer	정수 값을 가지며, -32,768에서 32,767까지의 정수를 포함한다.
Currency (통화)	숫자 값을 가지며, -922,337,203,685,477.5808에서 922,337,203,685,477.5807까지를 포함한다.
Long	정수 값을 가지며, -2,147,483,648에서 2,147,483,647까지의 정수를 포함한다.
Single	실수 값을 가지며, -3.402823E38에서 -1.401298E-45까지의 음수 및 1.401298E-45에서 3.402823E38까지의 양수인 단정밀도 부동 소수점 숫자를 포함한다.
Double	-1.79769313486232E308에서 -4.94065645841247E-324까지의 음수 및 4.94065645841247E-324에서 1.79769313486232E308까지의 양수인 배정밀도 부동 소수점 숫자를 포함한다.
Date (Time)	100년 1월 1일에서 9999년 12월 31까지의 날짜를 나타내는 숫자를 포함한다.
String	길이가 약 2조 문자까지에 이르는 문자열을 지원한다.
Object	객체를 포함한다.
Error	오류번호를 포함한다.

Variant 타입이 모든 데이터 타입을 처리할 수 있다는 점이 무척 편리하기는 하지만 데이터의 정확한 형태를 알아야 할 때가 종종 있다. 예를 들어 10+20과 같은 덧셈에서 이를 숫자형으로 인식하여 '30'이라는 결과가 나오면 다행이지만 그렇지 않고 문자열 데이터로 인식해 '1020'과 같은 원치 않은 결과가 발생할 수도 있다.

그래서 Variant 타입의 정확한 서브타입을 알고 있어야 하는데 이를 알 수 있는 방법으로 TypeName 함수(변수에 관한 서브타입 정보를 문자열로 반환)를 사용하면 된다.

TypeName 함수는 아래 값들을 반환한다.

값	설 명
Byte	바이트 값
Integer	정수 값
Long	Long 정수 값
Single	단정밀도 부동 소수점 숫자 값
Double	배정밀도 부동 소수점 숫자 값
Currency	통화 값
Decimal	십진 값
Date	날짜 또는 시간 값
String	문자열 값
Boolean	부울 값 true 또는 false
Empty	초기화되지 않음.
Null	유효한 데이터 없음.
<객체 형식>	객체의 실제 형식 이름
Object	일반 객체
Unknown	알 수 없는 객체 형식
Nothing	객체 인스턴스를 아직 참조하지 않은 객체 변수
Error	오류

그리고, 이렇게 변수의 데이터 타입을 확인한 후에 변수에 강제로 데이터 타입을 변화시키는 함수들이 있는데 이런 함수들을 변환함수라고 하며, 정수형으로 변화하려면 CInt(), 문자열로 변환하려면 CStr(), 날짜형으로 변환하려면 CDate(), 부동소수로 변환하려면 CSng() 또는 CDbl() 함수를 이용한다. CBool() 함수는 불리언(Boolean) 값을 구해서 true 또는 false 값을 리턴한다.

다음 예제를 이용하여 서브타입과 변환함수에 대한 결과를 살펴보도록 하자.

```
<%
intX = 10
lngY = 10000000
strZ = "ASP 는 재미있는 과목이다."
%>
<HTML>
```

```
<HEAD><TITLE>변수 타입 이해하기</TITLE>

</HEAD>
<BODY>
intX =<%=intX%>이며 서브 타입은 <% = TypeName(intX) %>입니다. <BR>
lngY=<%=lngY%>이며 서브 타입은 <% = TypeName(lngY) %>입니다. <BR>
strZ =<%=strZ%>이며 서브 타입은 <% = TypeName(strZ) %>입니다. <BR>
<HR>
<% strS = CStr(intX) %>
strS = <% = strS %>이며 서브 타입은 <% = TypeName(strS) %>입니다.
</BODY>
</HTML>
```

결과는 [그림 5-15]와 같다.

[그림 5-15] 변수 타입 예제

지금까지 Variant 변수의 사용과 데이터 타입을 확인하는 방법, 그리고 서브타입 변수의 데이터 형태를 바꿀 수 있는 함수에 관하여 알아보았다.

7. 연산자

연산자는 수학적, 논리적 연산 등을 수행하는 기호들을 가리키는 것으로 변수나 상수를 이용하여 프로그램에서 새로운 결과 값을 구하고자 할 때 사용되며 프로그래밍을 하기 위한 목적 중의 하나이다.

기본적인 연산자로 가장 많이 사용하는 것이 대입 연산자인 등호(=)를 들 수 있지만, 이 외에도 여러 가지가 ASP에서 지원된다.

VB 스크립트의 연산자는 네 개의 그룹으로 산술, 연결, 비교, 논리에 관련된 연산자들이 있다.

각각의 연산자에 대해 간단히 설명하면 다음과 같다.

- 산술 연산자 : 덧셈, 뺄셈 등의 사칙연산, 지수연산 등의 수학적인 계산을 하기 위하여 사용된다.
- 비교 연산자 : 식들 사이를 비교하여 관계가 맞으면 true 값을, 틀리면 false 값을 준다.
- 논리 연산자 : 하나 또는 그 이상의 수식에 대한 값을 평가하고 논리 값으로 결과를 리턴한다.
- 연결 연산자 : 문자열을 서로 연결하여 하나의 문자열을 만드는 연산자이다.

다음 표를 통하여 기호마다의 특징을 보도록 하자.

산술 연산자		비교 연산자	
설 명	기 호	설 명	기 호
덧셈	+	객체 동등성	Is
뺄셈	-	같지 않다	<>
곱셈	*	보다 작다	<
나눗셈	/	보다 크다	>
정수 나눗셈(몫을 구함)	\	보다 작거나 같다	<=
나머지 연산(나머지를 구함)	Mod	보다 크거나 같다	>=
지수(거듭제곱을 구함)	^	같다	=

산술 연산자의 예를 보자.

```
<%
X = 7
Y = 3
Z = "20"
%>
<HTML>
<HEAD><TITLE>산술연산자</TITLE>
</HEAD>
<BODY>
X = 10<br> Y = 3 <br> Z = "20"<BR>
**숫자간의 연산**<BR>
X + Y = <% = X + Y %> <BR>
X - Y = <% = X - Y %> <BR>
X * Y = <% = X *Y %> <BR>
X / Y = <% = X /Y %> <BR>
X \ Y = <% = X \ Y %> <BR>
X mod Y = <% =X mod Y %> <BR>

**문자열과의 연산** <BR>
Z + Z = <% = Z + Z %> <BR>

**숫자와 문자열과의 연산** <BR>
X + Z = <% = X + Z %> <BR>
</BODY>
</HTML>
```

[그림 5-16]은 각 연산자에 따른 결과 값을 보인 그림이다.

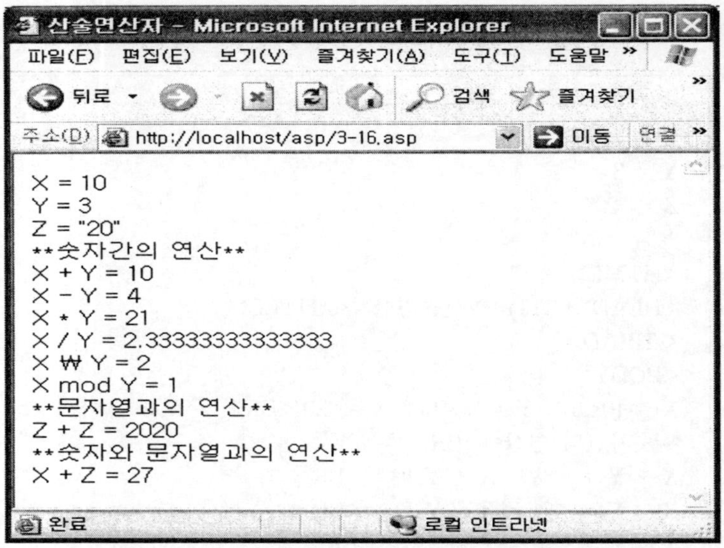

[그림 5-16] 산술연산의 예

[그림 5-16]은 각 연산자마다의 결과를 보여준 것으로 문자열과의 연산은 숫자를 더하는 것이 아닌 문자로 입력받았으므로 '2020'으로 문자형식으로 겹치게 된다.

다음으로 비교 연산자의 예를 보자.

```
<HTML>
<HEAD><TITLE>비교 연산자와 논리 연산자</TITLE></HEAD>
<BODY>
**비교 연산** <BR>
7 > 5 : <% = 7 > 5 %> <BR>
7 <= 8 : <% = 7 <= 8 %> <BR>
3 <> 3 : <% = 3 <> 3 %> <BR>
"10" > 5 : <% = "10" > 5 %> <BR>
"ASP" = "asp" : <% = "ASP" = "asp" %> <BR>
"asp" = "asp" : <% = "asp" = "asp" %> <BR>
</BODY>
</HTML>
```

결과 값을 보기로 하자.

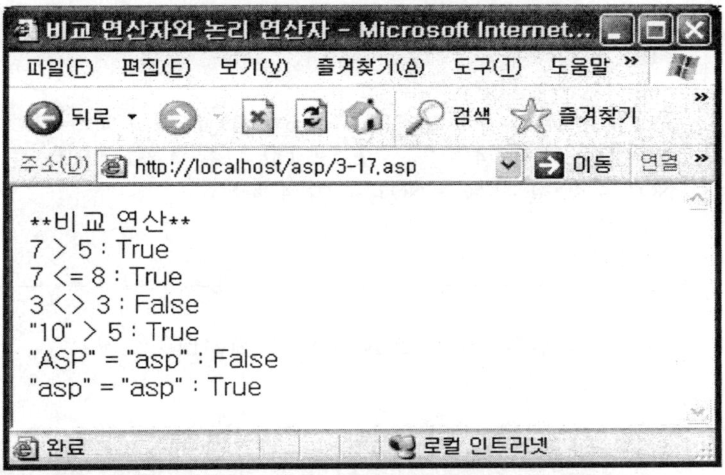

[그림 5-17] 비교 연산자의 예

[그림 5-17]의 비교 연산자의 예에서는 숫자의 비교에서 참이면 true, 또 문자를 비교하여 같으면 true이고 다르면 false를 출력한다. 중요한 것은 대소문자를 구별한다는 것이다.

다음으로 논리 연산자의 기호별 설명을 보기로 하자.

논리 연산자	
설 명	기 호
논리적 부정(논리적인 부정)	Not
논리적 결합(두 식의 값이 true true이면 true)	And
논리적 분리(한 식의 값이라도 true이면 true)	Or
논리적 배타(두 식의 값이 true false, 혹은 false true이면 true)	Xor
논리적 동등성(두 식의 값이 true true, 혹은 false false이면 true)	Eqv
논리적 함축성(두 식의 값이 true false를 제외하고 모두 true)	Imp

위의 표를 이용한 예제를 다음의 결과에서 보기로 하자.

```
<HTML>
<HEAD><TITLE>논리 연산자</TITLE></HEAD>
<BODY>
**논리연산** <BR>
7 > 5 AND 4 <> 4 : <% = 7 > 5 AND 4 <> 4 %> <BR>
7 > 5 OR 4 <> 4 : <% = 7 > 5 OR 4 <> 4 %> <BR>
NOT 4 <> 4 : <% = NOT 4 <> 4 %>
</BODY>
</HTML>
```

[그림 5-18]은 위 예제의 결과를 보인 것이다.

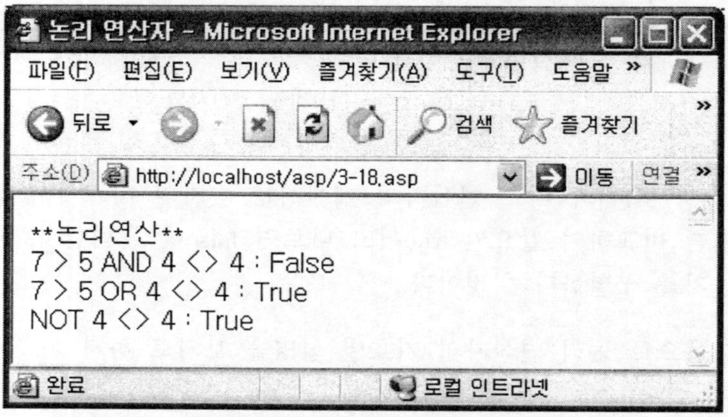

[그림 5-18] 논리 연산자의 예

[그림 5-18]은 아래의 표를 보면서 비교하면 쉽게 구할 수 있을 것이다.

A	B	AND	OR	NOT A
T	T	T	T	F
T	F	F	T	F
F	T	F	T	T
F	F	F	F	T

이들 각 연산자에는 연산자 간의 우선순위가 있다. 연산자 우선순위란 한 식에서 여러 개의 연산을 수행할 경우 미리 정해진 순서에 따라 식의

각 부분을 먼저 해석하는 순위이다. 만일 이러한 순서가 존재하지 않는다면 해당 연산의 결과가 개발자 의도와는 다르게 연산이 될 수도 있다.

둘 이상의 유형에 속하는 연산자를 가진 식에서는 산술 연산자, 연결 연산자, 비교 연산자, 논리 연산자 순서로 정의된다. 모든 비교 연산자는 동등한 우선순위, 즉 비교 연산자의 위치에 따라 왼쪽에서 오른쪽으로 계산된다.

산술 연산자와 논리 연산자의 우선순위는 아래와 같다.

산술 연산자	논리 연산자
지수(^)	Not
부정(-)	And
곱셈과 나눗셈(*, /)	Or
정수 나눗셈(\)	Xor
나머지 연산(Mod)	Eqv
덧셈과 뺄셈(+, -)	Imp

한 식에서 곱셈과 나눗셈을 모두 수행할 경우 그 위치에 따라 왼쪽에서 오른쪽으로 각 연산을 수행한다. 또한 한 식에서 덧셈과 뺄셈을 모두 수행할 경우에도 마찬가지로 왼쪽이 오른쪽보다 우선순위가 높다.

문자열 연결 연산자(&)는 산술 연산자가 아니지만, 그 우선순위는 모든 산술 연산자 뒤와 모든 비교 연산자 앞에 나온다. Is 연산자는 객체참조 비교 연산자이며, 객체 또는 그 값을 비교하는 것이 아니라 두 객체참조가 동일한 객체를 참조하는지를 확인하는 데에만 사용된다.

연산자 우선순위에서 괄호를 사용하면 연산에 대한 우선순위를 바꾸거나, 다른 부분을 계산하기 전에 괄호 안의 식을 먼저 계산할 수 있다.

마지막으로 연결 연산자의 예를 보기로 하자.

```
<% temp = "Good" %>
<HTML>
<HEAD><TITLE>연결 연산자</TITLE>
</HEAD>
<BODY>
temp = "Good" <BR>
temp & "Morning" : <% = temp & "Morning" %> <BR>
```

```
temp & "Afternoon" : <% = temp & "Afternoon" %> <BR>
temp & "Evening" : <% = temp & "Evening" %> <BR>
</BODY>
</HTML>
```

[그림 5-19]는 연결 연산자의 결과를 보여준다.

[그림 5-19] 연결 연산자의 예

[그림 5-19]는 임시기억 장소인 temp에 'Good'이라는 단어를 저장하고, 각 'Morning', 'Afternoon', 'Evening'에 &인 연결 연산자를 이용하여 연결해줌으로써 결과 값은 두 단어가 각각 연결되어서 나타난다.

8. 배 열

대부분의 경우 변수에는 하나의 값을 할당한다. 그러나 경우에 따라서 변수에 하나 이상의 값을 할당하는 것이 유리한 경우가 있다. 이것은 하나의 변수 이름으로 여러 개의 값을 갖도록 하는 것으로, 예를 들어 일주일은 7일이다. 이런 요일을 하나하나 변수에 적용하여 입력하는 것보다 배열에 정의해서 사용하면 좀 더 쉽고, 효과적이다. 더구나 어떠한 값이 100개가 필요하다고 가정할 때 이 100개마다 변수를 각각 지정해준다면 많은 변수를 필요로 하고 나중엔 기억도 제대로 나지 않을 것이다. 이러한 곤란함을 해결하기 위해 필요한 것이 배열이다.

VBScript에서도 다른 언어에서와 같이 배열을 선언하여 사용할 수가 있다. 이러한 배열의 값에 접근하는 경우에는 변수 이름(지수)과 같은 형태로 개별적인 값에 접근하게 된다.

배열은 1차원 배열뿐 아니라 2차원, 3차원 배열도 이용할 수 있다. 하지만, 3차원 이상만 되어도 이해하기 힘들므로 특별한 이유가 아니라면 너무 높은 다차원 배열의 이용은 피하는 것이 좋다.

배열은 변수를 선언할 때와 마찬가지로 Dim문을 이용하여 선언하고 변수 이름 뒤에 배열의 크기를 지정해주면 된다. 또한, 스크립트의 실행 도중에 배열의 크기와 내용을 변경할 수 있는데 이때는 ReDim문도 함께 사용하여 선언해준다. 이러한 경우 이전의 배열 내용을 보존하여 추가로 공간을 확장하고자 할 때는 Preserve문을 이용한다.

그럼 배열 예제를 보면서 이해해보자.

```
<%
Dim ar()
ReDim ar(3)
ar(0) = "mon"
ar(1) = "tue"
ar(2) = "wed"
ar(3) = "thu"
%>
<HTML>
<HEAD><TITLE>배열 이해하기</TITLE>
</HEAD>
<BODY>
<H2>요일 보기</H2>
<HR>
** 배열 ar(3)의 내용 ** <BR>
<% =ar(0) %>, <% =ar(1) %>, <% =ar(2) %>, <% =ar(3) %>

<%
ReDim Preserve ar(5)
ar(4) = "fri"
```

```
ar(5) = "sat"
%>
<p>
** 기존의 배열에 내용을 추가한 ar(5)의 내용 ** <BR>
<% =ar(0) %>, <% =ar(1) %>, <% =ar(2) %>, <% =ar(3) %>
  <BR>
<% =ar(4) %>, <% =ar(5) %>
</BODY>
</HTML>
```

[그림 5-20]에서 보는 결과와 같이 요일을 예제로 하였다. 주의할 것은 ar(3)은 3개의 데이터를 가지고 있는 것이 아니라 배열의 초기 값을 정해주지 않으면 0에서부터 시작하므로 실제로 데이터는 4개라는 것을 명심해야 한다.

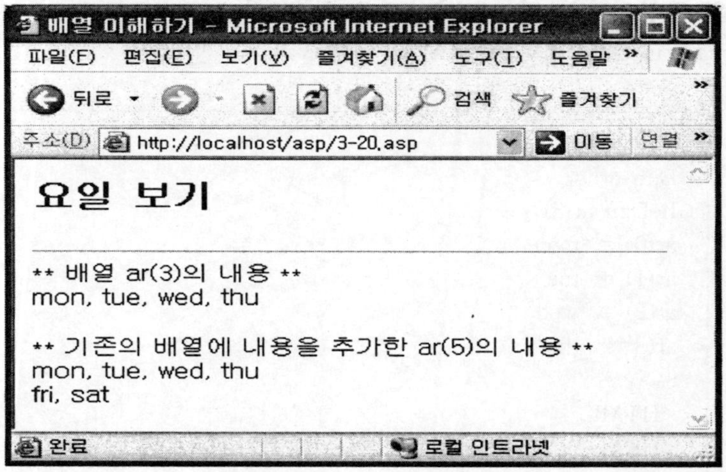

[그림 5-20] 배열 예제

[그림 5-20]에서 보면 Dim문과 ReDim문으로 배열 ar을 선언하고 각각의 저장소에 값을 할당하였다. ar(3)이라고 선언했기 때문에 0부터 3까지 4개의 저장공간이 할당된다. 새로운 내용을 추가하고 싶을 때는 ReDim Preserve문을 통해 기존의 배열 ar에 두 개의 저장공간이 추가된 것을 볼 수 있다.

그리고 VB 스크립트에서는 가변형 변수를 지원하기 때문에 배열에 있어서도 가변 형태의 데이터 타입을 가진 배열을 이용할 수 있다. 예를 들어, 다음과 같이 여러 가지 데이터 타입을 혼용한 배열을 이용할 수 있다.

```
Dim varArray(3)

varArray(0) = "asp"
varArray(1) = 100
varArray(2) = True
varArray(3) = 123.456
```

이제 배열까지 배워보았다.

연습문제

1. 아래의 구구단을 구하는 프로그램을 ASP로 작성하시오.

[구구단 프로그램]							
2 단	3 단	4 단	5 단	6 단	7 단	8 단	9 단
2 * 1 = 2	3 * 1 = 3	4 * 1 = 4	5 * 1 = 5	6 * 1 = 6	7 * 1 = 7	8 * 1 = 8	9 * 1 = 9
2 * 2 = 4	3 * 2 = 6	4 * 2 = 8	5 * 2 = 10	6 * 2 = 12	7 * 2 = 14	8 * 2 = 16	9 * 2 = 18
2 * 3 = 6	3 * 3 = 9	4 * 3 = 12	5 * 3 = 15	6 * 3 = 18	7 * 3 = 21	8 * 3 = 24	9 * 3 = 27
2 * 4 = 8	3 * 4 = 12	4 * 4 = 16	5 * 4 = 20	6 * 4 = 24	7 * 4 = 28	8 * 4 = 32	9 * 4 = 36
2 * 5 = 10	3 * 5 = 15	4 * 5 = 20	5 * 5 = 25	6 * 5 = 30	7 * 5 = 35	8 * 5 = 40	9 * 5 = 45
2 * 6 = 12	3 * 6 = 18	4 * 6 = 24	5 * 6 = 30	6 * 6 = 36	7 * 6 = 42	8 * 6 = 48	9 * 6 = 54
2 * 7 = 14	3 * 7 = 21	4 * 7 = 28	5 * 7 = 35	6 * 7 = 42	7 * 7 = 49	8 * 7 = 56	9 * 7 = 63
2 * 8 = 16	3 * 8 = 24	4 * 8 = 32	5 * 8 = 40	6 * 8 = 48	7 * 8 = 56	8 * 8 = 64	9 * 8 = 72
2 * 9 = 18	3 * 9 = 27	4 * 9 = 36	5 * 9 = 45	6 * 9 = 54	7 * 9 = 63	8 * 9 = 72	9 * 9 = 81

2. Get 방식과 Post 방식에 대하여 비교설명 하시오.

3. Input 태그를 이용하여 회원등록 프로그램의 초기 화면을 그림과 같이 구성하시오(필드는 이름, 아이디, 비밀번호, 전화번호, 주소로 하시오).

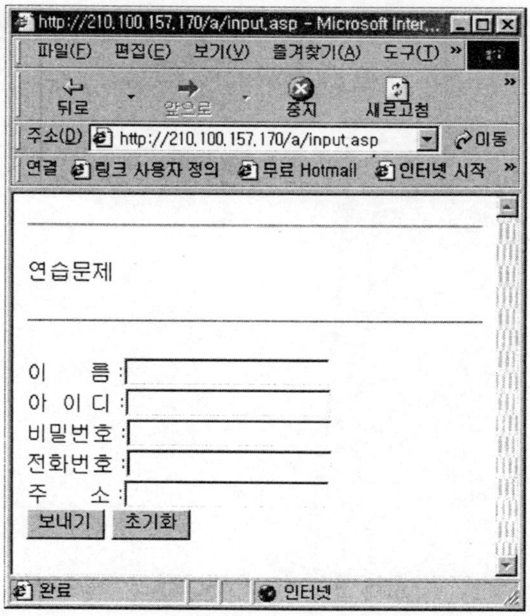

4. 변수의 이름을 지정할 때 필요한 규칙을 설명하시오.

5. 지역변수와 전역변수를 각각 예를 들어 설명하시오.

6. 연산자의 우선순위를 지정하는 규칙에 대하여 설명하시오.

7. 테이블 태그를 이용하여 달력을 출력하는 프로그램을 작성하시오.

8. 다음 그림과 같은 체크박스를 이용한 ASP 프로그램을 작성하시오.

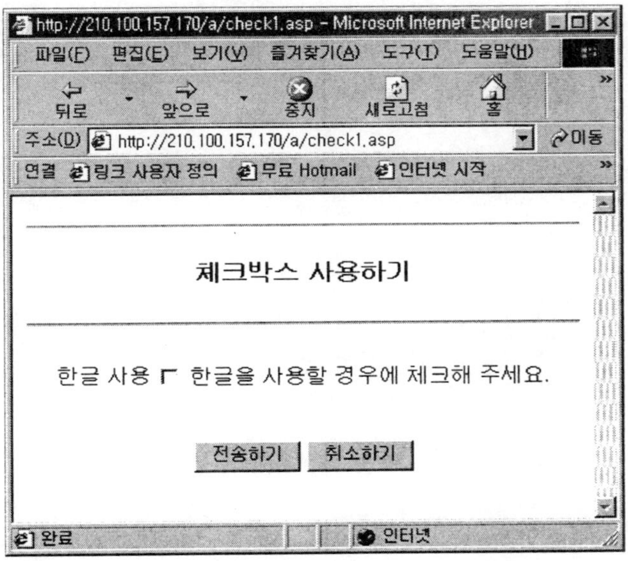

6장 제어문

프로그램이 실행되는 동안 스크립트는 순서대로 실행된다. 이때 어느 조건에 따라 처리할 스크립트를 결정하거나 반복해서 실행할 상황이 생길 수 있는데 If문은 조건에 따라 실행할 스크립트를 결정해준다. 또, Do … While문과 같은 반복문은 조건이 만족할 때까지 또는 조건에 만족하는 동안 스크립트를 반복해서 실행한다.

ASP와 같은 인터프리터 언어에서 특히 볼 수 있지만 일반적인 프로그램 코드의 실행은 단방향성을 갖는다. 예를 들어, 왼쪽에서 오른쪽으로 실행되든지 위에서 아래로 실행된다. 이런 흐름에 제어구문이 존재하지 않는다면 단방향성을 피할 수 없게 되는 것은 명확한 사실이다. 필요한 부분에서 선택실행이라든지 반복이라든지 하는 모든 작업이 이루어지지 않게 되는 것이다.

그러나 프로그래밍에서는 이런 점들을 보안하기 위해 사용자에게 제어할 수 있는 여러 가지 구문을 제공하고 있다. 제어문의 종류에는 분기를 위한 결정 구조, 프로세스의 반복에 사용되는 루프 구조, 코드에서의 제어구조와 관련된 작업의 기본 사항인 제어 구조 작업 등이 있다.

1. If 문

If문은 주어진 조건을 계산하여 그 값이 참이면 true에 해당하는 명령을 진행하고, 또, false일 경우에는 false에 해당하는 명령을 수행하는 조건문이다. 이러한 If문은 그 안에 또 다른 If문을 구성하여 더 조건식을 수행할 수 있다.

(1) If … Then문

조건문의 가장 대표적인 명령으로 If 뒤의 조건문이 "True"이면 "Then" 다음의 문장을 수행한다. 만일 조건이 만족하지 않으면 End if 다음 문장을 수행한다. If …Then은 다음과 같은 형식을 따른다.

```
If 조건 Then
        조건이 맞을 경우 실행할 문장
End If
```

다음 예를 통하여 If … Then에 대하여 알아보자.

```
<HTML>
<BODY>

<H2> If ... Then </H2>

<%
blnval1 = True
blnval2 = False

intval1 = 10
intval2 = 20

if intval1 <= intval2 then
        Response.write " intval2가 intval1 보다 크거나 같다"
End if
 %>
</BODY>
</HTML>
```

[그림 6-1]은 intval1의 값이 10이고 intval2의 값이 20이므로 조건에 true이다. 따라서 If문 내에서의 조건을 만족하는 "intval2가 intval1보다 크거나 같다"를 출력한 결과이다.

[그림 6-1] If … Then 예제

(2) If … Then … Else문

If … Then과 마찬가지로 조건에 맞으면 Then 다음에 나오는 스크립트를 실행한다. 그리고 만약 조건에 맞지 않는 경우에는 Else 다음에 나오는 스크립트를 실행하게 된다.

```
If 조건 Then
      조건에 맞을 경우 실행할 문장
Else
      조건에 맞지 않을 경우 실행할 문장
End If
```

If … Then … Else문을 예제를 통하여 알아보자.

```
<HTML>
<BODY>
<H2> If ... Then ... Else </H2>
<%
blnval1 = True
blnval2 = False

intval1 = 10
intval2 = 20
intval3 = 30
```

```
if intval1 <= intval2 then
      Response.write " intval2가 intval1 보다 크거나 같다<BR>"
end if

if blnval2 then
      Response.write " blnval1 = True 입니다."
else
      Response.write " blnval2 = False입니다."
End if
 %>
</BODY>
</HTML>
```

[그림 6-2]는 If … Then … Else 예에 대한 결과이다. [그림 6-1]과 같이 처음의 If문은 같은 결과가 출력되었고, 두 번째 If문에서 blnval2가 false값을 가지므로 else 다음 문장을 실행하였다.

[그림 6-2] If … Then … Else 예제(1)

하나의 예제를 더 들어보기로 하자.

```
<HTML>
<BODY>
<H2> If ... Then ... Else </H2>
<%
```

```
        if Time < #12:00:00 pm# and time >= #12:00:00 am# then
                price="오전입니다.“
        else
                price="오후입니다.“
        End if
  %>
  <%= price %>
<P>
  <% if time < #12:00:00 pm# and time>=#12:00:00 am# then %>
        오전입니다.
  <% Else %>
        오후입니다.
<% End if%>
</BODY>
</HTML>
```

[그림 6-3]은 두 가지 환경에서 같은 결과를 출력하는 예제로 처음의 경우는 조건문을 거친 후 따로 <%= price %>을 통하여 출력을 하는 경우이고, 두 번째 경우는 값을 거치지 않고 바로 출력하는 경우이다.

[그림 6-3] If … Then … Else 예제(2)

2. Select문

다중 조건문이라고도 하며, If … Then문을 여러번 사용해야 하는 경우 Select case문을 대신해 사용하면 매우 편리하고 효율적이다. 여러 문장의 블록 중 한 블록만을 선택적으로 실행시키고자 할 때 사용하며, case의 내용에 따라 선택적으로 분기하므로 소스를 이해하기 편하고 작성도 용이하다. Select … case의 단점이라면 부등호를 사용할 수 없기 때문에 범위가 있는 질문을 사용할 수 없고, "같다"라는 조건식만 처리할 수 있는 점이다.

Select의 형식은 다음과 같다.

```
Select case 검사식
        case 값1
        ... 실행문 1
        case 값2, 값3
        ... 실행문 2
        case else
        ... 실행문 n
 End
```

위에서 보듯이 여러 값에 대해 같은 스크립트 실행인 경우는 콤마(,)를 이용해서 여러 개를 설정할 수 있으며, 어떤 경우에도 해당되지 않을 때의 처리는 case else에 해당된다.

다음 예제를 통하여 Select case문을 보기로 하자.

```
<HTML>
<BODY>
<H2> Select case </H2>
<%
grade = 84
select case (grade \ 10)
        case 9, 10
            Response.write "당신의 성적은 A입니다."

case 8
            Response.write "당신의 성적은 B입니다."
        case 7
            Response.write "당신의 성적은 C입니다."
```

```
        case 6
            Response.write "당신의 성적은 D입니다."
        case 5,4,3,2,1,0
            Response.write "당신의 성적은 F입니다."
        case else
            Response.write "다시 입력해 주세요."
end select
%>
</BODY>
</HTML>
```

[그림 6-4]는 학점을 입력하고 Select case문 중에서 해당하는 값을 출력하는 예제이다. grade를 10으로 나누어서 몫이 8이 나오므로 case 8의 값인 "당신의 성적은 B입니다."를 출력하게 되는 것이다.

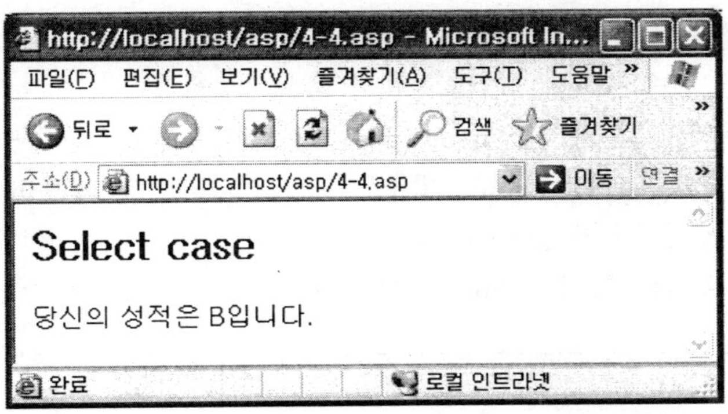

[그림 6-4] Select case 예제

3. 반복문

반복문은 프로그래밍 코딩 중에서 중요한 제어문 중의 하나이다. 스크립트를 반복해서 실행하는 것을 루핑이라고 하며 반복문을 이용하면 루핑 구조를 만들 수 있다. 변수의 값을 계속해서 증가 또는 감소시키는 방법을 스크립트를 실행하여 파일을 읽어들이거나 출력하는 등에 이용한다.

스크립트는 다양한 형태로 반복문을 제공하고 있으며 가장 많이 사용하고 있는 반복문은 For … Next, Do … Loop, While … Wend 등이 있다.

(1) For 반복문

1) For … Next문

어떤 문장이나 결과를 여러 번 반복해서 실행하고자 할 때 For … Next 문을 이용한다. 예를 들면 같은 메시지를 몇 번이고 반복하고자 할 때 사용하는데, 형식은 다음과 같다.

```
<% FOR 제어변수 = 초기 값 TO 종결 값 [STEP 증가 값] %>
    명령문
<% NEXT %>
```

제어변수는 반복적으로 수행할 횟수를 제어하기 위해 사용하는 변수로서, 일반 변수와 같은 방법으로 사용된다. 제어변수는 초기 값에서부터 종결 값까지 같은가 검사하고 만일 같다면 명령문을 수행하는데, 방식은 STEP만큼의 크기씩 증분 값을 증가시킨다. 만일 STEP 부분이 존재하지 않으면 제어변수의 값을 하나 증가시킨다.

다음 예제를 통하여 For … Next문의 결과를 보기로 하자.

```
<HTML>
<HEAD>
    <TITLE>For... Next 사용하기</TITLE>
</HEAD>
<BODY>
<% For i = 1 To 5 %>
  For... Next의 <%=i%>번째 반복입니다.<BR>
<% Next %>
<HR>
<% For i = 1 To 10 Step 2
  LoopCount = LoopCount + 1
%>
For... Next의 <%=LoopCount%>번째 반복이고, 카운터는
  <%=i%>입니다.<BR>
<% Next %>
```

```
</BODY>
</HTML>
```

[그림 6-5]에서 처음의 반복문은 1에서 5까지의 반복을 출력하는 예이고, 두 번째 반복문은 반복문과 카운터를 'Step 2'에 의해서 두 단계씩 증가하는 값을 표현한 것이다.

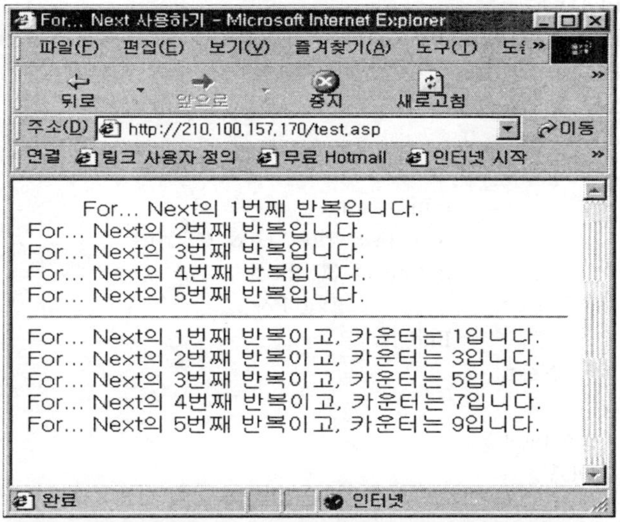

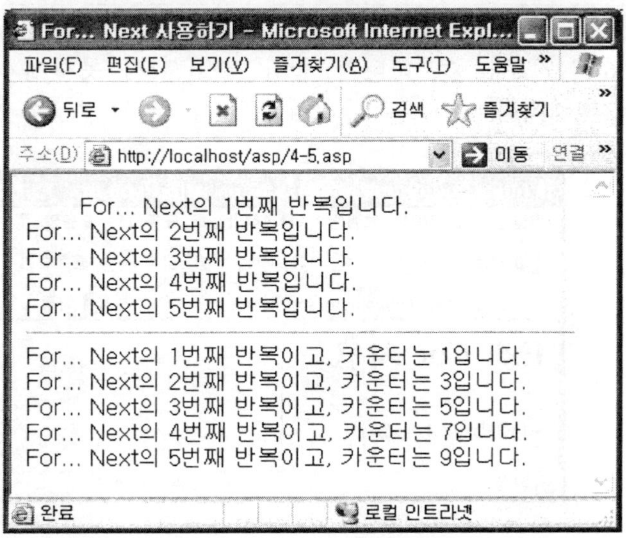

[그림 6-5] For … Next 예제

만약 For 반복문을 실행하는 도중에 루프를 중단하고자 할 때 종료하려면 Exit For를 사용하면 되는데 반복문을 실행하다가 더 이상 실행할 필요가 없는 경우에 이용한다.

다음 예제는 합한 결과가 30을 넘는 순간 반복문을 중단하여 그전까지의 결과 값을 보여주는 예이다.

```
<HTML>
<BODY>
<H2> Exit For 사용 </H2>
<HR>
<%
      total = 0
      for n = 1 to 10 step 2
                total = total + n
                response.write "+" & CStr(n)
                if total > 30 then
                          Exit For
                End if
      Next
%>
= <%= total %>
</BODY>
</HTML>
```

[그림 6-6]은 2씩 증가하다가 합이 30을 넘지 못하게 자동으로 For문을 종료하는 예제이다.

[그림 6-6] Exit For 예제

2) For Each … Next문

For Each문은 컬렉션 객체가 가진 값을 이용할 때 루프를 돌면서 가져온다. 다음 예제는 Dictionary 객체를 보인 것으로 이 객체는 키 값과 데이터 값을 하나의 쌍으로 데이터를 저장한다.

나중에 값을 사용할 때 키 값을 이용해서 데이터를 가져와야 하는데 만약 키 값을 모른다면 어떻게 할까? 어떤 데이터에 대한 키 값을 모르거나 객체에 몇 개의 데이터 쌍이 있는지 모르는 경우 For Each 반복문을 이용하여 각 객체가 가지고 있는 모든 데이터 쌍을 구해서 보여줄 수 있다.

다시 말하면 For Each … Next 루프는 For … Next 루프와 비슷하지만 지정한 횟수만큼 실행구문을 순환하지 않고 개체 컬렉션 또는 배열에서 각 요소에 대해 한 그룹의 실행구문을 순환할 때 사용한다. 이 루프는 특히 컬렉션에 몇 개의 요소가 있는지 모를 경우에 유용하게 사용된다.

For Each… Next의 구문 형식은 다음과 같다.

```
For Each 요소 In 그룹
     실행구문
       ...
 Next
```

요소는 Variant 변수, 일반 개체변수 또는 개체를 가리키며 ASP에서는 배열의 속성이나 레코드 셋의 속성이 이에 속한다. 그리고 그룹의 경우는 배열의 이름이나 레코드 셋의 이름이 사용될 수 있는데 다음의 예제를 통하여 살펴보기로 하자.

```
<HTML>
<BODY>
<H2> For Each .. Next 사용법 </H2>
<%
Dim Language(5)

Language(0)= "ASP"
Language(1)= "PHP"
Language(2)= "Visual Basic"
Language(3)= "Delphi"
Language(4)= "Power Builder"
```

```
For Each Item In Language
 Response.Write Item & "<BR>"
Next
%>
</BODY>
</HTML>
```

[그림 6-7]은 위의 예제의 값을 보인 결과이다.

[그림 6-7] For Each … Next 예제(1)

요일을 구하는 예제를 통하여 For Each … Next문을 다시 한번 익히도록 하자.

```
<HTML>
<BODY>
<H2> For Each .. Next 예제(2) </H2>
<%
Dim d
Set d = CreateObject("Scripting.Dictionary")
d.Add "0", "Mon"
d.Add "1", "Tue"
d.Add "2", "Wed"
Response.Write "<BR> Item(0) " & d.Item( "0" )
```

```
Response.Write "<BR> Item(1) " & d.Item( "1" )
Response.Write "<BR> Item(2) " & d.Item( "2" )

For Each i In d
  Response.Write "<BR> Item (" & CStr(i) & ")" & d.Item(i)
Next
%>
</BODY>
</HTML>
```

[그림 6-8]은 For Each … Next 예제의 두 번째 예제를 보여주고 있는데 처음의 출력은 각각의 요일을 따로 출력해주는 예이고, 두 번째 반복해서 출력되는 부분은 For Each … Next를 통한 예제의 값을 요일로 보여준 예제이다.

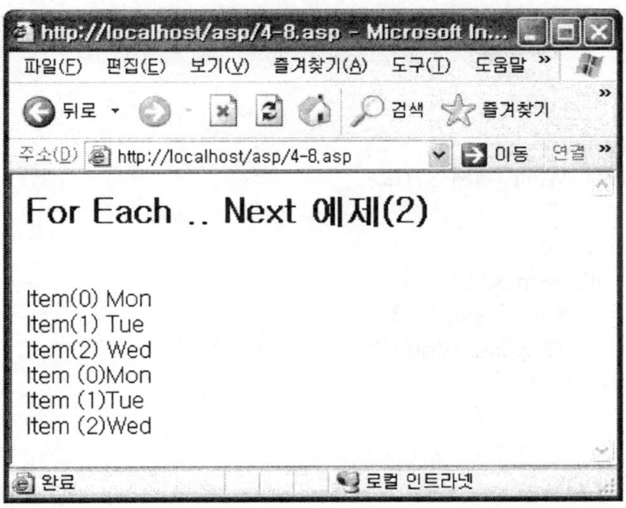

[그림 6-8] For Each … Next 예제(2)

(4) Do While 반복문

1) While 반복문

몇 번의 반복문을 수행해야 할지를 알고 있는 상태에서는 For … Next 문을 사용할 수 있지만 정확하게 몇 회를 반복해야 할지를 모르는 상황이 있을 수 있는데, 이럴 때 사용되는 반복문이 While문 또는 Do문이다. 이 조건문은 제어조건을 함께 문장에 넣어서 실행하므로 조건을 만족하면 실행을 멈추게 된다. 다음 구문을 통하여 While문의 형식을 보기로 하자.

```
While 조건문
      실행문
      ........
 WEnd
```

While 조건문을 다음의 예제를 통하여 알아보자.

```
<HTML>
<BODY>
<H2> While 예제 </H2>
<%
 sum = 0
 While sum < 10
       sum = sum + 2
       Response.Write CStr(sum) & "."
 WEnd
 %>

</BODY>
</HTML>
```

[그림 6-9]는 10보다 작은 숫자를 2씩 증가시켜, 즉 짝수들만 화면에 출력해주는 예제로 먼저 초기 값을 0으로 주고 While 문에서 조건을 10보다 작게 주고 sum 값을 2씩 증가시켰다.

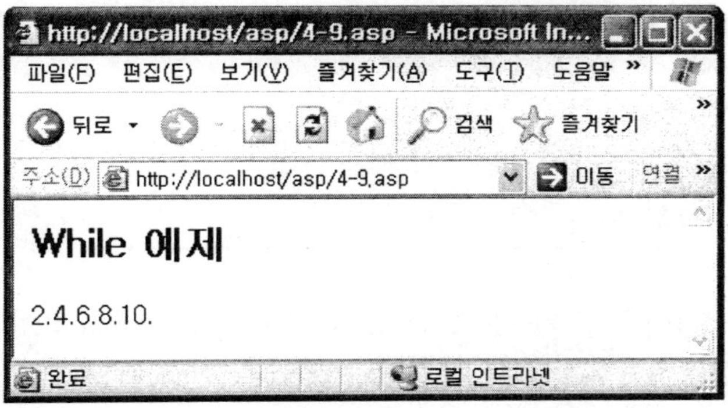

[그림 6-9] While 예제

2) Do While문

Do While문은 기본적인 무한 루프의 조건 속에 사용자가 입력한 조건이 참일 때 루프를 실행하는 조건문으로 Do … While Loop의 구문 형식은 다음과 같다.

```
Do While 조건문
     실행구문
       …
 Loop
```

조건문은 If … Then에서와 동일하게 참 또는 거짓을 평가하는 값이나 식이 되어야 하는데, 우선 조건문이 거짓이면 실행되지 않고 루프를 빠져나가고 참이면 실행구문을 실행한 후 다시 조건문으로 되돌아가게 된다. 예제를 통하여 Do While의 예제를 보도록 하자.

```
<HTML>
<BODY>
<H2> Do While 예제 </H2>
<%
Count = 1
Do While Count < 10
```

```
        Response.Write Count & "번째 반복문 입니다.<BR>"
        Count = Count + 1
Loop
%>

</BODY>
</HTML>
```

[그림 6-10]은 초기 값의 Count를 1로 주고 Count값이 10보다 작은, 즉 9까지 실행하는데 실행문에서는 Response.Write를 이용하여 1씩 증가시키면서 반복문을 출력하는 예제이다.

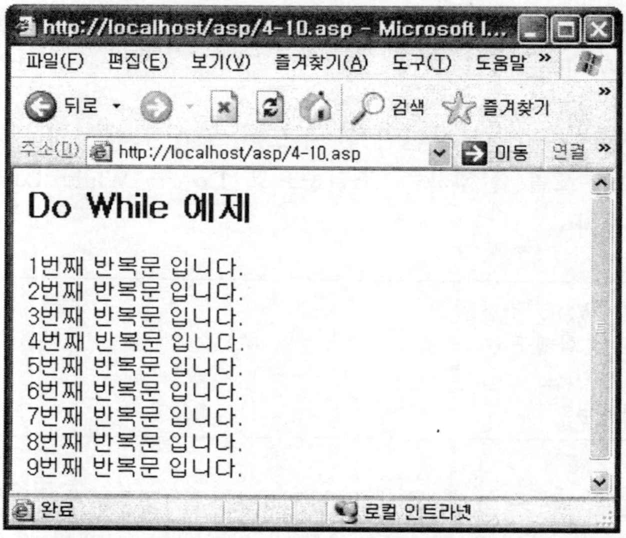

[그림 6-10] Do While 예제

3) Do … Loop While문

Do … Loop While 구문은 Do … Loop와는 달리 우선 실행구문이 한 번 실행된 후 조건문을 통해 루프를 계속할 것인지 중단할 것인지를 결정하게 된다. 그렇기 때문에 최소한 한 번 이상은 실행되는 구조이다.

Do … Loop While 구문의 형식은 다음과 같다.

```
Do
      실행구문
       ...
Loop While 조건문
```

아래의 예제를 통하여 Do … Loop While 구문을 알아보도록 하자.

```
<HTML>
<HEAD>
    <TITLE>Do Loop While 예제</TITLE>
</HEAD>
<BODY>
<%
Count = 1
Do
        Response.write count & "번째 반복문입니다.<BR>"
        count = count +1
Loop while count < 10
%>
</BODY>
</HTML>
```

[그림 6-11]은 초기 값을 1을 주고, 화면에 먼저 출력을 한다. 그리고 count에 누적 값을 주며 조건인 10보다 작을 때까지 루프를 실행한 결과를 출력한다.

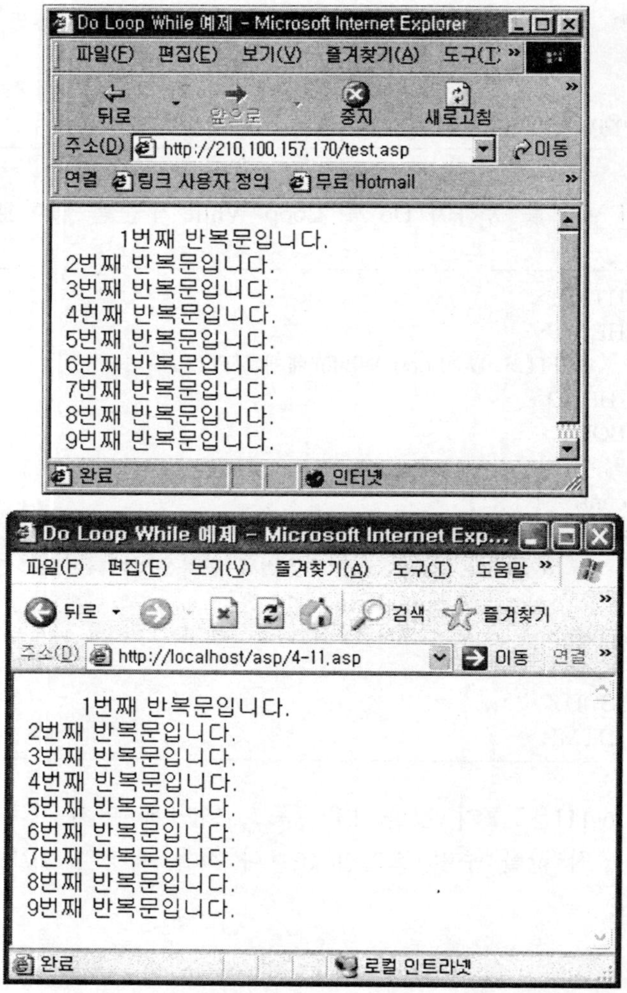

[그림 6-11] Do … Loop While 예제

4) Do Until … Loop, Do … Loop Until문

Do Until … Loop 문은 Do… While의 형식과는 달리 조건문이 거짓일 때만 실행되는 형식으로 앞의 구문과는 반대의 역할을 수행한다고 보면 된다.

먼저 Do Until … Loop 구문의 형식은 다음 구조와 같다.

```
Do Until 조건문
      실행구문
      ...
 Loop
```

다음은 Do … Loop Until 구문의 형식을 보인 것이다.

```
Do
      실행구문
      ...
Loop Until 조건문
```

이제 예제를 통하여 Do Until 구문을 알아보기로 하자.

```
<HTML>
<HEAD><TITLE>Do until 예제</TITLE>
<SCRIPT language="VBScript">
Dim i
i=1
Do Until (i>10)
msgbox("현재의 카운터는 " & i & " 입니다.")
i=i+1
Loop
</SCRIPT>
</HEAD>
<BODY>
<P>10까지 증가된 숫자를 보셨습니까? </P>
</BODY>
</HTML>
```

[그림 6-12]의 예제는 카운터 변수를 이용해서 메시지 박스에 확인 버튼을 클릭할 때마다 10까지 카운터를 보여준다. 그리고 마지막 번인 10번을 넘게 되면 [그림 6-13]처럼 “10까지 증가된 숫자를 보셨습니까?”라는 메시지를 보이며 메시지 박스는 사라지게 된다.

[그림 6-12] Do Until 예제

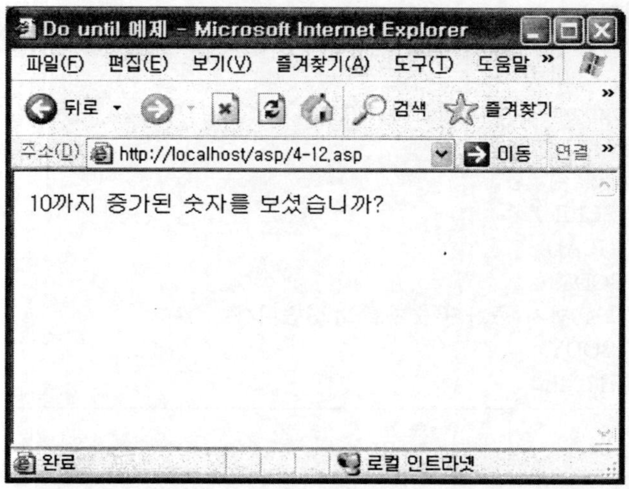

[그림 6-13] Do Until 예제의 결과

이제 Do While문과 Do Until문을 함께 사용한 예제를 통하여 명확히 구문을 익혀보도록 하자.

```
<HTML>
<HEAD>
<TITLE>Do While, Do until 예제</TITLE>
<H2> While 반복문 예제 </H2>
<HR> Do While ... Loop 반복문 <BR>
<%
	c=0
	do while c < 10
			c = c + 1
			response.write CStr(c) & " "
	loop
%>
<P> Do ...Loop While 반복문 <BR>
<%
	c=0
	do
		c = c +1
		response.write CStr(c) & " "
	Loop while c < 0
%>
<P> Do Until ... Loop 반복문 <BR>
<%
	c=0
	do until c=10
			c=c+1
			response.write CStr(c) & " "
	loop
%>
<P> Do ... Loop Until 반복문 <BR>
<%
	c=0
	do
		c = c +1
		response.write CStr(c) & " "
	loop until c = 10
%>
</BODY>
</HTML>
```

[그림 6-14]는 각 구문별 결과를 출력한 것이다.

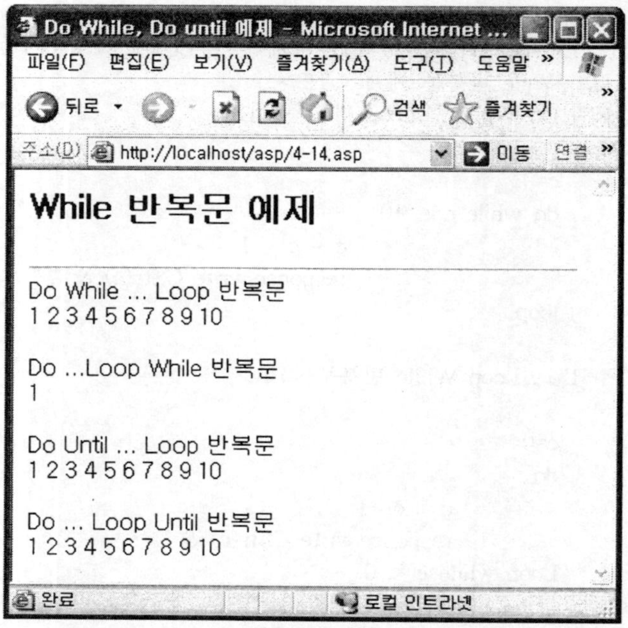

[그림 6-14] 구문별 예제

5) Exit Do문

Do로 시작하는 반복문에서 중간에 루프를 종료하고 벗어나고자 할 때 Exit Do 구문을 사용한다. 예를 들어 Do While문은 조건이 true값인 동안 루프를 돌며 false값이 되면 종료하게 된다. 만약 아래의 예문을 보면 if c > 10 then 조건이 true값일 수밖에 없는데, 이렇게 되면 무한 루프를 도는 것은 자명한 사실이다. 따라서 강제로 종료시켜주는 Exit Do 구문을 설정해줌으로써 반복문을 종료해줄 수 있는 것이다.

무한 루프가 아닌 일반 Do 반복문에서도 반복 실행을 중단하고 벗어나려고 할 때 Exit Do를 이용하는데 보통 If문과 같이 사용하며 어떤 조건에 만족하였을 때 루프를 벗어나 종료한다.

```
<HTML>
<HEAD>
<TITLE>Exit Do 문</TITLE>
<H2> Exit Do 예제 </H2>
<HR>
<%
    c= 0
    Do while true
                    c = c+1
                    if c > 10 then
                              response.write " Exit Do "
                              Exit Do
                    End if
                              response.write CStr(c) & " "
    Loop
%>
</BODY>
</HTML>
```

[그림 6-15]는 Exit Do문의 예제로 초기 값 0에서 카운터하여 10까지 출력하고 그 이후의 값에 대해서는 강제로 종료를 해주는 예제이다. 마지막에는 'Exit Do'를 출력해준다.

[그림 6-15] Exit Do 예제

4. 프로시저

(1) 서브루틴과 함수

프로시저(procedure)는 서브루틴(suBRoutin)과 함수(function)를 함께 일컫는 말이다. 스크립트에서는 같은 연산을 여러 번 실행할 필요가 있는 스크립트 문장을 모아서 하나의 모듈(module)을 구성하며, 이를 프로시저라고 한다.

1) Function

Function은 VBScript의 기본 구문 중 함수 선언을 위해서 사용한다.

Function의 형식은 다음과 같다.

```
Function 함수 명(인수 리스트)
   문장
함수 명=리턴 값
End Function
```

위와 같이 선언하면 자주 반복해서 사용해야 하는 명령어들을 함수의 이름으로 묶어서 원할 때마다 호출하여 사용할 수 있다. 특히 Function이라고 선언하면 '함수 명=리턴 값'과 같이 계산된 값을 함수를 호출한 문장에 리턴해줄 수 있다는 장점이 있다.

예를 들어보자.

```
HTML>
<HEAD> <TITLE> </TITLE>
</HEAD>
<BODY>
<SCRIPT language="VBScript">
Function AddVal(ByVal value1, ByVal value2)
   Dim Sum
Sum=value1+value2
   AddVal=Sum
End Function
</SCRIPT>
```

```
<p><input type="button" value="더하기" onclick="msgbox(AddVal
  (10,20))"> </p>
</BODY>
</HTML>
```

[그림 6-16]은 '더하기'라는 버튼을 클릭했을 때 AddVal 함수의 값인 10, 20을 호출하여 메시지 박스에 합한 값인 30을 출력해주는 예제이다.

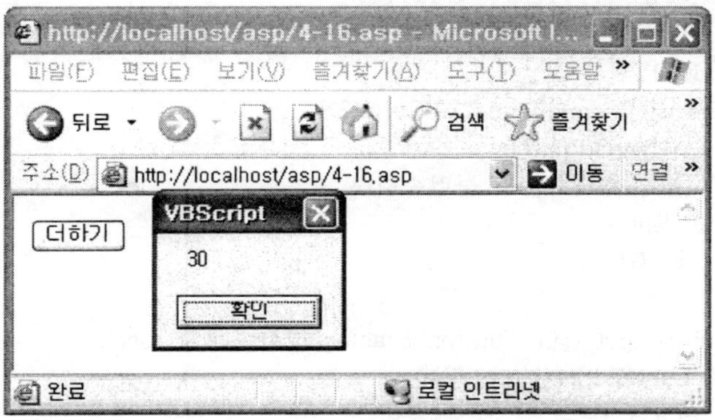

[그림 6-16] Function 예제

ByVal이라는 것은 함수 선언 시 인수를 정의할 때 적용되는 것으로, ByValue를 의미한다. 즉, 값에 의한 호출이다. OnClick 스크립트의 장점은 HTML과 같이 혼용해서 사용할 수 있다는 것이다. 이러한 장점을 보여주는 단적인 예가 HTML 태그에 이벤트를 적어주고 호출을 원하는 함수 명 등을 적어주면 된다는 것이다. 여기서는 버튼이 눌렸을 때를 가리키는 OnClick 이벤트를 사용하였고 msgbox(AddVal(10,20))에서 AddVal()이라는 함수를 리턴 값으로 인수들을 더한 값(30)을 리턴하므로 msgbox(30)과 같은 결과를 얻을 수 있다.

2) SuBRoutin

SuBRoutin은 리턴 값 없이 문장을 순서대로 묶어놓는 것으로서, 이벤트와 함께 사용할 수 있다는 장점이 있다.

SuBRoutin의 형식은 다음과 같다.

```
Sub 이름(인수 리스트)
문장
End Sub
```

예를 들어보기로 하자.

```
<HTML>
<HEAD><TITLE> </TITLE>
</HEAD>
<BODY>
<SCRIPT language="VBScript">
Sub UserOutput()
  msgbox("버튼을 눌렀습니다.")
End Sub
</SCRIPT>

<P><input type="button" value="눌러주세요" onclick=
  "UserOutput()"> </P>
</BODY>
</HTML>
```

[그림 6-17]은 UserOutput()이라는 버튼인 "눌러주세요"라는 버튼을 눌렀을 때 Sub 문장이 호출되고, "버튼을 눌렀습니다."라는 메시지 박스가 출력이 된다.

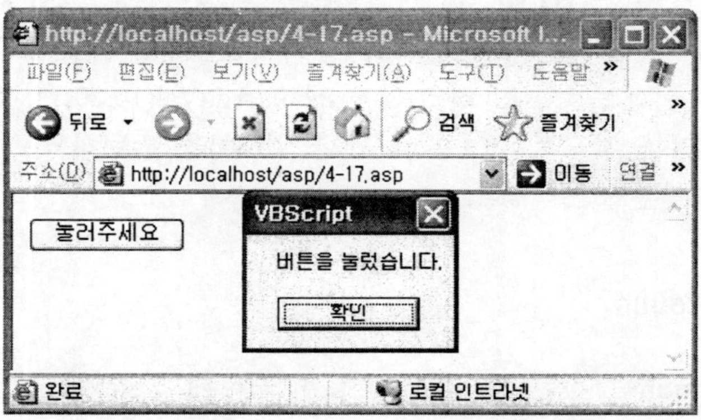

[그림 6-17] SuBRoutin 예제

리턴 값이 없을 경우 Sub 선언을 하는 것이 효율적이다.

5. 문자열 함수

VBScript에서는 문자열을 다루는 함수를 많이 제공하고 있다. 문자열과 문자열을 합쳐서 하나의 문자열로 만드는 함수, 문자열의 앞이나 뒤에서 일정 부분을 추려내는 기능을 지닌 함수, 문자열을 찾아낼 수 있는 함수, 문자열을 비교하는 함수 등등이 있다. 전체적인 문자열 함수는 다음 표와 같다.

함 수	설 명
FormatCurrency	숫자를 통화로 변환
FormatDateTime	현재의 날짜/시간의 포맷을 예로 보여줌
FormatPercent	%포맷으로 숫자를 나타낸다
Instr	한 문자열이 다른 문자열에서 처음 나타나는 위치를 반환
LCase	소문자로 변환된 문자열을 반환
UCase	대문자로 변환된 문자열을 반환
Len	문자열에 있는 문자 수 또는 변수를 저장하는 데 필요한 바이트 수를 반환
Left	문자열의 왼쪽부터 지정한 수만큼의 문자를 반환

함 수	설 명
Right	문자열의 오른쪽부터 정해진 수만큼의 문자를 반환
Mid	문자열에서 지정한 개수의 문자를 반환
LTrim,RTrim,Trim	LTrim은 선행공백이 없는, RTrim은 후미공백이 없는, Trim은 선행공백과 후미공백이 모두 없는 문자를 반환
Replace	어떤 문자열에서 특정한 문자를 우리가 원하는 문자열로 바꾸어줌
Split	임의의 구분자를 포함하여 저장된 문자열에서 그 구분자를 기점으로 문자열들을 뽑아낸다
strReverse	뒤바뀌어진 문자열을 만든다

(1) 문자열 합치기

여러 개의 문자열을 하나의 문자열로 합치는 기호로 & 연산자를 사용한다. 다른 방법으로 + 기호를 이용하여 문자열을 연결할 수도 있다. 그러나 보통 & 연산자를 이용하여 문자열을 연결한다.

& 연산자를 이용하는 경우에는 문자열이 아닌 숫자 값이 중간에 있더라도 자동으로 문자열로 인식하여 변환해주는데, + 기호는 문자열 사이에 숫자형이 있을 때 '형식 불일치' 에러가 걸릴 가능성이 있다.

다음 예를 통하여 & 연산자를 익혀보자.

```
<HTML>
<HEAD><TITLE> </TITLE>
</HEAD>
<BODY>
<%
str1="한국대학교"
str2="컴퓨터공학과"
str3="환영합니다."

strMsg=str1&str2&str3
response.write strMsg
%>
</BODY>
</HTML>
```

[그림 6-18]은 str1, str2, sgr3을 & 연산자를 이용하여 하나의 변수인 strMsg로 출력하는 예제문이다.

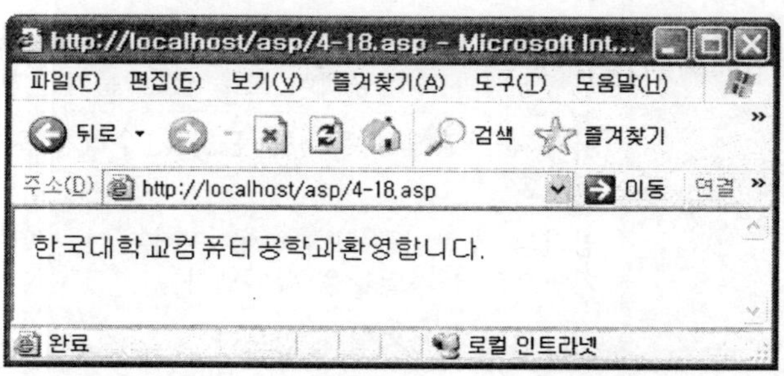

[그림 6-18] 문자열 합치기

(2) 문자열 일부 가져오기

문자열 중에서 원하는 부분의 문자열을 가져올 수 있는 기능을 VBScript에서는 Left(), Right(), Mid() 함수를 통하여 제공한다. 각각 왼쪽부터, 오른쪽부터, 그리고 중간에서 원하는 부분의 문자열을 추출해낼 수 있다.

다음 예문을 통하여 알아보자.

```
<HTML>
<HEAD><TITLE> </TITLE>
</HEAD>
<BODY>
<% str = "Hankuk university computer science"%>

문자열은 <%=str%>입니다.<hr>
학교(Left,19) :<%=Left(str,17)%><BR>
학과(Mid,21,16) :<%=Mid(str,19,16)%><BR>
모두(Right,38) :<%=Right(str,38)%><BR>

</BODY>
</HTML>
```

[그림 6-19]의 (Left,17)은 문자열의 왼쪽부터 17자리를 잘라내는 함수이다. 이때 공백도 문자로 처리하는 것을 명심해야 한다. (Mid,19,16)은 문자열을 19번째부터 시작하여 16자리를 잘라내는 함수이다. 따라서 'computer science'가 출력된다. 마지막으로 (Right,36)은 오른쪽에서부터 문자열을 36개 출력하는 것을 의미한다.

따라서 전체 문자열인 'Hankuk university computer science'가 출력되는 예제이다.

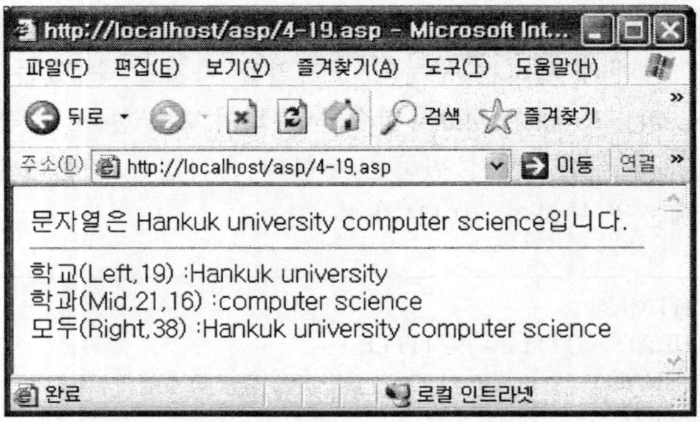

[그림 6-19] 문자열 나누기 예제

문자열을 다룰 때에는 문자열 길이를 주로 사용하게 된다. 문자열 길이는 Len() 함수를 이용해서 구하는데, 다음의 예제는 공백문자를 제외한 다음 문자열 길이를 구하는 예제이다.

```
<HTML>
<HEAD> <TITLE> </TITLE>
</HEAD>
<BODY>
<%
strTemp = " Hankuk university "
Response.Write strTemp & "<BR>"
Response.Write LTrim(strTemp)
%>
</BODY>
</HTML>
```

[그림 6-20]은 좌측, 우측, 가운데에서 문자의 열을 구하여도 항상 일치한다는 것을 보이는 예제이다.

LTrim은 좌측부터 문자열의 수를 구하는 연산자이고, RTrim은 우측에서부터 문자열의 수를 계산하여 구하는 연산자이다. 또, Trim은 전체를 구하는 연산자이다.

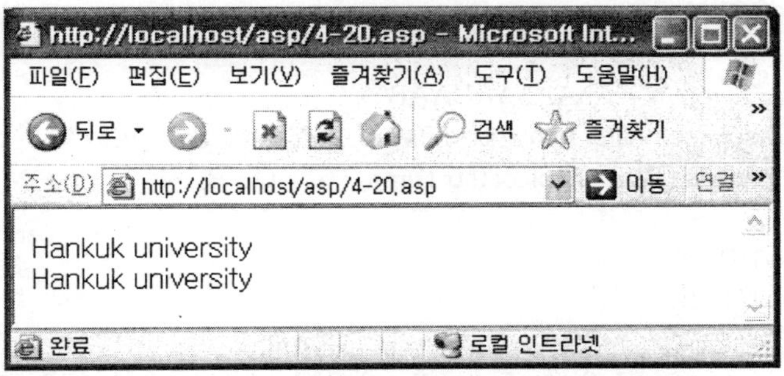

[그림 6-20] 문자열의 개수를 구하는 예제

(3) 문자열 바꾸기와 찾기

문자열을 다루는 함수 중에는 문자열 중간에 있는 일부 문자열을 바꾸어주는 함수와 찾아내는 함수가 있다. Replace() 함수는 문자열 내의 문자열을 찾아서 다른 문자로 바꾸어주는 역할을 한다.

구문은 Replace(expression, find, replacewith[, start[, count[, compare]]]) 등이 있다.

expression은 필수적인 인수로 바꿀 하위 문자열이 들어 있는 문자식이다. find 함수는 필수적인 인수로 찾을 하위 문자열을 뜻하고, replacewith 함수는 필수적인 인수로 바꿀 하위 문자열이다. 그리고 start 함수는 선택적인 인수로 expression에서의 하위 문자열 검색을 시작하는 위치이다. 생략하면 1로 간주하고, 반드시 count와 함께 사용해야 한다. count는 선택적인 인수로 하위 문자열의 바꾸기 횟수이다. 생략하면 기본 값이 -1이 되며 해당하는 문자열을 모두 바꾼다. 반드시 start와 함께 사용해야 한다. compare는 선택적인 인수로 사용할 하위 문자열 비교 형식을 나타내는 숫자 값이다. 생략하면 기본 값은 0이 되며 이진비교를 수행한다. 상수 값에서

vbBinaryCompare는 0으로 이진비교를 실행하고, vbTextCompare는 1로 텍스트 비교를 실행한다.

다음 예제를 통하여 알아보자.

```
<HTML>
<HEAD><TITLE> </TITLE>
</HEAD>
<BODY>
<%
strTemp ="AAbAAbAABAAB"
Response.Write Replace(strTemp, "b", "O") & "<BR>"
Response.Write replace(strTemp, "b", "O", 3, -1, 1)
%>
</BODY>
</HTML>
```

[그림 6-21]은 문자열 중 'b'를 찾아서 'O'로 바꾸어 출력하는 예제이다.

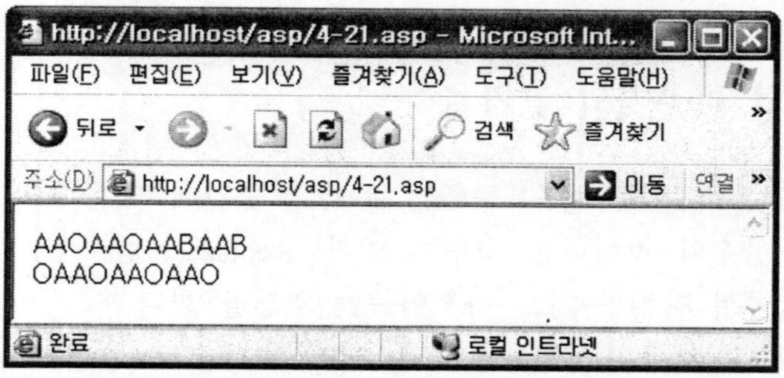

[그림 6-21] Replace 함수의 예제

Instr 함수는 한 문자열 안에 특정 문자열이 처음으로 나타난 위치를 정수 값으로 반환하는 함수로서, 구문은 InStr([start,]string1, string2[, compare])로 나타낼 수 있다.

먼저, start는 선택 요소이고 검색할 때 시작 위치를 의미하는 수식이다. 만일 지정되지 않으면 첫 문자에서 검색을 시작하고 start가 Null값을 포함하면 오류가 발생하고 Compare값이 지정되면 start 인수는 필수 인수가 된다. 또, String1는 필수 요소로서 검색되는 문자식을 의미하며 String2는 필수 요소로 찾을 문자식이다.

Compare는 선택 요소로서 문자열 비교 형식을 지정한다. Compare 인수는 0, 1, 2로 지정하거나 생략할 수 있다. 기본 값을 0으로 지정하면 이진비교가 수행되고, 1로 지정하면 대소문자를 구분하여 문자를 비교하며, 2로 지정하면 사용자 데이터베이스에 기록된 정보에 근거하여 비교가 수행된다(Microsoft Access에 한함). Compare값이 Null이면 오류가 발생하고 Compare값이 지정되지 않으면 Option Compare 설정 값에 따라 비교 형식이 결정된다.

그럼, Compare 인수를 보기로 하자. vbBinaryCompare 0은 이진비교를 수행한다. 그리고 vbTextCompare 1은 텍스트를 비교한다.

(4) 문자열 비교

문자열을 찾거나 바꿀 때 문자열을 비교하게 되는데 이렇게 문자열을 비교할 때 알파벳은 대소문자를 구별하기 때문에 대소문자를 구분할 것인지를 먼저 정해야 한다. 구분하지 않을 경우엔 모두 대문자 혹은 소문자로 바꾸어서 비교해야 한다. 이렇게 대소문자를 바꾸어주는 함수가 UCase() 함수와 LCase() 함수이다.

다음 예제를 통하여 문자열 비교를 알아보기로 하자.

```
<HTML>
<HEAD><TITLE> </TITLE>
</HEAD>
<BODY>
<% str = "Hankuk University Computer Science"%>

문자열은 <%=str%>입니다.<hr>

str :<%= str %><BR>
Ucase(str) :<%= UCase(str) %><BR>
LCase(str) :<%= LCase(str) %><BR>

</BODY>
</HTML>
```

[그림 6-22]는 원 문자열인 'daehan University Computer Science'를 UCase를 통하여 대문자로 모두 변형한다든지, 또는 LCase로 모두 소문자로 변형하는 예이다.

[그림 6-22] UCase, LCase 구문 예제

또, 문자열을 비교할 때에는 '=' 기호를 사용한다. 이 경우 대소문자를 구분하기 때문에 이를 원하지 않으면 UCase(), LCase() 함수를 이용한다. 다음은 UCase() 함수를 이용해서 문자열을 대문자로 변환하는 예제로 여기서는 대문자끼리 비교하여 같은지 다른지를 알아낸다.

```
<HTML>
<HEAD><TITLE> </TITLE>
</HEAD>
<BODY>
<%
str = "hankuk University"
  If UCase(str) = "HANKUK UNIVERSITY" then
       strMsg = "우리 학교는 " & UCase(str) & "입니다."
       Response.Write strMsg
  End If
%>
</BODY>
</HTML>
```

[그림 6-23]은 UCase 함수를 이용하여 대문자로 변환한 후 출력해주는 구문을 예로 보인 것이다.

[그림 6-23] UCase를 이용한 비교

문자열 비교에서 마지막으로 **StrComp()** 함수를 보기로 한다. 이 함수는 대소문자를 비교하여 두 개의 문자열이 같으면 0값을 리턴하고, 다르면 1을 리턴한다.

다음 예를 통하여 알아보기로 하자.

```
<HTML>
<HEAD><TITLE> 문자열 비교</TITLE>
</HEAD>
<BODY>
strComp("Kang", "Kang"):<%=StrComp("Kang", "Kang")%><BR>
strComp("Kang", "KANG"):<%=StrComp("Kang", "KANG")%><BR>
strComp("Kang", "KANG", 1):<%=StrComp("Kang", "KANG",1)%>
</BODY>
</HTML>
```

[그림 6-24]는 3가지의 경우를 비교한 것으로 처음의 문자열은 두 문자열이 일치하므로 0을 출력하였고 두 번째의 경우에는 소문자와 대문자의 경우로 일치하지 않으므로 1값을 출력하였다.

마지막으로 대소문자 구별 없이 문자가 일치하는지를 비교하기 때문에 0값을 출력하였다.

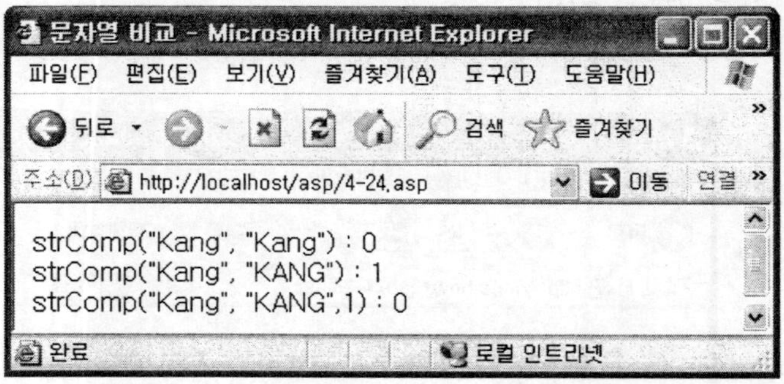

[그림 6-24] StrComp() 함수 예제

(5) 문자열 함수 이용

여기에서는 문자열 함수를 이용하여 문자열과 문자열 사이의 공백을 기준으로 나누어보았다. 공백문자를 기준으로 하여 각 단어를 페이지에 출력한다.

예제를 통하여 보기로 하자.

```
<HTML>
<%
        Dim strText, strWord
        pos=1
        strText = "한국대학교 컴퓨터 공학과"
%>

<H2> 문자열을 나누어 보자. </H2>
<HR>
문자열을 단어별로 나누어 보자...
<P> <%= strText %>
<P>
<%
        for cnt = 1 to len(strText) + 1
                  if mid(strText, cnt, 1) = " " or cnt=len(strText)
                    + 1 then
                            strWord = mid(strText, pos, cnt-pos)
```

```
                        pos = cnt
                        response.write Trim(strWord) & "/"
                End if
        Next
%>
</HTML>
```

[그림 6-25]는 '한국대학교 컴퓨터 공학과'의 문자열을 mid 명령어로 공간을 분리한 후에 '/'를 넣어 각 문자열을 이용하여 단어별로 구분 지어 출력한 결과이다.

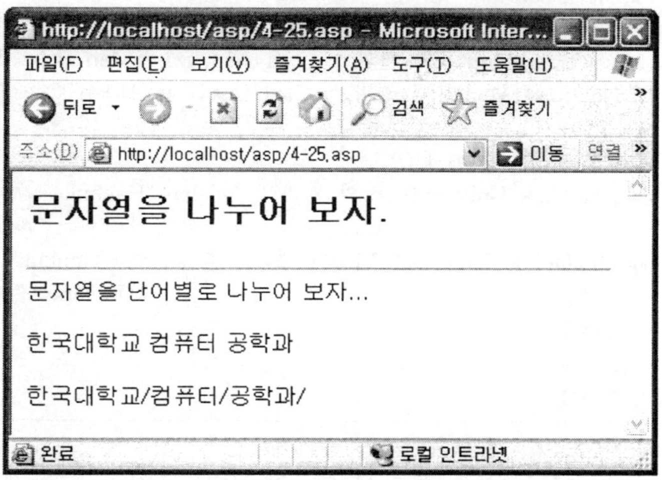

[그림 6-25] 문자열 함수 예제(1)

이제 문자열을 이용한 예제를 보기로 하자.

```
<%
    str = "Hankuk University Computer Science"
%>
<HTML>
<HEAD><TITLE>문자열 함수 예제</TITLE>
</HEAD>
<BODY>
FormatCurrency(1000000) 의 결과 :
```

```
 <%=FormatCurrency(1000000)%><P>
FormatDateTime(Date,1) 의 결과 :
 <%=FormatDateTime(Date,1)%><BR>
FormatDateTime(Date,2) 의 결과 :
 <%=FormatDateTime(Date,2)%><BR>
FormatDateTime(Date,3) 의 결과 :
 <%=FormatDateTime(Date,3)%><BR>
FormatDateTime(Date,4)의 결과 :
 <%=FormatDateTime(Date,4)%><P>
FormatPercent(50/100) 의 결과 :
<%=FormatPercent(50/100)%><P>
문자열 str = "Hankuk University" 일때<BR>
Instr(str,"han") 의 결과 : <%=Instr(str,"han")%><BR>
nstrRev(str,"kuk")의 결과 : <%=InstrRev(str,"kuk")%><P>
Lcase("SuperMan") 의 결과 : <%=Lcase("SuperMan")%><BR>
Ucase("SuperMan") 의 결과 : <%=Ucase("SuperMan")%><P>

문자열 잘라내기 예제<BR>
left("Hankuk University",6)의 결과 : <%=left("Hankuk
                                          University",6)%><BR>
right("Hankuk University",10)의 결과 : <%=right("Hankuk
                                          University",10)%><BR>
</FONT>
</BODY>
</HTML>
```

결과는 [그림 6-26]을 통하여 알 수 있다.

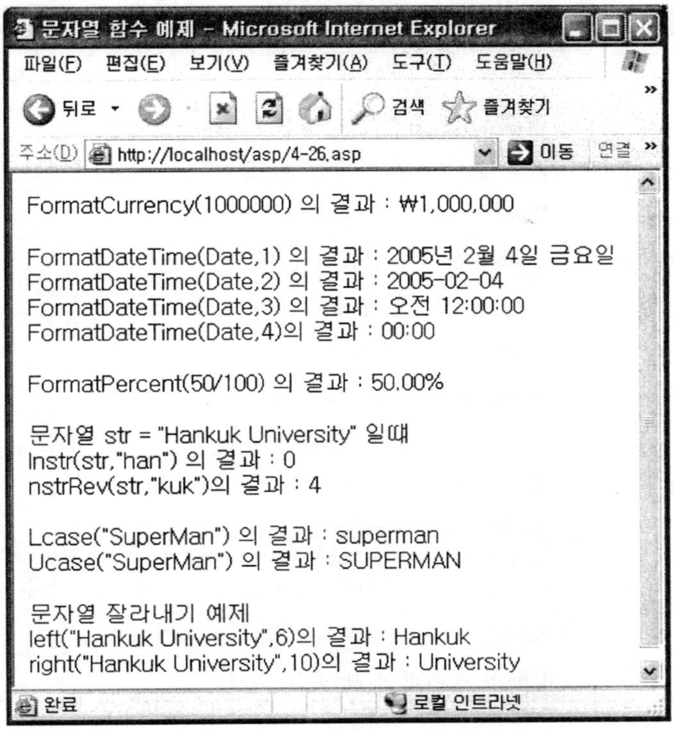

[그림 6-26] 문자열 함수 예제(2)

이제 변환 관련 함수별로 쓰이는 기능을 다음 표를 통하여 알아보기로 하자.

함 수	설 명
Asc	문자열에서 첫 번째 문자 사이에 대한 ANSI 코드 번호를 리턴
Chr	지정된 번호와 일치하는 ANSI 문자로 구성된 문자열을 리턴
CBool	Boolean 형식의 인자 값을 리턴
Byte	Byte 형식의 인자 값을 리턴
CDate	Date 형식의 인자 값을 리턴
CDbl	Double 형식의 인자 값을 리턴
CLng	Long 형식의 인자 값을 리턴
CSng	Single 형식의 인자 값을 리턴
CStr	String 형식의 인자 값을 리턴
Fix	숫자의 정수(전체) 부분을 리턴
Hex	숫자의 16진수 값을 나타내는 문자열을 리턴
Int	숫자의 정수(전체) 부분을 리턴 음수일 때 : 숫자보다 작거나 같은 첫 번째 음의 정수를 리턴 Fix 함수는 숫자보다 크거나 같은 첫째 음의 정수를 리턴
Sgn	숫자의 부호를 나타내는 정수를 리턴
CInt	Integer 형식의 인자 값을 리턴

문자열 변환 함수를 예제를 이용하여 익혀보기로 하자.

```
<%
A = "15.8"
B = "21.6"
C = A + B
int_C = Cint(A) + Cint(B)
lng_C = CDbl(A) + CDbl(B)

num = 42.195
%>
<HTML>
<BODY>
<H2>변환함수 예제</H2>
A = "15.8"<BR>
B = "21.6"<BR><BR>

A + B(문자열 인식) : <%=C%><BR>
```

```
Cint(A) + Cint(B) 정수형: <%=int_C%><BR>
CDbl(A) + CDbl(B) 더블형: <%=lng_C%><BR><BR>
Num = 42.195<BR><BR>
int(Num) 정수형:
<%=int(num)%><BR>Round(Num,1) 소수 첫 자리 반올림 값 :
<%=Round(num,1)%><BR>
</BODY>
</HTML>
```

[그림 6-27]에서 처음의 예제는 두 수를 입력받아 문자열, 정수형, 더블형으로 각각 출력하는 예제문과 두 번째 예제는 Num값을 정수형과 반올림을 소수 첫째 이하의 자리에서 출력하는 예제문이다.

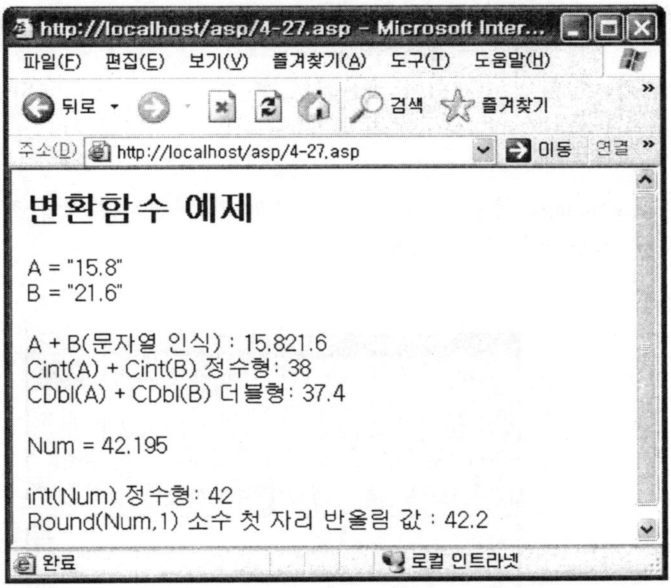

[그림 6-27] 문자 변환 함수 예제

이렇게 해서 문자를 변환하는 함수를 예제를 통하여 보였다.

연습문제

1. 학점(A, B, …, F)을 구하는 프로그램을 Select case문과 If문을 통하여 보이시오.

2. 100까지의 합을 홀수만을 사용하여 구하는 프로그램을 For문을 이용하여 보이시오.

3. 문자열 함수에 대하여 종류를 들고 각각 설명하시오.

4. 문자열 사이에 &을 삽입하는 예제를 프로그램으로 구현하시오(문자열은 '강원도 양양군 임천리 산7'을 이용하시오).

5. 3년이 몇 일로 구성되어 있는지를 구하는 프로그램을 ASP를 통하여 보이시오.

6. FormatNumber 함수를 이용하여 다음과 같은 웹 페이지를 작성하시오. 단, For문을 이용하여 작성하시오.

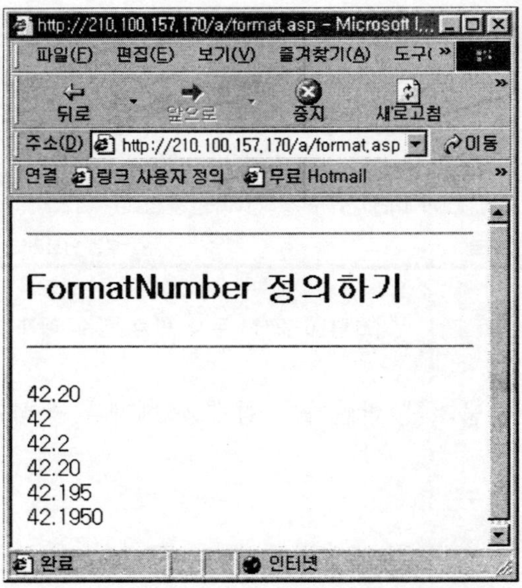

7. For문을 이용하여 다음 그림과 같이 10까지의 합을 구하는 프로그램을 ASP로 작성하시오.

8. Select case문을 이용하여 다음과 같은 문장이 출력되도록 프로그램을 작성하시오.

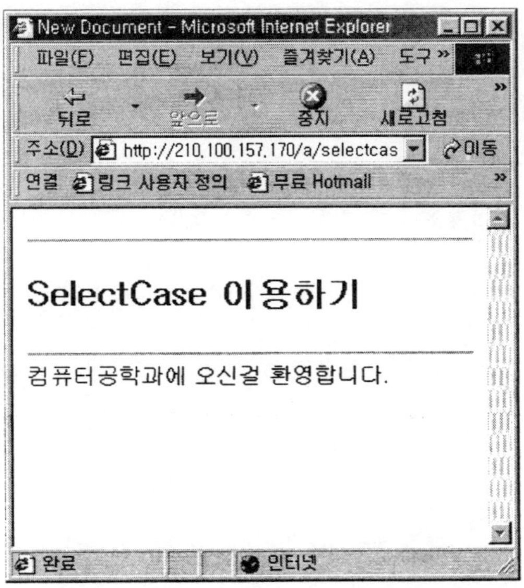

7장 애플리케이션 프로그램

응용 프로그램이라고 일컬을 수 있는 애플리케이션(application)은 운영체제인 윈도우즈나 리눅스와는 차별되는 한글 프로그램, 오피스 프로그램, 포토샵 프로그램과 같이 컴퓨터에서 반드시 필요로 하지 않지만, 사용자의 필요에 의해서 설치하는 프로그램을 의미한다.

이러한 애플리케이션 프로그램의 개념은 웹 환경에서도 동일하게 인식될 수 있다. 단지 ASP로 작성한 애플리케이션을 전제로 윈도우 애플리케이션과의 차이점을 들면 윈도우 애플리케이션은 하나 이상의 실행 프로그램을 중심으로 서비스가 진행되지만, 웹 애플리케이션은 하나의 가상 디렉토리 안에 여러 개의 웹 페이지들로 구성되어 있다는 차이점이 있다.

웹 애플리케이션의 내용을 가지고 있는 객체를 애플리케이션 객체라고 하는데 애플리케이션에는 하나밖에 존재하지 않는다. 각각의 사용자들이 애플리케이션에 접속할 때마다 생성되는 객체를 세션 객체라고 하는데, 세션 객체는 사용자가 애플리케이션에 연결되어 있는 동안에만 존재하고, 연결이 끊어지면 자동으로 소멸하는 객체를 말한다. 다시 말하면 하나의 애플리케이션은 여러 개의 세션 객체로 구성되어 있음을 알 수 있다.

1. Global.asa 파일

ASP에서 하나의 애플리케이션은 하나의 Global.asa 파일을 가질 수 있다. 하지만 반드시 있어야 하는 필수 파일은 아니다. 이 파일은 서버에서 가상 디렉토리에 존재하는 것으로 애플리케이션 디렉토리가 가진 하위 디렉토리들도 모두 애플리케이션의 일부이기 때문에 이 파일에 영향을 받는다.

Global.asa 파일은 모든 페이지에 적용되며 가상 디렉토리 안에 다른 가상 디렉토리가 있을 수 있으므로 애플리케이션 간에 서로 겹칠 가능성에 대하여 미리 생각해두어야 하며, 애플리케이션 별도의 디렉토리를 생성하는 것이 유리하다. 웹 애플리케이션을 다시 정의해보자면 Global.asa 파일이 있는 가상 디렉토리에 있는 모든 파일과 하위 디렉토리를 모두 포함하여 하나의 애플리케이션이라 한다.

[그림 8-1]은 ASP 웹 애플리케이션은 여러 개의 웹 페이지와 Global.asa 라는 파일로 구성되어 있는 관계에 대한 그림이다.

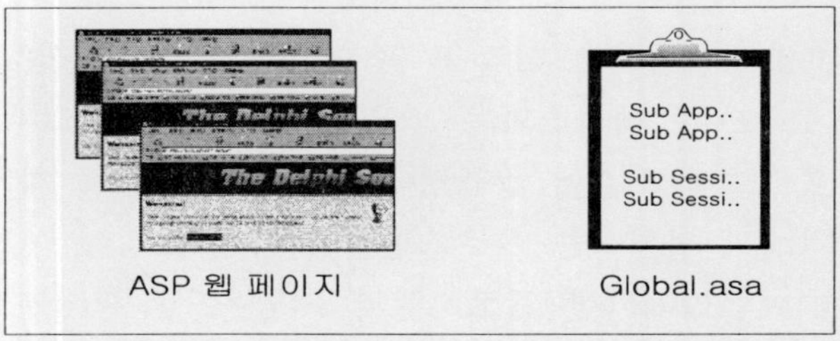

[그림 7-1] 웹 애플리케이션

다음은 Global.asa의 구성의 형식을 보여주는 그림이다.

```
<SCRIPT language="VBScript" runat="server">

       Sub Application_OnStart
       '애플리케이션이 처음 실행될 때 실행할 스크립트
       End Sub

       Sub Application_OnEnd
       '애플리케이션이 종료할 때 실행할 스크립트
       End Sub

       Sub Session_OnStart
       '세션이 처음 연결될 때 실행할 스크립트
       End Sub

       Sub Session_OnEnd
       '세션 연결이 끊어질 때 실행할 스크립트
       End Sub
</SCRIPT>
```

Global.asa는 4개의 서브루틴으로 구성되어 있는데, 이 서브루틴은 특정 이벤트 발생 시 불리어지는 이벤트 처리 서브루틴이다.

(1) 애플리케이션 이벤트

애플리케이션이 처음 시작할 때의 이벤트가 Application_OnStart 이벤트로 애플리케이션이 처음 시작하는 시점에 발생하게 되는데, 이때 애플리케이션 범위를 갖는 변수를 초기화한다.

반대로 애플리케이션이 종료될 때 발생하는 이벤트가 Application_OnEnd 이벤트로 마지막 세션 연결이 끝나고 애플리케이션 사용자가 없는 경우 발생해야 정상이겠지만 실제로 웹서비스를 멈추는 순간 애플리케이션을 종료하고 이벤트가 발생한다.

일반적으로 웹서버는 계속해서 클라이언트로부터 요구를 받게 되어 있다. 보통 애플리케이션을 사용하고 있는 클라이언트가 항상 있기 때문에 애플리케이션을 끝낼 수 없는 것이다. 결국 서버에서 웹서비스가 정지하는 순간에 애플리케이션을 끝낼 수 있으며 이때 Application_OnEnd 이벤트가 발생한다.

(2) 세션 이벤트

Session_OnStart 이벤트는 사용자 연결이 발생할 때마다 발생하는 이벤트로 이 이벤트가 발생하면 Global.asa의 Session_OnStart 서브루틴이 동작하게 된다. 이 이벤트는 새로운 사용자들이 들어올 때마다 실행되는 것으로 세션 범위를 갖는 변수를 초기화한다. 또, 사용자의 연결이 끊어지는 순간 Session_OnEnd 이벤트가 발생하며, 마찬가지로 Session_OnEnd 서브루틴이 동작하게 된다.

기본적으로 Session_OnEnd 이벤트는 서버에 마지막 요구를 한 다음 20분 후에도 새로운 요구가 없으면 세션이 자동으로 종료되고 이 이벤트가 불려지게 된다. 또, 현재 세션을 임의로 끝낼 수가 있는데 Abandon 메소드를 불러서 세션을 취소하는 경우에도 발생한다.

20분으로 지정된 세션 타임아웃 시간은 프로그래머의 의도에 따라 바꿀 수도 있다.

(3) 이벤트를 이용한 세션 개수

ASP에서는 데이터를 공유하는 방법으로 애플리케이션 변수와 세션 변수가 구성되어 있고, 애플리케이션 변수는 애플리케이션 객체에 의해서 정의하고, 세션 변수는 세션 객체에 의해서 정의한다. 따라서 애플리케이션 변수가 애플리케이션 전체에서 공유되는 값으로 모든 사용자들이 공유할 수 있는 값이라고 한다면, 세션 변수는 사용자 연결 시 생성되는 세션 객체에서 정의됨으로써 사용자 연결이 유지되는 세션 내에서 공유할 수 있는 값이다.

Application_OnStart 이벤트에서 애플리케이션 변수를 하나 지정하고 0으로 초기화한다. 나중에 이 변수는 Session_OnStart 이벤트가 불려질 때마다 하나씩 카운터하도록 만들 것이다. 이 값은 새로운 세션이 만들어질 때마다 증가하기 때문에 생성된 세션의 총 개수를 알아낼 수 있는 것이다.

```
<SCRIPT Language = VBScript runAt = server>

Sub Application_OnStart
      Application("ncount")=0
End Sub

Sub Application_OnEnd
End Sub

Sub Session_OnStart
Application.Lock
Application("ncount")=Application("ncount") + 1
Application.Unlock
End Sub

Sub Session_OnEnd
End Sub

</SCRIPT>
```

다음의 예제를 통해서 애플리케이션과 세션 이벤트에 관하여 알아보자.

애플리케이션과 세션을 정의해주는 Global.asa는 모든 애플리케이션에서 공통으로 사용하므로 사용자 연결이 발생할 때마다 Session_OnStart 이벤트가 발생하고, 이벤트 발생 때마다 애플리케이션 변수 count는 1씩 증가하게 되고 [그림 7-2]에서처럼 접속 당시의 count값을 이용해서 몇 번째 방문자인지를 보여준다.

```
<HTML>
<TITLE> Application, Session 따라하기 </TITLE>
</HEAD>
<BODY>
<HR>
<H2> Application, Session 따라하기 </H2>
<HR>
안녕하세요! <% = Application("nCount") %> 번째 방문자시네요.
</BODY>
</HTML>
```

[그림 7-2]는 이용자가 들어오는 정보를 애플리케이션, 세션 이벤트를 이용하여 나온 결과이다.

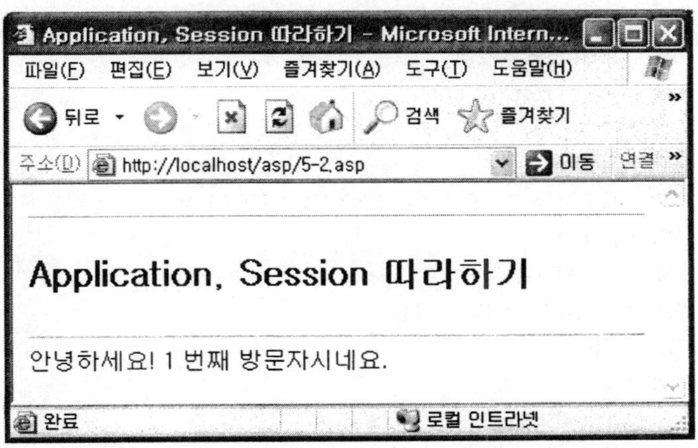

[그림 7-2] Global.asa 예제

Global.asa의 파일을 다음 예제를 통하여 익혀보도록 하자.

[예제 7-1]

```
<%@ Language=VBScript %>
<%
 const size = 6
  Set fs = CreateObject("Scripting.FileSystemObject")
  file = Server.MapPath("count.dat")
Set counter = fs.OpenTextFile(file, 1, true)
if counter.AtEndOfStream then
          cnt = 1
  else
          if session("countflag")=false then
                    cnt = counter.ReadAll + 1
                    session("countflag") = true
          else
                    cnt = counter.ReadAll
          end if
  end if
 counter.Close
 Set counter = fs.CreateTextFile(file, true)
 counter.Write(cnt)
 counter.Close
 for i=1 to size-len(cnt)
          zero = zero & "0"
  next
 cnt = zero & cnt
%>
<HTML>
<HEAD><TITLE></TITLE></HEAD>
<BODY>
<CENTER>
<TABLE><TR><TD>
<HR>
<%
 for i=1 to size
 digit = mid(cnt, i, 1)
 Response.Write "<img src=images/" & digit & ".gif border=0>"
 next
%>
<HR>
```

```
39: </TD></TR></TABLE>
40: </CENTER>
41: </BODY>
42: </HTML>
```

• **해설** •

[3] 카운터의 자릿수를 결정해 주는 구문으로 6자리인 999999까지 가능하다.

[4] 파일 제어를 위해 파일 시스템 객체를 fs로 선언해주는 것을 의미한다.

[5] 해당 파일의 절대경로를 상대경로로 변환해주는 경로설정으로 쉽게 말하자면 서버상의 절대경로를 웹상에서 볼 수 있도록 바꾸어주는 것을 의미한다.

[6] 파일을 읽기전용으로 열어주는데, 단 파일이 없는 경우에는 새로 생성한다.

[7~17] 파일이 빈 파일인지 검사한 후 만약 빈 파일이면 카운터 변수에 1을 주고, 웹 페이지를 요청한 사용자가 카운터를 안 했을 경우 카운터를 증가시킨다. 그리고 세션 변수를 카운터 했음으로 바꾸고 파일을 닫는다.

[18] 파일을 쓰기 위해 파일객체를 생성하는데 지금까지의 모든 내용을 없애고 새로운 내용으로 OverWrite한다.

[19] 카운트 변수의 내용을 오픈된 파일에 저장하고 파일을 닫는다.

[21~24] 카운터의 자릿수에서 카운터 변수의 자릿수를 뺀 만큼을 0으로 채워준다.

[33~36] 자릿수에 해당하는 숫자를 문자로 변환시켜서 출력시켜주는데, 파일의 이름은 해당숫자.gif로 불러온다.

2. 애플리케이션 객체

서버에는 하나 이상의 여러 개의 애플리케이션을 실행하고 있다. 여기서 말하는 애플리케이션은 웹서버에서 가상 디렉토리를 지정하고 이 디렉토리를 이용해서 참조될 수 있는 모든 페이지를 가리키는 것인데, 이것이 애플리케이션이라 한다.

애플리케이션은 어떤 정보를 저장할 수도 있고 이벤트에 따라 특정 스크립트를 실행할 수 있다. 다음은 애플리케이션 객체가 가지는 메소드와 이벤트를 정리한 것이다.

객 체		설 명
컬렉션	Contents	애플리케이션 객체에 정의한 모든 변수를 담고 있다.
	StaticObjects	애플리케이션 객체에 정의한 모든 객체를 담고 있다.
메소드	Lock	다른 클라이언트에서 애플리케이션 변수를 고치는 것을 방지
	Unlock	다른 클라이언트에서 애플리케이션 변수를 고치는 것을 허용
이벤트	OnStart	애플리케이션에서 처음으로 페이지를 참조할 때 발생
	OnEnd	애플리케이션이 끝났을 때 발생

(1) 애플리케이션 이벤트

애플리케이션은 다른 프로그램들처럼 어느 순간에 실행되었다가 어느 시점에 가서 종료를 하게 된다. 그러나 시작하고 종료하는 시점에 대해서 정확히 알 수 없을 경우에는 애플리케이션이 시작할 때의 문법인 OnStart 이벤트를, 종료할 때는 OnEnd 이벤트를 주어서 시작하는 시점과 종료하는 시점을 스크립트에 의해서 관리하게끔 해준다.

Global.asa 파일은 이러한 애플리케이션의 이벤트를 정의할 수 있는 환경으로 이 파일은 가상 디렉토리에 위치하게 된다. Global.asa는 애플리케이션 내에 있는 모든 페이지에 영향을 미칠 수 있는 스크립트 루틴이나 변수가 정의된다. 이러한 애플리케이션에서 시작 부분과 끝 부분은 Global.asa라는 파일 내부에서 정의해주고 있다.

(2) 애플리케이션 메소드

애플리케이션 변수에 필요한 메소드는 Lock과 UnLook이 있다. 애플리케이션 변수는 동시에 여러 사용자가 사용한다는 가정을 항상 하여야 하므로 한꺼번에 같은 애플리케이션 변수의 값을 변경하려고 하면 원하지 않는 값이 인출될 수 있다.

예를 들면, 애플리케이션 변수를 ncount라고 하였을 때 방문자의 요청이 있을 때마다 ncount값이 하나씩 증가하게 된다. 지금까지의 서버의 ncount 수가 20이라고 가정했을 때 동시에 A라는 사용자(user)와 B라는 사용자가 서버의 페이지를 요청했다고 가정을 해보자. 사용자 A, B의 Session_OnStart 이벤트 핸들러가 동시에 발생하여 각 21, 22가 되어야 하는 count값이 동시에 들어왔다고 하여 사용자의 값을 모두 21로 정의할 수 있는 결과가 발생할 수 있다는 것이다.

이러한 중복을 방지하기 위해 사용자의 요청이 있을 때마다 Lock과 UnLock 메소드를 이용하여 순차적으로 사용자의 요청을 판단하여 정의해준다. 만약 사용자 A가 조금 더 빨리 사용자 B보다 서버의 페이지를 요청했다면 사용자 A에게 먼저 count값을 주고, Lock 메소드를 이용하여 수정할 권리를 주고 끝나면 UnLock 메소드를 이용하여 해지해준다. 그 다음에야 사용자 B에게 권한이 넘어가게 설정해준다.

다음의 형식에서 Lock, UnLock 메소드를 보이고 있다.

```
<%
Sub Session_OnStart
Application.Lock
Application("ncount")=Application("ncount") + 1
Application.Unlock
End Sub
%>
```

애플리케이션 변수는 애플리케이션 내에서 공유할 값을 저장하기 위해 사용하는데, 데이터베이스를 연결할 때 필요한 연결 문자열을 여러 페이지에서 공통으로 사용할 경우 애플리케이션 변수에 저장할 수 있다.

(3) 애플리케이션 컬렉션

객체의 컬렉션의 contents는 애플리케이션 변수가 하나가 아니라 여러 개이므로 현재 어떤 애플리케이션 변수를 사용하고 있으며 값이 무엇인지를 알아내는 데 사용한다.

contents 컬렉션은 애플리케이션 객체에 정의한 모든 애플리케이션 변수를 가지고 있으며, StaticObjects 컬렉션은 애플리케이션 객체에 정의한 모든 객체를 가지고 있다. contents 컬렉션은 애플리케이션 내의 모든 변수를 키와 값의 쌍 형태로 저장하고 있다.

```
<HTML>
<HEAD><TITLE> Contents 컬렉션 예제 </TITLE>
</HEAD>
<BODY>
<HR>
<H2> Contents 컬렉션 예제 </H2>
<HR>

<%
application("ID") = "HANA"
application("pass") = "1234"
application("name") = "Jang hana"
application("add") = "Korea"
application("mobile") = "0112232412"

        for each item in application.contents
                response.write item & " : "
                response.write application.contents(item) & "<P>"
        next
%>

</BODY>
</HTML>
```

[그림 7-3]은 애플리케이션의 변수에서 ID, pass, name, add, mobile의 결과를 출력하는 예제이다.

[그림 7-3] Contents 컬렉션 예제

[그림 7-3]에서 for each … next문을 이용하여 애플리케이션 객체의 contents 컬렉션에 있는 애플리케이션 변수의 값을 가져와서 보여주고 있다. 자, 여기서 중요한 것은 소스에는 없는 'NCOUNT : 1'라는 값이 함께 출력되었다는 것이다. 이것은 앞의 [그림 7-2]와 지금의 [그림 7-3]이 같은 애플리케이션에 있는 페이지이기 때문이다. 그래서 전체 애플리케이션에 공유되어 있는 값을 출력하는 컬렉션이 바로 contents라는 것이다.

3. 세션 객체

애플리케이션 변수는 모든 사용자를 대상으로 하므로 특정 사용자에 대한 정보를 저장할 수는 없다. 다만, 모든 사용자에게 공통으로 적용할 수 있는 것, 예를 들면 데이터베이스 연결 변수를 애플리케이션 변수로 저장하고 사용할 경우 애플리케이션 변수의 경우 서로 다른 클라이언트 간에도 값을 공유한다.

세션 객체는 사용자가 연결될 때마다 생성되는 객체로 사용자 연결이 끊어지면 자연히 소멸되는 특징을 가지고 있다. 애플리케이션에 페이지를 요구하는 각 클라이언트는 세션 객체를 이용할 수 있으며 세션 클라이언트가 처음에 페이지를 요구했을 때를 기준으로 20분 후에 자동으로 소멸된다. 이 시간 역시 프로그래머에 의해 Global.asa에서 변경해줄 수 있다.

객 체		설 명
컬렉션	Contents	세션 객체에 정의한 모든 변수를 담고 있다.
	staticObjects	세션 객체에 정의한 모든 객체를 담고 있다.
프로퍼티	LCID	지역 ID를 지정한다.
	CodePage	코드 페이지를 지정한다.
	SessionID	사용자에 대한 Session ID 리턴
	Timeout	세션에 대한 타임아웃 시간
메서드	Abandon	세션 객체를 소멸시키고 리소스를 풀어줌
이벤트	OnStart	사용자가 애플리케이션에 처음 페이지를 요구할 때 발생
	OnEnd	세션이 끝났을 때 발생, 요구가 일정 시간 동안 없는 경우 발생(디폴트 20분)

세션 객체의 이벤트에는 사용자가 애플리케이션에 처음으로 페이지를 요청한 경우 OnStart 이벤트가 발생하고, 사용자가 세션을 종료할 때 OnEnd 이벤트가 발생한다. OnEnd 이벤트의 발생 시점은 마지막 요청 후 20분 동안 요청이 없는 경우와 abandon 메소드가 불리어지는 순간인데, 이 두 이벤트에 대한 이벤트 핸들러는 Global.asa에 정의되어 있다. Global.asa에 정의된 세션의 형식은 다음 표와 같다.

```
Sub Session_OnStart
        'Session이 처음 연결될 때 실행할 스크립트를 둔다.
End Sub

Sub Session_OnEnd
        'Session의 연결이 끊어질 때 실행할 스크립트를 둔다.
End Sub
```

(1) SessionID와 TimeOut 프로퍼티

[그림 7-4]는 세션 객체가 가진 SessionID값과 TimeOut값을 보여주는 예이다. 여기서 SessionID란 클라이언트당 하나의 SessionID를 가지고 있는데, SessionID는 사이트를 검색하는 동안 세션 자신을 나타내는 ID와 같은 것이다.

SessionID값은 서버가 할당하며 읽기전용 값으로 실제 SessionID 정보는 Cookie로 저장되며 브라우저가 닫힐 때 같이 소멸하는 속성을 가지고 있다.

[그림 8-4]는 현재 사용자의 SessionID와 현재 설정되어 있는 Session TimeOut 값을 보여주는 예제로, 디폴트로 되어 있는 TimeOut의 값을 20분에서 21분으로 변형해보인다. 따라서 브라우저에서 21분간 아무 반응이 없을 때에는 자연히 로그아웃되는 예제이다.

```
<HTML>
<HEAD>
<TITLE> Session TimeOut 예제</TITLE>
</HEAD>

<BODY>
<HR>
<H2> Session TimeOut 예제 </H2>
<HR>
SessionID = <%=Session.SessionID%><P>
현재의 Session TimeOut은 <%=Session.Timeout%> 분입니다.
<Session.Timeout = 21 %>
<BR> Session TimeOut을 <%= Session.Timeout%> 분으로 변경하였
  습니다.

</BODY>
</HTML>
```

[그림 7-4]는 Session TimoOut 시간을 변경한 결과를 보이는 것이다.

[그림 7-4] 세션 시간 설정

(2) 세션 변수

애플리케이션에서 변수를 사용하는 것과 마찬가지로 세션에서도 변수를 사용한다. 세션 값을 입력받는 임시 객체를 변수라고 하는데, 세션 변수로 저장한 값은 하나의 클라이언트 내에서는 전역변수이지만 다른 클라이언트에서는 이 값을 다시 사용할 수 없다. 이유는 세션이라는 객체는 각각 다른 클라이언트들로 구성되어 있고, 그것을 애플리케이션이라는 서버가 관리를 하기 때문이다.

[그림 7-5]의 예제는 세션 변수를 사용하는 예인데, 한 사용자에 대한 정보를 출력하는 예제로 [그림 7-3]과 같은 형식의 예제이다.

```
<HTML>
<HEAD><TITLE> Session 변수 </TITLE>
</HEAD>

<BODY>
<HR>
```

```
<H2> Session 변수
</H2>
<HR>
<%
session("ID") = "HANA"
session("pass") = "1234"
session("name") = "Jang hana"
session("add") = "Korea"
session("mobile") = "0112232412"

        for each item in session.contents
                response.write item & " : "
                response.write session.contents(item) & "<P>"
        next
%>
</BODY>
</HTML>
```

[그림 7-5]는 Session의 변수인 ID, pass, name, add, mobile 등을 각각 'response.write item & " : "'에 의해 변수 이름을, 또 'response.write session.contents(item) & "<P>"'에 의해 변수 값을 출력해주는 예제이다.

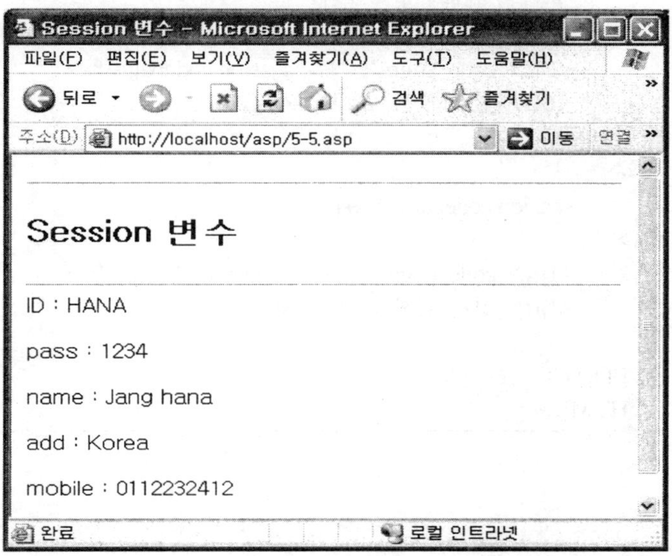

[그림 7-5] 세션 변수

(3) CodePage 프로퍼티

각 나라별로 사용하는 언어와 시스템은 각각 다르지만 서로 정보를 교환할 수는 있다. 이렇게 페이지에서 각 나라와 지역에 대한 차이를 세션 객체에서 나라별, 지역별로 구분해줄 수 있는 기능이 있는데, 이것을 CodePage에서 지원한다.

[그림 7-6]은 알파벳을 쓰는 코드에 해당하는 현재의 날짜와 한국에서 사용하는 코드의 날짜를 비교하여 출력하는 Codepage의 예이다.

```
<HTML>
<HEAD>
<TITLE> CodePage </TITLE>
</HEAD>

<BODY>
<HR>
<H2> codepage 예제 </H2>
<HR>

<%
        session.codepage = 1250
        %>
        <BR> code page : <%= session.codepage %>
        <BR> 현재 날짜 : <%=Now() %>

<%
        session.codepage = 949
%>
        <BR> code page : <%= session.codepage %>
        <BR> 현재 날짜 : <%= NOw() %>

</BODY>
</HTML>
```

[그림 7-6]은 session.codepage를 각각 1250(알파벳)과 949(한글)로 두고 현재의 날짜를 두 환경에서 출력하는 예제이다. 1250 코드와 같은 환경에서는 AM/PM과 같은 형식으로 출력해주어야 하지만 체계가 다르기 때문에 '??'과 같은 메시지가 출력이 되었다. 물론 한글 코드인 경우에는 '오전/오후'와 같은 정확한 표현이 출력된다.

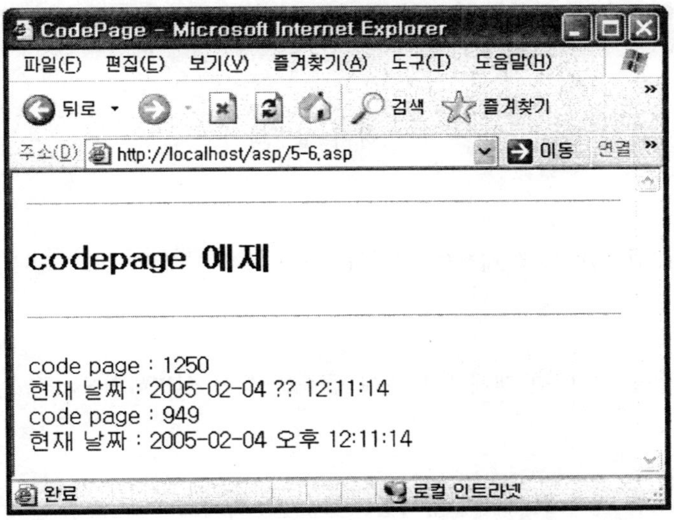

[그림 7-6] CodePage 예제

연습문제

1. 애플리케이션 프로그램의 종류를 설명하시오.

2. Global.asa 파일의 용도와 형식을 간단히 설명하시오.

3. 애플리케이션 이벤트에 대하여 설명하시오.

4. 세션 이벤트에 대하여 설명하시오.

5. 애플리케이션 객체에 대하여 종류를 들어 설명하시오.

6. 세션 객체에 대하여 종류를 들어 설명하시오.

8장 ASP 예제

이 장에서는 ASP를 이용한 프로그램을 출력물과 함께 소스를 분석하여 실무능력을 향상시키기 위해 작성하였다.

1. 게시판 만들기

ASP 프로그래밍에서 가장 기본적인 실력을 연마하고, 기초를 확실하게 다질 수 있는 것이 게시판 만들기이다. 게시판은 여러 사람들의 글을 입력해서 올리고 각각 정보를 공유하는 공간으로 다른 사람들이 올린 글을 읽어보고, 자신의 글을 남들이 읽어볼 수도 있는 기능을 제공한다.

먼저 게시판의 구성과 구성도를 보기로 하자.

① 게시물 목록 보기(board_list.asp)
게시물 목록에서는 현재 등록된 글의 목록을 보여주고, 새로운 글쓰기 화면으로 링크가 설정됩니다.

② 글 올리기(board_write.asp, write_ok.asp)
새로운 글을 작성하기 위한 board_write.asp와 글을 데이터베이스에 저장하는 write_ok.asp로 구성된다.

③ 글 내용보기(board_content.asp)
목록에서 글을 선택하면 해당 글의 자세한 내용을 보여준다. 글 내용 보기에서 글 수정하기, 글 삭제하기로 링크가 된다.

④ 글 수정하기(board_modify.asp, modify_ok.asp)

기존의 글을 수정할 수 있는 폼인 board_modify.asp와 수정된 내용을 저장하는 modify_ok.asp로 구성된다. 수정된 내용을 저장할 때에는 글을 작성할 때 입력했던 비밀번호를 검사하도록 하여, 글쓴이외에는 글을 수정하지 못하도록 한다.

⑤ 글 삭제하기(board_delete.asp, del_ok.asp)

게시판에 등록된 글을 삭제하는 권한은 글을 쓴 본인에게만 주어져야 한다. 이를 확인하는 board_delete.asp와 데이터베이스에서 글을 삭제하는 del_ok.asp로 구성된다.

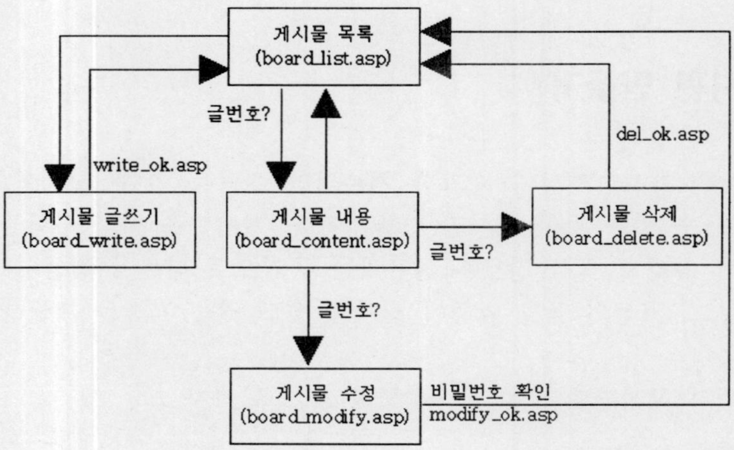

[그림 8-1] 게시판 구성도

게시판을 제작하기 위해서는 데이터를 저장할 데이터베이스가 필요한데, 데이터베이스 이름은 'Myhome'로 하고, 테이블 이름은 'board'으로 작성해 보자.

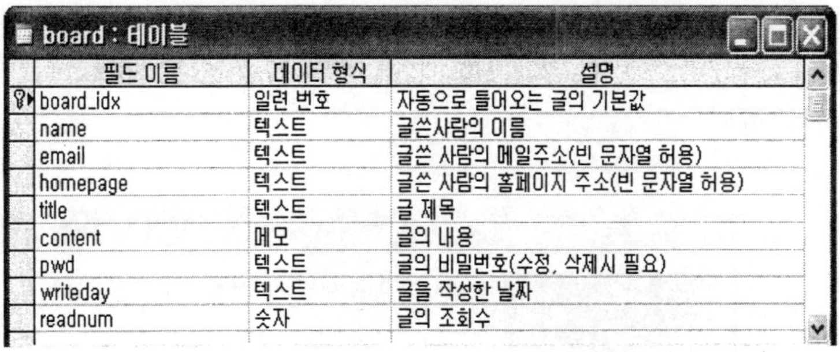

board : 테이블

필드 이름	데이터 형식	설명
board_idx	일련 번호	자동으로 들어오는 글의 기본값
name	텍스트	글쓴사람의 이름
email	텍스트	글쓴 사람의 메일주소(빈 문자열 허용)
homepage	텍스트	글쓴 사람의 홈페이지 주소(빈 문자열 허용)
title	텍스트	글 제목
content	메모	글의 내용
pwd	텍스트	글의 비밀번호(수정, 삭제시 필요)
writeday	텍스트	글을 작성한 날짜
readnum	숫자	글의 조회수

[그림 8-2] 각 필드의 속성 정의

e-mail과 homepage 필드는 없는 사람이 있을 수 있으므로 필드 속성에 빈 문자열 허용을 한다.

ASP에서는 ODBC라는 데이터베이스 연결을 통해 데이터를 다루는 것이 일반적이며, ODBC를 셋팅하는 방법은 데이터베이스 제품에 따라 조금씩 다른데, 여기서는 MS-Access로 제작된 데이터베이스를 세팅하는 방법을 알아본다.

ODBC를 설정해주기 위해서는 "제어판 → 관리도구 → 데이터 원본(ODBC)"을 선택한다. [그림 8-3]에서와 같이 시스템 DSN을 선택하고 추가 버튼을 선택한다.

[그림 8-3] 시스템 DSN

여러 가지 종류의 드라이버가 보이는데 ORACLE용 ODBC도 있고 SQL Server용 ODBC도 있지만, 그 중에 우리가 사용할 Microsoft Access Driver를 선택한다.

[그림 8-4] Microsoft Access Driver 선택

다음으로 [그림 8-5]처럼 ODBC Setup 윈도우가 나타나는데, 여기에서 DSN(Data Source Name)을 myhome이라고 설정해준다. 앞으로 우리는 DSN이라는 것으로 데이터베이스를 대신 불러 사용하게 된다.

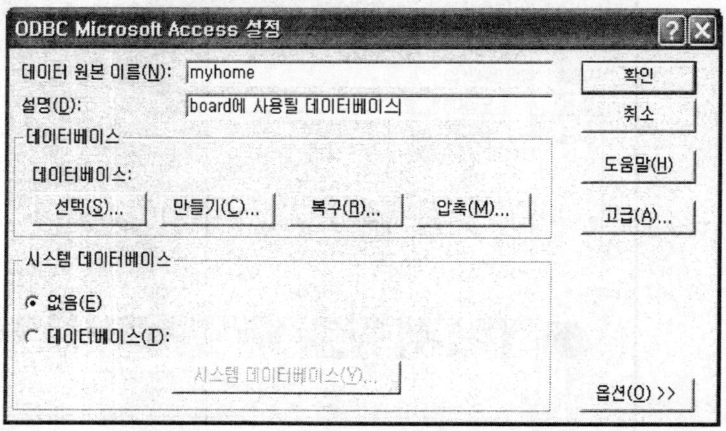

[그림 8-5] DSN(Data Source Name) 설정

[그림 8-6]은 DSN을 설정하고, 데이터베이스의 선택 버튼을 클릭하여 실제로 사용할 데이터베이스인 Myhome.mdb를 지정해주는 과정이다.

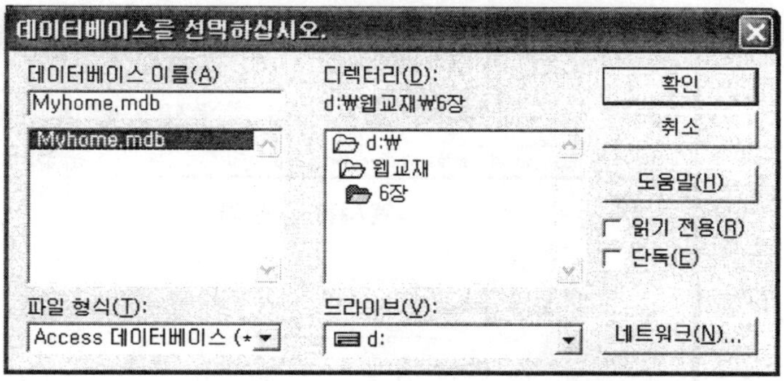

[그림 8-6] Myhome.mdb 지정

데이터베이스 연결이 끝났으면 확인 버튼을 선택하고 설정을 마친다.

모든 것이 완료되면, 시스템 DSN에 지금 우리가 설정해준 Microsoft Access ODBC인 "myhome"이라는 이름이 들어와 있는 것을 볼 수 있다.

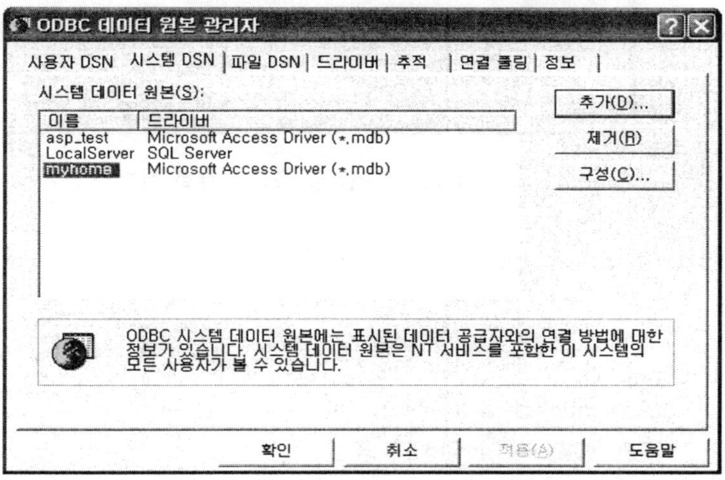

[그림 8-7] ODBC 확인 대화 상자

이제 Myhome.mdb 데이터베이스를 우리는 ASP 스크립트에서 "myhome"이라는 이름으로 사용하게 될 것이다.

■ 글 올리기

사용자들로부터 글을 입력할 수 있는 입력 폼을 만들어 보자.

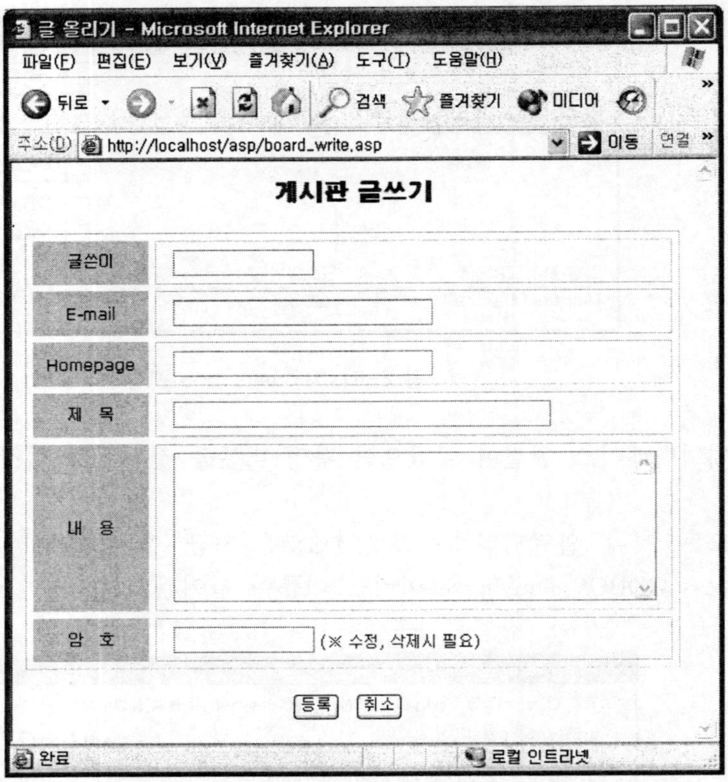

[그림 8-8] 글 올리기 대화 상자

<파일 이름 : board_write.asp>

• 소스 •

```
<html>
<head><title>글 올리기</title>
<script language="javascript">
<!--
function send(){
        if(document.form1.name.value==""){
          alert("이름을 입력해주세요!");
          document.form1.name.focus();
          return false;
```

```
        }
        if(document.form1.title.value==""){
          alert("제목을 입력해주세요!");
          document.form1.title.focus();
          return false;
        }
        if(document.form1.content.value==""){
          alert("글을 작성하지 않았습니다. 글을 작성해주십시요!");
          document.form1.content.focus();
          return false;
        }
        if(document.form1.pwd.value==""){
          alert("수정, 삭제시 필요합니다. 암호를 입력하세요!");
          document.form1.pwd.focus();
          return false;
        }
        document.form1.submit();
}
//-->
</script>
<link href="style.css" rel="stylesheet" type="text/css">
</head>
<body>
<h3 align="center"><font face="HY견고딕">게시판 글쓰기</font></h3>
<form name="form1" method="post" action="write_ok.asp">
<table width="500" border="1" align="center" cellpadding=5 cellspacing=5 bordercolor="#CCCCCC">
  <tr>
    <td width="100" align="center" bgcolor="#CCCCCC">글쓴이
     </td>
     <td width="400">   <input name="name" type="text" id="name" size="15">
     </td>
  </tr>
  <tr>
    <td width="100" align="center" bgcolor="#CCCCCC">
     E-mail</td>
    <td width="400">   <input name="email" type="text" id="email" size="30">
    </td>
  </tr>
```

```
  <tr>
    <td width="100" align="center" bgcolor="#CCCCCC">
     Homepage</td>
    <td width="400">   <input name="homepage"
     type="text" id="homepage" size="30">
    </td>
  </tr>
  <tr>
    <td width="100" align="center" bgcolor="#CCCCCC">
     제   목</td>
    <td width="400">   <input name="title" type="text"
     id="title" size="45" maxlength="100"></td>
  </tr>
  <tr>
    <td width="100" align="center" bgcolor="#CCCCCC">
     내   용</td>
    <td width="400">   <textarea name="content"
     Cols="58" Rows="8" ></textarea>
    </td>
  </tr>
  <tr>
    <td width="100" align="center" bgcolor="#CCCCCC">
     암   호</td>
    <td width="400">   <input name="pwd"
     type="password" id="pwd" size="15">
     (※ 수정, 삭제시 필요)</td>
  </tr>
</table>
<p align="center">
<input type="button" name="submit" value="등록"
 onClick="send();">  
<input type="button" name="reset" value="취소"
onClick="history.back();" > </p>
</form>
</body>
</html>
```

• **해설** •

[3～5] Java Script를 이용하여 send() 함수를 선언한다.

[6] 글쓴이 입력란이 공백이면, 글쓴이를 입력하지 않은 것으로 간주한다.

[7] alert();는 Java Script에서 지원하는 메시지 박스이다. ( )안에는 메시지 박스에 출력할 문자열을 " "안에 넣어서 기술하면 된다.

[8] 커서를 글쓴이 입력칸에 위치시킨다.

[9] 이 명령은 함수 내에 선언된 아래의 스크립트를 더 이상 수행하지 말고 함수를 빠져나가라는 것이다. 즉, 글쓴이 이름이 입력되지 않았다면 메시지 박스를 출력하고 확인 버튼을 클릭하면 게시판 글쓰기 화면으로 되돌아간다.

[11～25] 제목, 내용, 암호를 입력하였는지를 검사하여, 각각의 내용을 입력하지 않았을 때, 글쓴이, 제목, 내용, 암호를 입력하라는 메시지 박스를 출력한다.

[26] 게시판 글쓰기 내용을 <form> 태그의 action 속성에서 가리키는 문서로 입력된 내용들을 전송한다.

[30] 외부 스타일을 링크시킨다.

[34] 게시판 글쓰기 화면의 폼 이름을 "form1"로 설정하고, 전송방식은 "post" 형식을 따른다. 글을 작성한 후 이동되는 페이지로 "write_ok.asp"로 정의해준다.

[35～69] 게시판 글쓰기 화면

[71] "등록" 버튼을 클릭하면 Java Script에서 선언한 5번 라인의 send();함수를 호출한다.

[72] "취소" 버튼을 클릭하면 이전 화면으로 되돌아가는 Java Script 함수인 history.back();을 실행한다.

<파일 이름 : write_ok.asp>

• **소스** •

```
<%
    name = Request("name")
    email = Request("email")
    homepage = Request("homepage")
    title = Request("title")
    content = Request("content")
    pwd = Request("pwd")
    writeday = date()
```

```
 9:     title = replace(title, "'", "''")
10:     content = replace(content, "'", "''")
11:     Set DBCon = Server.CreateObject("ADODB.Connection")
12:     DBCon.open("myhome")
13:     set rs=Server.CreateObject("ADODB.Recordset")
14:        sql = "select * from board"
15:        rs.open sql, DBCon, 1, 3, 1
16:        rs.addnew
17:        rs("name") = name
18:        rs("email") = email
19:        rs("homepage") = homepage
20:        rs("title") = title
21:        rs("content") = content
22:        rs("pwd") = pwd
23:        rs("writeday") = writeday
24:        rs("readnum") = 0
25:        rs.Update
26:      DBCon.Close
27:        rs.Close
28:      Set DBCon = Nothing
29:        Set rs = Nothing
30:      Response.Redirect "board_list.asp"
31: %>
```

• 해설 •

[2~7] board_write.asp에서 받은 각각의 값을 변수에 저장한다.

[8] writeday 변수에는 date()함수를 이용해 게시판에 글을 작성한 날짜를 저장한다.

[9~10] 프로그램 버그로 인하여 제목과 내용 중에 '가 포함되어 데이터베이스에 저장될 경우 에러가 발생하는데 이를 해결하는 방법으로 '을 ''로 대치시켜 에러를 방지한다.

[11~12] 데이터베이스 연결 object의 인스턴스를 DBCon으로 생성하고 ODBC에서 설정한 시스템 DSN인 "myhome"으로 데이터베이스를 연결한다.

[13~14] Recordset object의 인스턴스를 rs로 생성한 후, 테이블 board에 들어 있는 레코드를 불러온다.

※ Select 문의 형식을 간단히 살펴보자.

Select * from board
- board 테이블내의 모든 항목을 출력한다.

Select name, title, writeday from board
- board 테이블내의 name, title, writeday 항목만 출력한다.

Select * from board where board_idx = 2
- board 테이블에서 board_idx가 2인 것만 출력한다.

[16~25] 새 레코드를 삽입한 후, 변수에 저장된 값을 board 테이블의 각 필드에 저장한다.

[26~29] 테이블과 데이터베이스를 연결을 끊는다.

[30] board_list.asp로 링크된다.

■ **게시판 목록 보기**

사용자가 작성한 게시판 내용을 보여주는 페이지로 게시판 번호, 제목, 글쓴이, 날짜, 조회수를 표시한다. 게시판 목록은 board 테이블의 모든 레코드를 검색하여 검색 건수만큼 Do until 문을 이용하여 반복 처리한다. 또한 게시물의 제목은 게시물 내용을 보여주는 board_content.asp로 연결시킨다.

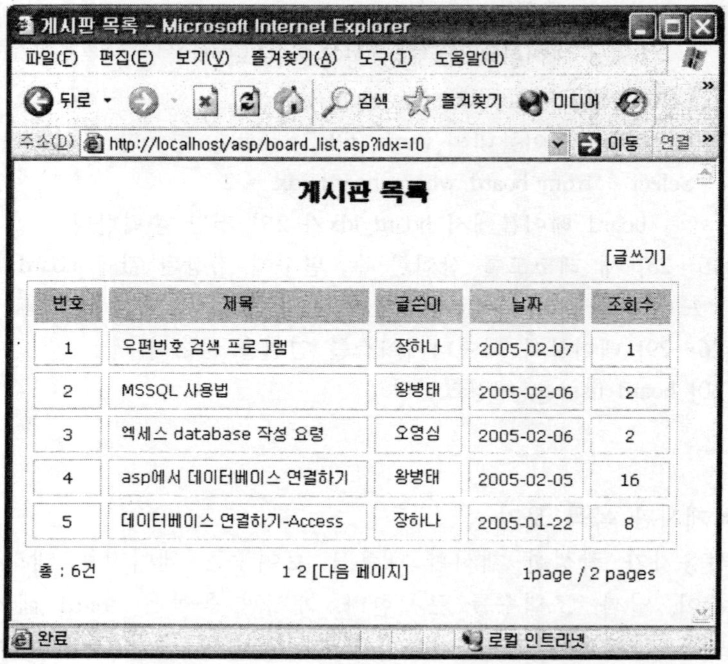

[그림 8-9] 게시판 목록

<파일 이름 : board_list.asp>

• **소스** •

```
<html>
<head>
<title>게시판 목록</title>
<link href="style.css" rel="stylesheet" type="text/css">
</head>
<body>
<%
   If Request("page") = "" Then
        CurPage = 1
   Else
        CurPage = CInt(Request("page"))
   End If
   Set DBCon = Server.CreateObject("ADODB.Connection")
   DBCon.Open("myhome")
```

```
    Set rs = Server.CreateObject("ADODB.RecordSet")
    sql= "SELECT * FROM board ORDER BY board_idx DESC"
    rs.Open sql, DBCon, 1, 3, 1
    rs.PageSize = 5
    LastPage = rs.PageCount
    rs.AbsolutePage = CurPage
%>
<h3 align="center">  <font face="HY견고딕">게시판 목록
  </font></h3>
<table width="500" border="0" align="center" cellpadding="5"
  cellspacing="5">
 <tr>
    <td colspan=3 align="right">[<a href="board_write.asp"
      target="_self">글쓰기</a>]</td>
 </tr>
</table>
<table width="500" border="1" align="center" cellpadding="5"
  cellspacing="5" bordercolor="#CCCCCC">
  <tr bgcolor="#CCCCCC">
   <td width="50"><div align="center">번호</div></td>
   <td width="230"><div align="center">제목</div></td>
   <td width="70"><div align="center">글쓴이</div></td>
   <td width="90"><div align="center">날짜</div></td>
   <td width="60"><div align="center">조회수</div></td>
 </tr>
 <%
   i = 1
   do until rs.EOF or i > rs.PageSize
 %>
 <tr>
   <td width="50" align="center"><%=i%></td>
   <td width="230"> 
    <a href="board_content.asp?idx=<%=rs("board_idx")%>">
    <%=rs("title")%></a></td>
   <td width="70"align="center"><%=rs("name")%></td>
   <td width="90" align="center"><%=rs("writeday")%></td>
   <td width="60" align="center"><%=rs("readnum")%></td>
 </tr>
 <%
   i=i+1
   rs.MoveNext
```

```
    Loop
  %>
</table>
<table width="500" border="0" align="center" cellpadding="5" cellspacing="5">
  <tr>
    <td width=100>총 : <%=rs.RecordCount %>건</td>
    <td align="center">
    <%
      limit = 5
      pos = (CurPage - 1) Mod limit
      StartPage = CurPage - pos
      If CurPage > 1 Then
          Response.Write "[<a href='board_list.asp?page=" & CurPage - 1 & "'>이전 페이지</a>] "
      End If
      For i = StartPage to StartPage + limit - 1
          Response.Write "<a href='board_list.asp?page=" & i & "'>" & i & "</a> "
          If i >= LastPage Then
              Exit For
          End if
      Next
      If CurPage < LastPage Then
          Response.Write "[<a href='board_list.asp?page=" & CurPage + 1 & "'>다음 페이지</a>] "
      End If
    %>
    </td>
   <td width="110"> <%=CurPage%>page / <%=rs.PageCount%> pages</td>
  </tr>
</table>
<%
  rs.close
  DBCon.close
  Set rs = nothing
  Set DBCon = nothing
%>
</body>
</html>
```

• **해설** •

[8~12] 게시물 목록을 화면에 출력할 때, 게시물 5개 단위로 페이지를 구성하는데, 특정 페이지를 지정하지 않으면 무조건 첫 페이지로 설정하고, 넘어오는 페이지 번호가 있다면 그 번호로 설정한다.

[13~17] 데이터베이스를 연결하고 board 테이블의 내용을 내림차순으로 읽는다.

[18] 한 페이지를 레코드 수를 5로 설정한다.

[19] 총 페이지 수를 LastPage 변수에 저장한다.

[20] 페이지 이동하고자 할 때, 우리가 접근하고자 하는 페이지의 첫 번째 레코드 위치로 이동시킨다. 즉, 페이지가 나누어지면 매 페이지마다 번호가 생기게 되는데, 그 페이지의 번호를 이 속성에 설정해주면, 그 순간 우리는 그 페이지의 첫 번째 레코드부터 데이터를 가져올 수 있게 된다.

[23~27] 게시물 리스트에서 글쓰기(board_write.asp)로 연결된다.

[36~51] Do until ~ Loop를 반복하여 board 테이블의 내용을 차례대로 출력한다.

[42] 제목을 클릭하면 게시물 내용보기로 연결된다.

[57~73] 게시물을 5개씩 나누어 한 페이지 단위로 이동할 수 있도록 한다. 현재 페이지가 첫 번째 페이지라면 이전 페이지는 존재하지 않는다. 따라서 if문을 사용하여 현재의 페이지가 첫 번째 페이지라면 [이전페이지]라는 하이퍼링크가 나타나지 않게 한다. 또한 현재 페이지가 마지막 페이지라면 다음 페이지가 존재하지 않으므로 [다음페이지]라는 하이퍼링크가 나오지 않는다.

■ 글 내용 보기

[그림 8-10] 게시물 내용 보기

<파일 이름 : board_content.asp>

• 소스 •

```
<html>
<head><title>게시물 읽기</title>
<%
    Set DBCon = Server.CreateObject("ADODB.Connection")
    DBCon.open("myhome")
    sql = "Update board Set readnum = readnum+1 Where board_idx = " & request("idx")
    DBCon.Execute(sql)
    Set rs = Server.CreateObject("ADODB.Recordset")
    sql = "Select * From board Where board_idx = " & request("idx")
    rs.open sql, DBCon, 1, 3, 1
%>
<link href="style.css" rel="stylesheet" type="text/css">
```

```
</head>
<body bgcolor="#FFFFFF" text="#000000">
<h3 align="center"><font face="HY견고딕">게시판 내용</font> </h3>
<table border="1" bordercolor="#CCCCCC" width="600"
 align="center" cellpadding="5" cellspacing="5">
 <tr>
   <td width="100" align="center" bgcolor="#CCCCCC">글쓴이
   </td>
   <td width="500"><%=rs("name")%></td>
   <td width="100" align="center" bgcolor="#CCCCCC">작성일자
   </td>
   <td width="100"><%=rs("writeday")%></td>
 </tr>
 <tr>
   <td width="100" align="center" bgcolor="#CCCCCC">E-mail
   </td>
   <td width="500"><%=rs("email")%> </td>
   <td width="100" align="center" bgcolor="#CCCCCC">조 회 수
   </td>
   <td width="100"><%=rs("readnum")%></td>
 </tr>
 <tr>
   <td width="100" align="center" bgcolor="#CCCCCC">
   제    목</td>
   <td colspan="3"> <%=rs("title")%></td>
 </tr>
 <tr>
   <td colspan="4"><%=replace(rs("content"), chr(13)&chr(10),
     "<br>")%></td>
 </tr>
</table>
<table border="0" width="600" align="center" cellpadding="5"
 cellspacing="5">
 <tr align="right">
   <td><a href="board_list.asp?idx=<%=rs("board_idx")%>"
    target="_self">[목록]</a> 
   <a href="board_modify.asp?idx=<%=rs("board_idx")%>"
   target="_self">[수정]</a> 
   <a href="board_delete.asp?idx=<%=rs("board_idx")%>"
   target="_self">[삭제]</a></td>
 </tr>
```

```
46: </table>
47: <%
48:     rs.Close
49:     DBCon.close
50:     Set rs = nothing
51:     Set DBCon = Nothing
%>
</body>
</html>
```

• 해설 •

[6~7] board 테이블의 조회수를 Update 문을 이용하여 하나 증가시키는데, 게시판 목록에서 전달받은 글번호가 같은 것만 증가시킨다.

※ Update 문의 형식을 간단히 살펴보면 다음과 같다.

Update board Set readnum = readnum + 1

- board 테이블내의 모든 레코드의 readnum을 하나 증가시킨다.

Update board Set readnum = readnum + 1 Where board_idx=2

- board 테이블에서 board_idx=2인 레코드만 readnum을 하나 증가시킨다.

[9] 게시판 목록에서 전달받은 글번호가 같은 레코드만 읽는다.

[16~41] 읽어온 레코드를 화면에 출력한다.

[39] 게시판 내용을 화면에 출력할 때, "Enter"키 값(=chr(13)&chr(10))을 검사하여 "<br>"태그로 대치하여 줄바꿈을 한다.

[44] 게시판 읽기에서 게시판의 목록, 수정, 삭제로 각각 링크시키는데, 현재의 board_idx를 전달시킨다.

■ 글 수정하기

글의 수정 폼은 글쓰기 폼과 다를 바가 없다. 단지 입력 폼의 경우 새로운 글을 받아들이는 것이므로 모든 input 컨트롤은 기본적으로 공백이어야 하는데, 수정의 경우는 기존의 글이 입력 폼에 그대로 들어가 있기만 하면 된다. 따라서, board_modify.asp에선 글 입력 폼에 값들을 보여주기 위해 board_list에서 전달받은 글번호의 내용을 데이터베이스에서 가져와서 각각의 input 컨트롤의 value로 지정해주면 된다.

board_modify.asp는 글쓴이가 내용을 수정하는 화면이고, 실질적인 수정 처리는 수정된 내용을 전달받은 modify_ok.asp가 처리한다.

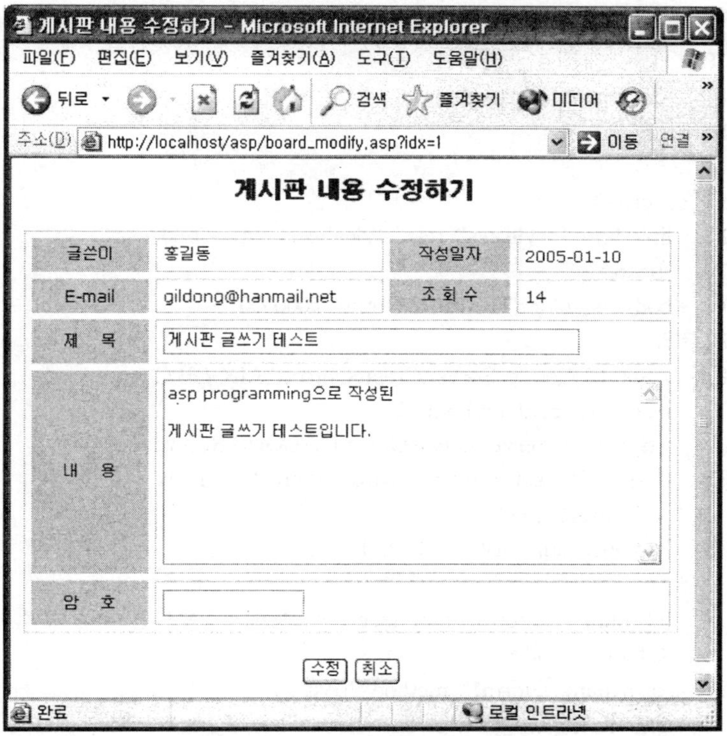

[그림 8-11] 글 내용 수정하기

<파일 이름 : board_modify.asp>

[그림 8-5]의 수정을 클릭하면 게시판 내용 수정하기 화면으로 링크되는데, 반드시 글번호를 가져와야 하며, 글쓴이, 제목, 작성날짜 등등은 수정하지 않고, 단지 내용만을 수정하도록 한다.

• **소스** •

```
<html>
<head><title>게시판 내용 수정하기</title>
<script language="javascript">
<!--
```

```
    function send(){
        if(document.form1.pwd.value==""){
        alert("암호를 입력하세요!");
        document.form1.pwd.focus();
        return false;
    }
    document.form1.submit();
}
//-->
</script>
<link href="style.css" rel="stylesheet" type="text/css">
</head>
<body bgcolor="#FFFFFF" text="#000000">
<%
    Set DBCon = Server.CreateObject("ADODB.Connection")
    DBCon.open("myhome")
    Set rs = Server.CreateObject("ADODB.Recordset")
    sql = "Select * From board Where board_idx = " &
      request("idx")
    rs.open sql, DBCon, 1, 3, 1
%>
<h3 align="center"><font face="HY견고딕">게시판 내용 수정하기
  </font> </h3>
<form name="form1" method="post"
  action="modify_ok.asp?idx=<%=rs("board_idx")%>">
<table border="1" bordercolor="#CCCCCC" width="500"
  align="center" cellpadding="5" cellspacing="5">
 <tr>
   <td width="80" align="center" bgcolor="#CCCCCC">글쓴이</td>
   <td><%=rs("name")%></td>
   <td width="80" align="center" bgcolor="#CCCCCC">작성일자
     </td>
   <td width="100"><%=rs("writeday")%></td>
 </tr>
 <tr>
   <td width="80" align="center" bgcolor="#CCCCCC">
     E-mail</td>
   <td><%=rs("email")%> </td>
   <td width="80" align="center" bgcolor="#CCCCCC">조 회 수
     </td>
   <td width="100"><%=rs("readnum")%></td>
```

```
</tr>
<tr>
  <td width="80" align="center" bgcolor="#CCCCCC">
   제    목</td>
  <td colspan="3"><input type="text" name="title"
   size="50" value="<%=rs("title")%>"></td>
</tr>
<tr>
  <td width="80" align="center" bgcolor="#CCCCCC">
  내    용</td>
  <td colspan="3"> <textarea name="content" rows="10"
   cols="60" ><%=rs("content")%></textarea></td>
</tr>
<tr>
  <td width="80" align="center" bgcolor="#CCCCCC">
   암    호</td>
  <td colspan="3"><input type="password" name="pwd"
   size="15"></td>
</tr>
</table>
<p align="center">
<input type="button" name="submit" value="수정"
 onClick="send();">
<input type="button" name="reset" value="취소"
 onClick="history.back();">
</p>
</form>
<%
  rs.Close
  DBCon.close
  Set rs = nothing
  Set DBCon = Nothing
%>
</body>
</html>
```

• 해설 •

[3~12] 게시판 글 내용을 수정할 때, 암호를 입력하지 않고 수정 버튼을 클릭하면 암호를 입력하라는 메시지 박스를 출력하는 Javascript 이다. 입력된 암호는 modify_ok.asp에 전달되어 글을 수정하는 사람이 글쓴이임을 확인하는데 사용된다.

[18~24] 데이터베이스를 연결하고, Select 문을 이용해 게시판 목록에서 전달받은 글번호의 내용만을 불러온다.

[26] 수정화면에 입력된 내용과 함께 글번호를 modify_ok.asp에 전달한다.

[27~52] 게시판 목록에서 전달 받은 글번호의 내용을 그대로 출력하는데, [그림 8-11]에서 보듯이 제목과 내용만을 수정할 수 있도록 하였고, 암호는 보안을 위해 출력하지 않는다.

[54] 수정 버튼을 클릭하면 Java Script에서 선언한 send();함수를 호출하여 암호를 입력하였는지를 검사한 후, 암호를 입력하였으면 입력된 값들을 modify.asp에 전달한다.

<파일 이름 : modify_ok.asp>

• 소스 •

```
<%
    new_title = Request("title")
    new_content = Request("content")
    new_pwd = Request("pwd")
    new_title = replace(new_title, "'", "''")
    new_content = replace(new_content, "'", "''")
    Set DBCon = Server.CreateObject("ADODB.Connection")
    DBCon.open("myhome")
    Set rs = Server.CreateObject("ADODB.Recordset")
    sql = "select * from board where board_idx=" &
    request("idx")
    rs.open sql, DBCon, 1, 3, 1
    if new_pwd = rs("pwd") then
        sql = "Update board set content = '" & new_content & "',
        title = '" & new_title & "'where board_idx=" &
        request("idx")
        DBCon.execute(sql)
```

```
15:         Response.Redirect "board_list.asp"
16:     else
17: %>
18:         <script language="javascript">
19:         <!--
20:           alert("암호가 틀렸습니다. 확인 후 다시 수정하세요!");
21:           history.back();
22:         //-->
23:         </script>
24: <%
25:     end if
26:     rs.Close
27:     DBCon.Close
28:     Set DBCon = Nothing
29:     Set rs = Nothing
30: %>
```

• 해설 •

[2~4] board_modify.asp에서 제목, 내용, 암호를 가져와서 new_title, new_content, pwd 변수에 각각 기억시킨다.

[5~6] 제목과 내용 입력에 포함된 “'”은 데이터베이스 저장시 에러를 발생할 수 있으므로, “'”을 “''”로 대치시킨다.

[7~11] 데이터베이스를 연결시키고 board 테이블 내에서 board_modify.asp에서 전달받은 글번호가 같은 글을 가져온다.

[12~14] 글을 수정할 때 입력된 암호(new_pwd)와 10번 라인에서 읽은 글의 암호(pwd)가 같으면, 글제목과 글내용을 수정한다. 여기서 주의할 점은 반드시 조건식인 where를 이용해야 한다. 그렇치 않으면, board 테이블내의 모든 글제목과 글내용이 바뀌게 된다.

[15] 글제목과 글내용을 수정한 후, board_list.asp로 링크한다.

[18~23] 글을 수정할 때 입력된 암호(new_pwd)와 10번 라인에서 읽은 글의 암호(pwd)가 같지 않으면 Java Script를 이용해 “암호가 틀렸습니다. 확인 후 다시 수정하세요!”라는 메시지 박스를 출력한다. 메시지 박스의 확인 버튼을 클릭하면 history.back();을 실행하여 글 수정 화면으로 되돌아 간다.

■ 글 삭제하기

글을 삭제할 수 있는 사람은 글을 쓴 사람일 것이다. 글을 쓴 사람을 누구인지 알 수가 없기에 우리는 글마다 암호를 입력하였다. 게시물 읽기(board_content.asp)에서 하단의 "삭제"를 클릭하면 글의 암호를 입력하라는 메시지 창이 나오고, 암호를 정확하게 입력한다면 게시물이 삭제되고, 그렇지 않으면 "암호가 틀렸습니다"라는 메시지 박스를 출력한다.

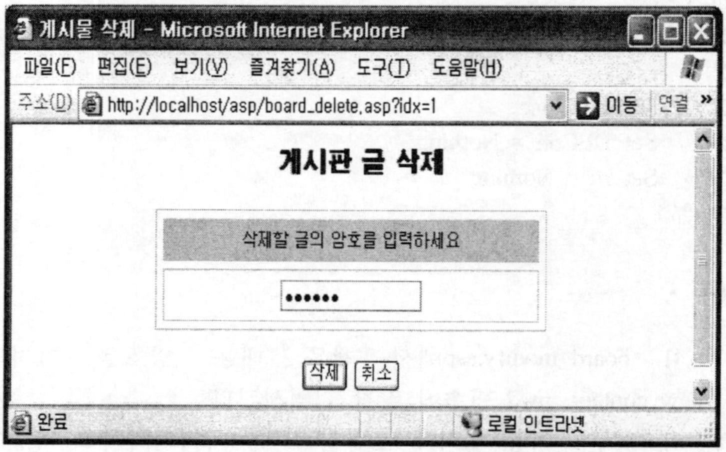

[그림 8-12] 게시판 글 삭제 대화상자

<파일 이름 : board_delete.asp>

• 소스 •

```
<html>
<head><title> 게시물 삭제 </title>
<link href="style.css" rel="stylesheet" type="text/css">
</head>
<body>
<h3 align="center">  <font face="HY견고딕">게시판 글 삭제
  </font> </h3>
<form name="form1" method="post" action="del_ok.asp">
<table border=1 bordercolor="#CCCCCC" width="300"
  cellpadding="5" cellspacing="5" align="center">
    <tr>
```

```
10:         <td bgcolor="#CCCCCC" align="center"> 암호를 입력하세요
11:         <input type="hidden" name="idx"
              value="<%=Request("idx")%>" >
12:         </td>
13:     </tr>
14:     <tr>
15:         <td align="center"><input type="password" name="pwd"
              size=15></td>
16:      </tr>
17: </table>
18: <p align="center">
19: <input type="submit" value="삭제">
20: <input type="button" value="취소" onClick="history.back();">
21: </p>
22: </form>
23: </body>
24: </html>
```

• 해설 •

[11] board_content.asp에서 전달받은 글번호를 변수 idx에 기억시킨다. 11번 라인에서 사용한 input 컨트롤의 type="hidden"이므로 board_delete.asp 화면에는 나타나지 않는다.

[15] 삭제할 글번호의 암호를 입력하여 변수 pwd에 기억시킨다.

[19] "삭제" 버튼을 클릭하면 삭제할 글번호와 암호를 del_ok.asp에 전달하고, "취소" 버튼을 클릭하면 이전화면으로 되돌아간다.

<파일 이름 : del_ok.asp>

• 소스 •

```
<%
new_pwd = Request("pwd")
Set DBCon = Server.CreateObject("ADODB.Connection")
DBCon.open("myhome")
Set rs = Server.CreateObject("ADODB.Recordset")
sql = "select * from board where board_idx=" &
```

```
    request("idx")
  rs.open sql, DBCon, 1, 3, 1
  if new_pwd = rs("pwd") then
       sql = "delete from board where board_idx=" & request("idx")
       DBCon.Execute(sql)
       response.redirect "board_list.asp"
  else
%>
        <script language="javascript">
        <!--
        alert("암호가 틀렸습니다.");
        history.back();
        //-->
        </script>
<%
  end if
  rs.Close
  DBCon.Close
  Set rs=Nothing
  Set DBCon=Nothing
%>
```

2. 회원가입

이번 장에서는 회원가입에 관한 프로그램을 작성해보도록 하자.

대부분의 웹 사이트에서는 [그림 8-14]와 같이 회원신청 폼 문서에 사용자의 ID가 중복되었는지 여부를 확인하는 기능과 사용자의 우편번호를 찾아주는 기능을 제공한다. 또한 반드시 기입해야 할 항목과 그렇치 않은 항목을 알려준다.

우선 [그림 8-13]을 참조하여 데이터베이스를 Access를 이용하여 My-home 데이터베이스 안에 Member라는 테이블을 생성한다.

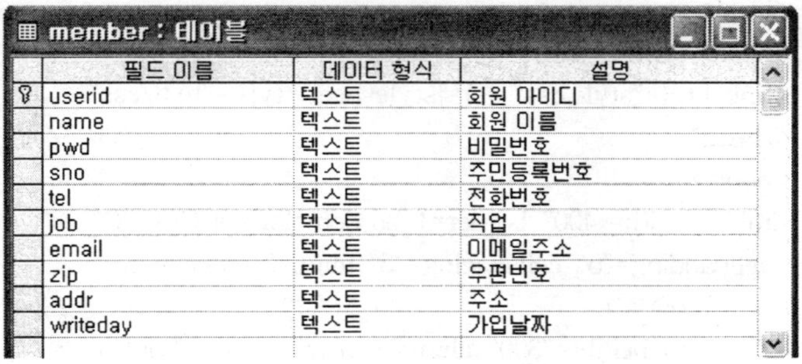

필드 이름	데이터 형식	설명
userid	텍스트	회원 아이디
name	텍스트	회원 이름
pwd	텍스트	비밀번호
sno	텍스트	주민등록번호
tel	텍스트	전화번호
job	텍스트	직업
email	텍스트	이메일주소
zip	텍스트	우편번호
addr	텍스트	주소
writeday	텍스트	가입날짜

[그림 8-13] member 테이블 디자인 대화상자

[그림 8-14]는 회원 등록 프로그램의 초기화면이다. 텍스트 링크인 "회원 가입하기"를 클릭하면 회원가입 폼인 member_in.asp로 이동한다.

[그림 8-14] 회원가입 초기화면

<파일 이름 : index.asp>

• 소스 •

```
<% sid = session("sid") %>
```

```
2: <html>
3: <head><title> 초기화면 </title>
4: <link href="style.css" rel="stylesheet" type="text/css">
5: </head>
6: <body>
7: <table width="400" border=1 bordercolor="#CCCCCC"
   cellpadding="5" cellspacing="5" align="center">
8:        <tr>
9:        <td height="300" align="center" valign="middle">
          메인 화면입니다 <p>
10:           <% if (sid="") then %>
11:             <a href="member_in.asp" target="_self">회원 가입하기</a>
12:           <% else %>
13:             <%=sid%>님 좋은 시간되세요.
14:           <% end if %>
15:       </td>
16:       </tr>
17: </table>
18: </body>
19: </html>
1: <%sid=session("sid")%>
```

• 해설 •

[1] 회원가입이 완료(member_yes.asp)된 상태에서 받은 session 값을 변수 sid에 넣어준다.

[10~11] session 값이 없으면 회원가입 페이지(member_write.htm)로 하이퍼링크 한다.

[12~13] session 값이 있으면 session 값에 해당하는 id값을 받아 '님 좋은 시간 되세요.'를 출력한다.

[그림 8-15]는 [그림 8-14]에서 "회원가입하기"를 선택하였을 때의 다음 과정으로 아이디, 비밀번호, 비밀번호 확인, 주민등록번호, 우편번호, 주소 등을 입력하는 단계이다.

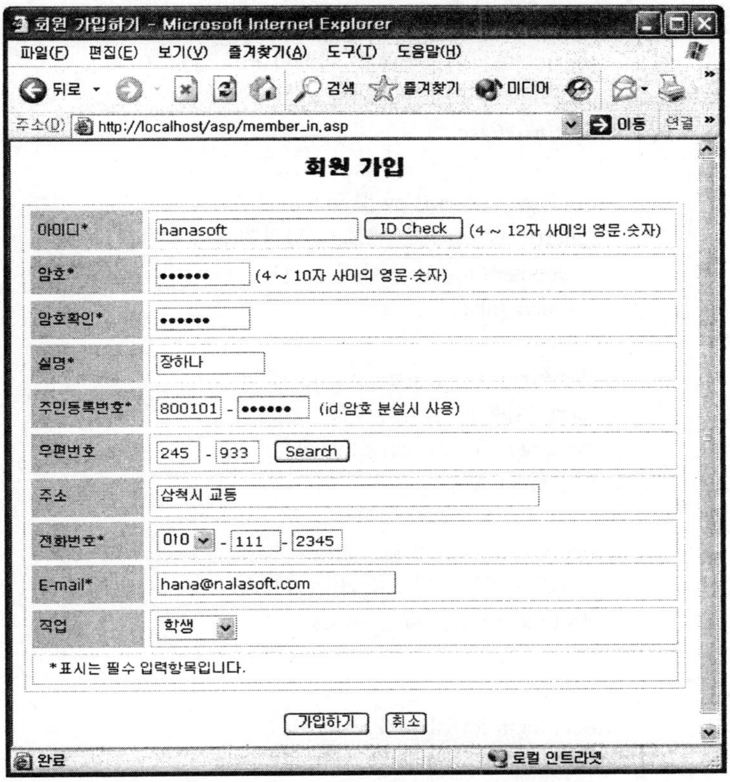

[그림 8-15] 신규 회원가입 대화 상자

<파일 이름 : member_in.asp>

• **소스** •

```
<html>
<head>
<title>회원 가입하기</title>
<script language="javascript">
<!--
function send(){
        if(document.form1.userid.value==""){
          alert("아이디를 입력하세요!")
          document.form1.userid.focus();
          return false;
        }
```

```
        if(document.form1.userid.value.length < 6){
          alert("아이디는 6글자 이상이어야 합니다!")
          document.form1.userid.focus();
          return false;
        }
        if(document.form1.pwd1.value==""){
          alert("비밀번호는 반드시 입력해주세요!")
          document.form1.pwd1.focus();
          return false;
        }
      if(document.form1.name.value==""){
        alert("이름을 입력하세요!")
        document.form1.name.focus();
        return false;
      }
      if(document.form1.sno1.value==""){
        alert("주민등록번호를 입력하세요!")
        document.form1.sno1.focus();
        return false;
      }
      if(document.form1.sno2.value==""){
        alert("주민등록번호를 입력하세요!")
        document.form1.sno2.focus();
        return false;
      }
      if(document.form1.sshchk.value != "yes"){
        alert("틀린 주민등록번호입니다!");
        document.form1.sno1.focus();
        return false;
      }
      if(document.form1.zip.value==""){
        alert("우편번호를 입력하세요!")
        document.form1.zip.focus();
        return false;
      }
  document.form1.submit();
  return true;
}
function pwdcheck(){
  if (document.form1.pwd1.value != document.form1.pwd2.value){
      alert("패스워드가 일치하지 않습니다");
```

```
        document.form1.pwd2.focus();
        return false;
    }
}
function CheckSSN(){
    var sno1 = document.form1.sno1.value;
    var sno2 = document.form1.sno2.value;
    ssn= sno1 + sno2;
    key = "234567892345";
    total = 0;
    for(i=0;i<12;i++){
         total = total + ssn.charAt(i)*key.charAt(i);
    }
    total = 11 - (total % 11)
    if(ssn.charAt(12)== total){
          document.form1.ssnchk.value="yes";
    }
    else{
           alert("주민등록번호가 틀립니다!");
           return true;
    }
}
//-->
</script>
<link href="style.css" rel="stylesheet" type="text/css">
</head>
<h3 align="center"><font face="HY견고딕">회원 가입</font></h3>
<form name="form1" method="post" action="member_inok.asp">
<table width="550" border="1" align="center" cellpadding="5"
  cellspacing="5" bordercolor="#CCCCCC">
    <tr>
      <td bgcolor="#CCCCCC" >아이디*</td>
      <td> <input type="text" name="userid" size="25"
        maxlength="12"> <input type="button" name="idCheck"
        value="ID Check" onClick="window.open('idcheck.asp',
        'win1', 'width=350, height=160');">
        (4 ~ 12자 사이의 영문.숫자) </td>
    </tr>
    <tr>
      <td bgcolor="#CCCCCC">암호*</td>
      <td> <input type="password" name="pwd1" size="10"
```

```
        maxlength="10">(4 ~ 10자 사이의 영문.숫자)</td>
    </tr>
    <tr>
      <td bgcolor="#CCCCCC">암호확인*</td>
      <td> <input name="pwd2" type="password" size="10"
        maxlength="10" onchange="pwdcheck();">
      </td>
    </tr>
    <tr>
      <td bgcolor="#CCCCCC">실명*</td>
      <td> <input type="text" name="name" size="12"
        maxlength="12" > </td>
    </tr>
    <tr height=24>
      <td bgcolor="#CCCCCC">주민등록번호*</td>
      <td> <input type="text" name="sno1" size="6"
        maxlength="6" > - <input type=text name="sno2" size=7
        maxlength=7 onchange="CheckSSN();" >
        <input type="hidden" name="ssnchk">
        (id.암호 분실시 사용) </td>
    </tr>
    <tr>
      <td bgcolor="#CCCCCC">우편번호</td>
      <td> <input name="zip1" size="3" maxlength="3" > -
        <input name="zip2" size="3" maxlength="3" >  
        <input type="button" value="Search" onClick=
         "window.open('post_code.asp', 'new', 'width=450,
         height=300, scrollbars=yes')"> </td>
    </tr>
    <tr>
      <td bgcolor="#CCCCCC">주소</td>
      <td> <input type="text" name="addr" size="50"
        maxlength="100"> </td>
    </tr>
    <tr>
      <td bgcolor="#CCCCCC">전화번호*</td>
      <td> <select name="tel1">
          <option value="010">010</option>
          <option value="011">011</option>
          <option value="016">016</option>
          <option value="019">019</option>
```

```
118:          </select> -
119:           <input type="text" name="tel2" size="4" maxlength="4">-
               <input type="text" name="tel3" size="4" maxlength="4">
               </td>
120:     </tr>
121:     <tr>
122:        <td bgcolor="#CCCCCC">E-mail*</td>
123:        <td> <input type="text" name="email" size="30"
             maxlength="50"> </td>
124:     </tr>
125:     <tr>
126:        <td bgcolor="#CCCCCC">직업</td>
127:        <td> <select name="job">
128:              <option value="학생">학생</option>
129:              <option value="회사원">회사원</option>
130:              <option value="주부">주부</option>
131:              <option value="기타">기타</option>
132:          </select> </td>
133:     </tr>
134:     <tr>
135:        <td colspan="2">   *표시는 필수 입력항목입니다.
136:        </tr>
137: </table>
138: <p align="center">
139:        <input type="button" value="가입하기"  onClick="send();">
              <input type="reset" value="취소"></p>
140: </form>
141: </body>
142: </html>
```

• **해설** •

[7~11] 아이디를 입력하였는지를 검사한다.

[12~16] 아이디의 길이를 검사하여 아이디의 길이가 6이하이면 "아이디는 6 글자 이상이어야 합니다"라는 메시지 박스를 출력한다.

[17~26] 비밀번호, 이름이 입력되었는지를 검사한다.

[27~41] 주민등록번호 앞자리와 뒷자리를 입력하였는지를 검사하고, 입력된 주민등록번호가 정확하지 않으면 "주민번호가 틀렸습니다"라는 메시지 박스를 출력한다.

[42~56] 우편번호와 패스워드가 입력되었는지를 검사한다.

[57~74] 입력된 주민등록번호가 정확한 주민등록번호인지를 CheckSSN();에서 검사한다. 만약에 잘못 입력된 주민등록번호라면 36~41라인에서 에러 메시지를 출력한다.

[84] 아이디는 중복허용을 하지 않으므로, 아이디를 입력할 때 이미 사용중인 아이디인지를 검사한 후에 회원가입을 하도록 한다. 먼저, ID Check 버튼을 클릭 한 후, 등록하고자는 아이디를 입력한 후 중복 체크를 클릭하여 사용 중인지를 검사하여, 사용하지 않는 아이디일 경우 확인 버튼을 클릭하면 회원가입 폼에 아이디가 입력된다.

[92] 암호를 반복 입력하여 첫 번째 입력된 암호와 두 번째 입력된 암호가 같은지를 pwdcheck()를 호출하여 검사하고, 만약에 같지 않다면 50~56라인에서 에러 메시지를 출력한다.

[105] "serach"버튼을 클릭하면 우편번호를 검색하는 창이 열린다. 동이름을 입력하여 우편번호를 검색한 후, 검색된 내용 중에 정확한 주소를 클릭하면 검색된 우편번호와 주소를 회원가입 폼에 입력되고, 우편번호 검색창은 닫힌다.

[112~120] 전화번호를 입력한다.

[123] e-mail을 입력한다.

[126~132] 직업을 선택한다.

[139] "가입하기" 버튼을 클릭하면 Java Script의 send(); 함수를 실행하여, 회원 가입 정보가 제대로 입력되었는지를 검사한 후에, member_inok.asp로 정보들을 전달하고, "취소" 버튼을 클릭하면 화면에 입력한 정보를 모두 지운다.

■ 아이디 중복 확인하기

아이디는 회원정보 테이블의 인덱스로서 중복허용이 되지 않으므로 반드시 한 개의 아이디만 존재해야만 한다. [그림 8-15]에서 "ID Check" 버튼을 클릭하면 [그림 8-16]의 아이디 중복 확인 창이 열린다.

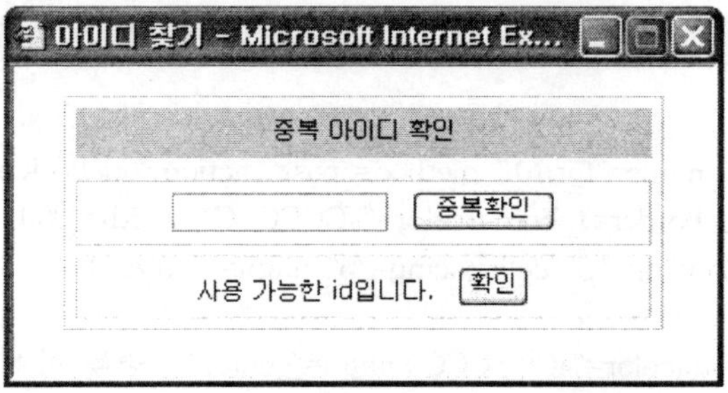

[그림 8-16] ID 중복 확인

<파일 이름 : idcheck.asp>

• **소스** •

```
<html>
<head> <title> 아이디 찾기 </title>
<link href="style.css" rel="stylesheet" type="text/css">
<script language="javascript">
<!--
 function ok_onclick(){
        opener.document.form1.userid.value = document.form1.userid.value;
        window.close();
 }
//-->
</script>
</head>
<body>
<%
Set DBCon = Server.CreateObject("ADODB.Connection")
DBCon.open("myhome")
Set rs = Server.CreateObject("ADODB.Recordset")
sql = "select * from member where userid='" & request("userid") & "'"
rs.open sql, DBCon, 1, 3, 1
if not rs.EOF then
    flag = false
else
```

```
23:   flag = true
24: end if
25: %>
26: <form name="form1" method="post" action="idcheck.asp">
27: <table border=1 bordercolor="#CCCCCC" width="300"
     cellpadding="5" cellspacing="5" align="center">
28: <tr>
29:   <td bgcolor="#CCCCCC" align="center"> 중복 아이디 확인 </td>
30: </tr>
31: <tr>
32:  <td align="center"><input type="text" name="userid" size=15
      value="<%=Request("userid")%>">  
33:  <input type="submit" value="중복확인"></td>
34: </tr>
35: <tr>
36:  <td align="center">
      <% if flag then %>
          사용 가능한 id입니다.
      <% else %>
          사용중인 id입니다.
      <% end if %>   
37:  <input type="button" value="확인" onclick="ok_onclick();"> </td>
38: </tr>
39: </table>
40: </form>
41: <%
42:  rs.Close
43:  DBCon.Close
44:  Set rs=Nothing
45:  Set DBCon=Nothing
46: %>
47: </body>
48: </html>
```

• **해설** •

[6~8] 사용 가능한 아이디를 찾은 후에 "확인" 버튼을 클릭하면, 회원가입 폼에 아이디를 전달하고 아이디 찾기 창을 닫는다.

[15~16] 회원정보가 들어 있는 데이터베이스를 연결한다.

[17~19] 회원(member) 테이블에서 사용자 아이디가 같은 것을 찾는다.

[20~25] 동일한 아이디를 찾지 못하면 flag 변수에 true값을 할당하고, 그렇치 않으면 flag 변수에 false값을 할당한다.

[26] 폼 태그의 action에 idcheck.asp를 연결시킴으로써 중복확인 버튼을 클릭했을 때, 아이디 찾기 창이 다시 열리도록 한다.

[32] 아이디를 입력한다.

[33] 중복확인 버튼을 클릭하여 idcheck.asp 파일을 다시 실행시킨다.

[36] flag에 할당된 값을 검사하여 "true"이면 '사용가능한 id입니다'를 출력하고 "false"이면 '사용중인 id입니다'를 출력한다.

[37] "확인" 버튼을 클릭하면 6~8행에서 선언된 Java Script 함수인 on_okclick();함수를 실행하여 회원가입 폼에 찾은 아이디를 전달하고 아이디 찾기 창을 닫는다.

[41~46] 테이블과 데이터베이스 연결을 종료한다.

■ 우편번호 조회하기

우편번호와 주소를 직접 입력하지 않고 우편번호(Zipcode) 테이블을 이용하여 검색한다.

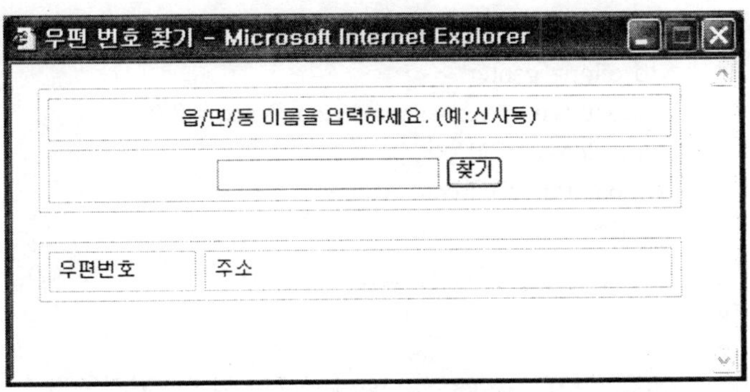

[그림 8-17] 우편 번호 찾기

<파일 이름 : zip_code.asp>

• **소스** •

```
<html>
```

```
<head>
<title>우편 번호 찾기</title>
<script language="javascript">
<!--
function select_address(addr, post1, post2){
    opener.document.form1.addr.value=addr;
    opener.document.form1.zip1.value=post1;
    opener.document.form1.zip2.value=post2;
    window.close();
 }
//-->
</script>
<link href="style.css" rel="stylesheet" type="text/css">
</head>
<body>
<form name="form1" method="post" action="post_code.asp">
<table width=400 border="1" bordercolor="#CCCCCC"
  cellpadding="5" cellspacing="5" align="center">
    <tr>
          <td colspan="2" align="center">읍/면/동 이름을 입력하세요.
           (예:신사동)</td>
    </tr>
    <tr>
          <td align="center">
           <input type="text" name="dong" size="20"
            maxlength="20" >
           <input type="submit" value="찾기">
           </td>
    </tr>
</table>
</form>
<table width="400" border="1" bordercolor="#CCCCCC"
  cellpadding="5" cellspacing="5" align="center">
    <tr>
            <td width=80> 우편번호 </td>
            <td> 주소 </td>
    </tr>
<%
    if request("dong") <> "" then
        Set DBCon = Server.CreateObject("ADODB.Connection")
        DBCon.open("myhome")
```

```
39:          Set rs=Server.CreateObject("ADODB.Recordset")
40:          sql = "SELECT * FROM zipall WHERE (DONG LIKE '%" &
             request("dong") & "')"
41:        rs.open sql, DBCon, 1, 3, 1
42:          Do until rs.EOF
43:             post1 = left(rs("zipcode"), 3)
44:             post2 = right(rs("zipcode"), 3)
45:             addr = rs("sido") & " " & rs("gugun") & " " & rs("dong")
46: %>
47:     <tr>
48:        <td><%=post1%>-<%=post2%></td>
49:          <td>
50:             <a href="javascript:select_address('<%=addr%>',
51:             '<%=post1%>','<%=post2%>');"><%=addr%></a></td>
52:     </tr>
53: <%
54:           rs.movenext
55:           Loop
56:        end if
57: %>
58: </table>
59: </body>
60: </html>
```

• **해설** •

[6~11] 우편번호와 주소를 찾은 후에 해당 주소를 클릭하면, 회원가입 폼에 우편번호와 주소를 전달하고 우편 번호 찾기 창을 닫는다.

[24] 입력란에 동이름을 입력한다.

[25] 찾기 버튼을 클릭한다.

[36] 동이름이 공백이 아니면,

[37~38] 우편번호가 들어있는 데이터베이스를 연결한다.

[39~57] 동이름이 들어있는 주소들을 찾아 나열한다.

[43~44] 우편번호 6자리 중 왼쪽 3자리를 post1 변수에 기억시키고 오른쪽 3자리를 post2 변수에 기억시킨다.

[45] 우편번호 테이블 값인 시도, 구군, 동을 읽어 addr 변수에 기억시킨다.

[48~50] post1, post2 변수에 할당된 우편번호와 addr에 할당된 주소를 화면에 출력하는데, 주소(addr)를 클릭하면 6~11행에서 정의한 Java Script 함

수인 select_address();를 호출하여 검색된 우편번호와 주소를 회원가입 폼에 전달하고 우편 번호 찾기 창을 닫는다.

■ **회원 가입 완료**

[그림 8-15]에서 텍스트 박스마다 입력을 하고 '가입확인'을 선택했을 때 [그림 8-18]과 같은 회원가입 완료 확인 페이지가 출력된다.

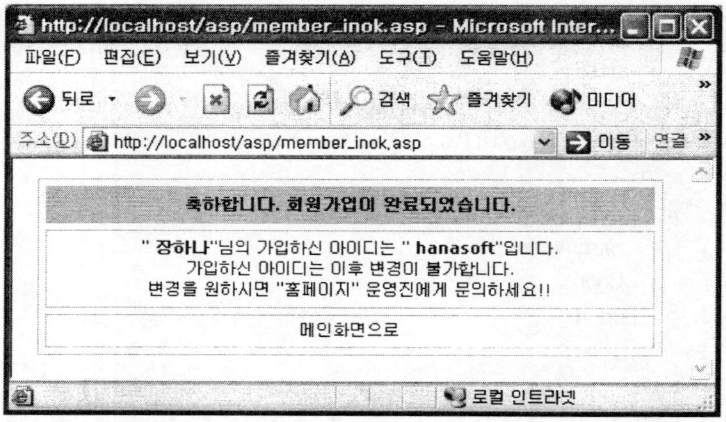

[그림 8-18] 회원가입 완료

<파일 이름 : member_inok.asp>

• **소스** •

```
<html>
<head> <title> </title>
<link href="style.css" rel="stylesheet" type="text/css">
</head>
<body>
<%
   userid = Request("userid")
   pwd = Request("pwd1")
   Name = Request("name")
   sno = Request("sno1") & "-" & Request("sno2")
   tel = Request("tel1") & "-" & Request("tel2") & "-" &
```

```
     Request("tel3")
   email = Request("email")
   job = Request("job")
   zip = Request("zip1") & "-" & Request("zip2")
   addr = Request("addr1") & " " & Request("addr2")
   Set DBCon = Server.CreateObject("ADODB.Connection")
   DBCon.open("myhome")
   Set rs = Server.CreateObject("ADODB.Recordset")
   sql = "select * from member where userid='" &
     Request("userid") & "'"
   rs.open sql, DBCon, 1, 3, 1
   if not rs.EOF then
%>
     <script language="javascript">
       <!--
         alert("중복된 아이디 입니다. 다시 가입해주세요");
         history.back();
       //-->
       </script>
<%
   else
       rs.Addnew
      rs("userid") = userid
       rs("name") = name
       rs("pwd") = pwd
       rs("sno") = sno
       rs("tel") = tel
       rs("email") = email
       rs("job") = job
       rs("zip") = zip
       rs("addr") = addr
       rs.Update
      session("sid")=userid
   end if
   rs.Close
   DBCon.Close
   Set rs=nothing
   Set DBCon=nothing
%>
<table border=1 bordercolor="#CCCCCC" align="center"
  cellpadding="5" cellspacing="5" width="450">
```

```
50:     <tr>
51:         <td bgcolor="#CCCCCC" align="center">
            <b> 축하합니다. 회원가입이 완료되었습니다.</b></td>
52:     </tr>
53:     <tr>
54:         <td align="center"> &quot;
            <b><%=name%></b>&quot;님의 가입하신 아이디는 &quot;
            <b><%=userid%></b>&quot;입니다.<br>
            가입하신 아이디는 이후 변경이 불가합니다.<br>
            변경을 원하시면 &quot;홈페이지&quot; 운영진에게 문의하세요!!
55:         </td>
56:     </tr>
57:     <tr>
58:         <td align="center"><a href="index.asp">메인화면으로</a></td>
59:     </tr>
60: </table>
61: </body>
62: </html>
```

• 해설 •

[7~15] 회원가입에서 입력한 정보를 가져와서 userid, name, pwd, sno, tel, email. job, zip, addr 변수에 저장한다.

[16~17] 데이터베이스 컴포넌트를 연결한 후, myhome.mdb를 연결한다.

[18~20] myhome 데이터베이스의 member 테이블을 연결한다.

[21~29] 회원가입에서 전달 받은 아이디(userid)가 테이블에 이미 존재한다면, "중복된 아이디입니다..."라는 경고메시지를 출력한 후, 회원가입 화면으로 되돌아 간다.

[30~41] 그렇치 않으면, 즉 아이디가 중복되지 않으면 member 테이블에 새 레코드를 추가한 후, 전달받은 아이디, 암호, 주민등록번호, 전화번호, 우편번호, 주소 등을 입력하여 데이터베이스에 저장한다.

[42] 아이디를 session 변수 sid에 할당해준다.

[43~46] 테이블과 데이터베이스의 연결을 종료한다.

[그림 8-19]는 [그림 8-18]에서 '메인화면으로'를 선택했을 때의 과정으로 회원으로 등록을 했기 때문에 메인에서는 본인의 아이디와 패스워드로 홈페이지에 접속하는 계정을 얻게 된다.

[그림 8-19] 로그인 된 사용자

3. 방명록

사이트마다 없어서는 안 되는 것이 방명록으로, 사이트를 방문한 사람들이 각자 느낀 점이나 건의사항 같은 내용을 글로 남기는 것을 말하는데, 방명록이 있음으로써 그 사이트의 관심도를 측정해볼 수 있는 계기도 되는 것이다.

방명록에선 데이터베이스 연결과 종료를 별도의 asp 파일로 작성한 후, #include를 이용하여 프로그램 내에 삽입시키는 방법을 사용한다.

<파일 이름 : connection.asp>

• 소스 •

```
<%
con="Driver={Microsoft Access Driver (*.mdb)}; DBQ=
    d:\웹교재\6장\myhome.mdb"
```

```
3: Set DBCon=Server.CreateObject("ADODB.Connection")
4: DBCon.open con
5: Set rs=Sever.CreateObject("ADODB.Recordset");
%>
```

• 해설 •

[2] con 변수에 데이터베이스 드라이버와 데이터베이스 이름을 할당한다.

[3] ADODB 커넥션의 객체의 인스턴스를 생성하여 개체 DBcon에 할당한다.

[4] DBCon 개체의 open 메소드를 사용해서 con 변수에 할당된 데이터베이스를 연결한다. 이때, myhome.mdb 파일이 열린다.

[5] ADODB 커넥션의 객체의 인스턴스를 생성하여 개체 rs에 할당한다

<파일 이름 : dbclose.asp>

• 소스 •

```
1: <%
2:  rs.close
3:  DBCon.close
4:  Set rs=Nothing
5:  Set DBcon=Nothing
6: %>
```

• 해설 •

[1~6] 데이터베이스 연결에 사용되었던 개체들을 닫아주고 제거한다.

[그림 8-20]은 방명록에 들어가는 각각의 데이터베이스의 필드로 인덱스(guest_idx), 작성자(name), 이메일(email), 내용(content), 암호(pass)로 구성되어 있다.

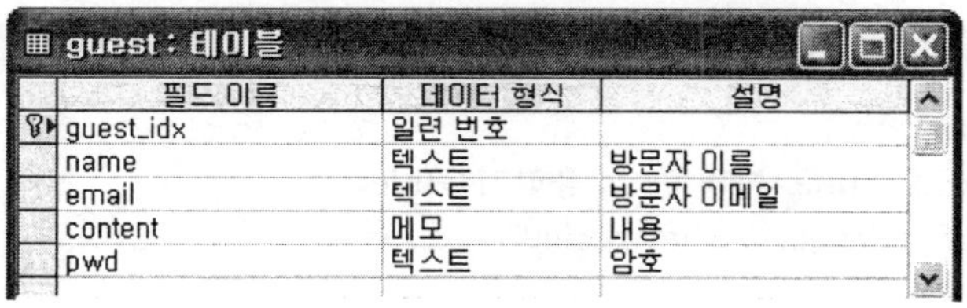

guest : 테이블

필드 이름	데이터 형식	설명
guest_idx	일련 번호	
name	텍스트	방문자 이름
email	텍스트	방문자 이메일
content	메모	내용
pwd	텍스트	암호

[그림 8-20] 각 필드의 속성 정의

[그림 8-21]은 방명록에 글을 작성하는 대화상자로, 작성자, e-mail, 암호, 내용 등을 입력하고, 글 올리기, 다시 쓰기, 취소하기 등의 선택을 할 수 있는 초기화면이다.

[그림 8-21] 방명록 초기화면

<파일 이름 : guest_write.asp>

• **소스** •

```
<html>
<head><title>방명록 글 올리기</title>
<script language="javascript">
<!--
function send(){
        if(document.form1.name.value==""){
           alert("이름을 입력해주세요!");
           document.form1.name.focus();
           return false;
        }
        if(document.form1.content.value==""){
           alert("글을 작성하지 않았습니다. 글을 작성해주십시요!");
           document.form1.content.focus();
           return false;
        }
        if(document.form1.pwd.value==""){
           alert("수정, 삭제시 필요합니다. 암호를 입력하세요!");
           document.form1.pwd.focus();
           return false;
        }
        document.form1.submit();
        return true;
}
//-->
</script>
<link href="style.css" rel="stylesheet" type="text/css">
</head>
<body>
<h3 align="center"><font face="HY견고딕">방명록 글쓰기</font></h3>
<form name="form1" method="post" action="guest_writeok.asp">
 <table width="500" border="1" align="center" cellpadding=5
   cellspacing=5 bordercolor="#CCCCCC">
   <tr>
     <td width="100" align="center" bgcolor="#CCCCCC">글쓴이
      </td>
     <td width="400">   <input name="name" type="text"
      size="15">
     </td>
   </tr>
```

```
36:    <tr>
37:      <td width="100" align="center" bgcolor="#CCCCCC"> E-mail
         </td>
38:      <td width="400">   <input name="email" type="text"
         size="30">
         </td>
39:    </tr>
40:    <tr>
41:      <td width="100" align="center" bgcolor="#CCCCCC">
         내   용</td>
42:      <td width="400">   <textarea name="content"
         Cols="58" Rows="8" ></textarea>
         </td>
43:    </tr>
44:    <tr>
45:      <td width="100" align="center" bgcolor="#CCCCCC">
         암   호</td>
46:      <td width="400">   <input name="pwd"
         type="password" size="15">
         (※ 수정, 삭제시 필요)</td>
47:    </tr>
48:  </table>
49:  <p align="center">
50:    <input type="button" name="submit" value="등록"
       onclick="send();"> 
51:    <input type="button" name="reset" value="취소"
       onClick="history.back();" >
52:  </p>
53: </form>
54: </body>
55: </html>
```

• 해설 •

[6~10] 이름(name) 칸에 입력받은 데이터를 체크한 후 없을 경우, 글쓴이 칸에 커서를 위치시킨다.

[11~15] 내용(content) 칸에 입력받은 데이터를 체크한 후 없을 경우, 내용입력칸에 커서를 위치시킨다.

[16~20] 암호(pwd) 칸에 입력받은 데이터를 체크한 후 없을 경우, 암호 입

력칸에 커서를 위치시킨다.

[30] "등록" 버튼을 클릭하면 이름, 내용, 암호를 입력하였는지를 체크한 후, 이름, 이메일, 내용, 암호를 guest_writeok.asp에 전달한다.

[34] 입력한 이름을 name 변수에 할당한다.

[38] 입력한 이메일을 email 변수에 할당한다.

[42] 입력한 내용을 content 변수에 할당한다.

[46] 입력한 암호를 pwd 변수에 할당한다.

<파일 이름 : guest_writeok.asp>

• 소스 •

```
<%
  name = Request("name")
  email = Request("email")
   content = Request("content")
   pwd = Request("pwd")
   writeday = date()
   content = replace(content, "'", "''")
%>
<!-- #include file="connection.asp" -->
<%
        sql = "select * from guest"
        rs.open sql, DBCon, 1, 3, 1
        rs.addnew
        rs("name") = name
        rs("email") = email
        rs("content") = content
        rs("pwd") = pwd
        rs("writeday") = writeday
        rs.Update
<!-- #include file="dbclose.asp" -->
<%
   Response.Redirect "guest_list.asp"
%>
```

• **해설** •

[2～6] guest_write.asp에서 전달받은 값을 request하여 각 값을 변수에 할당한다.

[9] ODBC의 데이터베이스의 직접경로를 설정해주는 connection.asp 파일을 연결한다.

[11] guest 테이블의 모든 내용을 변수 sql로 할당해준다.

[12] conn 개체의 execute 메소드를 사용해서 변수 sql에 할당된 sql 구문을 실행한다.

[13~19] 새 레코드를 추가한 후, 변수에 할당된 값을 레코드에 저장한다.

[20] 데이터베이스 연결에 사용되었던 DBCon, rs 개체를 닫아주고, 제거하는 dbclose.asp를 연결한다.

[그림 8-22]는 방명록에 남겨진 글들을 목록으로 글의 목록번호와 이름, e-mail, 내용 등과 함께, 전 화면으로 이동하는 글쓰기, 전 화면에서 다시 수정할 수 있는 수정 기능, 삭제를 할 수 있는 기능을 링크할 수 있도록 구성하였다.

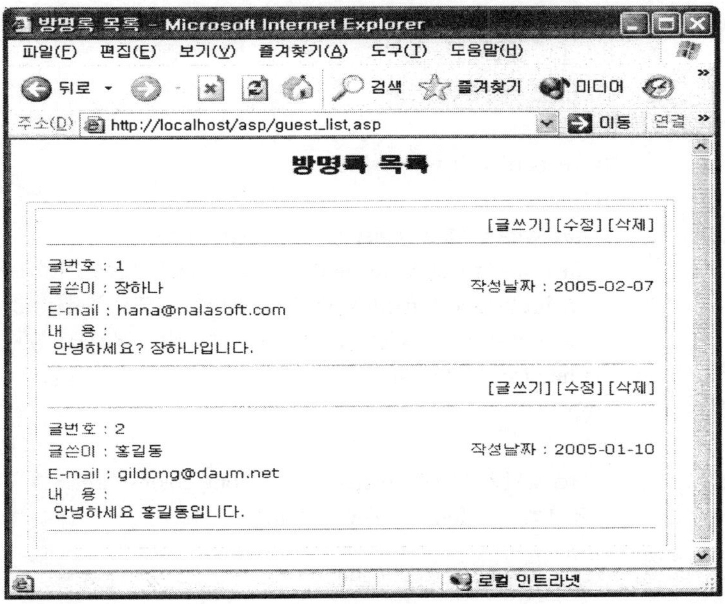

[그림 8-22] 방명록 리스트

<파일 이름 : guest_list.asp>

• 소스 •

```
<!-- #include file="connection.asp"-->
<%
 sql= "SELECT * FROM guest ORDER BY guest_idx DESC"
 rs.Open sql, DBCon, 1, 3, 1
%>
<html>
<head>
<title>방명록 목록</title>
<link href="style.css" rel="stylesheet" type="text/css">
</head>
<body>
<h3 align="center">  <font face="HY견고딕">
 방명록 목록</font></h3>
<table width="450" border="1" align="center" cellpadding="5"
   cellspacing="5" bordercolor="#CCCCCC">
 <tr>
      <td>
      <%
       i = 1
       do until rs.EOF
      %>
      <table border=0 width="450">
      <tr>
          <td width="450" colspan="2" align="right">
          <a href="guest_write.asp" target="_self">[글쓰기]</a>
          <a href="guest_modify.asp" target="_self">[수정]</a>
          <a href="guest_delete.asp" target="_self">[삭제]</a>
          <hr size="1"></td>
      </tr>
      <tr>
          <td width="100" colspan="2"><font color="Green">
          글번호 : </font><%=i%></td>
      </tr>
      <tr>
          <td width="250"><font color="Green">글쓴이 :
          </font><%=rs("name")%></td>
          <td width="200" align="right"> <font color="Green">
```

```
            작성날짜 : </font><%=rs("writeday")%></td>
30:         </tr>
31:         <tr>
32:             <td width="450" colspan="2"> <font color="Green">
                E-mail : </font><%=rs("email")%></td>
33:         </tr>
34:         <tr>
35:             <td width="450" colspan="2"><font color="Green">
               내   용 : </font><br>  
               <%=replace(rs("content"), chr(10)&chr(13), "<br>")%>
                <hr size=1>
                </td>
36:         </tr>
37:         </table>
38:         <%
39:              i=i+1
40:              rs.MoveNext
41:             Loop
42:         %>
43:         </td>
44:   </tr>
45: </table>
46: </body>
47: </html>
48: <!-- #include file="dbclose.asp" -->
```

• 해설 •

[1] ODBC의 데이터베이스의 직접경로를 설정해주는 connection.asp 파일을 연결한다.

[3] sql의 select 구문을 이용하여 guest 테이블의 값을 sql 변수에 할당한다.

[4] recordset 구문을 sql에 할당된 구문과 DBcon에 해당된 ODBC 개체를 열어준다.

[18~41] guest 테이블 값을 차례대로 읽어 화면에 출력하고, 레코드 값이 없으면 반복문을 끝낸다.

[22] '글쓰기'를 선택하면 'guest_write.asp'로 링크시키고, '수정'을 선택하면 방명록 글의 고유번호인 guest_idx값을 가지고 'guest_modify.asp'로 링크시킨다. 그리고 '삭제'를 선택하면 '수정'과 마찬가지로 guest_idx값을 가지고

'guest_delete.asp'로 링크시킨다.

[35] 내용을 화면에 출력할 때, 내용의 엔터값을 "<BR>"태그로 교체하여 줄 바꿈을 처리한다.

[48] 데이터베이스 연결에 사용되었던 개체들을 닫아주는 dbclose.asp를 연결한다.

[그림 8-23]은 방명록을 수정하는 과정으로 글 목록에서 선택한 후 수정을 거쳐, 처음 글을 입력할 때의 암호와 지금과 같이 방명록 수정 대화상자에서 입력한 암호가 일치해야 글을 수정할 수 있다.

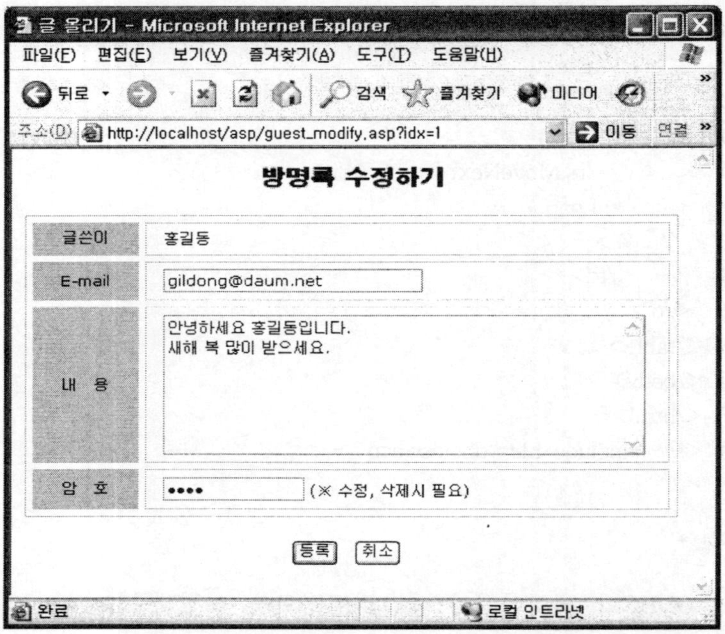

[그림 8-23] 방명록 수정 화면

<파일 이름 : guest_modify.asp>

```
<!-- #include file="connection.asp" -->
<%
  sql= "SELECT * FROM guest Where guest_idx=" &
  Request("idx")
  rs.Open sql, DBCon, 1, 3, 1
```

```
%>
<html>
<head><title>방명록 글 수정하기</title>
<script language="javascript">
<!--
function send(){

        if(document.form1.pwd.value==""){
          alert("수정, 삭제시 필요합니다. 암호를 입력하세요!");
          document.form1.pwd.focus();
          return false;
        }
        document.form1.submit();
        return true;
}
//-->
</script>
<link href="style.css" rel="stylesheet" type="text/css">
</head>
<body>
<h3 align="center"><font face="HY견고딕">방명록 수정하기
  </font></h3>
<form name="form1" method="post"
  action="guest_modifyok.asp?idx=<%=rs("guest_idx")%>">
<table width="500" border="1" align="center" cellpadding=5
  cellspacing=5 bordercolor="#CCCCCC">
  <tr>
    <td width="100" align="center" bgcolor="#CCCCCC">글쓴이
     </td>
    <td width="400">   <%=rs("name")%></td>
  </tr>
  <tr>
    <td width="100" align="center" bgcolor="#CCCCCC"> E-mail
      </td>
    <td width="400">   <input name="email" type="text"
      size="30" value="<%=rs("email")%>"> </td>
  </tr>
  <tr>
    <td width="100" align="center" bgcolor="#CCCCCC">
      내   용</td>
    <td width="400">   <textarea name="content"
```

```
         Cols="58" Rows="8" ><%=rs("content")%></textarea> </td>
38:     </tr>
39:     <tr>
40:        <td width="100" align="center" bgcolor="#CCCCCC">
          암   호</td>
41:        <td width="400">   <input name="pwd"
          type="password" size="15">(※ 수정, 삭제시 필요)</td>
42:     </tr>
43:   </table>
44:   <p align="center">
45:     <input type="button" name="submit" value="등록"
        onclick="send();">  
       <input type="button" name="reset" value="취소"
       onClick="history.back();" ></p>
46: </form>
47: </body>
48: </html>
49: <!-- #include file="dbclose.asp" -->
```

• 해설 •

[1] ODBC의 데이터베이스의 직접경로를 설정해주는 connection.asp 파일을 연결해준다.

[3] guest_list.asp에서 전달받은 방명록 글 고유번호(idx) 값과 같은 레코드를 sql 변수에 할당한다.

[4] sql의 select 구문을 sql 변수에 할당한다.

[11～14] 암호를 입력하였는지를 체크한다. 만약, 암호를 입력하지 않았다면, 암호를 입력하라는 메시지 박스를 출력한다.

[29] 글쓴이는 수정할 필요가 없으므로 Input 태그를 이용하지 않았다.

[33] 이메일을 수정한다.

[37] 내용을 수정한다.

[41] 암호를 입력한다.

[45] '등록' 버튼을 클릭하여 25행에 정의되어 있는 guest_modifyok.asp로 수정된 내용을 전달하는데, 반드시 현재 수정된 방명록 글번호와 같이 전달해야만 한다.

[49] 데이터베이스 연결에 사용되었던 개체들을 닫아주고 제거하기 위한 dbclose.asp 파일을 연결한다.

<파일 이름: guest_moidfyok.asp>

• 소스 •

```
1: <%
2:    new_email = Request("email")
3:    new_content = Request("content")
4:    new_pwd = Request("pwd")
5:       new_content = replace(new_content, "'", "''")
6: %>
7: <!-- #include file="connection.asp" -->
8: <%
9:       sql = "select * from guest where guest_idx=" &
         Request("idx")
10:      rs.open sql, DBCon, 1, 3, 1
11:      if new_pwd = rs("pwd") then
12:        sql = "Update guest set email='" & new_email & "',
           content='" & new_content & "' where guest_idx=" &
           request("idx")
13:        DBCon.execute(sql)
14:        Response.Redirect "guest_list.asp"
15:      else
16: %>
17:        <script language="javascript">
18:        <!--
19:          alert("암호가 틀렸습니다. 확인 후 다시 수정하세요!");
20:          history.back();
21:        //-->
22:        </script>
23: <%
24:    end if
25: %>
26: <!-- #include file="dbclose.asp" -->
```

• 해설 •

[1~4] guest_modify.asp에서 지정한 값을 request하여 각 값을 변수에 할당한다.

[7] ODBC의 데이터베이스의 직접경로를 설정해주는 connection.asp 파일을 연결한다

[9] sql의 select 구문을 sql 변수에 할당하는데, guest_modify.asp에서 전달받은 값과 방명록 글의 고유번호와 같은 레코드를 찾는다.

[11] 수정할 때 입력했던 비밀번호와 guest 테이블내의 비밀번호가 같으면,

[12~14] guest 테이블의 레코드를 수정하고 방명록 리스트(guest_list.asp)로이동 한다.

[16~22] 비밀번호가 같지 않으면 Javascript를 이용해 암호가 틀렸다는 메시지 박스를 디스플레이 하고, 메시지 박스의 확인 버튼을 클릭하면, 방명록 글 수정하기 화면으로 되돌아 간다.

[그림 8-24]는 방명록 목록 대화상자에서 선택한 글을 삭제하는 페이지로, 내용은 보일 필요가 없으며 해당하는 리스트의 암호를 [그림 8-24]와 같은 과정으로 입력하여 일치하면 삭제가 가능하다.

[그림 8-24] 글 삭제 대화 상자

<파일 이름 : guest)delete.asp>

• 소스 •

```
<html>
<head><title> 글 삭제 </title>
<link href="style.css" rel="stylesheet" type="text/css">
</head>
<body>
```

```
 6: <h3 align="center">  <font face="HY견고딕">방명록 글 삭제
    </font> </h3>
 7: <form name="form1" method="post" action="guest_deleteok.asp">
 8: <table border=1 bordercolor="#CCCCCC" width="300"
     cellpadding="5" cellspacing="5" align="center">
 9:   <tr>
10:       <td bgcolor="#CCCCCC" align="center">
          삭제할 글의 암호를 입력하세요
          <input type="hidden" name="idx"
         value="<%=Request("idx")%>" > </td>
11:   </tr>
12:   <tr>
13:       <td align="center"><input type="password" name="pwd"
          size=15></td>
14:   </tr>
15: </table>
16: <p align="center">
17: <input type="submit" value="삭제">
18: <input type="button" value="취소" onClick="history.back();">
19: </p>
20: </form>
21: </body>
22: </html>
```

• **해설** •

[10] 삭제할 글의 고유번호를 hidden 유형으로 idx 변수에 할당한다.

[13] 삭제할 글의 암호를 pwd 변수에 할당한다.

[17] '삭제' 버튼을 클릭하면 직접 입력한 암호와 hidden 유형으로 입력된 글의 고유번호를 guest_deleteok.asp에 전달한다.

<파일 이름: guest_deleteok.asp>

• **소스** •

```
<!-- #include file="connection.asp" //-->
<%
   new_pwd = Request("pwd")
   sql = "select * from guest where guest_idx=" &
```

```
    request("idx")
5:     rs.open sql, DBCon, 1, 3, 1
6:     if new_pwd = rs("pwd") then
7:         sql = "delete from guest where guest_idx=" &
           request("idx")
8:         DBCon.Execute(sql)
9:          response.redirect "guest_list.asp"
10:    else
11: %>
12:        <script language="javascript">
13:        <!--
14:            alert("암호가 틀렸습니다.");
15:            history.back();
16:        //-->
17:        </script>
18: <%
19:    end if
20: %>
21: <!-- #include file="dbclose.asp" //-->
```

• **해설** •

[1] ODBC의 데이터베이스의 직접경로를 설정해주는 connection.asp 파일을 연결한다.

[3] guest_delete.asp에서 넘긴 암호를 request로 받아 변수 new_pwd에 할당한다.

[4~5] guest_delete.asp에서 숨김 형태로 전달받은 글의 고유번호와 일치하는 레코드를 찾는다.

[6~9] 검색된 레코드의 암호와 guest_delete.asp에서 전달받은 new_pwd가 같으면, 방명록 글을 삭제한 후 방명록 목록으로 이동한다.

[10~19] 그렇치 않으면 "암호가 틀렸습니다"라는 메시지 박스를 디스플레이한다. 메시지 박스에서 확인 버튼을 클릭하면, 이전화면으로 이동한다.

4. 설문조사 만들기

설문조사를 만들어보자.

설문조사는 별도의 데이터베이스 연결 프로그램을 작성하지 않고, 방명록을 만들 때 사용하였던 connection.asp와 dbclose.asp을 그대로 활용한다.

우선, 설문조사에 필요한 테이블을 여러 개 생성해야 한다. 설문조사 제목, 설문조사 기간, 설문조사 의뢰기관을 저장할 테이블, 설문 항목을 저장할 테이블, 각각의 설문 항목에 대한 응답을 저장할 테이블들을 아래의 그림을 참조하여 생성한다.

research_com : 테이블

필드 이름	데이터 형식	설명
question_idx	일련 번호	설문조사 번호
title	텍스트	설문조사 제목
item_num	숫자	설문조사 항목수
askcom	텍스트	설문조사 의뢰기관
formdate	텍스트	설문조사 시작일
todate	텍스트	설문조사 종료일

research_item : 테이블

필드 이름	데이터 형식	설명
item_idx	일련 번호	항목번호
question_idx	숫자	설문조사번호
item_no	숫자	설문조사 항목 번호
item	텍스트	설문조사 항목 내용
subitem_no	숫자	설문조사 항목별 문항수

research_subitem : 테이블

필드 이름	데이터 형식	설명
subitem_idx	일련 번호	설문조사 항목별 문항수
question_idx	숫자	설문조사 번호
item_no	숫자	설문조사 항목 번호
sub_no	숫자	설문조사 항목별 문항 번호
subitem	텍스트	설문조사 항목별 문항 내용
counted	숫자	체크한 수

research_result : 테이블

필드 이름	데이터 형식	설명
ans_idx	일련 번호	설문응답 번호
question_idx	숫자	설문조사 번호
item_no	숫자	설문조사 항목번호
sub_no	숫자	설문조사 항목별 문항번호
ip_addr	텍스트	설문응답자 ip 주소
ans_time	텍스트	설문응답시간

[그림 8-25] 설문 테이블 디자인 대화상자

설문조사 도우미는 설문 작성을 순서에 따라 작성하면서 작성된 내용을 테이블에 저장하도록 도와주는 역할을 한다. 설문조사 도우미는 5단계로 실행되는데 단계별 역할은 다음과 같다.

1단계 : 설문 조사 개요 작성
2단계 : 설문 항목별 문항 내용과 답변 문항수 입력
3단계 : 설문 항목별 답변 작성
4단계 : 설문 조사 실행 화면
5단계 : 설문 조사 개요 및 설문 조사에 관련된 항목별 내용을 테이블에 저장

■ 설문 조사 개요 작성

설문 조사에 필요한 설문 제목, 설문 항목 수, 의뢰기관, 설문조사 시작일 및 마감일을 입력 받는다.

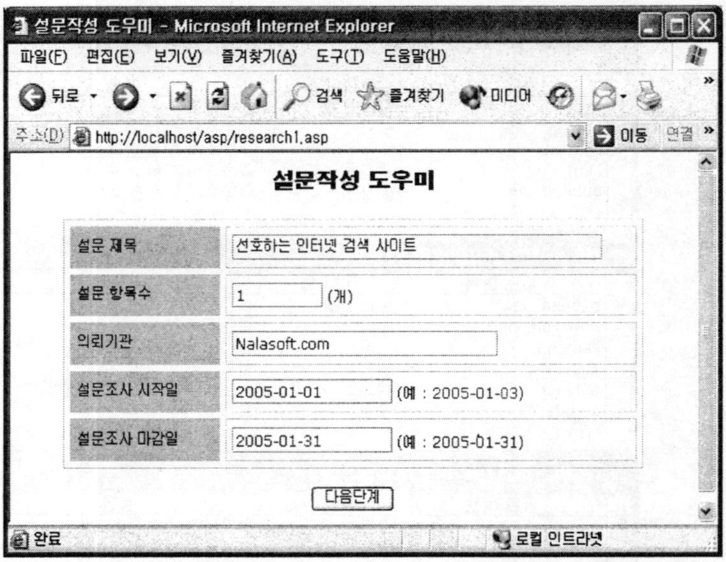

[그림 8-26] 설문 작성 도우미-1

<파일 이름 : research1.asp>

• **소스** •

```
<html>
<head><title>설문작성 도우미 </title>
<Script language="javascript">
<!--
 function sendit(){
   if(document.form1.title.value==""){
        alert("설문 제목을 입력하세요!")
        document.form1.title.focus();
        return false;
   }
   if(document.form1.item_num.value==""){
        alert("설문 항목수를 입력하세요!")
        document.form1.item_num.focus();
        return false;
   }
   if(document.form1.askcom.value==""){
        alert("의뢰기관을 입력하세요!")
        document.form1.askcom.focus();
        return false;
  }
  if(document.form1.fromdate.value==""){
        alert("설문조사 시작일을 입력하세요!!")
        document.form1.fromdate.focus();
        return false;
  }
  if(document.form1.todate.value==""){
        alert("설문조사 마감일을 입력하세요!")
        document.form1.todate.focus();
        return false;
  }
  document.form1.submit();
  return true;
 }
//-->
</Script>
<link href="style.css" rel="stylesheet" type="text/css">
</head>
<body>
<h2 align="center"><font face="HY견고딕" >설문작성 도우미
```

```
</font></h2>
<form name="form1" method="post" action="research2.asp">
<table width="500" border="1" bordercolor="#CCCCCC"
  align="center" cellpadding="5" cellspacing="5">
  <tr>
    <td width="150" bgcolor="#CCCCCC"> 설문 제목</td>
    <td width="350">
      <input name="title" type="text" id="title" size="50">
    </td>
  </tr>
  <tr>
    <td width="150" bgcolor="#CCCCCC"> 설문 항목수</td>
    <td>
       <input name="item_num" type="text" id="item_num"
       size="10">(개)
    </td>
  </tr>
  <tr>
    <td width="150" bgcolor="#CCCCCC"> 의뢰기관</td>
    <td>
       <input name="askcom" type="text" id="askcom" size="35">
    </td>
  </tr>
  <tr>
    <td width="150" bgcolor="#CCCCCC"> 설문조사 시작일</td>
    <td>
       <input name="fromdate" type="text" id="fromdate"
       size="20">(예 : 2005-01-03)
    </td>
  </tr>
  <tr>
    <td width="150" bgcolor="#CCCCCC"> 설문조사 마감일</td>
    <td>
       <input name="todate" type="text" id="todate" size="20">
       (예 : 2005-01-31)
    </td>
  </tr>
</table>
<br>
<div align="center"> <input type="button" name="Button"
  value="다음단계" onClick="sendit();"></div>
```

```
76: </form>
77: <% if request("title")="exist" then %>
78: <Script language="JavaScript">
79: <!--
80:   alert("같은 이름의 설문조사가 있습니다!...확인해 주세요!")
81: //-->
82: </Script>
83: <% End if%>
84: </body>
85: </html>
```

• 해설 •

[3~35] 설문 제목, 항목 수, 의뢰기관, 설문조사 시작일, 마감일을 입력하였는지를 체크한다.

[41~76] 설문 제목, 항목수, 의뢰기관, 설문조사 시작일, 마감일 등을 입력할 수 있는 입력 폼을 만든다.

[75] "다음단계" 버튼을 클릭하여 research2.asp로 입력된 값들을 전달한다.

[77~83] 같은 설문제목이 데이터베이스에 존재하는지를 체크하여, 만약 같은 설문 제목이 존재한다면, 설문 제목이 존재한다는 메시지 박스를 출력한다.

■ 설문 항목별 내용과 답변 문항 수 입력

설문 조사에 필요한 설문 항목별 문항 내용과 답변 문항수를 입력 받는다.

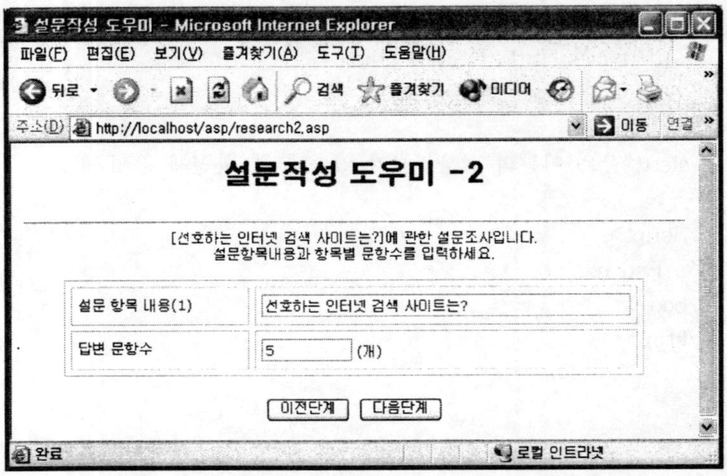

[그림 8-27] 설문 작성 도우미-2

<파일 이름 : research2.asp>

• 소스 •

```
<!-- #include file="connection.asp" -->
<%
    title = Request("title")
    item_num = Request("item_num")
    askcom = Request("askcom")
    fromdate = Request("fromdate")
    todate = Request("todate")
    sql = "select * from research_com Where title='" & title
    & "'"
    set rs = DBCon.Execute(sql)
    If not rs.EOF then %>
    <script language="JavaScript">
    <!--
      location.href="research1.asp?title=exist";
    //-->
   </script>
<%  Else
        rs.close
        sql ="Select Max(question_idx) From research_com
```

```
            Set rs = DBCon.Execute(sql)
            if rs(0) = "" then
                question_idx = 1
            else
                question_idx = rs(0) + 1
            end if
        end if
%>
<html>
<head> <title>설문작성 도우미</title>
<link href="style.css" rel="stylesheet" type="text/css">
</head>
<body>
<form name="form1" method="post" action="research3.asp">
<input type="hidden" name="question_idx"
  value="<%=question_idx%>">
<input type="hidden" name="title" value="<%=title%>">
<input type="hidden" name="askcom" value="<%=askcom%>">
<input type="hidden" name="fromdate" value="<%=fromdate%>">
<input type="hidden" name="todate" value="<%=todate%>">
<h2 align="center"><font face="HY견고딕">설문작성 도우미-2
 </font></h2>
<hr>
<div align="center">[<%=title%>]에 관한 설문조사입니다.<br>
설문항목내용과 항목별 문항수를 입력하세요.</div><br>
<table width="500" border="1" bordercolor="#CCCCCC"
  align="center" cellpadding="5" cellspacing="5">
<% For i = 1 to item_num %>
    <tr>
      <td width="150">설문 항목 내용(<%=i%>)</td>
    <td> <input name="item" type="text" id="item" size="50">
      </td>
  </tr>
    <tr>
      <td width="150">답변 문항수</td>
      <td><input name="subitem_num" type="text"
        id="subitem_num" size="10">(개)</td>
    </tr>
  <%Next%>
</table>
<p align="center">
```

```
55: <input type="button" name="Button" value="이전단계"
    onClick="history.back();"> 
56: <input type="submit" name="Submit2" value="다음단계">
57: </p>
58: </form>
59: </body>
60: </html>
61: <!-- #include file="dbclose.asp" -->
```

• 해설 •

[1] myhome 데이터베이스를 연결한다.

[2～7] research.asp 파일에서 설문 제목, 항목 수, 의뢰기관, 설문조사 시작일, 마감일을 전달 받는다.

[8～9] research_com 테이블의 설문 제목과 전달 받은 설문 제목과 같은 레코드를 불러온다.

[10] 같은 설문 제목이 존재하면,

[11～15] 같은 제목이 존재한다는 정보를 갖고 research1.asp로 되돌아 간다.

[16～19]] 같은 설문 제목이 존재하지 않으면, 테이블을 닫고 research_com 테이블의 모든 설문 조사 번호(question_idx) 값 중 가장 큰 번호를 불러온다.

[20～24] 만약 설문 조사 번호(question_idx) 값이 0이라면 question_idx=1로 하고, 그렇치 않으면, 설문 조사 번호(question_idx)값을 하나 증가시켜 question_idx 변수에 할당한다.

[32～58] research1.asp에서 전달받은 item_num(설문 항목 수) 값에 따른 설문 조사 내용과 답변 문항수를 입력하는 폼으로 item_num 값만큼 반복 실행한다.

[33～37] research1.asp에서 전달받은 설문제목, 설문 항목 수, 의뢰기관, 설문 조사 시작일, 종료일 그리고 설문 조사 번호 값을 <input type="hidden">형태로 research3.asp에 전달한다.

■ 설문 항목별 답변 내용 작성

설문 조사에 필요한 설문 항목별 문항 내용을 보여주고, 문항별 답변 내용을 입력 받는다.

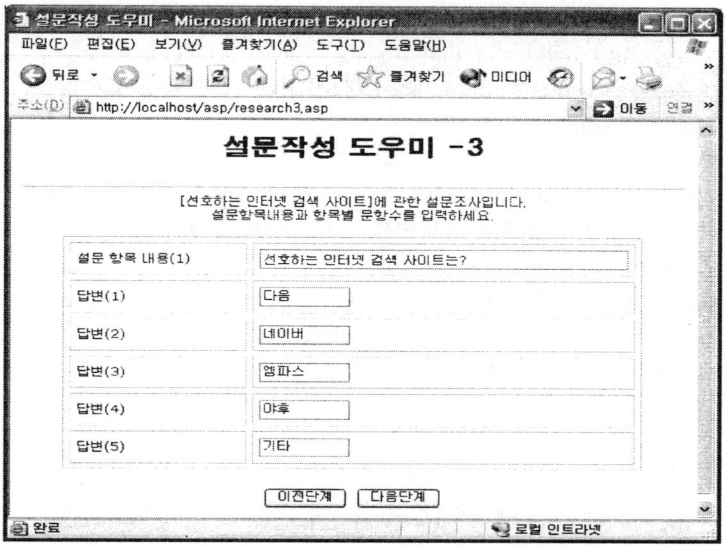

[그림 8-28] 설문 작성 도우미-3

<파일 이름 : research3.asp>

• **소스** •

```
<%
	question_idx = Request("question_idx")
	title = Request("title")
	askcom = Request("askcom")
	fromdate = Request("fromdate")
	todate = Request("todate")
	item_num = Request.Form("item").Count
%>
<html>
<head><title>설문작성 도우미</title>
<link href="style.css" rel="stylesheet" type="text/css">
</head>
<body>
<form name="form1" method="post" action="research4.asp">
<input type="hidden" name="question_idx"
   value="<%=question_idx%>">
<input type="hidden" name="title" value="<%=title%>">
<input type="hidden" name="askcom" value="<%=askcom%>">
```

```
<input type="hidden" name="fromdate" value="<%=fromdate%>">
<input type="hidden" name="todate" value="<%=todate%>">
<h2 align="center"><font face="HY견고딕">설문작성 도우미-3
  </font></h2>
<hr>
<div align="center">[<%=title%>]에 관한 설문조사입니다.<br>
설문항목내용과 항목별 문항수를 입력하세요.</div>
<br>
<table width="500" border="1" bordercolor="#CCCCCC"
  align="center" cellpadding="5" cellspacing="5">
<% For i = 1 to item_num %>
<tr>
   <td width="150">설문 항목 내용(<%=i%>)</td>
   <td> <input name="item" type="text" id="item" size="50"
      value="<%=Request.Form("item")(i)%>"> </td>
</tr>
<%
  sub_num = Request.Form("subitem_num")(i)
  For j = 1 to sub_num
%>
<tr>
   <td width="150">답변(<%=j%>)</td>
   <td><input name="subitem_<%=i%>" type="text"
      id="subitem_num" size="10"></td>
</tr>
<%Next
Next %>
 </table>
 <p align="center">
 <input type="button" name="Button" value="이전단계"
      onClick="history.back();"> 
 <input type="submit" name="Submit2" value="다음단계">
 </p>
</form>
</body>
</html>
```

• **해설** •

[2~6] research2.asp 파일에서 설문 조사 번호, 설문 제목, 항목 수, 의뢰기관, 설문조사 시작일, 마감일을 전달 받는다.

[7] research2.asp에서 설문 항목 내용을 item 이라는 동일한 폼으로 입력 받았는데, 폼이 전송될 때 같은 폼 이름으로 전송되면 에러가 발생함으로 폼 이름을 인덱스로 구분하여 전달 받는 방식이다. 인덱스 번호는 1번부터 시작하는데, 인덱스 번호를 item_num 변수에 할당 한다.

[14~46] 설문 항목별 문항 내용에 따른 문항별 답변 내용을 입력받는 폼이다.

[15~19] research1.asp에서 전달받은 설문제목, 설문 항목 수, 의뢰기관, 설문조사 시작일, 종료일 그리고 설문 조사 번호 값을 <input type="hidden">형태로 research3.asp에 전달한다.

[26~40] item_num 변수에 할당된 값만큼 반복하여 설문 항목별 문항을 출력하는데 [그림 8-28]은 item_num이 1이므로 한번만 반복한다.

[32] 몇 개의 답변을 입력하느냐를 결정하는 부분이다. item과 마찬가지로 subitem_num에 인덱스 번호를 붙여서 전달받아 sub_num 변수에 할당한다.

[33~39] 답변 개수만큼 반복하여 답변을 입력하는데, [그림 8-28]은 sub_num이 5이므로 다섯 번 반복하여 답변을 입력 받는다.

■ 설문 조사 실행 화면 만들기

실질적인 설문 작성 도우미 만들기 마지막 단계로서 research3.asp에 입력받은 답변항목을 화면에 출력하는데, 이 화면이 실제 설문 조사 화면이 된다. 수정하고자 하는 내용이 있으면 "이전단계" 버튼을 클릭하여 눌러서 수정을 하고, 수정할 내용이 없으면 "작성완료" 버튼을 클릭하여 설문 작성 도우미를 종료시킨다.

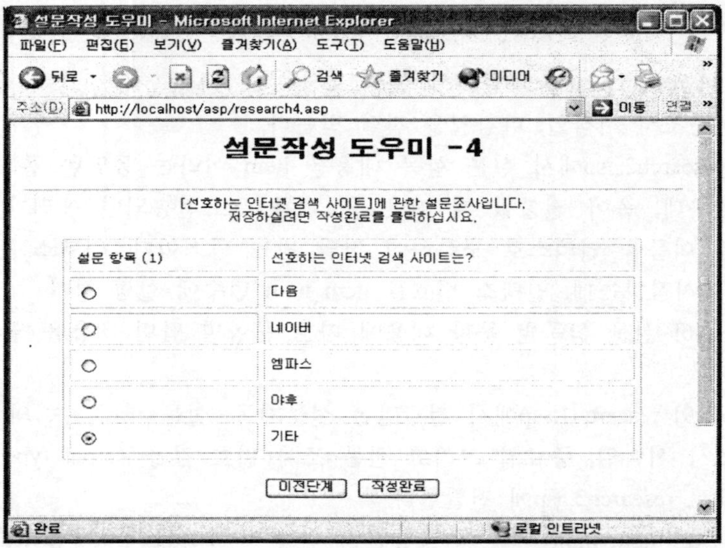

[그림 8-29] 설문 작성 도우미-4

<파일 이름 : research4.asp>

• **소스** •

```
<%
      question_idx = Request("question_idx")
       title = Request("title")
       item_num = Request("item_num")
       askcom = Request("askcom")
       fromdate = Request("fromdate")
       todate = Request("todate")
       item_num = request.Form("item").Count
%>
<html>
<head><title>설문작성 도우미</title>
<link href="style.css" rel="stylesheet" type="text/css">
</head>
</head>
<body>
<form name="form1" method="post" action="research5.asp">
<h2 align="center"><font face="HY견고딕">설문작성 도우미-4
   </font></h2>
```

```
<hr>
<div align="center">[<%=title%>]에 관한 설문조사입니다.<br> 저장하실려면 작성완료를 클릭하십시요.</div><br>
<table width="500" border="1" bordercolor="#CCCCCC" align="center" cellpadding="5" cellspacing="5">
<% For i = 1 to item_num %>
  <tr>
      <td width="150">설문 항목 (<%=i%>)</td>
      <td> <%=Request.Form("item")(i)%> </td>
  </tr>
<% For j = 1 to Request.form("subitem_"&CStr(i)).Count %>
  <tr>
     <td width="150"><input type="radio" value="<%=j%>" checked name="<%=i%>"></td>
     <td><%=Request.Form("subitem_" & CStr(i))(j) %></td>
  </tr>
<%
    Next
 Next
%>
</table>
<p align="center">
<input type="button" name="Button" value="이전단계" onClick="history.back();"> 
<input type="submit" name="Submit2" value="작성완료">
</p>
<input type="hidden" name="question_idx" value="<%=question_idx%>">
<input type="hidden" name="title" value="<%=title%>">
<input type="hidden" name="askcom" value="<%=askcom%>">
<input type="hidden" name="fromdate" value="<%=fromdate%>">
<input type="hidden" name="todate" value="<%=todate%>">
<input type="hidden" name="item_num" value="<%=item_num%>">
<% For i = 1 to item_num %>
<input type="hidden" name="item" value="<%=Request.Form("item")(i)%>"><br>
<% For j = 1 to Request.Form("subitem_"&CStr(i)).Count %>
<input type="hidden" name="subitem_<%=i%>" value="<%=Request.Form("subitem_"&CStr(i))(j)%>"><br>
<% Next
```

```
51:    Next %>
52: </form>
53: </body>
54: </html>
```

• 해설 •

[2~7] research3.asp 파일에서 설문 조사 번호, 설문 제목, 항목 수, 의뢰기관, 설문조사 시작일, 마감일을 전달 받는다.

[8] research3.asp에서 설문 항목 내용을 item 이라는 동일한 폼을 인덱스로 값으로 구분하여 전달받는데, 전달 받은 값을 item_num 변수에 할당 한다.

[16~52] research3.asp에서 전달받은 설문 항목 내용과 답변 항목 내용을 화면에 출력하고, "작성완료" 버튼을 클릭하면 설문 항목 내용과 답변 항목 내용을 research5.asp에 전달한다.

■ 설문 조사 작성 내용 저장하기

지금까지 진행된 설문조사 작성 도우미 1, 2, 3, 4단계의 내용을 데이터베이스에 저장한 후, 설문조사 목록을 나열하는 research_list.asp 화면으로 이동한다.

<파일 이름 : research5.asp>

• 소스 •

```
<!-- #include file="connection.asp" -->
<%
        guestion_idx = Request("question_idx")
        title = Request("title")
        askcom = Request("askcom")
        fromdate = Request("fromdate")
        todate = Request("todate")
        item_num = request.Form("item").Count
      title = Replace(title,"'","''")
        askcom = Replace(askcom,"'","''")
        sql = "INSERT INTO research_com
        (title,item_num,askcom,fromdate,todate) VALUES("
        sql = sql & "'" & title & "',"
```

```
13:     sql = sql & "'" & item_num & "',"
14:     sql = sql & "'" & askcom & "',"
15:     sql = sql & "'" & fromdate & "',"
16:    sql = sql & "'" & todate& "')"
17:    DBCon.Execute(sql)
18:     For i = 1 to item_num
19:             subitem_num = Request.form("subitem_" &
                CStr(i)).Count
20:             sql = "INSERT INTO research_item (question_idx,
                item_no,item,subitem_num) VALUES("
21:             sql = sql & "'" & question_idx & "'"
22:             sql = sql & "'" & i & "',"
23:             sql = sql & "'" & Request.Form("item") & "',"
24:             sql = sql & "'" & subitem_num& "')"
25:             DBCon.Execute(sql)
26:         For j = 1 to subitem_num
27:             sql= "INSERT INTO research_subitem(question_idx,
                item_no,sub_no,subitem,counted) Values("
28:             sql = sql & "'" & question_idx & "'"
29:             sql = sql & "'" & i & "',"
30:             sql = sql & "'" & j & "',"
31:             sql = sql & "'" & Request.Form("subitem_"
                & CStr(i))(j)&"',0)"
32:             DBCon.Execute(strSQL)
33:         Next
34:     Next
35:     DBCon.close
36:     Set DBCon = nothing
37:     Response.Redirect "research_list.asp"
38:     %>
```

• **해설** •

[1] myhome 데이터베이스를 연결한다.

[3~8] research4.asp 파일에서 설문 제목, 항목 수, 의뢰기관, 설문조사 시작일, 마감일을 전달 받는다.

[9~10] 설문 조사 제목이나 의뢰기관 입력시 “'”가 입력되면 데이터베이스 저장시에 에러가 발생할 수 있으므로 “''”로 변환시킨다.

[11~17] research_com 테이블에 설문조사번호, 설문조사제목, 의뢰기관, 설문

조사 시작일, 마감일을 저장한다.

[18~34] for~next 문을 이용하여 설문 항목 개수만큼 반복하여 research_item 테이블에 설문조사번호, 설문 항목 번호(질문 번호), 질문 내용, 답변항목의 개수를 저장한다.

[26~33] for~next 문을 이용하여 답변 항목의 개수만큼 반복하여 research_subitem 테이블에 설문조사번호, 설문 항목 번호, 답변 항목 번호, 답변 내용을 저장한다.

[37] 설문 조사에 관련된 모든 내용을 저장한 후에 설문조사 목록으로 이동한다.

■ 설문 조사 목록 보기

설문 조사 목록을 보여주는 것으로, 설문 제목을 클릭하면 설문조사에 응답을 할 수 있으며, 설문 조사의 결과도 확인 할 수 있는 research_view.asp로 연결된다.

[그림 8-30] 설문조사 목록

<파일 이름 : research_list.asp>

• **소스** •

```
<!-- #include file="connection.asp" -->
<%
    sql = "select * from research_com order by question_idx DESC"
    rs.Open sql, DBCon, 1
    If Request("page") = "" Then
        CurPage = 1
    Else
        CurPage = CInt(Request("page"))
    End If
    rs.PageSize = 5
    LastPage = rs.PageCount
    If not rs.EOF Then
        rs.AbsolutePage = CurPage
    End If
%>
<html>
<head>
<title>설문 리스트</title>
<link href="style.css" rel="stylesheet" type="text/css">
</head>
<body>
<div align="center"><h2><font face="HY견고딕">설문조사 목록</font></h2></div>
<hr size=1>
<br>
<table width="550" border="1" bordercolor="#CCCCCC" align="center" cellpadding="5" cellspacing="5" >
    <tr>
      <td width="50"><div align="center">NO.</div></td>
      <td width="190"><div align="center">제목</div></td>
      <td width="100"><div align="center">의뢰기관</div></td>
      <td width="90"><div align="center">조사시작일</div></td>
      <td width="90"><div align="center">조사마감일</div></td>
    </tr>
<%
    If rs.EOF Then
%>
    <tr>
      <td colspan="6" align="center">등록된 설문항목이 없습니다.
```

```
            </td>
    </tr>
<%
    Else
        i = 1
        Do Until rs.EOF or i > rs.PageSize
%>
    <tr>
        <td width="50"><div align="center"><%=i%> 
         </div></td>
        <td width="190"><div align="center">
         <a href="research_view.asp?question_idx=<%
         =rs("question_idx")%>"><%=rs("title")%></a>
          </div></td>
        <td width="100"><div align="center"><%=rs("askcom")%>
          </div></td>
        <td width="90"><div align="center"><%=rs("fromdate")%>
          </div></td>
        <td width="90"><div align="center"><%=rs("todate")%>
          </div></td>
    </tr>
<%
        i = i + 1
        rs.MoveNext
        Loop
%>
 </table>
 <p align="center">
<%
    limit = 5
    pos = (CurPage - 1) Mod limit
    StartPage = CurPage - pos
    If CurPage > 1 Then
        Response.Write "[<a href='research_list.asp?page=" &
         CurPage - 1 & "'>이전 페이지</a>] "
    End If
    For i = StartPage to StartPage + limit - 1
        Response.Write "<a href='research_list.asp?page=" & i &
         "'>" & i & "</a> "
        If i >= LastPage Then
              Exit For
```

```
69:       End if
70:    Next
71:    If CurPage < LastPage Then
72:       Response.Write "[<a href='research_list.asp?page=" &
          CurPage + 1 & "'>다음 페이지</a>] "
73:    End If
74: End If
75: %>
76: </body>
77: </html>
78: <%
79:    rs.Close
80:    DBCon.Close
81:    Set rs = Nothing
82:    Set DBCon = Nothing
83: %>
```

• 해설 •

[1] myhome 데이터베이스를 연결한다.

[3~4] research_com 테이블의 내용을 내림차순으로 정렬하여 불러온다.

[5~9] 설문 목록을 화면에 출력할 때, 설문 목록 5개 단위로 페이지를 구성하는데, 특정 페이지를 지정하지 않으면 CurPage 변수에 페이지 번호 1을 할당하고 그렇치 않으면, CurPage 변수에 요청한 페이지를 할당 한다.

[10] 페이지 나눔 단위를 5로 한다.

[11] 맨 마지막 페이지를 계산하여 LastPage 변수에 할당한다.

[12~14] research_com 테이블에 내용이 들어 있으면 CurPage 변수에 할당된 페이지 번호로 이동한다.

[34~39] research_com 테이블이 비어 있으면, 등록된 설문 항목이 없습니다를 화면에 출력한다.

[42~55] 페이지 나눔 단위인 5개 단위로 내용을 화면에 출력한다.

[46] 설문 제목을 클릭하면 research_view.asp로 링크된다.

[58~75] 설문 목록을 5개씩 나누어 한 페이지 단위로 이동할 수 있도록 한다.

■ 설문 조사 참여하기

설문조사 내용을 보여준다. 즉, 설문 목록 중에서 제목을 선택하면 설문 조사 내용이 화면에 출력된다. "설문투표" 버튼을 클릭하여 설문에 응할 수 있으며, "투표결과" 버튼을 클릭하여 설문 조사 결과도 볼 수 있다.

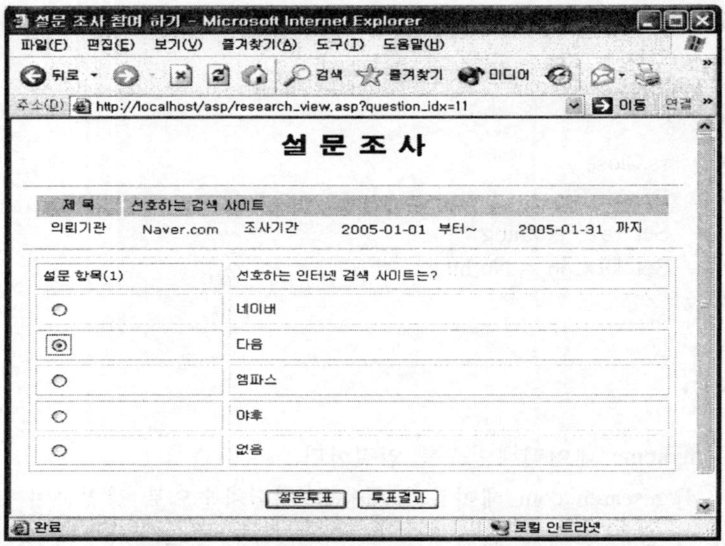

[그림 8-31] 설문 조사 참여하기

<파일 이름 : research_view.asp>

• 소스 •

```
<!-- #include file="connection.asp" -->
<%
    question_idx = Request("question_idx")
    sql = "select * from research_com where question_idx =" &
     question_idx
    set rs = DBCon.Execute(sql)
%>
<html>
<head><title>설문 조사 참여 하기</title>
<script language="JavaScript">
<!--
```

```
function viewresult(){
        document.result.submit();
}
//-->
</script>
<link href="style.css" rel="stylesheet" type="text/css">
</head>
<body>
<form name="myform" method="post" action="research_ans.asp">
<input type="hidden" name="question_idx" value="<%=question_idx%>">
<div align="center"><h2><font face="HY견고딕">설 문 조 사</font></h2></div>
<hr size="2">
<table width="550" border="0" align="center" cellpadding="2" cellspacing="2">
 <tr bgcolor="#CCCCFF" height="22">
   <td><div align="center">제 목</div></td>
   <td colspan="6"><div align="center"><%=rs("title")%></div></td>
 </tr>
 <tr height="22">
   <td width="80"><div align="center">의뢰기관</div></td>
   <td width="100"><div align="center"><%=rs("askcom")%></div></td>
   <td width="80">조사기간</td>
   <td width="100" align="right"><%=rs("fromdate")%> </td>
   <td width="60">부터~</td>
   <td width="100" align="right"><%=rs("todate")%> </td>
   <td width="51">까지</td>
 </tr>
</table>
<%
 rs.close
 sql = "Select * From research_item Where question_idx=" & question_idx
 Set rs = Server.CreateObject("ADODB.Recordset")
 rs.open sql, DBCon, 1, 3, 1
%>
 <input type="hidden" name="item_num"
```

```
    value="<%=rs.RecordCount%>">
<% For i = 1 to rs.RecordCount %>
<hr size="2">
<table width="560" border="1" bordercolor="#CCCCCC"
    align="center" cellpadding="5" cellspacing="5">
  <tr>
     <td width="150">설문 항목(<%=i%>)</td>
     <td> <%=rs("item")%>  </td>
  </tr>
<%
       rs.MoveNext
       sql = "Select * From research_subitem Where
       question_idx=" & question_idx & " and item_no=" & i
       Set rs_sub = Server.CreateObject("ADODB.Recordset")
       rs_sub.open sql, DBCon, 1, 3, 1
  For j = 1 to rs_sub.RecordCount
%>
 <tr>
     <td> <input type="radio" value="<%=j%>" checked
       name="item_<%=i%>"> </td>
     <td><%=rs_sub("subitem")%> </td>
 </tr>
<%
         rs_sub.MoveNext
  Next
  rs_sub.close
Next
rs.close
Set rs_sub = nothing
Set rs = nothing
%>
</table>
<p align="center">
<input type="submit" name="Button" value="설문투표" > 
<input type="button" onClick="viewresult();" value="투표결과">
</p>
</form>
<form name="result" method="post" action="research_result.asp">
<input type="hidden" name="question_idx"
    value="<%=question_idx%>">
</form>
```

```
81: <%
82: DBCon.close
83: Set DBCon = nothing
84: %>
85: </body>
86: </html>
```

• 해설 •

[1] myhome 데이터베이스를 연결한다.

[3~5] 설문 조사 번호를 전달 받은 후, research_com 테이블에서 전달 받은 설문 조사 번호와 일치하는 데이터를 불러 온다.

[9~15] 폼 이름이 result인 폼을 전송하는 Java Script 이다.

[19~77] 폼 이름이 myform인 입력 폼으로 [그림 8-31]처럼 설문 항목의 질문과 답변 항목을 출력하는 폼이다.

[20] <Input type="hidden"> 형태로 설문 조사 번호를 전달한다.

[23~37] 설문 제목과 의뢰기관, 설문 조사 시작일, 그리고 마감일을 출력한다.

[40~42] research_item 테이블에서 전달 받은 설문 조사 번호와 같은 설문 항목을 불러온다.

[45~53] 설문 항목 수 만큼 반복하여 설문 항목울 화면에 출력한다.

[54~56] research_subitem 테이블에서 전달 받은 설문 조사 번호와 설문 항목 번호를 동시에 만족하는 답변 항목을 불러온다.

[57~65] 답변 항목 개수만큼 반복하여 답변 항목을 화면에 출력한다.

[75] "투표결과" 버튼을 클릭하면, 9~15 행에서 선언한 Java Script 함수인 Viewresult()함수를 호출하여 result 폼의 action에서 가리키는 research_result.asp 파일로 링크된다.

[78~80] 설문 조사 번호인 question_idx를 research_result.asp에 hidden 형태로 전달하는 result 폼이다.

<파일 이름 : research_ans.asp>

• **소스** •

```
<!-- #include file="connection.asp" -->
<%
  question_idx = Request("question_idx")
  item_num = Request("item_num")
  ip = Request.ServerVariables("Remote_Addr")
  sql = "select Distinct(ip_addr) From research_result Where
   question_idx=" & question_idx & " and ip_addr= '" &
   ip & "'"
  Set rsip = DBCon.Execute(sql)
  if not rsip.EOF then
%>
<script language="javascript">
<!--
    location.href="research_list.asp?cast=yes";
//-->
</script>
<%
  Else
    rsip.close
    Set rsip =nothing
    For i = 1 to item_num
      sql= "Update research_subitem Set counted=counted
      +1" & "Where question_idx =" & question_idx & " and
      item_no= " & i & "and sub_no= " &
      Request.Form("item_" & CStr(i))
      DBCon.Execute(sql)
      sql = "Insert into research_result(item_no," &
      "sub_no,ip_addr, ans_time) Values("& i & "," &
      Request.Form("item_" & CStr(i)) & ",'" & ip
      & "','" & Now() & "')"
      DBCon.Execute(sql)
    Next
    DBCon.close
    Set DBCon = nothing
    Response.Redirect "research_result.asp?question_idx=" &
      question_idx
  end if
%>
```

• 해설 •

[1] myhome 데이터베이스를 연결한다.

[3~4] 설문 조사 번호와 설문 항목 번호(질문)를 전달 받는다.

[5] 사용자 ip 주소를 서버 변수를 이용하여 ip 변수에 할당한다.

[6~7] research_result 테이블에서 전달 받은 설문 조사 번호와 ip 값이 같은 데이터를 불러온다.

[8] 설문 조사 번호와 ip 값이 같은 데이터를 찾으면,

[10~14] 같은 ip가 존재하면 이미 설문 투표를 한 것이므로 설문 목록 화면으로 되돌아간다.

[16~21] 그렇치 않으면, research_subitem 테이블의 내용 중에 전달받은 설문조사번호와 설문 항목 번호가 같은 레코드의 카운터 값을 하나 증가시킨다.

[22~23] research_result 테이블에 설문조사번호, 설문 항목번호, 답변 문항 번호, 사용자 ip 주소 그리고 투표시간을 현재시간으로 저장한다.

[27] 투표 결과를 출력하는 research_result.asp로 이동한다.

■ 설문 조사 결과 보기

설문조사 내용의 결과를 볼 수 있다.

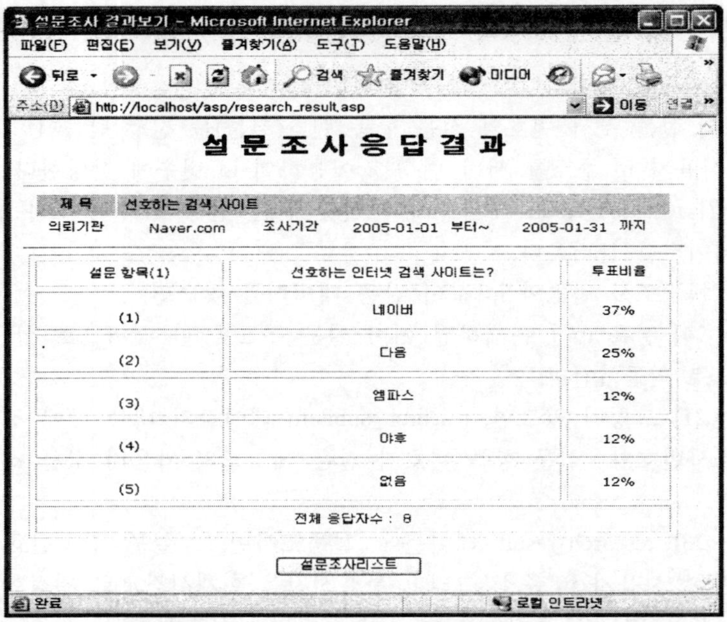

[그림 8-32] 설문 조사 결과보기

<파일 이름 : research_result.asp>

• 소스 •

```
<!-- #include file="connection.asp" -->
<%
   question_idx = Request("question_idx")
   sql = "select * from research_com where question_idx =" & question_idx
   set rs = DBCon.Execute(sql)
%>
<html>
<head><title>설문 조사 결과 보기</title>
<script language="JavaScript">
<!--
function sendlist(){
   location.href="research_list.asp";
}
//-->
```

```
</script>
<link href="style.css" rel="stylesheet" type="text/css">
</head>
<body>
<div align="center"><h2><font face="HY견고딕">설 문 조 사 응 답 결과</font></h2></div>
<hr size="1">
<table width="550" border="0" align="center" cellpadding="2"
 cellspacing="2">
  <tr bgcolor="#CCCCFF" height="22">
    <td width="80"><div align="center">제 목</div></td>
    <td colspan="6"><div align="center"><%=rs("title")%>
      </div></td>
 </tr>
 <tr  height="22">
    <td width="80"><div align="center">의뢰기관</div></td>
    <td width="132"><div align="center"><%=rs("askcom")%>
      </div></td>
    <td width="80">조사기간</td>
    <td width="100" align="right"><%=rs("fromdate")%>
       </td>
    <td width="60">부터~</td>
    <td width="100" align="right"><%=rs("todate")%> </td>
    <td width="51">까지</td>
 </tr>
</table>
<hr size="1">
<%
  rs.close
  Set rs = Server.CreateObject("ADODB.Recordset")
  sql = "Select * From research_item Where question_idx=" &
    question_idx
  rs.open sql, DBCon, 1, 3, 1
  For i = 1 to rs.RecordCount
%>
<table width="560" border="1" bordercolor="#CCCCCC"
      align="center" cellpadding="5" cellspacing="5">
  <tr>
    <td width="150"><div align="center">설문 항목(<%=i%>)
      </div></td>
    <td> <div align="center"><%=rs("item")%>  </div></td>
```

```
    <td> <div align="center"> </div></td>
  </tr>
<%
  rs.MoveNext
  Set rs_tc = Server.CreateObject("ADODB.Recordset")
  sql = "Select Sum(counted) AS tc From
  research_subitem Where" & "question_idx=" & question_idx &_
  " and item_no=" & i
rs_tc.open sql, DBCon, 1, 3, 1
tc = rs_tc("tc")
Set rs_sub = Server.CreateObject("ADODB.Recordset")
sql = "Select * From research_subitem Where question_idx
  =" & question_idx & "and item_no=" & i
rs_sub.open sql, DBCon, 1, 3, 1
    For j = 1 to rs_sub.RecordCount
%>
 <tr>
   <td>  <div align="center">(<%=j%>)</div></td>
   <td><div align="center"><%=rs_sub("subitem")%> 
      </div></td>
   <td><div align="center"><%=Int(rs_sub("counted")/tc*100)%>
      %</div></td>
 </tr>
<%
  rs_sub.MoveNext
        Next
%>
 <tr>
      <td colspan="3" align="center">전체 응답자수 :
       <%=tc%></td>
 </tr>
</table>
<br>
<%
  rs_sub.close
  Next
  rs_tc.close
  rs.close
  Set rs_sub = nothing
  Set rs_tc = nothing
  Set rs = nothing
```

```
83: %>
84: <p align="center">
85: <input type="button" name="Button" value="설문조사리스트"
     onClick="sendlist();" >
86: </p>
87: <%
88:    DBCon.close
89:    Set DBCon = nothing
90: %>
91: </body>
92: </html>
```

• 해설 •

[1] myhome 데이터베이스를 연결한다.

[3] 설문 조사 번호를 전달 받는다.

[4～5] research_com 테이블에서 전달 받은 설문 조사 번호가 같은 데이터를 불러온다.

[21～35] 설문 제목, 의뢰기관, 설문 조사 시작일과 마감일을 [그림 9-32]처럼 화면에 출력한다.

[40～41] research_item 테이블에서 전달 받은 설문 조사 번호가 같은 데이터를 불러온다.

[46～47] 설문 항목을 화면에 출력하는데, [그림 9-32]에서는 설문 항목이 한 개이기 때문에 설문 항목 출력 테이블이 한개만 출력된다.

[57～73] research_subitem 테이블에서 전달 받은 설문 조사 번호와 설문 항목 번호가 같은 데이터를 불러온다. 즉 답변 항목과 각각의 답변 항목에 대한 카운트 횟수를 백분율로 계산하여 출력한다.

9장 PHP 기본

1. PHP 시작과 끝

PHP 코드는 ASP와 마찬가지로 HTML과 같이 사용하므로, HTML 태그와 구분이 필요하다. 일반적으로 구분표시는 <? ...?>를 가장 많이 사용하며, <?php ... ?>는 XML 문서에서 사용된다.

• 형식 •

```
<HTML>
<HEAD> <TITLE> </TITLE>
</HEAD>
<BODY>
<? // php 시작
내용
?> // php 종료
</BODY>
</HTML>
```

아래의 예제 중 한 개를 작성한 후 브라우저로 실행시키면 결과와 같다. <TITLE> 태그의 내용은 웹 브라우저의 창 제목이 되고 <BODY>안의 PHP 코드는 브라우저 화면에 출력된다.

[예제 9-1]

```
<HTML>
<HEAD>
<TITLE> php 기본형식 </TITLE>
</HEAD>
<BODY>
 <?
  echo "안녕하세요? ";
 ?>
</BODY>
</HTML>

<HTML>
<HEAD>
<TITLE> php 기본형식 </TITLE>
</HEAD>
<BODY>
 <? php
  echo "안녕하세요? ";
 ?>
</BODY>
</HTML>
```

[결과화면]

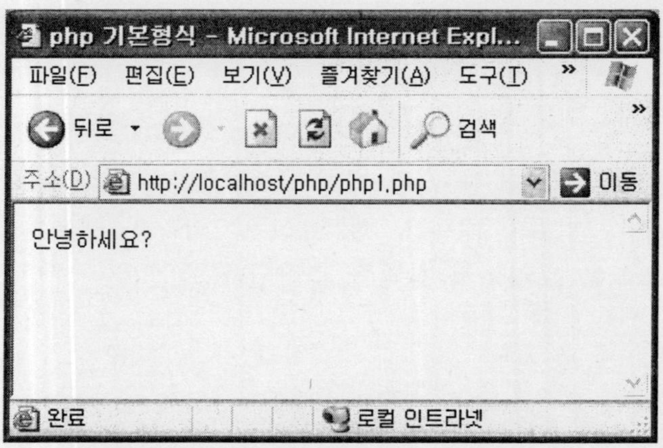

결과화면의 보기 메뉴에서 소스를 선택하면 메모장이 실행되면서 입력한 PHP 코드가 아래와 같이 표시된다. PHP는 ASP처럼 서버 코드이므로 클라이언트는 PHP 코드를 소스보기로 볼 수 없고 결과 화면에 대한 HTML 코드만 볼 수 있다.

PHP는 기본적으로 하나의 문장 끝에 반드시 세미콜론(;)기호를 표시해 주어야 한다. 만약 세미콜론(;) 기호를 붙이지 않으면 다음과 같은 구문오류가 발생한다.

또한, 프로그램을 작성하다보면, PHP 코드 안에 HTML 태그를 사용해야 할 경우가 있다. 이런 경우에는 “ ”안에 HTML 태그를 작성하면 된다.

[예제 9-2]

```
<HTML>
<HEAD>
<TITLE> php 기본형식 </TITLE>
</HEAD>
<BODY>
<?
  echo "<font size=4 color=#0000FF>안녕하세요?</font>";
?>.
</BODY>
</HTML>
```

[결과화면]

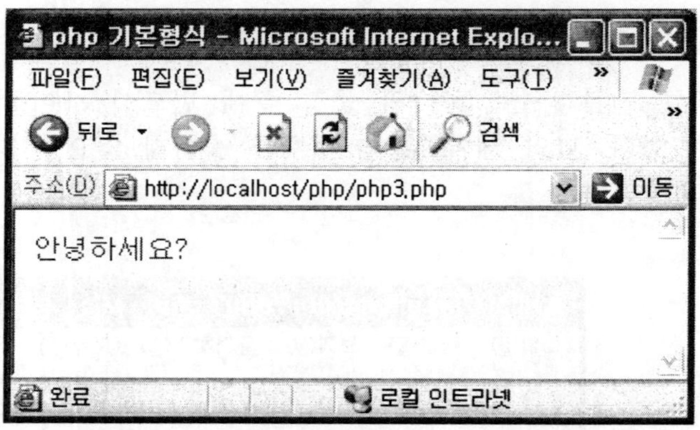

2. 주 석

PHP 문서 내에 브라우저 화면에 출력되지 않을 내용이나 프로그램에 대한 설명을 넣고 싶을 때 주석문을 사용한다. 주석문이 한 줄인 경우에는 "//" 혹은 "#"을 사용하고, 주석문이 여러 줄인 경우에는 "/* 내용 */"을 사용한다. 즉, /*에서부터 */까지 모든 내용이 주석문으로 처리된다.

주석 처리는 프로그래머가 프로그램을 작성할 때, 필요한 부분마다 주석

처리를 이용해 간단히 요약을 해두면, 프로그램 분석을 할 때 많은 도움이 된다.

[예제 9-3]

```
<?
/*
프로그램 이름 : sample.php
프로그램 작성자 : 홍길동
프로그램 작성일 : 2006년 1월 8일
*/
echo "안녕하세요? 홍길동입니다";
?>
```

[결과화면]

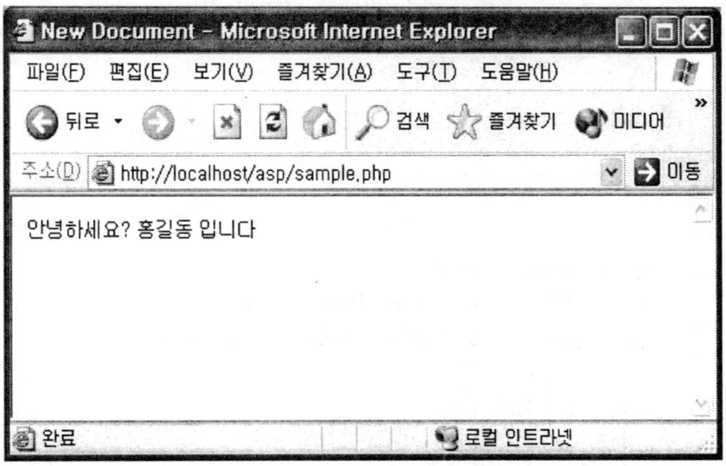

3. 변 수

변수란 프로그램 작성 시 어떤 값을 일시적으로 기억하는 장소이다. PHP 변수는 변수명은 대소문자를 구별하며 반드시 첫 글자는 알파벳이나

"_"기호로 시작해야 하고, 변수명 앞에 "$"기호를 붙여야 한다. PHP 변수는 별도의 변수형 선언이 필요 없으며 기억되는 값에 따라 변수형이 결정된다. 만약, 특정한 변수 형태로 지정하고 싶다면 변수를 자료형 변환(type casting) 하거나, settype() 함수를 사용한다. 자료형 변환은 해당 변수 앞에 (int), (integer), (real), (double), (float), (string), (array), (object)와 같이 바꾸고자 하는 자료형을 적어주는 C언어와 동일한 형태이다.

(1) 정수형(Integer)

정수형은 다음과 같은 형태로 선언하며, 8진수로 지정하려면 숫자 앞에 "0"을 붙이고 16진수로 지정하려면 숫자 앞에 "0x"를 붙인다.

```
$a = 123;      # 십진수
$b = -123;     # 음수
$c = 0123;     # 8진수 형태로 표기된 십진수
$d = 0x123;    # 16진수 형태로 표기된 십진수
```

[예제 9-4]

```
<?
 $a = 123;      # 십진수
 $b = -123;     # 음수
 $c = 0123;     # 8진수 형태로 표기된 십진수
 $d = 0x123;    # 16진수 형태로 표기된 십진수

 echo "a=".$a."<br>";
 echo "b=".$b."<br>";
 echo "c=".$c."<br>";
 echo "d=".$d;
?>
```

[결과화면]

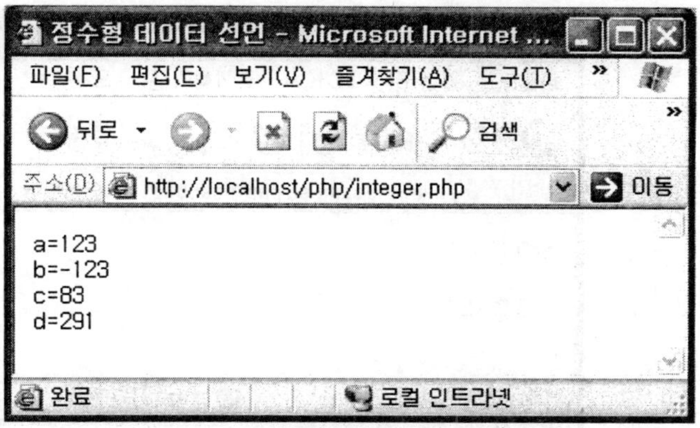

(2) 실수형

실수형은 소수점 이하의 데이터를 처리할 수 있는 데이터 형태를 말하며, PHP에서는 정수형과 거의 유사한 방법으로 실수형 연산이 가능하며, 실수형 표현 범위는 1.7E-08~1.7E308이다. 이 범위를 넘는 숫자가 입력되면 PHP는 자동으로 더블형으로 변환해준다. 실수형은 일반적인 부동소숫점 형태와 지수 형태로 선언한다.

```
$a = 0.123;
$b = 1.23E-3;
```

[예제 9-5]

```
<?
$a = 0.123;
$b = 1.23E-3;

  echo "a=".$a;
  echo "<p>";
  echo "b=".$b;
?>
```

【결과화면】

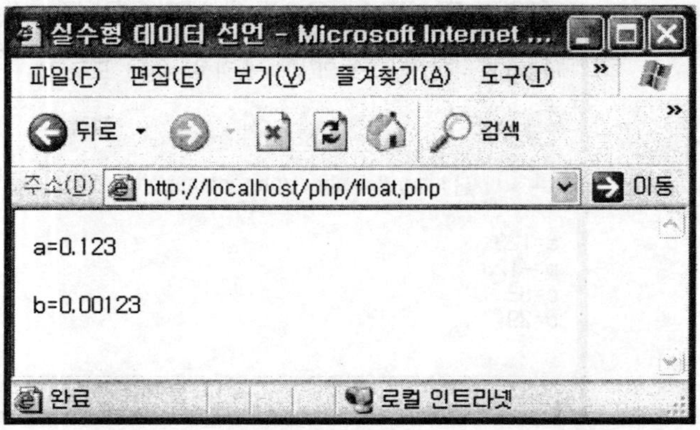

(3) 문자열

문자열은 큰 따옴표("")를 사용해 나타낸다. 문자열 데이터 구분자로 큰 따옴표를 사용할 경우에는 특수문자를 포함할 수 있으며, C나 Perl처럼 역슬래시(\)를 사용하여 아래의 특수기호를 표시한다.

[표 9-1] 특수문자

특수문자	의 미
\n	줄바꿈
\r	캐리지 리턴
\t	수평 탭
\\	역슬래시
\"	큰 따옴표
\$	달러 표시

문자열을 표현하는 또 다른 방법으로 큰 따옴표("") 대신에 작은 따옴표('')를 사용할 수 있으나, 작은 따옴표로 표현된 문자열 내에는 변수를 사용할 수 없다.

문자열은 점(.) 연산자로 연결할 수 있으며, 더하기(+)연산자는 사용할 수 없다. 문자열 데이터는 배열 숫자 색인으로 접근이 가능하다.

[예제 9-6]

```
<?
 $name = "장하나";
 $hello = "안녕하세요.";

 echo $hello;
 echo " ₩"".$name."₩" 입니다.";
?>
```

【결과화면】

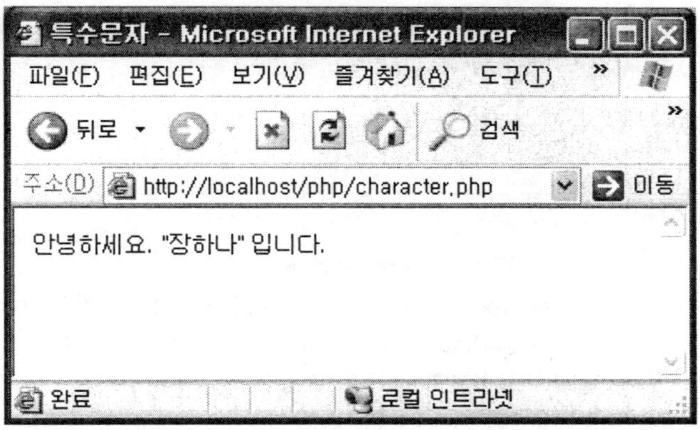

(4) 배 열

PHP에서 배열을 선언하는 방법은 두 가지가 있다. 하나는 array 함수를 사용하여 선언하는 명시적인 방법이 있으며, 다른 하나는 각각의 원소에 값을 대입함으로써 자동적으로 배열을 정의하는 묵시적인 방법이 있다.

즉 명시적인 배열 선언은 array("인덱스명" => "값", "인덱스명" => "값", ...)을 사용하고, 묵시적 배열 선언은 직접 배열 원소 형태의 변수에 값을 대입하는 형태인 $array[] 형식을 사용하여 배열을 선언한 후 값을 대입한다. 묵시적인 배열 선언에는 스칼라(scalar) 배열과 연관(associative) 배열이 있는데, 스칼라 배열은 첨자가 숫자로 선언되고 연관배열은 첨자가 문자열로 선언된다.

```
/* 명시적 배열 선언 */
  $name = array("1"=>"홍길동", "2"=>"장두리");
/* 묵시적 배열 선언 - 스칼라 배열 선언 */
  $name[1] = "홍길동";
  $name[2] = "장두리";
/* 묵시적 배열 선언 - 연관 배열 선언 */
  $name["one"] = "홍길동";
  $name["two"] = "장두리";
```

[예제 9-7]

array() 함수를 이용해 배열을 선언한 예제이다. list()함수는 배열에 자주 사용되는 함수로 인수를 배열로 취급하고, each()함수를 이용하여 키 값과 배열 값을 대입하여 같으면 출력하는 예제이다.

```
<?
 /* 명시적 배열 선언 */
 $name = array("1"=>"홍길동", "2"=>"장두리");
 while(list($key, $value) = each($name)){
    echo $key."=>".$value."<p>";
 }
?>
```

【결과화면】

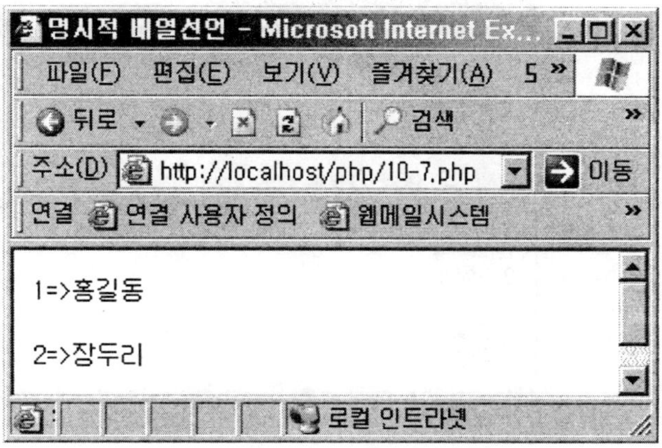

[예제 9-8]

묵시적 배열 선언을 스칼라(scalar) 배열과 연관(associative) 배열로 선언하여 출력하는 예제이다. count()함수는 배열의 크기를 세는 함수이다.

```
<?
 /* 묵시적 배열 선언 - scalar 배열 */
  $name[1]="홍길동";
  $name[2]="장두리";

  for($i=1 ; $i<count($name)+1; $i++){
      echo $i."=>".$name[$i]."<br>";
  }
  echo "<p>";

 /* 묵시적 배열 선언 - associative 배열 */
  $name["one"]="홍길동";
  $name["two"]="장두리";

  echo $name["one"]."<br>";
  echo $name["two"];
?>
```

【결과화면】

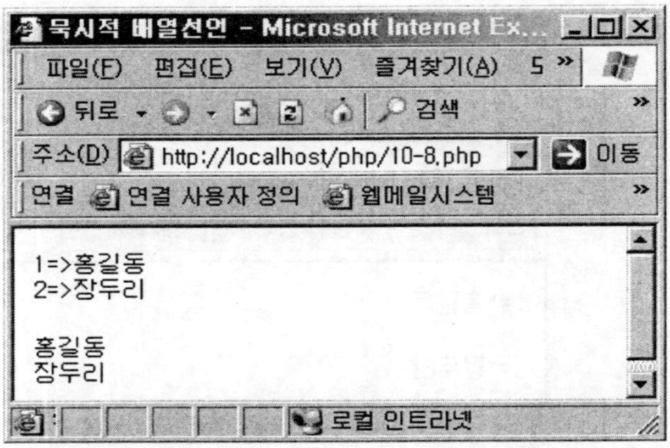

4. 상 수

상수는 변하지 않는 값을 의미한다. 프로그램 작성 시 특정한 값이나 문자열을 상수로 미리 정의해 놓으면, 매번 같은 값을 정의해야 하는 번거로움을 해결할 수 있다. 예를 들어, 이름을 "장하나" 문자열로 매번 정의하는 것이 아니라 name이라는 상수로 미리 정의해 두고 필요할 때마다 사용하는 것이다. 상수로 정의해두면, 프로그램 전체에 걸쳐서 수정하는 것이 아니라 상수만 수정하면 프로그램 전체가 수정되는 효과를 볼 수 있다.

• 형식 •

```
define("상수이름", "값")
```

상수는 define()함수를 이용해 선언하며, 상수이름 규칙은 변수이름 규칙과 같으며 "$"기호를 붙이지 않는다.

[예제 9-7]

```
<?
define("name", "장하나");
echo name;
?>
```

【결과화면】

PHP에는 미리 선언된 상수가 있는데 이것을 내장 상수라고 부른다. 내장 상수는 프로그램에서 define()선언 없이 사용한다. 대표적인 내장 상수에는 php의 버전을 표시해주는 PHP_VERSION과 php의 운영체제를 표시해주는 PHP_OS 등이 있다.

[예제 9-8]

```
<?
  echo "PHP_Version = ".PHP_VERSION;
  echo "<p>";
  echo "OS = ".PHP_OS;
?>
```

【결과화면】

5. 연산자

PHP는 asp와 마찬가지로 산술연산자, 비교연산자, 논리연산자, 비트 단위연산자, 대입연산자가 있다.

(1) 산술연산자

덧셈, 뺄셈, 곱셈, 나눗셈, 나머지 연산자가 있으며, 연산자의 우선순위는 *, /, % > +, -로 일반적인 산술연산자와 동일하다.

[표 9-1] 산술연산자

연산자	예	의미
+(덧셈)	$a + $b	$a값과 $b값의 합
-(뺄셈)	$a - $b	$a값에서 $b값을 차감
*(곱셈)	$a * $b	$a값과 $b값의 곱
/(나눗셈)	$a / $b	$a값을 $b값으로 나눔
%(나머지)	$a % $b	$a값을 $b값으로 나눈 나머지

[예제 9-9]

```
<?
  $a=5;
  $b=3;

  echo "a+ b=".$a+ $b;
  echo "<br>";
  echo "a-b=".$a-$b;
  echo "<br>";
  echo "a*b =".$a*$b;
  echo "<br>";
  echo "a/b =".$a/$b;
  echo "<br>";
  echo "a%b =".$a%$b;
?>
```

【결과화면】

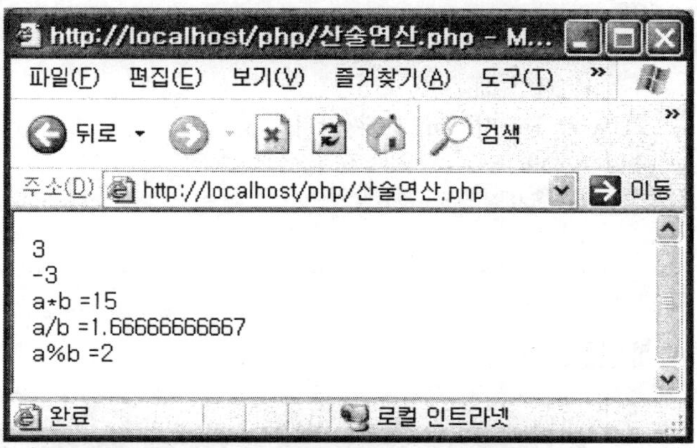

(2) 비교연산자

비교 연산자는 두 개의 값을 비교하는 연산자로서 주로 제어문의 조건문에서 사용된다.

[표 9-2] 비교 연산자

연산자	예	의미
=	$a = $b	$a값과 $b값이 같으면 참.
==	$a == $b	$a값과 $b값이 같고 자료형이 같으면 참. (php4에 해당).
!=	$a != $b	$a값과 $b값이 같지 않으면 참.
<	$a < $b	$a값이 $b값보다 작으면 참.
>	$a > $b	$a값이 $b값보다 크면 참.
<=	$a <= $b	$a값이 $b값보다 작거나 같으면 참.
>=	$a >= $b	$a값이 $b값보다 크거나 같으면 참.

[예제 9-10]

```
<?
  $a=5;
  $b=3;

  if($a > $b)
     echo $a."가".$b."보다 크다";
  else if($a < $b)
     echo $a."가".$b."보다 작다";
  else
     echo $a."와".$b."가 같다";
?>
```

【결과화면】

(3) 논리 연산자

논리연산자의 우선순위는 NOT > AND > OR 순이며, 변수에 저장된 값이 숫자일 경우에는 0이외의 값이면 참으로, 0이면 거짓으로 간주하고, 문자데이터인 경우에는 공백을 포함한 문자데이터이면 참으로, 그 외의 데이터이면 거짓으로 간주한다. 예를 들어, $a=""로 선언한 문자데이터일 경우 거짓이 된다.

[표 9-3] 논리 연산자

연산자	예	의 미
and	$a and $b	$a와 $b가 모두 참이면 참이 됨.
or	$a or $b	$a와 $b 중 한개만 참이면 참이 됨.
xor	$a xor $b	$a와 $b 중 한개만 참일때만 참이 됨.
!(not)	!$a	$a가 참이면 거짓이 되고, 거짓이면 참이 됨.
&&(and)	$a && $b;	$a와 $b가 모두 참이면 참이 됨.
||(or)	$a || $b;	$a와 $b 중 한개만 참이면 참이 됨.

[예제 9-11]

```
<?
  $a=5;
  $b=3;
  $c="korea";
  $d="";

  if($a and $b)
     echo "참 <p>";
  else
     echo "거짓 <p>";

  if($c and $d)
     echo "참 <p>";
  else
     echo "거짓 <p>";
?>
```

【결과화면】

(4) 비트 연산자

비트 연산자는 데이터를 2진수로 변환하여 비트 단위로 참, 거짓을 검사하는 연산자이며, 우선순위 및 숫자데이터, 문자데이터의 참, 거짓을 구분하는 방법은 논리연산자와 동일하다.

[표 9-4] 비트연산자

연산자	예	의 미
&(AND)	$a & $b	$a값과 $b값이 모두 1이면 1됨.
!(OR)	$a ! $b	$a값과 $b값 중 하나만 1이면 1이 됨.
^(XOR)	$a ^ $b	$a값과 $b값 중 하나는 1이고, 다른 하나는 0이면 1이 됨.
~(NOT)	~$a	$a값이 1이면 0이 되고, 0이면 1이 됨.
<<(Shift Left)	$a << $b	$a값을 $b값만큼 좌측으로 이동함.
>>(Shift Right)	$a >> $b	$a값을 $b값만큼 우측으로 이동함.

[예제 9-12]

```
<?
  $a=5;
  $b=3;
  $c="korea";
  $d="";
  echo $a << $b;
  echo "<p>";
  if($c & $d)
     echo "참 <p>";
  else
     echo "거짓 <p>";
 ?>
```

【결과화면】

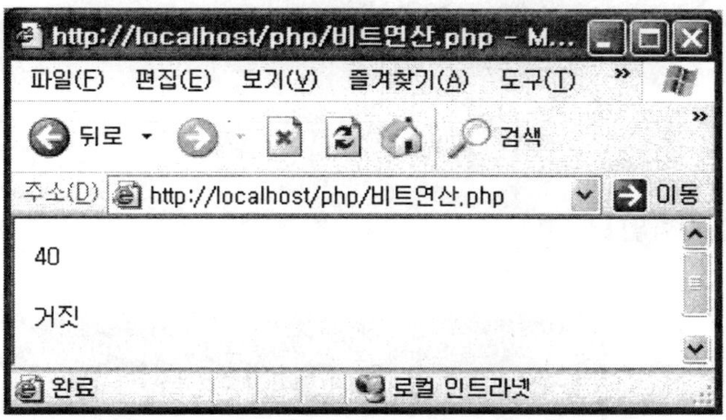

(5) 대입 연산자

대입 연산자의 기본은 "="이다. 일반적으로 이 연산자를 "같다"라는 의미로 생각하기 쉽지만, 전혀 아니다. 이 연산자의 의미는 "="의 오른쪽 값을 왼쪽에 있는 변수에 저장하라는 의미이다.

[표 9-5] 복합 대입 연산자

연산자	예	동일한 표현식
+=	$a += $b;	$a = $a + $b;
-=	$a -= $b;	$a = $a - $b;
*=	$a *= $b;	$a = $a * $b;
/=	$a /= $b;	$a = $a / $b;
%=	$a %= $b;	$a = $a % $b;
.=	$a .= $b;	$a = $a . $b;

[예제 9-13]

```
<?
$a = 3;
$a += 5;  // $a = $a + 5을 의미함.
echo "result=".$a;
?>
```

【결과화면】

(6) 증감 연산자

PHP는 1씩 증가 혹은 감소하는 증감 연산자를 제공한다.

[표 9-6] 증감연산자

연산자	의미
++$a	$a값을 1 증가시킨 후, $a값을 반환한다.
$a++	$a값을 반환한 후, $a 값을 1 증가시킨다.
--$a	$a값을 1 감소시킨 후, $a값을 반환한다.
$a--	$a값을 반환한 후, $a 값을 1 감소시킨다.

[예제 9-14]

```
<?
echo "증감 연산자 예제";
$a = 3;
echo "a=".$a++."<br>";
echo "a=".$a."<br>";
echo "a=".--$a."<br>";
echo "a=".$a--."<br>";
echo "a=".$a;
?>
```

【결과화면】

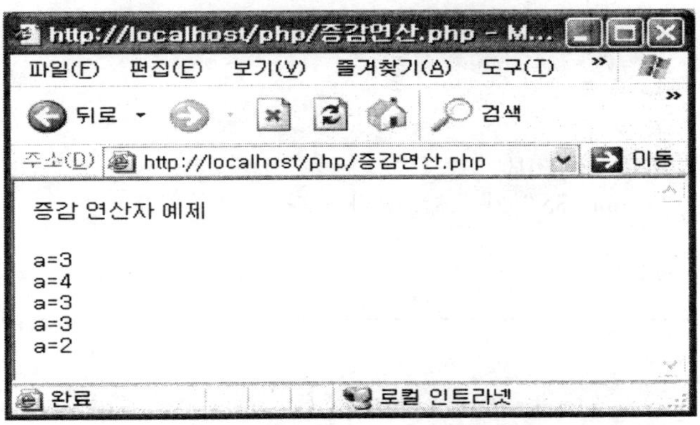

6. 제어문

PHP에서 제어구조는 매우 중요하다. 가장 많이 쓰이는 PHP 제어구조는 if, while, for, switch으로 한 구문은 세미콜론(;)으로 끝나고 여러 개의 구문은 중괄호({})를 사용하여 하나의 그룹으로 묶어서 사용한다.

(1) 조건문

조건을 비교하여 참, 거짓에 따라 실행할 문장을 선택한다. 조건문은 if 문이 사용되나, 일정한 형식으로 조건이 반복되는 경우에는 switch문을 사용한다.

1) if문

• 형식 •

```
if(조건){
  문장;
}
```

기본적인 if문으로 조건이 참일 경우에만 문장을 실행한다.

[예제 9-15]

```
<?
$a = 5;
$b = 3;
if ($a > $b){
  echo $a." 가 ".$b."보다 크다";
}
?>
```

【결과화면】

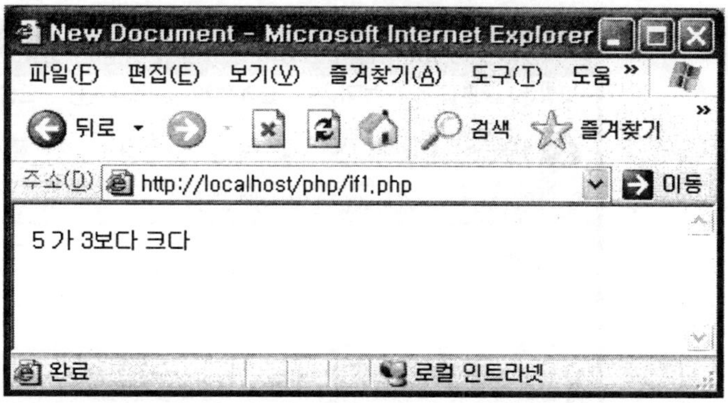

2) if...else...문

• 형식 •

```
if(조건){
  문장1;
}
else{
  문장2;
}
```

조건이 참이면 문장1을 실행하고, 거짓이면 문장2를 실행한다.

[예제 9-16]

```
<?
$a = 3;
$b = 5;
if ($a > $b){
  echo $a." 가 ".$b."보다 크다";
}
else{
  echo $a." 이 ".$b."보다 작다";
}
?>
```

【결과화면】

3) if...elseif...문

• 형식 •

```
if(조건1){
  문장1;
}
else if(조건2){
  문장2;
}
else{
  문장3;
}
```

다중 if문으로 조건이 여러 개일 경우에 사용한다. if문의 조건1이 참이면 문장1을 수행하고, 거짓이면 두 번째 조건으로 이동하고, 조건2가 참이면 문장2를 수행하고, 조건2가 거짓이면 문장3을 수행한다. 즉, 두 개의 조건이 모두 거짓이어야만 문장 3을 수행하게 된다.

[예제 9-17]

```
<?
$a = 3;
$b = 3;
if ($a > $b){
  echo $a.“ 가 ”.$b.“보다 크다”;
}
else if ($a < $b){
  echo $a.“ 이 ”.$b.“보다 작다”;
}
else{
  echo $a.“ 과 ”.$b.“은 같다”;
}
?>
```

【결과화면】

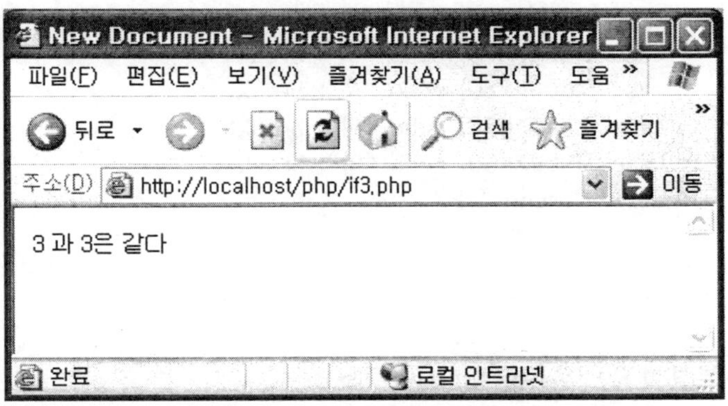

4) switch문

• 형식 •

```
switch(변수){
  case 조건1; 문장1; break;
  case 조건2; 문장2; break;
  default ; 문장3; break;
}
```

if문을 여러 개 사용하는 대신에 swtich문을 사용하면 좀 더 간결하게 표현할 수 있다. 조건에 맞는 문장을 실행한 후 break문을 만나면 switch문을 종료하게 되며, default 부분은 case 조건에 맞는 값이 없는 경우에 무조건 수행하게 된다.

[예제 9-18]

```
<?
$total = 95;
switch($total){
  case $total>=90; echo “수”; break;
  case $total>=80; echo “우”; break;
  case $total>=70; echo “미”; break;
  case $total>=60; echo “양”; break;
  default; echo “가”;
}
?>
```

【결과화면】

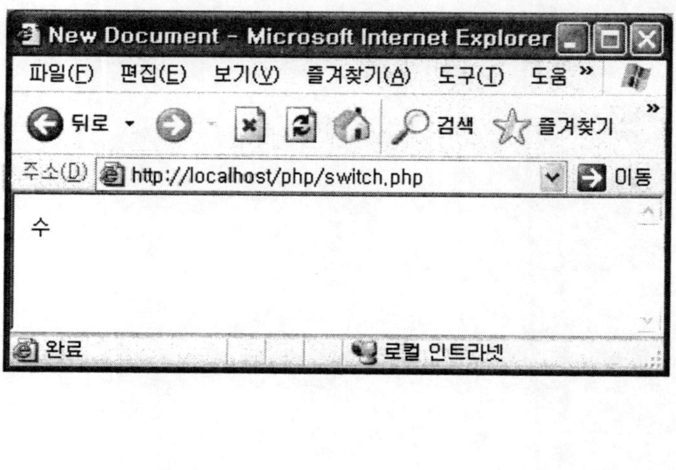

[예제 9-19]

```
<?
$job = "학생";
switch($job){
  case "회사원"; echo "열심히 일합시다. "; break;
  case "학생"  ; echo "열심히 공부합시다."; break;
  case "교수"  ; echo "열심히 강의합시다."; break;
  default; echo "데이터 오류입니다";
}
?>
```

【결과화면】

(2) 반복문

프로그램 작성할 때 반복문은 중요한 부분을 차지한다. 반복문은 조건식을 만족하는 동안이나 초기값, 증감값, 최종값을 이용하여 문장을 반복시킨다. 반복문에는 for, while문이 있다.

1) 단일 for문

• 형식 •

```
for(초기값 ; 최종값(=조건) ; 증감값){
  문장;
}
```

기본적인 for문이다. for문은 제어변수에 초기값을 대입한 후 조건(최종값)과 비교한다. 조건이 만족하면 문장을 수행한 후, 증감값에 따라 변수의 값을 증가시키거나 감소시킨 후 조건과 비교하여 참이면 다시 문장을 수행한다. 즉, for문은 조건이 참이면 문장을 반복 수행하고, 조건이 참이면 for문을 종료시킨다.

[예제 9-20]

```
<?
for($i=1 ; $i<=10 ; $i++){
        echo "i=".$i."<br>";
}
?>
```

【결과화면】

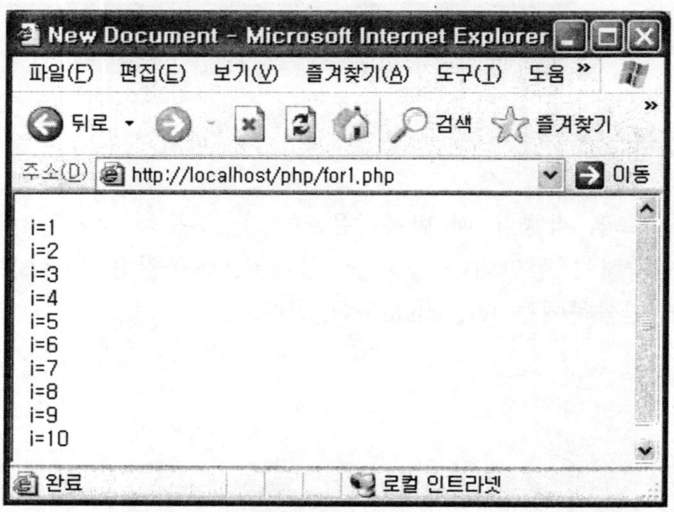

2) 다중 for문

기본적인 for문을 여러 개 반복하여 사용한다. for문을 2번 겹쳐진 경우에는 첫 번째 for문의 반복회수 * 두 번째 for문이 반복 횟수가 된다.

• 형식 •

```
for(초기값 ; 최종값 ; 증감값){
  for(초기값 ; 최종값 ; 증감값){
     문장;
  }
}
```

[예제 9-21]

```
<?
for($i=1 ; $i<=2 ; $i++){
        for($j=1 ; $j<=3 ; $j++){
                echo "i=".$i." ";
                echo "j=".$j."<br>";
        }
}
?>
```

【결과화면】

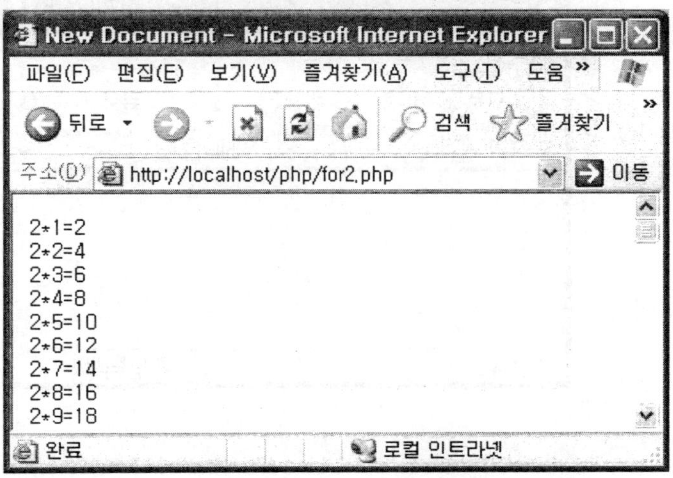

3) while 문

while문은 조건이 참일 경우 문장을 반복 수행하고, 조건이 거짓이면 while문을 종료하고 그 다음 문장을 실행한다.

• 형식 •

```
while (조건){
  문장들;
}
```

[예제 9-22]

```
<?
$i=1;
while($i<=10){
  echo "i=".$i;
  i=i+1;
}
?>
```

【결과화면】

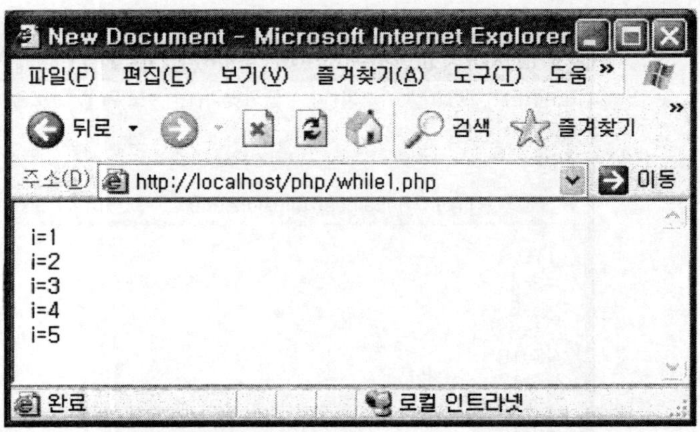

4) Do 문

Do문은 while문과 달리 먼저 문장을 실행하고, 조건이 참일 경우 문장을 반복 실행한다. 따라서, 조건이 거짓이라 할지라도 적어도 한번은 문장을 실행한다는 것이 Do문의 특징이다.

• 형식 •

```
do{
  문장들;
}while(조건);
```

[예제 9-23]

```
<?
$i=1;
$total=0;
do{
  echo "i=".$i."<br>";
  $total = $total + $i;
  $i=$i+ 1;
}while($i<=5);
echo "total=".$total;
?>
```

【결과화면】

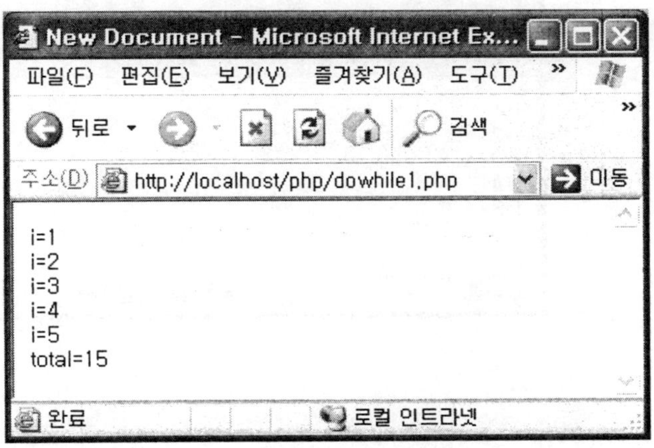

5) break문

반복문 안에서 반복 조건을 무시하고 반복문을 벗어날 때 break문을 사용한다.

[예제 9-24] while문의 조건에 따라 100까지 반복하지 않고 while문 내부의 if문의 조건에 따라 숫자가 5일 때 break문장에 의해 while문을 종료한다.

```
<?
$i=1;
while($i<=100){
  echo "i=".$i;
  if($i=5){
    break;
  }
  i=i+ 1;
}
?>
```

【결과화면】

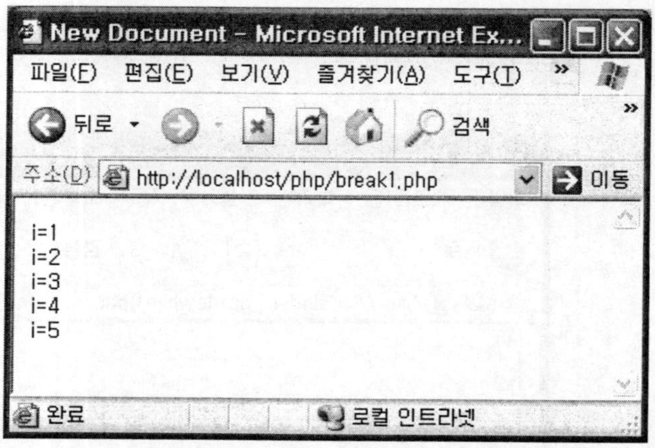

10장 MySQL

1. MySQL 함수

(1) mysql_connect

MySQL 서버에 연결한다. 데이터베이스 접속에 성공하면, $변수에 link identifier라는 식별자를 리턴 받게 되며, 실패할 경우에는 false값을 리턴 받는다.

• 형식 •

```
$변수 = mysql_connect("localhost", "사용자이름", "패스워드");
```

[예제 10-1]

```
<?
  $connect = mysql_connect("localhost", "user", "1234");
?>
```

(2) mysql_select_db

MySQL 서버에서 특정 데이터베이스를 선택한다. 데이터베이스가 선택되면 true 값을 반환하고, 실패하면 false값을 반환한다.

• 형식 •

```
mysql_select_db("데이터베이스 이름", $변수 );
```

[예제 10-2]

```
<?
  mysql_select_db("myhome", $connect);
?>
```

(3) mysql_query

MySQL 질의문을 전달한다. 질의문이 insert, update, delete인 경우에는 단지 true/false 값만을 반환하고 종료하지만, 질의문이 select인 경우에는 result 식별자를 반환하므로 mysql_free_result()함수를 사용하여 result에 할당된 메모리를 삭제한다.

• 형식 •

```
mysql_query("질의문");
```

[예제 10-3]

```
<?
  $result=mysql_query("select * from board", $connect);
?>
```

(4) mysql_db_query

MySQL에 질의문을 전달한다. 질의문이 정상적으로 실행되면 양의 정수 값을 반환하고, 실패하면 false 값을 반환한다.

• 형식 •

```
mysql_db_query("데이터베이스", $질의문, $변수);
```

[예제 10-4]

```
<?
  $query = "select * from board";
  $result = mysql_db_query("myhome", $query, $connect);
?>
```

(5) mysql_close

MySQL 서버의 접속을 종료한다. MySQL 접속 종료가 성공하면 true값을, 실패하면 false값을 반환한다.

• 형식 •

```
mysql_close($변수);
```

[예제 10-5]

```
<?
  mysql_close($connect);
?>
```

(6) mysql_create_db

새로운 데이터베이스를 생성한다. 데이터베이스 생성에 성공하면 true값을, 실패하면 false값을 반환한다.

• 형식 •

```
mysql_create_db("데이터베이스 이름", $변수 );
```

[예제 10-6]

```
<?
  $connect = mysql_connect("localhost", "root", "1234");
  $result = mysql_create_db("sample", $connect);
  if($result){
    echo "sample 데이터베이스 생성 성공.";
  }
  else{
    echo "sample 데이터베이스 생성 실패.";
  }
?>
```

【결과화면】

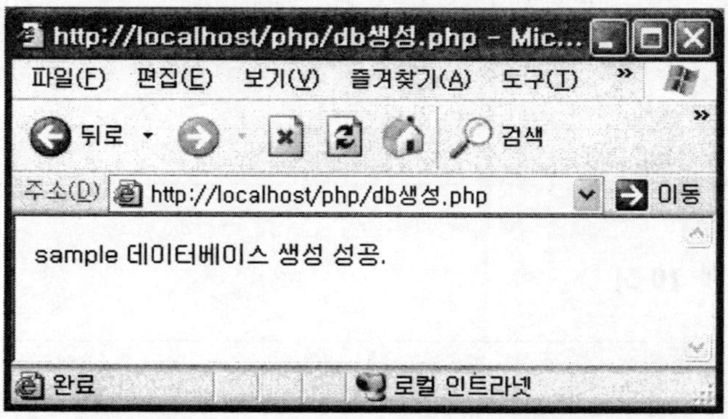

(7) mysql_db_drop

지정된 데이터베이스를 삭제한다.

• 형식 •

```
mysql_drop_db("데이터베이스 이름", $변수);
```

[예제 10-7]

```
<?
  $connect = mysql_connect("localhost", "root", "1234");
  $result = mysql_drop_db("sample" $connect);
  if($result){
    echo "sample 데이터베이스 삭제 성공.";
  }
  else{
    echo "sample 데이터베이스 삭제 실패.";
  }
?>
```

【결과화면】

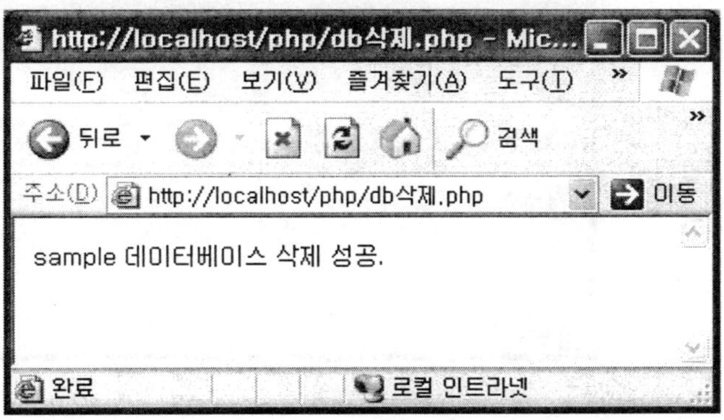

(8) mysql_num_rows

질의문 결과($result)에서 row의 개수를 반환한다. 즉, 테이블의 전체 레코드 수를 리턴하는 함수이다.

• 형식 •

```
mysql_num_rows($result);
```

[예제 10-8]

```
<?
  $connect = mysql_connect("localhost", "root", "1234");
  mysql_select_db("myhome", $connect);
  $query = "select * from board";
  $result = mysql_query($query);
  $total = mysql_num_rows($result);

  echo "전체 레코드 수 : ".$total;
?>
```

【결과화면】

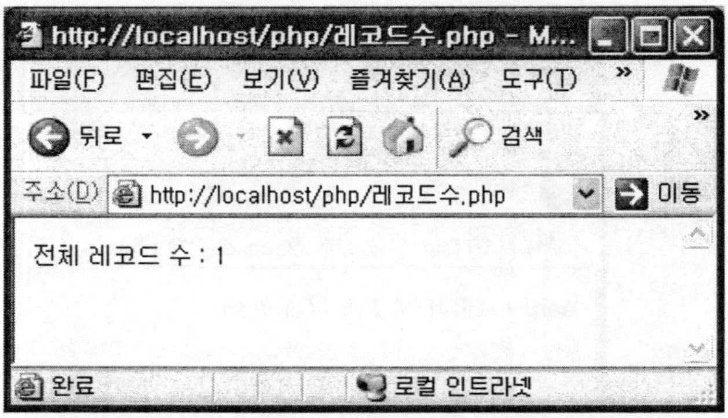

(9) mysql_num_field

질의문 결과에서 전체 필드 개수를 반환한다.

• 형식 •

```
mysql_num_fields($result);
```

[예제 10-9]

```
<?
  $connect = mysql_connect("localhost", "root", "1234");
  mysql_select_db("myhome", $connect);
  $query = "select * from board";
  $result = mysql_query($query);
  $item = mysql_num_fields($result);

  echo "전체 필드 수 : ".$item;
?>
```

【결과화면】

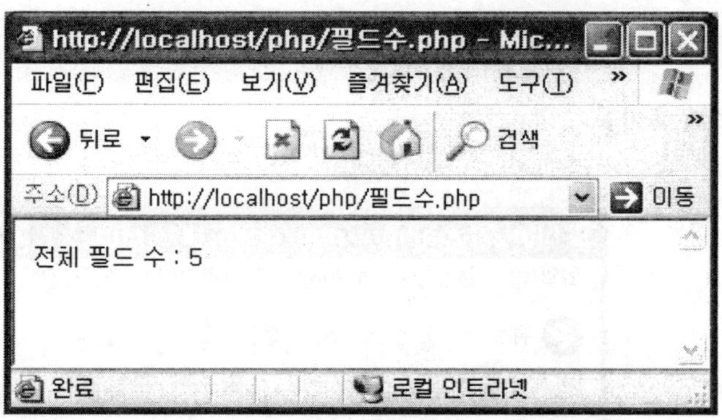

(10) mysql_result

질의문 결과를 반환한다.

• 형식 •

```
mysql_result($result, 행, "필드이름");
```

[예제 10-10]

```
<?
  $connect = mysql_connect("localhost", "root", "1234");
  mysql_select_db("myhome", $connect);
  $query = "select * from board";
  $result = mysql_query($query);
  $idx = mysql_result($result, 0, "idx");
  $title = mysql_result($result, 0, "title");

  echo "글번호:".$idx;
  echo "<p>";
  echo "제  목:".$title;

  mysql_close($connect);
?>
```

【결과화면】

2. PHP에서 MySQL 연동

PHP코드에서 MySQL의 데이터베이스를 연동하는 순서는 다음과 같다.

- MySQL에 접속한다.

- 데이터베이스를 선택한다.
- select, insert, update, delete 등의 질의문을 생성한다.
- 질의문을 실행한다.
- 데이터베이스를 종료하여 MySQL 접속을 종료한다.

[예제 10-11]

```
<?
  $connect = mysql_connect("localhost", "root", "1234");
  mysql_select_db("myhome", $connect);
  $query = "select * from board";
  $result = mysql_query($query);
  $total = mysql_num_rows($result);

  for($i=0 ; $i<$total ; $i++){
          $idx = mysql_result($result, $i, "idx");
          $title = mysql_result($result, $i, "title");
          $name = mysql_result($result, $i, "name");

          echo $idx.".";
          echo $title."..";
          echo $name."<br>";
  }
  mysql_close($connect);
?>
```

【실행결과】

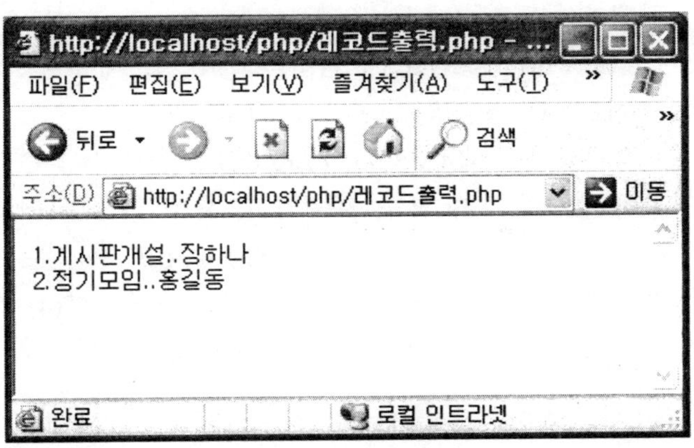

3. MySQL 명령어

(1) 테이블 생성

데이터베이스에 테이블을 생성한다. 테이블을 생성할 때 필드명과 필드의 데이터형도 함께 선언하는데, 이때 필드 값에 대한 제약 조건을 필드제약이라고 한다. 필드제약은 데이터 중복이거나 NULL값이 저장되는 것을 제한하는 경우에 사용되며, NOT NULL, PRIMARY KEY, UNIQUE, DEFAULT, REFERENCE 등이 있다.

• 형식 •

```
CREATE TABLE 테이블이름 (
    <필드명> <데이터 형(데이터 길이)> [필드제약],
        :
    <필드명> <데이터 형(데이터 길이)> [필드제약],
    [<상수 기호> <테이블제약>]);
```

※ []은 생략가능함.

1) 데이터 형

MySQL는 많은 종류의 데이터형을 지원하지만 크게 3종류로 나눌 수 있다. 즉, 숫자형, 문자형, 날짜형이다.

① 숫자형

숫자형은 흔히 정수 또는 실수라고 하며, 대표적으로 사용하는 정수형 유형은 INT이고 실수형 유형은 FLOAT이다.

모든 정수형은 UNSINGED, ZEROFILL 옵션을 갖는다. UNSIGNED 옵션은 저장하려는 숫자가 모두 양수이고, 사용 가능한 최대 크기보다 약간 큰 수를 사용하고자 할 때 사용하고, ZEROFILL 옵션은 선언된 자리 수만큼 숫자 왼쪽에 0을 붙일 때 사용한다. 예를 들어 INT(4) ZEROFILL로 정의된 컬럼에 저장된 값 5를 불러오면 0005로 표시된다.

[표 10-1] 대표적인 숫자형 컬럼 유형

컬럼 유형	저장 공간
INT	4 Byte
FLOAT	4 Byte
DOUBLE	8 Byte
REAL	8 Byte

② 문자형

문자형은 컬럼 유형은 CHAR, VARCHAR, TEXT 등이 있다. CHAR과 VARCHAR은 서로 비슷해 보이지만 데이터를 저장하는 방식과 가져오는 방식이 다르다.

CHAR 방식은 테이블을 생성할 때 선언할 수 있는 길이가 1~255로 한정되어 있으며, 만약 길이를 10으로 선언한다면 실제 데이터 길이가 3이어도 나머지 길이만큼 공백으로 채워 선언한 메모리 공간을 모두 사용한다.

VARCHAR 방식도 CHAR 방식과 마찬가지로 길이가 1~255로 한정되어 있다. 하지만, 만약 길이를 10으로 선언하고 실제 데이터 길이가 3이라면, VARCHAR은 가변 폭을 갖는 방식이기 때문에 실제 데이터 길이만큼만 메모리를 사용하기 때문에 메모리 공간을 절약할 수 있다.

[표 10-2] 대표적인 문자형 컬럼 유형

컬럼 유형	저장 공간
CHAR	1~255 Byte
VARCHAR	1~255 Byte
TEXT	최대 65536 Byte

③ 날짜형

날짜와 시간을 위한 데이터 형은 DATE, DATETIME, TIMESTAMP 등이 있으며, 만일 적절하지 못한 값이 입력될 경우 0으로 채워진다.

[표 10-3] 날짜형 컬럼 유형

컬럼 유형	저장공간
DATE	3 Byte
DATETIME	8 Byte
TIMESTAMP	4 Byte

2) 키 선언

테이블을 생성할 때, 테이블 제약에 키를 선언하는데, 여기서 키란 특정 자료를 검색 속도를 감소시키고, 쉽게 검색할 수 있는 특정 값을 말한다. 키는 사용 용도에 따라 index key, Unique key, Primary key로 분류할 수 있다.

- index key

  많은 자료 중에서 특정 자료를 검색하려면 속도가 문제가 될 것이다. 예를 들어 회원가입 테이블에서 자료를 검색할 경우 아이디를 기준으로 검색한다고 할 때, 아이디 필드를 index key로 하면 검색 속도를 향상시킬 수 있다.

- Unique key

  자료 중에는 주민등록번호나 사원번호 등 고유 데이터가 있는데, 이 데이터가 중복되어 입력될 때 에러가 발생하는데, 주민등록번호, 사원번호를 Unique key로 선언하면 이러한 에러 발생을 미연에 방지할 수 있다.

- Primary key

  Index key와 Unique key의 기능 모두를 수행하는 키가 Primary key이다. 검색 속도를 증가시키거나 작업의 효율성을 위해 검색 조건의 주 필드에 Primary key를 선언해 두면 좋다.

[예제 10-12]

```
<?
  $connect = mysql_connect("localhost", "root", "1234");
  mysql_select_db("myhome", $connect);
  $query = "CREATE TABLE board(idx int auto_increment, name
varchar(30), title varchar(50), content text, pwd varchar(10),
primary key(idx))";
  $result = mysql_query($query);

  if($result){
        echo "board 테이블 생성 성공.";
  }
  else{
        echo "board 테이블 생성 실패.";
  }
?>
```

【결과화면】

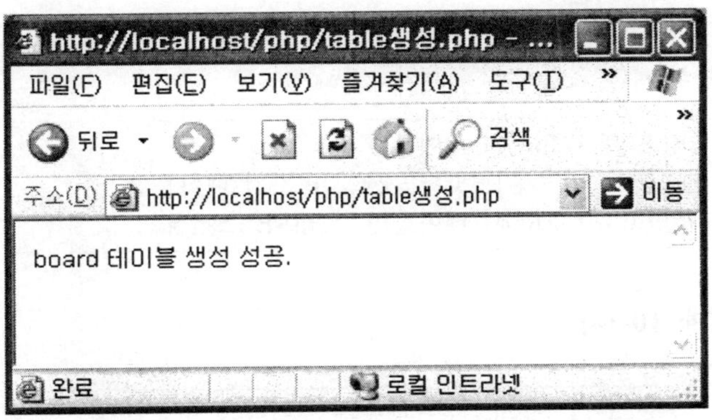

(2) 테이블 변경

ALTER TABLE은 이미 생성된 테이블의 구조를 변경할 때 사용하는 명령어로써 ADD, RENAME, DROP을 이용해 필드를 추가하거나 삭제 또는 변경할 수 있다. 추가되는 필드의 위치는 FIRST, AFTER 옵션을 이용해 지정한다.

• 형식 •

```
ALTER TABLE 테이블이름
  ADD [COLUMN] <필드명> <자료형(데이터 길이)> [FIRST|ALTER 필드명]|
  DROP [COLUMN] <필드명> |
  CHANGE [COLUMN] <이전 필드명> <새로운 필드명> <자료형(데이터 길이)> |
  RENAME AS <새 테이블이름> |
  ADD PRIMARY KEY <필드 목록> |
  DROP PRIMARY KEY;
```

[예제 11-13]

```
'board 테이블에 hit 필드를 추가한다.
ALTER TABLE board ADD COLUMN hit int(4);
```

(3) 데이터 선택하기

데이터베이스의 테이블에 입력된 데이터를 전부 선택하거나 특정 필드를 선택한다. 조건식을 이용하여 입력한 데이터 중에 조건에 맞는 데이터만 선택할 수 있다.

• 형식 •

```
SELECT * FROM 테이블명;
SELECT 필드명1, 필드명2, ... FROM 테이블명;
SELECT * FROM 테이블명 WHERE 조건식;
```

[예제 10-14]

```
'board 테이블의 모든 항목을 선택한다.
SELECT * FROM board;

'board 테이블에서 이름과 제목만 선택한다.
SELECT name, title FROM board;

'board 테이블 내용 중 이름이 장하나인 내용만 선택한다.
SELECT * FROM board WHERE name='장하나';
```

(4) 데이터 입력하기

데이터베이스의 테이블에 새로운 자료를 입력한다. 이때 문자열인 경우에는 작은따옴표('')를 사용한다.

• 형식 •

```
INSERT INTO 테이블명(필드명1, 필드명2, ...) VALUES(데이터1, 데이터2, ...);
```

[예제 10-15]

```
INSERT INTO board(name, title, content, pwd) VALUES('장하나','게
시판 개설','게시판을 개설하였습니다.', '1234');
```

(5) 데이터 수정하기

테이블의 데이터를 수정한다.

• 형식 •

```
UPDATE 테이블명 SET 필드명1=데이터1, 필드명2=데이터2, ... [WHERE 조건식];
```

[예제 10-16]

```
'테이블의 hit 필드 내용을 모두 0으로 수정한다.
UPDATE board set hit=0;
```

'board 테이블의 글번호가 1인 것만 이름을 관리자로, 패스워드를 4321로 수정한다.

UPDATE board set name='관리자', pwd='4321' WHERE idx=1;

(6) 데이터 삭제하기

테이블의 내용을 삭제한다. 한번 삭제된 내용은 복구할 수 없으므로 DELETE 명령어를 사용할 때엔 주의를 해야 한다.

• 형식 •

```
DELETE FROM 테이블명 [WHERE 조건식]
```

[예제 10-17]

```
'board 테이블 내용을 모두 삭제한다.
DELETE FORM board;

'board 테이블의 글번호 1인 레코드를 삭제한다.
DELETE FROM board WHERE idx=1;
```

11장 주요함수

PHP가 막강한 기능을 자랑하는 이유는 빠른 속도뿐만 아니라 다양한 함수를 통하여 웹 프로그래밍을 보다 효과적으로 수행할 수 있다는 것이다. 여기서는 PHP를 사용할 때, 자주 사용되는 함수를 정리하였다.

1. 시간과 날짜 함수

(1) date

시스템의 시간을 지정한 형식으로 반환한다. 여기서 timestamp란 1970년 1월 1일 00시 00분 00초 GMT 기준으로 지정한 날짜 및 시간을 정수로 표현한 값으로, timestamp를 생략하면 현재시간을 timestamp의 기본값으로 사용한다.

• 형식 •

```
DATE(형식, timestamp);
```

date 함수를 사용할 때 기준이 되는 형식은 다음과 같다.

[표 11-1] 형식의 종류

형 식	의 미
a	"am", "pm"으로 표시
A	"AM", "PM"으로 표시
d	날짜를 2자리 숫자로 표시 (예)01~31
D	요일을 3자리 약자로 표시 (예)Mon, Sun
F	달을 표시 (예)January
m	달을 2자리 숫자로 표시 (예)01~12
M	달을 3자리 약자로 표시 (예)Jan
h	시간을 12시간 형태로 표현한다.
H	시간을 24시간 형태로 표현한다.
i	분을 표현한다.
j	앞 숫자로 0을 사용하지 않고 날짜를 표현한다. (예)2006년 1월 1일
l	요일을 나타낸다.
s	초를 표시한다.
S	두 글자 문자로 영어 서수를 표현한다. (예)th, nd
t	주어진 달의 날짜수를 표현한다 (예)28~31
U	특정기간 이후의 초를 표현한다
y	연도를 2자리로 표현한다 (예)98, 06
Y	연도를 4자리로 표현하다 (예)1998, 2006
w	숫자로 요일을 표시하는데, 0은 일요일을 의미한다.
z	1년을 날짜수로 표시한다. (예)365

[예제 11-1] 현재시간을 화면에 출력해보자.

```
<?
  echo "현재시간 :".date("Y/m/d  h:i:s A");
?>
```

【결과화면】

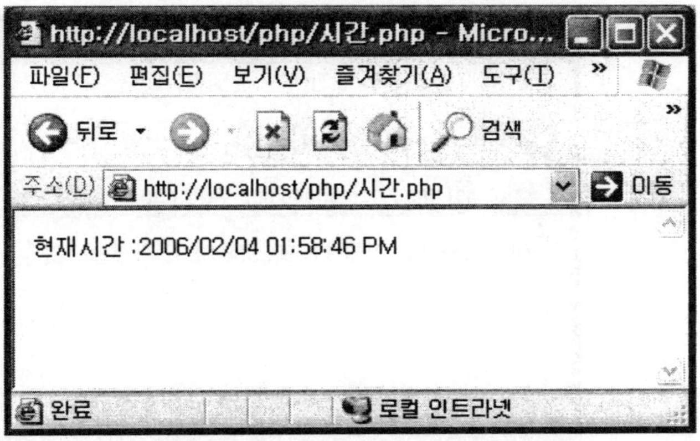

(2) time

현재 시간의 timestamp를 반환한다.

• 형식 •

```
time();
```

[예제 11-2] 1970년 1월 1일 이후의 시간을 초로 계산해보자.

```
<?
  echo "1970년 1월 1일 이후 ";
  echo time();
  echo "초가 지났습니다.";
?>
```

【결과화면】

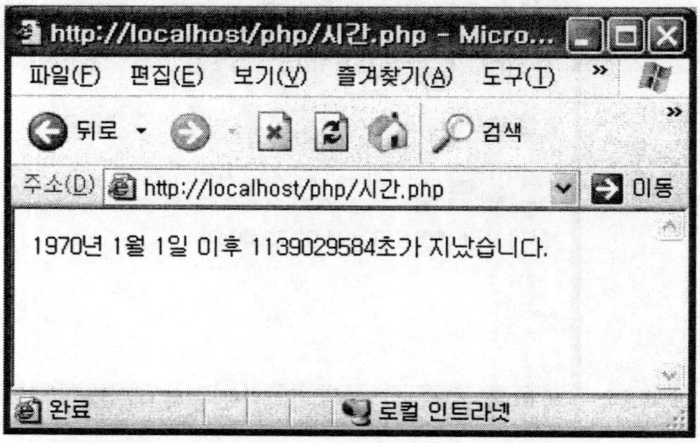

(3) mktime

지정한 날짜를 date 함수 등이 사용하는 timestamp로 지정한다.

• 형식 •

```
mktime(시간, 분, 초, 월, 일, 년, 일광절약시간 값);
```

일광절약시간 값은 다음과 같다.

[표 11-2] 일광절약 시간

값	의 미
1	일광 절약 시간을 설정한다.
0	일광 절약 시간을 설정하지 않는다.
-1	최가값으로 일광 절약 시간을 설정하지 않는다.

[예제 11-3]

```
<?
  echo date("Y/m/d H:i:s", mktime(0,0,0,12,32,2000));
  echo "<br>";
  echo date("Y/m/d H:i:s", mktime(10,10,10,5,5,2005));
  echo "<br>";
  echo date("Y/m/d H:i:s", mktime(0,0,0,12,32,2006));
?>
```

【결과화면】

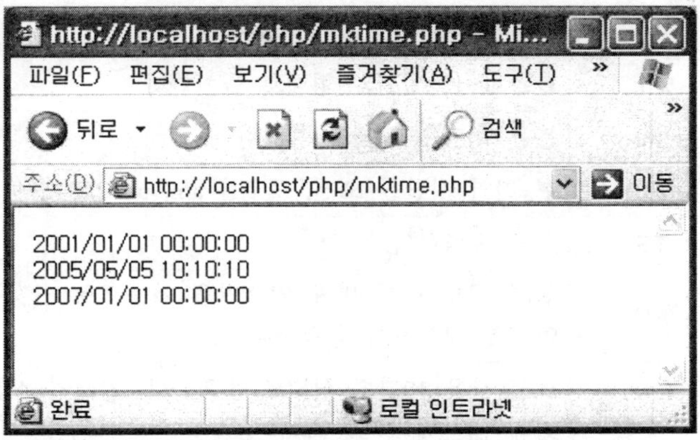

(4) strftime

현재 날짜 및 시간을 지정한 형식으로 반환한다.

• 형식 •

```
strftime(형식, timestamp);
```

날짜와 시간을 지정하는 형식의 종류는 다음과 같다.

[표 11-3] 형식의 종류

형 식	의 미
%a	현 지역의 축약된 요일 이름을 출력한다. (예) Mon
%A	현 지역의 요일 이름을 출력한다. (예) Monday
%b	현 지역의 축약된 달 이름을 출력한다. (예) Jan
%B	현 지역의 달 이름을 출력한다. (예) January
%c	현 지역의 시간 및 날짜를 출력한다.
%d	날짜를 31일 형태로 출력한다.
%H	시간을 24시간 형태로 출력한다.
%I	시간을 12시간 형태로 출력한다.
%j	날짜를 365일 형태로 출력한다.
%m	달을 1~12 범위의 형태로 출력한다.
%M	분을 10진수 형태로 출력한다.
%p	현 지역 시간을 오전, 오후를 am, pm으로 출력한다.
%S	초를 출력한다.
%U	현재 년도의 첫 번째 일요일을 기준으로 지정한 날짜가 몇 번째 주인가를 계산하여 출력한다.
%w	요일 값을 10진수 형태로 출력한다. 일요일 값은 0이다.
%W	현재 년도에서 첫 번째 월요일을 기준으로 지정한 날짜가 몇 번째 주인가를 계산하여 출력한다.
%x	시간 표시 없이 현재 날짜만을 월/일/년 형태로 출력한다.
%X	날짜 표시 없이 현재 시간만을 24시간 형태로 출력한다.
%y	년도를 2자리로 출력한다. (예)98, 06
%Y	년도를 4자리로 출력한다. (예)1998, 2006
%Z	축약형태의 시간대를 표시한다.
%%	'%' 문자를 출력한다.

[예제 11-4] 오늘 날짜와 요일을 출력해보자.

```
<?
echo "오늘은 ".strftime("%Y년 %m월 %d일 ");
echo strftime("%A")."입니다";
echo "<br>";
?>
```

【결과화면】

2. 문자열 함수

(1) chop

문자열의 뒤쪽 여백을 삭제한다.

• 형식 •

```
chop(문자열);
```

[예제 11-5]

```
<?
$hello = "안녕하세요? ";
$name = "장하나 입니다.<p>";

echo $hello.$name;
echo chop($hello).$name;
?>
```

【결과화면】

(2) ltrim

문자열의 앞쪽 여백을 삭제한다.

• 형식 •

```
ltrim(문자열);
```

[예제 11-6]

```
<?
$hello = "안녕하세요?";
$name = " 장하나 입니다.<p>";

echo $hello.$name;
echo $hello.ltrim($name);
?>
```

【결과화면】

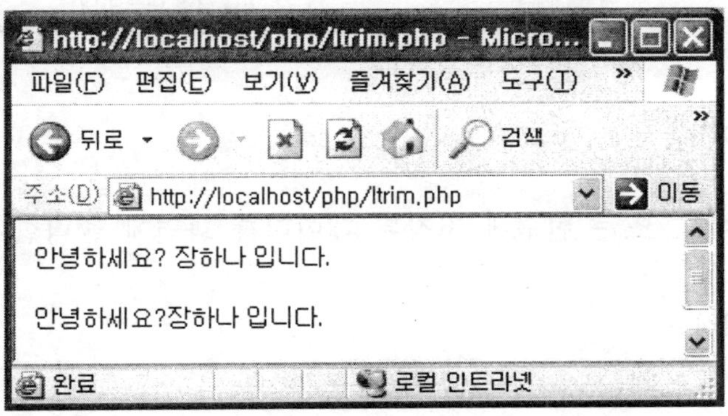

(3) trim

문자열의 앞쪽과 뒤쪽의 여백 모두를 삭제한다.

• 형식 •

```
trim(문자열);
```

[예제 11-7]

```
<?
$hello = "안녕하세요?";
$name = " 장하나 ";
echo $hello.$name."입니다. <p>";
echo $hello.trim($name)."입니다";
?>
```

【결과화면】

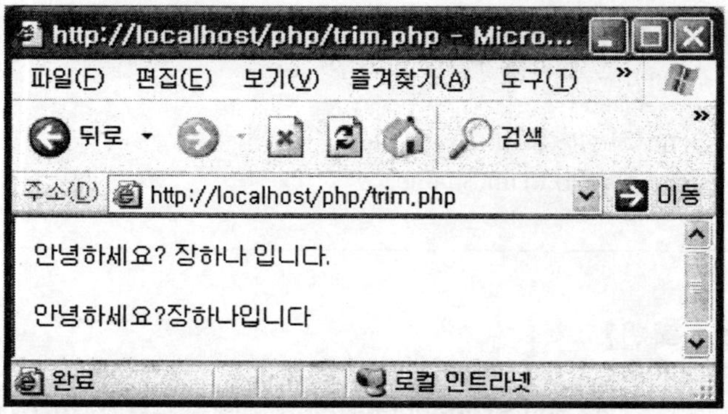

(4) echo

문자열, 또는 변수에 저장된 데이터를 화면에 출력한다.

• 형식 •

```
echo "문자열" | 변수 ;
```

[예제 11-8]

```
<?
$hello = "안녕하세요?";
$name = " 장하나 ";

echo $hello;
echo "<p>";
echo $name."입니다";
?>
```

【결과화면】

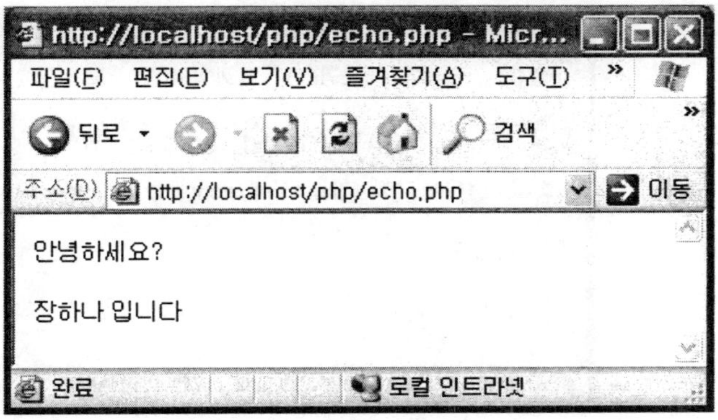

(5) print

echo 함수와 마찬가지로 문자열을 출력한다. 문자열 출력에 성공하면 1을 반환하고, 실패하면 0을 반환한다.

• 형식 •

```
print "문자열" | 변수 ;
```

[예제 11-9]

```
<?
$hello = "안녕하세요?";
$name = " 장하나 ";

print $hello;
print "<p>";
print $name;
print "입니다";
?>
```

【결과화면】

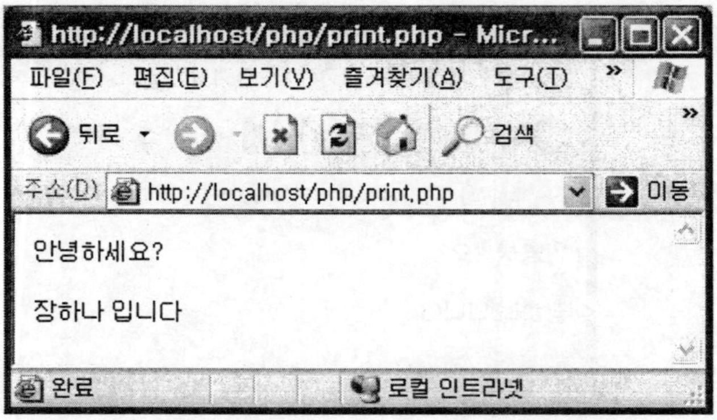

(6) strcmp

문자열 데이터를 바이너리 방식으로 비교한다. 비교하는 두 번째 문자열이 첫 번째 문자열보다 크면 1을 반환하고 같으면 0을 반환하고 작으면 -1을 반환한다.

• 형식 •

```
strcmp("문자열1", "문자열2");
```

[예제 11-10]

```
<?
$name = "장하나";
if (strcmp($name, "관리자")=0)
    echo "두 문자열은 같다";
else
    echo "두 문자열은 다르다";
?>
```

【결과화면】

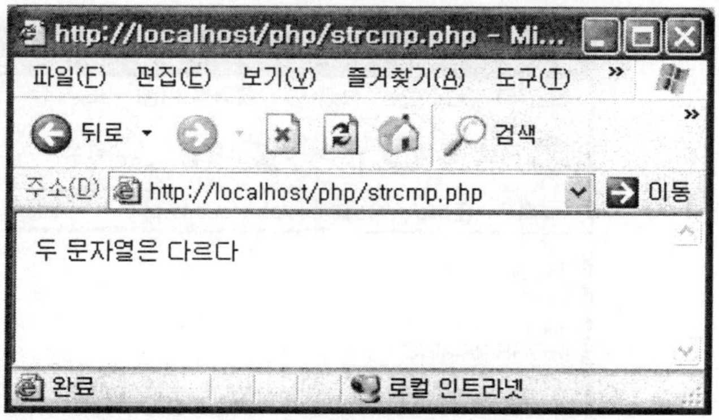

(7) substr

문자열의 시작 위치에서 길이만큼 문자열을 반환한다. 시작 위치 값이 음수이면 길이를 생략하고, 문자열의 끝 글자부터 시작하여 왼쪽으로 음수만큼 문자열을 반환한다. 시작 위치 값이 양수일 때 길이가 생략되면 시작 위치에서 문자열 끝까지 반환한다.

• 형식 •

```
substr(문자열1|변수, 시작위치, [길이]);
```

[예제 11-11]

```
<?
$message = "WEB PROGRAMMING";

echo substr($message, 0, 3);
echo "<br>";
echo substr($message, -1);
echo "<br>";
echo substr($message, -3);
echo "<br>";
echo substr($message, 5);
?>
```

【결과화면】

(8) strlen

문자열의 길이를 숫자로 반환하며, 문자 사이에 있는 공백도 문자로 간주한다.

• 형식 •

```
sublen("문자열" | 변수);
```

[예제 11-12]

```
<?
$message = "WEB PROGRAMMING";

echo "메시지 길이 : ".strlen($message);
?>
```

【결과화면】

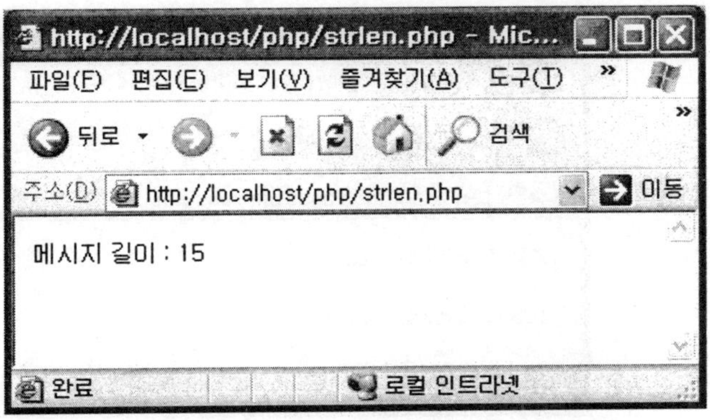

3. 수학 함수

(1) abs

숫자가 음수일 때 그 숫자의 절대값을 반환하고, 양수이면 그 숫자 그대로 반환한다.

• 형식 •

```
abs(숫자데이터 | 변수)
```

[예제 11-13]

```
<?
$a = 1234;
$b = -1234;

echo "1234의 절대값 = ".abs($a);
echo "<p>";
echo "-1234의 절대값 = ".abs($b);
?>
```

【결과화면】

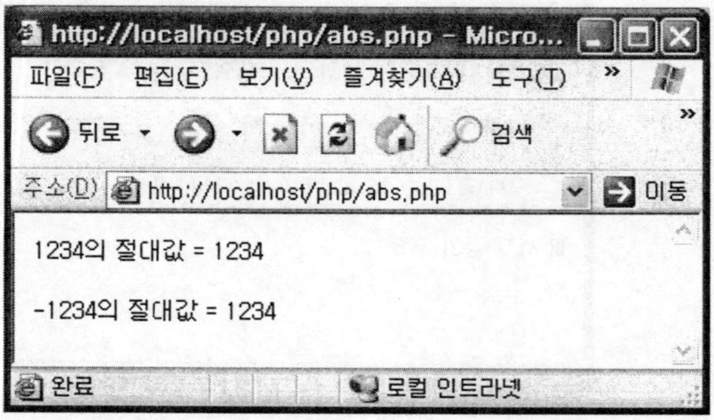

(2) max와 min

max함수는 숫자 중에서 가장 큰 값을 반환하고, min함수는 숫자 중에서 가장 작은 값을 반환한다.

• 형식 •

```
max(숫자데이터1, 숫자데이터2, ... | 변수1, 변수2, ...);
min(숫자데이터1, 숫자데이터2, ... | 변수1, 변수2, ...);
```

[예제 11-14]

```
<?
$a = 80;
$b = 95;
$c = 90;

echo "최대값 = ".max($a, $b, $c);
echo "<p>";
echo "최소값 = ".min($a, $b, $c);
?>
```

【결과화면】

(3) round

숫자 데이터를 지정된 위치의 값을 반올림 하여 반환하고, 위치 값이 생략되면 소수이하 첫째자리에서 반올림하여 반환한다.

• 형식 •

```
round(숫자데이터 | 변수, [위치]);
```

[예제 11-15]

```
<?
$a = 80.65;
$b = 95.54;
$c = 90.12;

echo "a = ".round($a,1);
echo "<br>";
echo "b = ".round($b);
echo "<br>";
echo "c = ".round($c);
?>
```

【결과화면】

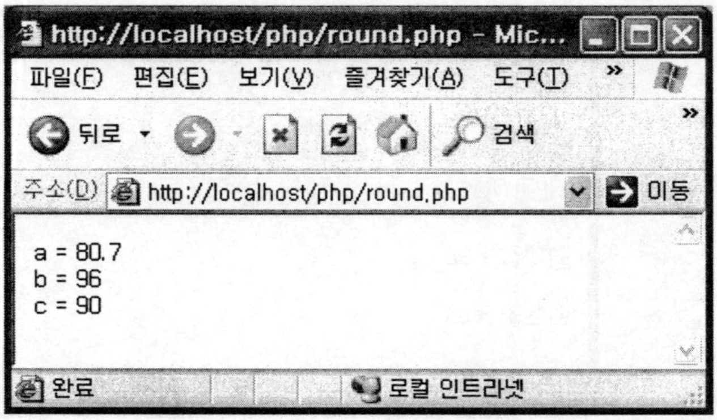

(4) ceil

ceil 함수는 변수에 저장된 숫자 데이터의 소수이하 자리를 무조건 올림을 하여 반환한다.

즉 ceil(1.2)를 하면 2가 반환된다.

• 형식 •

```
ceil(숫자데이터 | 변수);
```

[예제 11-16]

```
<?
  $a = 9.999;

  echo "4.2=".ceil(4.2);
  echo $a."=".ceil($a);
?>
```

【결과화면】

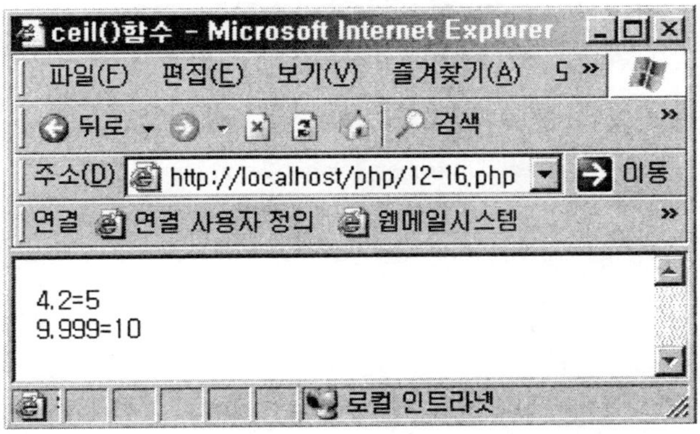

(5) number_format

number_fomat 함수는 숫자 데이터에 천 단위마다 ","를 표시해 반환해준다. 세자리마다 콤마(,) 표시를 할 때에는 number_format("변수")로만 선언하면 되고, 그 외에 콤마(,)표시 및 소숫점(.) 표시 대신에 공백이나 다른 문자로 대치할 수 있다.

• 형식 •

```
number_format("변수","소수점자리수","
소수점 표시마크 변경","천단위 표시 마크변경");
```

[예제 11-17]

```
<?
  $number = 1234.56;

  // 기본형
  echo number_format($number);
  echo "<p>";
  // 세자리 표시를 공백으로 표시하고, 소수점을 콤마로 표시
  echo number_format($number, 2, ',', ' ');
  echo "<p>";

  $number = 1234.5678;
  //소수점만 표시.
  echo  number_format($number, 2, '.', '');
?>
```

【결과화면】

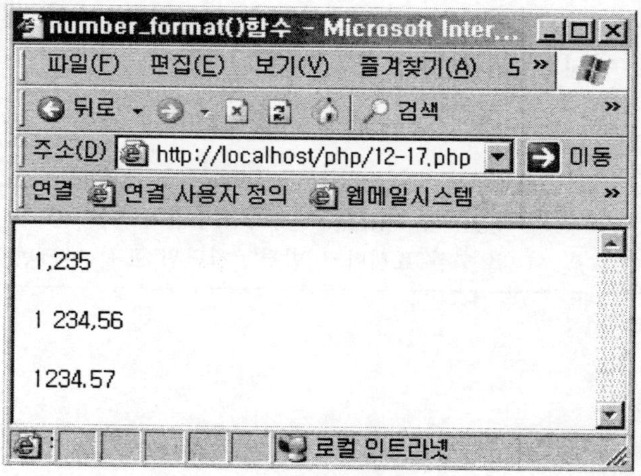

4. 파일 함수

(1) dirname

전체 경로명에서 마지막으로 나온 슬래시(/)를 기준으로 그 앞부분의 문자열 즉, 디렉토리 부분만을 반환한다.

• 형식 •

```
dirname(경로);
```

[예제 11-18]

```
<?
$dir = "d:/Web_book/chap13/dirname.php";
$file=dirname($dir);
echo $file;
?>
```

【결과화면】

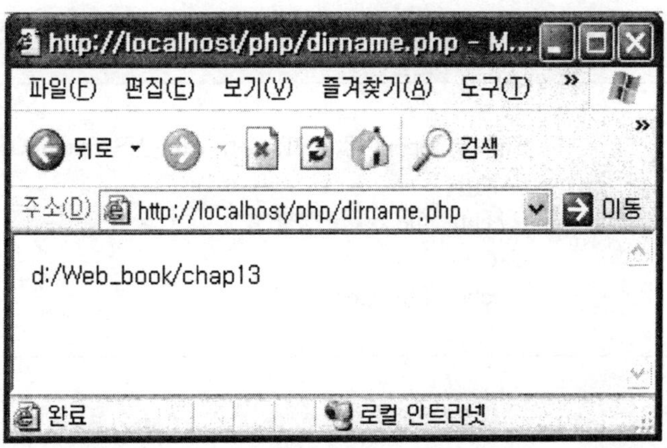

(2) fopen

파일이나 URL을 연다. 파일이 정상적으로 열렸을 경우에는 파일에 대한 포인터가 리턴되고 실패하였을 경우에는 false값이 리턴된다.

• 형식 •

```
fopen("파일이름", "모드");
```

"모드"란 파일을 열을 때 파일을 편집 상태를 선언하는 부분으로 다음과 같다.

[표 11-4] 파일 모드

유 형	설 명
"r"	읽기 전용
"r+"	읽고 쓰기 가능
"w"	쓰기 전용, 파일이 존재하지 않으면 파일을 생성한다.
"a"	쓰기 전용, 파일이 존재하지 않으면 파일을 생성한다.
"a+"	읽고 쓰기 가능, 파일이 존재하지 않으면 파일을 생성한다.

[예제 11-19]

```
<?
$fp  = fopen("C:/PHP_Setup_for_IIS/readme.txt", "r");
if($fp)
  echo "file open 성공";
else
  echo "file open 실패";
?>
```

【결과화면】

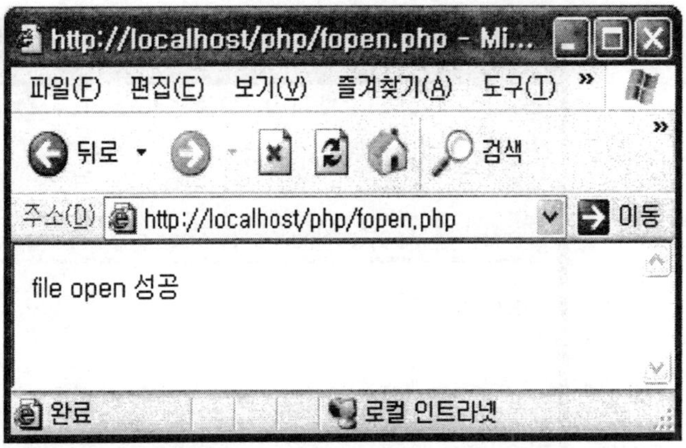

(3) fclose

fopen 함수로 열린 파일 포인터를 닫는다. 파일 포인터를 정상적으로 닫으면 true 값을 반환하고 실패하면 false 값을 반환한다.

• **형식** •

```
fclose(파일포인터);
```

[예제 11-20]

```
<?
$fp_o  = fopen("C:/PHP_Setup_for_IIS/readme.txt", "r");
$fp_c = fclose($fp_o);
if($fp_c)
  echo "file close 성공";
else
  echo "file close 실패";
?>
```

【결과화면】

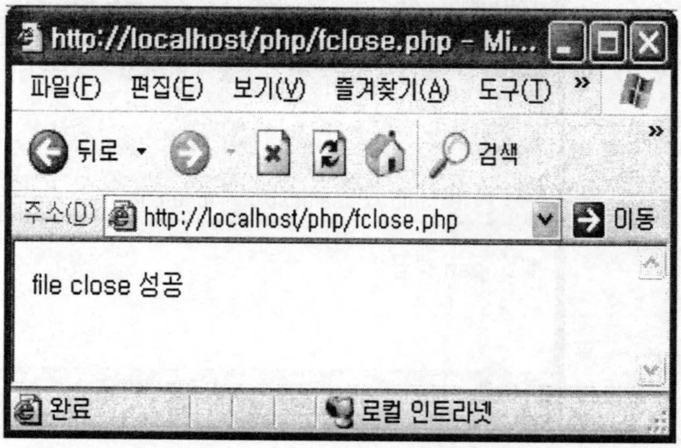
http://localhost/php/fclose.php - Mi...
파일(F) 편집(E) 보기(V) 즐겨찾기(A) 도구(T)
뒤로
검색
주소(D) http://localhost/php/fclose.php
이동
file close 성공
완료
로컬 인트라넷

12장 PHP 예제

1. 달력 프로그램

오늘 날짜를 인식하여 오늘 날짜에 해당하는 년도와 월을 이용하여 달력을 출력하는 프로그램을 작성해보자. 달력 프로그램은 단순히 해당 년도와 월을 화면에 출력하는 것이므로 별도의 테이블을 생성할 필요가 없다.

(1) 달력 출력

2006년 2월을 출력해보자. 2월 1일은 수요일이므로, 수요일 칸부터 날짜를 출력한다. 28일까지 출력한 후 나머지 칸은 공백으로 처리하고, 오늘날짜가 출력된 칸을 노란색으로 배경색을 칠한다.

【실행화면】

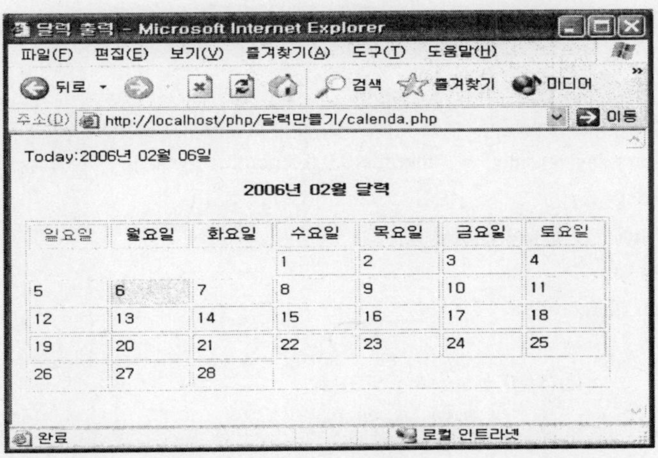

• calendar.php

• 소스 •

```
<html>
<head><title> 달력 출력 </title>
</head>
<body>
<?
$year=date("Y");
$month=date("m");
$today=date("j");
echo "Today:".date("Y년 m월 d일")."<p>";
echo "<div align=center><b>".$year."년 ".$month."월 달력</b></div>"
?>
<center>
<p>
<table width=450 border=1 cellspacing=2 cellpadding=2 bordercolor="#CCCCCC" >
<tr height=25 align=center bgcolor="#EFEFEF">
        <td> <font color="#FF0000">일요일</font></td>
        <td> 월요일</td>
        <td> 화요일</td>
        <td> 수요일</td>
        <td> 목요일</td>
        <td> 금요일</td>
        <td> <font color="#0000FF">토요일</font></td>
</tr>
<?
$lastday = date("t", mktime(0,0,0,$month,$today,$year));
$firstday = date("w", mktime(0,0,0,$month,1,$year));
$day=1;
for($i=0; $i<=4 ; $i++){
?>
<tr height=25>
<?
        for($j=0 ; $j<=6 ; $j++){
                if($day==$today){
```

```
34:                         $today_color="yellow";
35:                 }else{
36:                         $today_color="";
37:                 }
38: ?>
39:         <td bgcolor="<?=$today_color;?>">
40: <?
41:                 if($firstday == $j or $day > 1){
42:                         if($day > $lastday)
43:                                 $day=" ";
44:                         else{
45:                                 echo $day;
46:                         }
47:                         $day++;
48:                 }
49:         }
50: ?>
51:         </td>
52: </tr>
53: <?  } ?>
54: </table>
55: </center>
56: </body>
57: </html>
```

【설명】

6: 현재 연도를 $year 변수에 저장
7: 현재 달을 $month 변수에 저장
8: 오늘 날짜를 $today 변수에 저장
9: 오늘 날짜를 화면에 출력
25: 출력할 달의 날짜 수를 계산한다. 여기서 날짜 수는 해당하는 달에 따라 28~31 사이의 숫자가 된다.
26: 출력할 달의 첫째 날을 요일 값으로 계산한다. 예를 들어 2월 1일은 수요일이므로 요일 값이 3이 된다.
33~38: 오늘 날짜가 출력되는 칸의 배경색을 노랑색으로 지정한다.
41~48: 출력할 달의 첫째 날의 요일 값에 맞는 요일 칸에 날짜를 출력한 후, 이어서 다음 칸에 다음 날짜를 출력하여 해당하는 달의 마지막 날짜까지 출력하고, 나머지

칸을 공백으로 채운다.

2. 메모장 만들기

메모장을 만들어 보자. 메모장은 이름 그대로 짧고 간략한 글을 남기는 게시판으로, 로그인을 하지 않고 바로 글을 쓸 수 있기 때문에 다른 프로그램보다 매우 간단하여 프로그램을 공부하는 사람이 반드시 공부해야할 필수 코스이다.

(1) 테이블 만들기

메모장 테이블은 닉네임과 메모 내용 그리고 날짜를 지정하는 필드로 구성되며, 각 필드의 용도를 살펴보면 다음과 같다. 데이터 형 중에서 int, text 등은 길이를 생략하면, MySQL 서버에서 자체적으로 기본 길이를 지정해준다. 하지만, char, varchar은 반드시 길이를 지정해야만 한다.

[표 12-1] 테이블 필드 내용

필드명	형 식	길 이	용 도
idx	int	-	테이블 내용을 구분하기 위한 기본키
nickname	varchar	30	메모를 남기는 사람의 닉네임
content	varchar	50	메모 내용
writeday	varchar	15	메모를 작성한 날짜

• create_table.php

• 소스 •

```
<?
$connect = mysql_connect("localhost", "root", "1234");
mysql_select_db("myhome", $connect);
```

```
4:  $query = "CREATE TABLE memo(idx int(4) auto_increment,  nickname
     varchar(30), content varchar(50), writeday varchar(15), primary key(idx))";
5:  $result = mysql_query($query, $connect);
6:  if($result)
7:          echo "memo 테이블 생성 성공.";
8:  else
9:          echo "memo 테이블 생성 실패.";
10: ?>
```

【설명】

[2] mysql 서버에 사용자 아이디 "user", 패스워드 "1234"로 접속한다.

[3] myhome 데이터베이스를 선택한다.

[4~5] memo 테이블을 생성한다.

[6~9] 테이블 생성 결과가 참이면 "memo 테이블 생성 성공"을 출력하고, 거짓이면 "memo 테이블 생성 실패"를 출력한다.

(2) 메모장 입력과 목록

홈페이지 방문자들이 로그인 하지 않은 상태에서 간단하게 이름과 메모를 남길 수 있는 화면이다.

【실행화면】

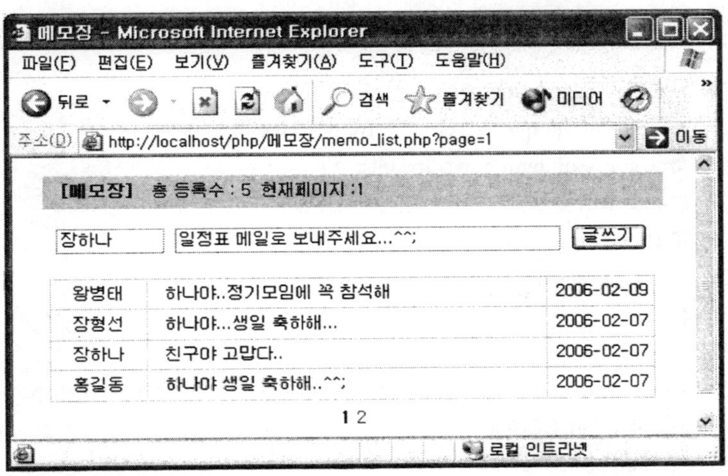

• memo_list.php

• 소스 •

```
<html>
<head><title>메모장 </title>
<script language="javascript">
<!--
function memo_check(f)
{
        nickname = f.nickname.value.length;
        if ( nickname < 1 ) {
                alert("이름을 입력하세요.");
                f.nickname.focus();
                return (false);
        }
        return (true);
}
function clearText(field){
        if(field.defaultValue==field.value)
                field.value=""
}
// -->
</script>
</head>
<body>
<?
include "connection.php";
$result=mysql_query("select * from memo");
$rows=mysql_num_rows($result);
$limit=10;
if (!$page) {
        $page=1;
}
?>
<table width="470" align=center border=0  cellpadding=1 cellspacing=1
bgcolor="#CCCCCC" >
<tr height="25">
```

```
<td><b>  [메모장]</b>
  총 등록수 : <? echo $rows; ?>  현재페이지 :<? echo $page;?>
</td></tr></table>
<br>
<table align="center" width="450" border="0" cellpadding=0 cellspacing=0>
<tr><td>
<form action="memo_insert.php" method=post  name=form1
  onSubmit="return memo_check(this);">
<INPUT type="text" name="nickname" size="10" maxlength="225" value="이름">
 <INPUT type="text" name="content" size="40" maxlength="225" value="간
단한 메모를 남겨 주세요" onFocus="clearText(this)">  <INPUT type=submit
name=submit value="글쓰기">
</form></td></tr></table>
<br>
<table  width="460" border="1" cellspacing="0" cellpadding="0"
bordercolorlight="#CCCCCC" bordercolordark="#FFFFFF">
<?
$result=mysql_query("select * from memo order by idx desc");
$total=mysql_num_rows($result);
for($i=0 ; $i<$total ; $i++){
        $nickname = mysql_result($result, $i, "nickname");
        $content = mysql_result($result, $i, "content");
        $writeday = mysql_result($result, $i, "writeday");
?>
<tr height="25">
<td align="center" width="70"> <? echo $nickname; ?></td>
<td align="left" width="300">   <? echo $content; ?></td>
<td align="center" width="80"><? echo $writeday; ?></td>
<? } ?>
</tr></table>
<? include "pagelist.php"; ?>
<script language="Javascript">
        document.form1.nickname.focus();
</script>
</body>
</html>
```

【설명】

[5~14] memo_check(f)함수는 메모를 입력할 때 이름을 작성하였는지를 체크하는 함수이다. nickname 길이가 1보다 작으면 입력하지 않았으므로, "이름을 입력하세요"라는 경고창을 실행시킨다.

[15~18] "간단히 메모를 입력하세요"를 클릭하면 내용이 전부 삭제되어, 메모를 입력할 수 있도록 커서를 위치시킨다.

[24] MySQL 서버를 실행시키고, myhome 데이터베이스를 연동하는 connection.php 파일을 연결한다.

[25] memo 테이블 내용을 선택한다.

[26] memo 테이블의 레코드 수를 계산하여 $row 변수에 저장한다.

[27] 페이지 목록 출력 단위를 10으로 지정한다.

[28~30] 메모 리스트가 출력되는 현재 페이지 번호를 지정한다. 현재 페이지 번호가 선택되지 않았으면 1로 설정한다.

[35] memo 테이블에 저장된 메모의 개수와 현재 페이지 번호를 출력한다.

[40~42] 글쓴이와 메모를 입력하는 폼이다. 이름과 메모를 입력한 후 "글쓰기" 버튼을 클릭하면 memo_insert.php로 이름과 메모 내용을 전달한다.

[46] memo 테이블의 내용을 idx 필드의 내림차순으로 정렬하여 모두 선택한 후, $result 변수에 저장한다.

[47] memo 테이블의 레코드 수를 계산하여 $total 변수에 저장한다.

[48~52] memo 테이블 레코드 수만큼 반복하여 이름, 메모 내용, 작성날짜를 화면에 출력한다.

[59] 페이지 목록을 나타내는 pagelist.php 파일을 연결한다.

[60~62] memo_list.php 파일이 실행될 때, nickname 입력칸에 커서를 위치시킨다.

(3) memo 테이블에 저장하기

memo_list.php에서 입력된 이름과 메모 내용을 memo 테이블에 저장한 후, memo_list.php로 이동한다. memo 테이블에 접속하려면, 먼저 MySQL 서버에 연동을 해야 한다. connection.php는 MySQL 서버를 연동할 때마다 모든 프로그램에 입력하지 않고, 별도의 파일로 작성하여 필요할 때마다 연결시켜서 사용한다.

• connection.php

• 소스 •

```
1: <?
2: $connect = mysql_connect("localhost", "root", "123456");
3: mysql_select_db("myhome", $connect);
4: ?>
```

【설명】

[2] MySQL 서버에 사용자 아이디는 root, 패스워드는 123456으로 연결한다.
[3] 데이터베이스 중에서 myhome 데이터베이스를 선택한다.

• memo_insert.php

• 소스 •

```
1: <?
2: include "connection.php";
3: $query = "insert into memo (nickname, content, writeday) values
       ('".$nickname."','".$content."', '".date("Y-m-d")."')";
4: $result=mysql_query($query);
5: echo ("<meta http-equiv='Refresh' content='0; URL=memo_list.php'>");
6: mysql_close();
7: ?>
```

【설명】

[3] memo 테이블에 새로운 메모 내용을 삽입하는 질의문이다.
[4] 3번 행에서 작성한 질의문을 실행한다.
[5] memo_list.php로 이동한다.
[6] MySQL 서버 실행을 종료한다.

- pagelist.php

- 소스 •

```
<?
$temp = $page % $limit;
if ($temp == 0)
        $startpage = $page - $limit + 1;
else
        $startpage = $page - $temp + 1;
$pagecheck = $total%$limit;
if ($pagecheck!=0)
          $totalpage = (int)($total/$limit)+1;
else
        $totalpage = (int)($total/$limit);
$i=$startpage;
$end = $startpage+$limit-1;
$previous = $startpage-$limit;
$next = $startpage+$limit;
if (($startpage-$limit) > 0){
  echo "[<a href=memo_list.php?page=$previous>이전</a>]";
}
while($i <= $end){
            if($i==$page){
                        echo "<b>".$i."</b>";
            }
            else{
                        echo " <a href=memo_list.php?page=$i>$i</a> ";
            }
            $i=$i+1;
            if($i>$totalpage) break;
}
if (($startpage+$limit) <= $totalpage)
            echo"[<a href=memo_list.asp?page=$next>다음</a>]";
?>
```

【설명】

[2~6] 현재 페이지 번호와 한 페이지에 출력하려는 레코드 수를 이용해 페이지 번호 목록의 시작 페이지 번호를 계산한다.

예를 들어, $page=1, $limit가 4이면 나머지 연산을 이용하므로 $temp = $page % $limit = 1 % 4 = 1이다. 화면에 출력할 페이지 번호 목록 시작 번호가 1이다.

[7~11] 전체페이지 수를 계산한다. 전체 레코드 수가 5이고 한 페이지에 출력할 레코드 수를 4로 제한할 때, 최종 페이지 번호가 2이어야 한다. 즉, 나머지 연산을 한 결과가 0이 아니면 몫에 1을 더하고, 결과가 0이면 몫 자체가 최종 페이지 번호가 된다.

[12] 시작 페이지 번호를 $i 변수에 저장한다.

[13] while문에 사용할 조건값을 계산하여 $end 변수에 저장한다.

[14] "이전"을 클릭할 때 이동할 페이지 번호를 계산하여 $previous 변수에 저장한다.

[15] "다음"을 클릭할 때 이동할 페이지 번호를 계산하여 $next 변수에 저장한다.

[16~18] 시작 페이지가 출력할 페이지 목록 출력 단위 보다 크면 페이지 목록 번호 앞에 [이전]이란 글자를 출력하여 이전 페이지로 이동할 수 있도록 한다.

[19~28] 페이지 목록 번호를 출력한다.

[29~30] 시작 페이지가 출력할 페이지 목록 출력 단위보다 크면 페이지 목록 번호 뒤에 [다음]이란 글자가 출력하여 다음 페이지로 이동할 수 있도록 한다.

3. 위지윅 게시판

위지윅(WYSIWYG)이란 What You See Is What You Get의 약자로 화면에 보이는 그대로 결과를 볼 수 있다는 뜻이다. HTML 문서 편집에는 나모 웹 에디터, 드림위버 등처럼 워드 작업을 하듯이 HTML 태그와 무관하게 문서를 작성한 후 편집하여, 결과를 웹 브라우저에 실행하지 않아도 작업 화면에서 볼 수 있는 방식을 위지윅 방식이라고 하고, 반드시 HTML

태그로 작성한 후 웹 브라우저로 실행해야만 결과를 확인할 수 있는 방식을 하드코딩 방식이라고 한다.

일반적인 게시판은 글쓰기 화면에서 글자색이나 글꼴을 변경할 수 없는데, 위지윅 게시판은 글쓰기 화면에서 글자색, 글꼴 등을 변경할 수 있으며, 게시판 내용을 확인할 때에도 글쓰기에서 적용된 글꼴 그대로 화면에 출력한다.

(1) 테이블 만들기

게시판의 내용을 저장할 데이터베이스 파일과 게시판 테이블을 생성한다.

[표 12-2] board 테이블

필 드	형 식	길 이	용 도
idx	int	-	게시판 내용을 구분하기 위한 기본키
name	varchar	20	이름
title	varchar	50	제목
content	text	-	내용
filename	varchar	50	첨부파일 이름
filesize	varchar	50	첨부파일 크기
pwd	varchar	20	패스워드
writeday	varchar	20	작성날짜
hit	int	-	조회수

(2) 게시판 내용 입력

【실행화면】

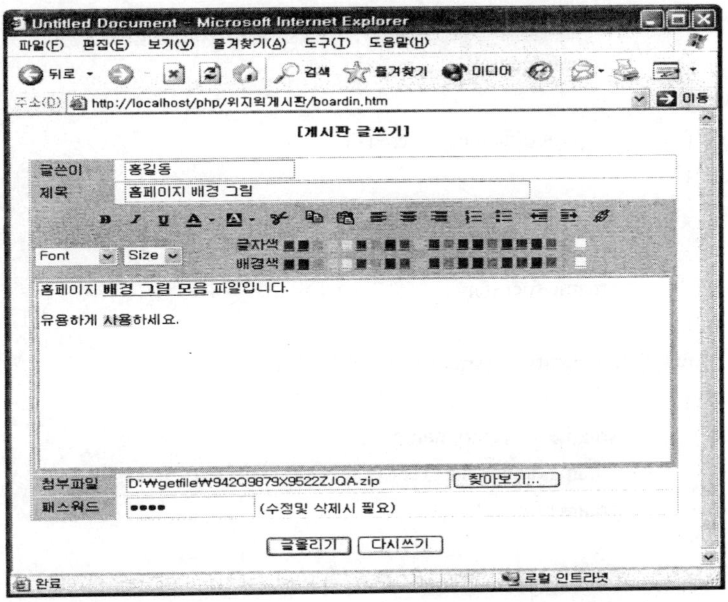

• boardin.htm

• 소스 •

```
<html>
<head>
<title>Untitled Document</title>
<script language="JavaScript">
<!--
function storycommentvalue(v) {
   v.elements.storycomment.value=""+wswEdit.document.body.innerHTML+"";
}
function srcut(srname) // 자르기
{
         srname = eval(srname) ;
         srname.document.execCommand('cut', false, null);
```

```
        srname.focus();
}
function srcopy(srname) // 복사
{
        srname = eval(srname) ;
        srname.document.execCommand('copy', false, null);
        srname.focus();
}
function srpaste(srname) // 붙이기
{
        srname = eval(srname) ;
        srname.document.execCommand('paste', false, null);
        srname.focus();
}
function srjustifyleft(srname) // 왼쪽 정렬
{
        srname = eval(srname) ;
        srname.document.execCommand('justifyleft', false, null);
        srname.focus();
}
function srjustifycenter(srname) // 가운데 정렬
{
        srname = eval(srname) ;
        srname.document.execCommand('justifycenter', false, null);
        srname.focus();
}
function srjustifyright(srname) // 오른쪽 정렬
{
        srname = eval(srname) ;
        srname.document.execCommand('justifyright', false, null);
        srname.focus();
}
function srinsertorderedlist(srname) // 숫자로 된 목록
{
        srname = eval(srname) ;
        srname.document.execCommand('insertorderedlist', false, null);
        srname.focus();
}
```

```
function srinsertunorderedlist(srname) // 점으로 된 목록
{
        srname = eval(srname) ;
        srname.document.execCommand('insertunorderedlist', false, null);
        srname.focus();
}
function srindent(srname) // 들여쓰기 늘이기
{
        srname = eval(srname) ;
        srname.document.execCommand('indent', false, null);
        srname.focus();
}
function sroutdent(srname) // 들여쓰기 줄이기
{
        srname = eval(srname) ;
        srname.document.execCommand('outdent', false, null);
        srname.focus();
}
function srBold(srname) // 진하게
{
        srname = eval(srname) ;
        srname.document.execCommand('Bold', false, null);
        srname.focus();
}
function srItalic(srname) // 이텔릭
{
        srname = eval(srname) ;
        srname.document.execCommand('Italic', false, null);
        srname.focus();
}
function srUnderline(srname) // 밑줄
{
        srname = eval(srname) ;
        srname.document.execCommand('Underline', false, null);
        srname.focus();
}
function srColor(srname, color) // 글자색
{
```

```
        srname = eval(srname) ;
        srname.document.execCommand('ForeColor', true, color);
        srname.focus();
}
function srBackColor(srname, color) // 글자 배경색
{
        srname = eval(srname) ;
        srname.document.execCommand('BackColor', true, color);
        srname.focus();
}
function srcreateLink(srname,link_name) // 하이퍼링크 만들기
{
        srname = eval(srname) ;
        srname.focus();
        srname.document.execCommand('CreateLink', true, link_name);
}
function fontct(fontcts,cho){
         frames.wswEdit.focus();
         srfont = frames.wswEdit.document.selection.createRange();
         srfont.execCommand(fontcts,false, cho);
        }
function underlook(hee) {
        if(document.all[hee].style.display == 'none') {
                document.all[hee].style.display = 'block';
        } else {
                document.all[hee].style.display = 'none';
        }
}
function underlook2(hee) {
        if(document.all[hee].style.display == 'none') {
                document.all[hee].style.display = 'block';
        } else {
                document.all[hee].style.display = 'none';
        }
}
frames.wswEdit.document.designMode = "On"
//-->
</script>
```

```
</head>
<body>
<form action="boardinok.php" method="post" name="form1"
        enctype="multipart/form-data" onSubmit="storycommentvalue(this);">
 <p align="center"><strong>[게시판 글쓰기]</strong></p>
 <table width="580" border="1" align="center" cellpadding="0" cellspacing="0"
 bordercolor="#A6C4E1" bordercolorlight="#A6C4E1"
 bordercolordark="#FFFFFF">
    <tr>
    <td width="80" height="25" bgcolor="#A6C4E1">  글쓴이</td>
    <td width="510">  <input name="name" type="text" id="name"
 size="20"></td>
    </tr>
    <tr>
      <td width="80" height="25" bgcolor="#A6C4E1">  제목</td>
      <td width="510"> 
          <input name="title" type="text" id="title" size="50"></td>
    </tr>
    <tr>
      <td height="21" colspan="2">
           <table width=100% bgcolor=#A6C4E1><tr>
           <td colspan=2 align=center>
           <img src='images/w_bold.gif' width="23" height="25" border=0
       title='진하게'  onClick="srBold('wswEdit')">
           <img src='images/w_italic.gif' width="23" height="25" border=0
       title='이탤릭'  onClick="srItalic('wswEdit')">
           <img src='images/w_under.gif' width="22" height="22" border=0
       title='밑줄'  onClick="srUnderline('wswEdit')">
           <img src='images/w_fontcolor.gif' width="32" height="25" border=0
       title='글자색' ONCLICK="underlook('wswEdit_colorchoice')">
           <img src='images/w_fontbackcolor.gif' width="35" height="25"
       border=0 title='글자 배경색'
       onClick="underlook2('wswEdit_colorchoice2')">
           <img src='images/w_cut.gif' width="25" height="25" border=0
       title='자르기(Ctrl + X)'  onClick="srcut('wswEdit')">
           <img src='images/w_copy.gif' width="28" height="25" border=0
       title='복사(Ctrl + C)'  onClick="srcopy('wswEdit')">
           <img src='images/w_paste.gif' width="24" height="23" border=0
```

```
title='붙이기(Ctrl + V)'  onClick="srpaste('wswEdit')">
    <img src='images/w_justifyleft.gif' width="25" height="25" border=0
title='왼쪽 정렬' onClick="srjustifyleft('wswEdit')">
    <img src='images/w_justifycenter.gif' width="24" height="25"
border=0 title='가운데 정렬' onClick="srjustifycenter('wswEdit')">
    <img src='images/w_justifyright.gif' width="24" height="25"
border=0 title='오른쪽 정렬' onClick="srjustifyright('wswEdit')">
    <img src='images/w_insertorderedlist.gif' width="24" height="25"
border=0 title='숫자로 된 목록'
onClick="srinsertorderedlist('wswEdit')">
    <img src='images/w_insertunorderedlist.gif' width="25" height="25"
border=0 title='점으로 된 목록'
onClick="srinsertunorderedlist('wswEdit')">
    <img src='images/w_outdent.gif' width="24" height="25" border=0
title='들여쓰기 줄이기' onClick="sroutdent('wswEdit')">
    <img src='images/w_indent.gif' width="25" height="25" border=0
title='들여쓰기 늘이기' onClick="srindent('wswEdit')">
    <img src='images/w_link.gif' width="25" height="25" border=0
title='하이퍼링크 만들기' onClick="srcreateLink('wswEdit')">
  </td></tr>
  <tr>
  <td width=140 align=left>
  <select name="select3"
   onChange="fontct('fontname',this[this.selectedIndex].value);
   this.selectedIndex=0">
      <option selected>Font
      <option value="굴림">굴림
      <option value="궁서">궁서
      <option value="돋움">돋움
      <option value="바탕">바탕
      <option value="고딕">고딕
      <option value="신명조">신명조
      <option value="Arial">Arial
      <option value="Century">Century
      <option value="Roman">Roman
      <option value="SimSun">SimSun </select>
  <select name="select3"
   onChange="fontct('fontsize',this[this.selectedIndex].value);
```

```
this.selectedIndex=0">
    <option selected>Size
    <option value="1">1
    <option value="2">2
    <option value="3">3
    <option value="4">4
    <option value="5">5
    <option value="6">6
    <option value="7">7
    <option value="8">8
    <option value="9">9
    <option value="10">10 </select> </td>
<td>
<div id=wswEdit_colorchoice style="VISIBILITY:block;DISPLAY:none">
    <table border=0 cellpadding=0 cellspacing=3 >
        <tr>
            <td><span style=font-size:10pt;>글자색</span></td>
            <td><a href="javascript:srColor('wswEdit','#FF0000')">
            <font color='#FF0000'>■</font></a></td>
            <td><a href="javascript:srColor('wswEdit','#C00000')">
            <font color='#C00000'>■</font></a></td>
            <td><a href="javascript:srColor('wswEdit','#FF8080')">
            <font color='#FF8080'>■</font></a></td>
            <td><a href="javascript:srColor('wswEdit','#FFC0C0')">
            <font color='#FFC0C0'>■</font></a></td>
            <td><a href="javascript:srColor('wswEdit','#FFFF00')">
            <font color='#FFFF00'>■</font></a></td>
            <td><a href="javascript:srColor('wswEdit','#808000')">
            <font color='#808000'>■</font></a></td>
            <td><a href="javascript:srColor('wswEdit','#00FF00')">
            <font color='#00FF00'>■</font></a></td>
            <td><a href="javascript:srColor('wswEdit','#008000')">
            <font color='#008000'>■</font></a></td>
            <td><a href="javascript:srColor('wswEdit','#00C000')">
            <font color='#00C000'>■</font></a></td>
            <td><a href="javascript:srColor('wswEdit','#00FFFF')">
            <font color='#00FFFF'>■</font></a></td>
            <td><a href="javascript:srColor('wswEdit','#008080')">
```

```
                <font color='#008080'>■</font></a></td>
                <td><a href="javascript:srColor('wswEdit','#00C0C0')">
                <font color='#00C0C0'>■</font></a></td>
                <td><a href="javascript:srColor('wswEdit','#0000FF')">
                <font color='#0000FF'>■</font></a></td>
                <td><a href="javascript:srColor('wswEdit','#0000C0')">
                <font color='#0000C0'>■</font></a></td>
                <td><a href="javascript:srColor('wswEdit','#FF00FF')">
                <font color='#FF00FF'>■</font></a></td>
                <td><a href="javascript:srColor('wswEdit','#800080')">
                <font color='#800080'>■</font></a></td>
                <td><a href="javascript:srColor('wswEdit','#C000C0')">
                <font color='#C000C0'>■</font></a></td>
                <td><a href="javascript:srColor('wswEdit','#000000')">
                <font color='#000000'>■</font></a></td>
                <td><a href="javascript:srColor('wswEdit','#808080')">
                <font color='#808080'>■</font></a></td>
                <td><a href="javascript:srColor('wswEdit','#C0C0C0')">
                <font color='#C0C0C0'>■</font></a></td>
                <td><a href="javascript:srColor('wswEdit','#FFFFFF')">
                <font color='#FFFFFF'>■</font></a></td>
              </tr>
          </table></div>
        <div id=wswEdit_colorchoice2
        style="VISIBILITY:block;DISPLAY:none">
          <table border=0 cellpadding=0 cellspacing=3 >
              <tr>
                <td><span style=font-size:10pt;>배경색</span></td>
                <td><a href="javascript:srBackColor('wswEdit',
                '#FF0000')"><font color='#FF0000'>■</font></a></td>
                <td><a href="javascript:srBackColor('wswEdit',
                '#C00000')"><font color='#C00000'>■</font></a></td>
                <td><a href="javascript:srBackColor('wswEdit',
                '#FF8080')"><font color='#FF8080'>■</font></a></td>
                <td><a href="javascript:srBackColor('wswEdit',
                '#FFC0C0')"><font color='#FFC0C0'>■</font></a></td>
                <td><a href="javascript:srBackColor('wswEdit',
                '#FFFF00')"><font color='#FFFF00'>■</font></a></td>
```

```
<td><a href="javascript:srBackColor('wswEdit',
'#808000')"><font color='#808000'>■</font></a></td>
<td><a href="javascript:srBackColor('wswEdit',
'#00FF00')"><font color='#00FF00'>■</font></a></td>
<td><a href="javascript:srBackColor('wswEdit',
'#008000')"><font color='#008000'>■</font></a></td>
<td><a href="javascript:srBackColor('wswEdit',
'#00C000')"><font color='#00C000'>■</font></a></td>
<td><a href="javascript:srBackColor('wswEdit',
'#00FFFF')"><font color='#00FFFF'>■</font></a></td>
<td><a href="javascript:srBackColor('wswEdit',
'#008080')"><font color='#008080'>■</font></a></td>
<td><a href="javascript:srBackColor('wswEdit',
'#00C0C0')"><font color='#00C0C0'>■</font></a></td>
<td><a href="javascript:srBackColor('wswEdit',
'#0000FF')"><font color='#0000FF'>■</font></a></td>
<td><a href="javascript:srBackColor('wswEdit',
'#0000C0')"><font color='#0000C0'>■</font></a></td>
<td><a href="javascript:srBackColor('wswEdit',
'#FF00FF')"><font color='#FF00FF'>■</font></a></td>
<td><a href="javascript:srBackColor('wswEdit',
'#800080')"><font color='#800080'>■</font></a></td>
<td><a href="javascript:srBackColor('wswEdit',
'#C000C0')"><font color='#C000C0'>■</font></a></td>
<td><a href="javascript:srBackColor('wswEdit',
'#000000')"><font color='#000000'>■</font></a></td>
<td><a href="javascript:srBackColor('wswEdit',
'#808080')"><font color='#808080'>■</font></a></td>
<td><a href="javascript:srBackColor('wswEdit',
'#C0C0C0')"><font color='#C0C0C0'>■</font></a></td>
<td><a href="javascript:srBackColor('wswEdit',
'#FFFFFF')"><font color='#FFFFFF'>■</font></a></td>
</tr>
            </table>
          </div></td>
    </tr>
    <tr>
      <td colspan=2>
```

```
            <table width=100% border=1 bgcolor="#A6C4E1">
                <tr>
                  <td bgcolor="#FFFFFF">
                  <iframe  id=wswEdit src=wysiwyg_text.htm width=100%
                  height=200 scrolling="auto" border=0 frameborder=0
                  framespacing=0 hspace=0 marginheight=0 marginwidth=0
                  vspace=0></iframe>
                    <textarea name=storycomment id="storycomment"
                    style="display: none"></textarea>
                    <script language="JavaScript">
                   frames.wswEdit.document.designMode = "On"
              </script>
                        </td>
                </tr>
              </table></td>
          </tr>
      </table></td>
</tr>
<tr>
  <td height="25" bgcolor="#A6C4E1">  첨부파일</td>
  <td>  <input name="file" type="file" id="file"></td>
</tr>
<tr>
  <td width="80" height="25" bgcolor="#A6C4E1">  패스워드</td>
  <td width="510"> 
  <input name="pwd" type="password" id="pwd" size="15">
    (수정및 삭제시 필요)</td>
</tr>
</table>
<p align="center">
<input type="submit" name="Submit1" value="글올리기">
<input type="reset" name="Submit2" value="다시쓰기">
</p>
</form>
</body>
</html>
```

【설명】

[6~8]: 위지윅 기능을 이용해 편집된 게시판 내용을 html 태그를 포함하여 storycomment에 저장한다. 예를 들어, 게시판 글자에 "진하게"를 적용시킨 경우 "<STRONG>게시판</STRONG>"처럼 html 태그가 포함되어 storycomment에 저장된다.

[9~106] : 오려두기, 진하게, 글자색, 글자배경색, 숫자가 있는 목록, 숫자가 없는 목록 등을 실행하는 함수들이다.

[107~111] 글꼴과 글자크기 변경하는 함수

[112~118] 글자색을 선택할 수 있는 글자색들이 화면에 출력된다.

[118~ 124] 글자배경색을 선택할 수 있는 배경색들이 화면에 출력된다.

[126] 게시판 내용을 편집할 수 있도록 디자인 모드를 "On"으로 설정한다.

[146] 게시판 내용 편집에 필요한 진하게, 밑줄, 목록, 하이퍼 링크 등의 명령 아이콘으로 블록을 지정한 후, 명령아이콘을 클릭하면 9~125에서 선언한 함수를 호출하여 실행한다.

[150] 글꼴을 선택하면 107~118에 선언되어 있는 함수를 실행한다.

[151] 글자 크기를 선택하면 107~118에 선언되어 있는 함수를 실행한다.

[153~156] <div>로 묶인 이 부분은 Display:None으로 선언되어 있어 처음에는 숨긴 상태에서 글자색 명령 아이콘을 클릭해야만 화면에 출력되는 부분으로 글자색을 선택할 때 사용한다.

[157~162] <div>로 묶인 이 부분은 Display:None으로 선언되어 있어 처음에는 숨긴 상태에서 배경색 명령 아이콘을 클릭해야만 화면에 출력되는 부분으로 배경색을 선택할 때 사용한다.

[169] 게시할 내용을 입력하는 부분으로 iframe 태그를 이용하여 공간을 미리 확보한 후, wysiwyg_text.htm 문서를 iframe안에 불러온다. wysiwyg_text.htm 파일은 iframe의 공간을 확보하기 위해 만든 빈 문서로 메모장이나 한글워드를 실행하면 빈 화면이 열리는 것과 같은 원리이다.

[170] 게시할 내용을 storycomment 변수에 저장한다.

[171] 프레임을 수정할 수 있도록 designMode를 "On"으로 설정한다.

(2) 데이터베이스에 저장

게시판 입력 화면에서 입력된 내용을 board 테이블에 저장한다.

- boardinok.php

• 소스 •

```
<?
include "connection.php";
$writeday = date("Y-m-d");
$board = "board";
$savedir = $board;
if(is_uploaded_file($_FILES["file"]["tmp_name"])){
        $mktime = mktime();
        $file_name=$mktime."_".$file_name;
        $dest = $savedir."/".$file_name;
        if(!move_uploaded_file($file, $dest)){
                die("파일 업로드에 실패하였습니다");
        }
}
$query = "Insert into board(name, title, content, filename, filesize, pwd,
 writeday, hit) Values('$name', '$title','$storycomment', '$file_name', '$file_size',
 '$pwd', '$writeday', 0)";
mysql_query($query);
?>
<script language="Javascript">
<!--
 location.href="boardlist.php";
//-->
</script>
<?
mysql_close($connect);
?>
```

【설명】

[2] myhome 데이터베이스를 연동하는 파일인 connection.php를 포함시킨다.

[3] 현재 날짜를 년-월-일 형식으로 $writeday 변수에 저장한다.

[4] 첨부파일이 저장될 board 폴더 이름을 $board 변수에 저장한다.

[5] 저장될 디렉토리 경로를 $savedir 변수에 저장한다.

[6] 첨부파일이 존재하면,

[7~8] 현재시간을 $mktime 변수에 저장한다. 저장된 현재시간은 첨부파일 이름 앞에 붙여서 동일한 파일이 존재하기 때문에 발생하는 에러를 미연에 방지한다.

[9] 첨부파일을 저장할 디렉토리 경로와 파일이름을 $dest 변수에 저장한다.

[10~12] 지정된 폴더에 파일을 업로드한다. 업로드에 실패하면 "파일 업로드에 실패하였습니다"라는 에러 메시지를 출력한다.

[14] 게시판 입력화면에 입력된 내용들을 board 테이블에 저장하는 질의문을 생성한다.

[15] 14행에서 작성된 질의문을 실행하여 실질적으로 board 테이블에 입력된 내용들을 저장한다.

[17~21] 게시판 목록으로 이동한다.

[23] myhome 데이터베이스 연결을 종료시킨다.

(3) 게시판 목록 보기

board 테이블에 저장되어 있는 내용을 내림차순으로 정렬하여 한 페이지에 10개 단위로 출력한다. 또한, 게시판 목록 하단에 이름, 제목 내용으로 게시판 목록을 검색할 수 있는 검색 기능을 추가하였다.

【실행화면】

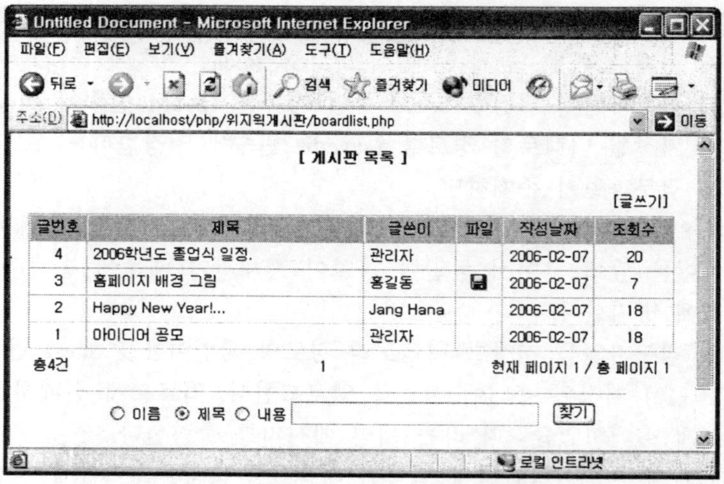

- boardlist.php

• 소스 •

```
<html>
<head>
<title>Untitled Document</title>
<style type="text/css">
<!--
a{
        text-decoration:none;
        color: #000000;
}
a:hover{
        text-decoration:underline;
        color: #0000FF;
}
//-->
</style>
<script language="JavaScript">
```

```
<!--
  function send(f){
        search = f.search.value.length;
        if(search < 1){
                alert("검색어를 입력하세요!");
                f.search.focus();
                return(false);
        }
        return(true);
}
//-->
</script>
</head>
<body>
<?
include "connection.php";
$query = "select * from board order by idx DESC";
$result = mysql_query($query);
$total = mysql_num_rows($result);
$pagemax=10;
$pagecount=(int)($total/$pagemax);
if ($pagecount==0) $pagecount=1;
if (!$page)
  $page=1;
?>
<p align="center"><strong>[ 게시판 목록 ]</strong></p>
<table width="570" border="0" align="center" cellpadding="0" cellspacing="0">
  <tr>
    <td height="25"><div align="right">
    [<a href="boardin.htm">글쓰기</a>]</div></td>
  </tr>
</table>
<table width="580" border="1" align="center" cellpadding="0" cellspacing="0" bordercolorlight="#A6C4E1" bordercolordark="#FFFFFF">
  <tr bgcolor="#A6C4E1">
    <td width="50" height="25"><div align="center">글번호</div></td>
    <td height="25" bgcolor="#A6C4E1"><div align="center">제목</div></td>
    <td width="80" height="25"><div align="center">글쓴이</div></td>
```

```
    <td width="40"><div align="center">파일</div></td>
    <td width="80" height="25"><div align="center">작성날짜</div></td>
    <td width="70" height="25"><div align="center">조회수</div></td>
</tr>
<?
$counter = ($page-1)*$pagemax;
$i=0;
$no = $total-($page-1)*$pagemax;
while($counter < $total){
    if($i < $pagemax){
            $idx = mysql_result($result, $counter, "idx");
            $name = mysql_result($result, $counter, "name");
            $title = mysql_result($result, $counter, "title");
            $filename = mysql_result($result, $counter, "filename");
            $writeday = mysql_result($result, $counter, "writeday");
            $hit = mysql_result($result, $counter, "hit");
?>
<tr>
    <td width="50" height="25" align="center"><? echo $no ?> </td>
    <td height="25"> <a href="boardview.php?idx=<? echo $idx?>">
    <? echo $title ?></a></td>
    <td width="80" height="25"> <? echo $name ?></td>
    <td width="40" align="center">
        <? if (strlen($filename) < 1){ ?>
         
        <?} else{ ?>
        <img src="images/diskette.gif">
        <? } ?>
    </td>
    <td width="80" height="25" align="center"><? echo $writeday ?></td>
    <td width="70" height="25" align="center"><? echo $hit ?></td>
</tr>
<?
        $i++;
            $no=$no-1;
    }
    $counter++;
}
```

```
92:  ?>
93: </table>
94: <table width="580" border="0" align="center" cellpadding="0" cellspacing="0">
95:  <tr>
96:    <td width="150" height="30"> <? echo "총".$total."건" ?></td>
97:    <td height="30" align="center"><? include "pagelist.php" ?></td>
98:    <td width="200" height="30" align="right">
99:    <? echo "현재 페이지 ".$page." / 총 페이지 ".$pagecount?> </td>
100:  </tr>
101: </table>
102: <table width="580" border="0" align="center" cellpadding="0" cellspacing="0">
103:  <tr>
104:    <td height="25">
105:    <form name="form1" method="post" action="boardsearch.php"
         onSubmit="return send(this);">
106:       <div align="center">
107:         <hr width="85%" size="1">
108:         <input type="radio" name="key" value="name">이름 
109:         <input name="key" type="radio" value="title" checked> 제목
110:         <input type="radio" name="key" value="content">내용
111:         <input name="search" type="text" id="search" size="30">nbsp;
112:         <input type="submit" name="Submit" value="찾기">
113:       </div>
114:    </form></td>
115:  </tr>
116: </table>
117: <? mysql_close($connect);?>
118: </body>
119: </html>
```

【설명】

[6~9] 링크(a 태그)를 적용시키면 기본적으로 글자색이 파란색으로 바뀌고 글자에 밑줄이 생기는데, 이 프로그램에선 글자색은 검은색으로 하고 밑줄은 생기지 않게 선언한다.

[10~13] 마우스커서가 링크가 적용된 글자위에 위치 시켰을 때만 밑줄이 생기고, 글자색이 파란색으로 바뀌도록 선언한다.

[18~26] 검색어를 입력하고 찾기 버튼을 클릭했을 때 실행되는 자바스크립

트이다. 먼저, 검색어가 입력되었는지를 검사하기 위해, 검색어가 기억된 search 변수의 데이터 길이를 체크한 후 길이가 1보다 작으면 "검색어를 입력하세요"라는 경고 창을 출력시키고, 그렇치 않으면 즉, 데이터 길이가 1보다 크다면 form 태그의 action이 가리키는 곳으로 이동한다.

[32] 데이터베이스를 연동하는 connection.php 파일을 연결시킨다.

[33] board 테이블의 모든 레코드들을 내림차순으로 정렬하여 선택하는 질의문을 생성한다.

[34] 33행에서 생성된 질의문을 실행한다.

[35] board 테이블의 레코드 수를 계산하여 $total 변수에 기억시킨다.

[36] 한 페이지에 출력될 최대 레코드 수를 10으로 선언한다.

[37] 페이지 개수를 계산한다.

[38] 페이지 개수가 0이면 페이지 개수를 1로 선언한다.

[39] 현재 페이지 값이 전달되지 않으면, 현재 페이지를 1로 선언한다. 이 프로그램에선 $page가 현재 페이지 값을 기억하는 변수이다.

[59] $result 변수에 기억된 레코드들을 출력하기 위해, 행번호의 초기값을 계산한다. 예를 들어, $page=1이고, $pagemax=10이면 $count=(1-1)*10이므로 $count=0이 된다.

[60] 한 페이지에 출력되는 레코드 수를 계산하기 위한 변수를 선언를 $i로 선언하고 초기값으로 0을 선언한다.

[61] 화면에 출력될 글번호를 계산한다. 예를 들어, $total=4, $page=1, $pagemax=3일 경우 $no=4-(1-1)*3=4이 된다.

[62~91] While문의 조건이 참일 때, 62~91행 사이를 반복 실행한다. 즉, board 테이블의 레코드 수만큼 반복하여 화면에 레코드 목록을 출력한다.

[63] 현재 화면에 출력된 레코드 수가 한 화면에 출력할 레코드 수보다 작으면 64~89행 사이를 실행하고, 그렇치않으면 90번 행으로 이동한다. 이 방법을 이용하여 한 페이지에 출력할 레코드 목록을 제한할 수 있다.

[64~69] $result 변수에 저장되어 있는 레코드를 $counter가 기억하고 있는 행번호에 따라 $idx, $name, $title, $filename, $writeday, $hit 변수에 기억시킨다.

[72~85] 각 변수에 기억되어 있는 값을 화면에 출력한다.

[77~81] 첨부 파일이 없으면 공백을 출력하고, 첨부 파일이 있으면 디스켓 모양의 아이콘을 화면에 출력한다.

[88] 화면에 레코드를 한 개씩 출력할 때마다 $i의 값을 1씩 증가시킨다. 즉, $i는 화면에 출력된 레코드의 수를 의미한다.

[89] 내림차순으로 정렬하여 출력하므로 글번호 또한 내림차순 모양으로 출력해야 하므로, 글번호를 레코드를 출력할 때마다 글번호를 1씩 감소시킨다.

[90] $result 변수에 저장된 레코드를 가져올 행 번호를 1씩 증가시킨다.

[105~114] 검색어를 입력하는 폼이다. 검색어 분류를 이름, 제목, 내용으로 하였으며, 각각의 항목에는 필드이름이 기억되어 있다. 즉, name, title, content가 기억되어 있어서 제목을 선택하고 검색어를 입력한 후 찾기 버튼을 클릭하면, title 필드에서 검색어를 찾아 결과를 화면에 출력한다.

[117] 데이터베이스 연동을 종료한다.

(4) 게시판 내용 확인

게시판 리스트에서 제목을 선택하면, 제목에 관련된 게시물을 자세하게 확인할 수 있으며, 게시판 내용 확인 창에서 목록, 글쓰기, 수정, 삭제로 이동할 수 있도록 하였다.

【실행화면】

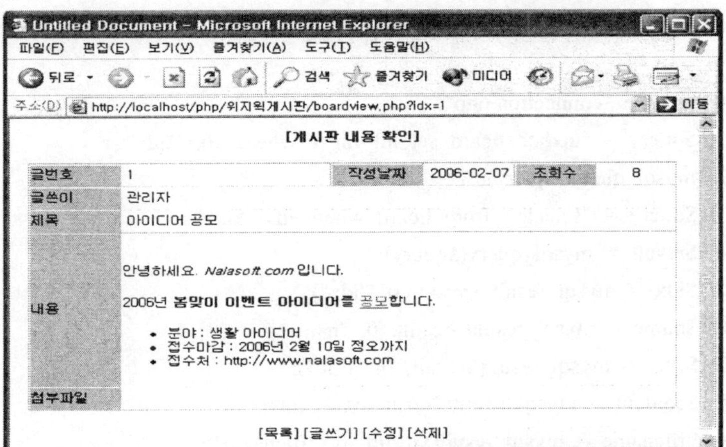

• boardview.php

【코드】

```
<html>
<head>
<title>Untitled Document</title>
<meta http-equiv="Content-Type" content="text/html; charset=euc-kr">
<style type="text/css">
<!--
a{
        text-decoration:none;
        color: #000000;
}
a:hover{
        text-decoration:underline;
        color: #0000FF;
}
//-->
</style>
</head>
<body>
<?
include "connection.php";
$query = "update board set hit=hit+1 where idx='$idx'";
mysql_query($query);
$query = "select * from board where idx='$idx'";
$result = mysql_query($query);
$idx = mysql_result($result, 0, "idx");
$name = mysql_result($result, 0, "name");
$title = mysql_result($result, 0, "title");
$content = mysql_result($result, 0, "content");
$filename = mysql_result($result, 0, "filename");
$writeday = mysql_result($result, 0, "writeday");
$hit = mysql_result($result, 0, "hit");
?>
<div align="center">
<p><strong>[게시판 내용 확인] </strong></p>
```

```
<table width="580" border="1" cellpadding="0" cellspacing="0"
  bordercolorlight="#A6C4E1" bordercolordark="#FFFFFF">
<tr>
  <td width="80" height="25" bgcolor="#A6C4E1">글번호</td>
   <td> <? echo $idx ?></td>
   <td width="80" bgcolor="#A6C4E1"><div align="center">작성날짜</div></td>
   <td width="80"><div align="center"><? echo $writeday ?></div></td>
   <td width="70" bgcolor="#A6C4E1"><div align="center">조회수</div></td>
   <td width="70"><div align="center"><? echo $hit ?></div></td>
</tr>
<tr>
   <td width="80" height="25" bgcolor="#A6C4E1">글쓴이</td>
   <td colspan="5"> <? echo $name ?></td>
</tr>
<tr>
   <td width="80" height="25" bgcolor="#A6C4E1">제목</td>
   <td colspan="5"> <? echo $title ?></td>
</tr>
<tr>
   <td width="80" height="25" bgcolor="#A6C4E1">내용</td>
   <td colspan="5"> <? echo $content ?></td>
</tr>
<tr>
   <td width="80" height="25" bgcolor="#A6C4E1">첨부파일</td>
   <td colspan="5"> <? echo $filename ?></td>
</tr>
</table>
  <p>[<a href="boardlist.php">목록</a>][<a href="boardin.htm">글쓰기</a>]
 [<a href="boardupdate.php?idx=<? echo $idx ?>">수정</a>]
 [<a href="#" onClick="MM_openBrWindow('boarddel.php','win1',
 'width=300,height=180')">삭제</a>]</p>
</div>
<? mysql_close($connect); ?>
</body>
</html>
```

【설명】

[20] 데이터베이스를 연동할 connection.php를 연결한다.

[21] 선택한 글번호에 대한 조회수 1을 증가시키는 질의문을 생성한다. 여기서, 주의할 사항은 반드시 조건문(where)을 사용하여 선택한 글번호를 지정해주어야 한다. 만약에 조건문(where)을 생략하다면, board 테이블의 모든 레코드에 대한 조회수가 1씩 증가할 것이다.

[22] 21행에서 생성한 질의문을 실행한다.

[23] 선택한 글번호에 대한 내용을 모두 선택하는 질의문을 생성한다.

[24] 23행에서 생성한 질의문을 실행한 후 그 결과를 $result 변수에 저장한다.

[25~31] $result 변수에 저장되어 있는 레코드의 내용을 각각의 변수에 기억시킨다.

[35~60] 각 변수에 저장되어 있는 값을 화면에 출력한다.

[61] 목록, 글쓰기, 수정, 삭제로 이동할 수 있도록 링크를 설정한다. 목록, 글쓰기, 수정은 곧바로 해당 페이지로 이동하게 하였지만, 삭제는 패스워드를 확인하는 팝업창이 먼저 실행하도록 하였다.

[63] 데이터베이스 연동을 종료한다.

(5) 게시판 내용 수정하기

게시판 내용 확인 화면에서 “[수정]”을 선택하면 실행된다. 게시판 글쓰기와 마찬가지로 수정하기도 위지윅 형태로 구성하였다. 내용을 수정한 후 “수정”버튼을 클릭했을 때 입력한 패스워드와 board 테이블에 기억되어 있는 패스워드가 일치하지 않으면, “패스워드가 틀렸습니다.”라는 경고창이 출력되고, 확인 버튼을 클릭하면 게시판 내용 수정 화면으로 되돌아오게 하였다.

【실행화면】

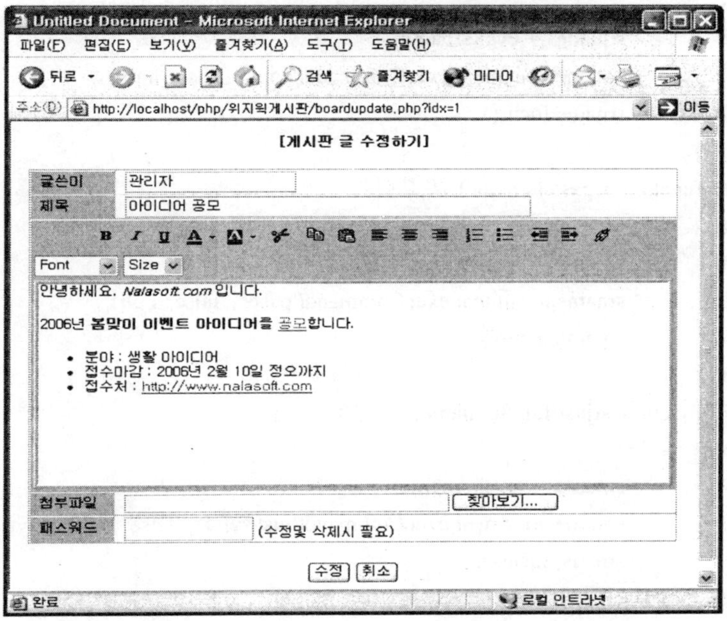

- boardupdate.php

【코드】

```
<html>
<head>
<title>Untitled Document</title>
<script language="JavaScript">
<!--
function storycommentvalue(v) {
   v.elements.storycomment.value=""+wswEdit.document.body.innerHTML+"";
}
function srcut(srname) // 자르기
{
        srname = eval(srname) ;
        srname.document.execCommand('cut', false, null);
        srname.focus();
```

```
}
function srcopy(srname) // 복사
{
        srname = eval(srname) ;
        srname.document.execCommand('copy', false, null);
        srname.focus();
}
function srpaste(srname) // 붙이기
{
        srname = eval(srname) ;
        srname.document.execCommand('paste', false, null);
        srname.focus();
}
function srjustifyleft(srname) // 왼쪽 정렬
{
        srname = eval(srname) ;
        srname.document.execCommand('justifyleft', false, null);
        srname.focus();
}
function srjustifycenter(srname) // 가운데 정렬
{
        srname = eval(srname) ;
        srname.document.execCommand('justifycenter', false, null);
        srname.focus();
}
function srjustifyright(srname) // 오른쪽 정렬
{
        srname = eval(srname) ;
        srname.document.execCommand('justifyright', false, null);
        srname.focus();
}
function srinsertorderedlist(srname) // 숫자로 된 목록
{
        srname = eval(srname) ;
        srname.document.execCommand('insertorderedlist', false, null);
        srname.focus();
}
function srinsertunorderedlist(srname) // 점으로 된 목록
```

```
{
        srname = eval(srname) ;
        srname.document.execCommand('insertunorderedlist', false, null);
        srname.focus();
}
function srindent(srname) // 들여쓰기 늘이기
{
        srname = eval(srname) ;
        srname.document.execCommand('indent', false, null);
        srname.focus();
}
function sroutdent(srname) // 들여쓰기 줄이기
{
        srname = eval(srname) ;
        srname.document.execCommand('outdent', false, null);
        srname.focus();
}
function srBold(srname) // 진하게
{
        srname = eval(srname) ;
        srname.document.execCommand('Bold', false, null);
        srname.focus();
}
function srItalic(srname) // 이텔릭
{
        srname = eval(srname) ;
        srname.document.execCommand('Italic', false, null);
        srname.focus();
}
function srUnderline(srname) // 밑줄
{
        srname = eval(srname) ;
        srname.document.execCommand('Underline', false, null);
        srname.focus();
}
function srColor(srname, color) // 글자색
{
        srname = eval(srname) ;
```

```
        srname.document.execCommand('ForeColor', true, color);
        srname.focus();
}
function srBackColor(srname, color) // 글자 배경색
{
        srname = eval(srname) ;
        srname.document.execCommand('BackColor', true, color);
        srname.focus();
}
function srcreateLink(srname,link_name) // 하이퍼링크 만들기
{
        srname = eval(srname) ;
        srname.focus();
        srname.document.execCommand('CreateLink', true, link_name);
}
function fontct(fontcts,cho){ //글꼴, 글자크기
        frames.wswEdit.focus();
        srfont = frames.wswEdit.document.selection.createRange();
        srfont.execCommand(fontcts,false, cho);
        }
function underlook(hee) { // 글자색 스타일 변경
        if(document.all[hee].style.display == 'none') {
                document.all[hee].style.display = 'block';
        } else {
                document.all[hee].style.display = 'none';
        }
}
function underlook2(hee) { // 배경색 스타일 변경
        if(document.all[hee].style.display == 'none') {
                document.all[hee].style.display = 'block';
        } else {
                document.all[hee].style.display = 'none';
        }
}
frames.wswEdit.document.designMode = "On"
//-->
</script>
</head>
```

```
<body>
<form action="boardupdateok.php?idx=<? echo $idx ?>"
   method="post" name="form1" enctype="multipart/form-data"
   onSubmit="storycommentvalue(this);">
<?
include "connection.php";
$query = "select * from board where idx='$idx'";
$result = mysql_query($query);
$idx = mysql_result($result, 0, "idx");
$name = mysql_result($result, 0, "name");
$title = mysql_result($result, 0, "title");
$filename = mysql_result($result, 0, "filename");
$writeday = mysql_result($result, 0, "writeday");
$hit = mysql_result($result, 0, "hit");
?>
<p align="center"><strong>[게시판 글쓰기]</strong></p>
<table width="580" border="1" align="center" cellpadding="0" cellspacing="0"
        bordercolor="#A6C4E1" bordercolorlight="#A6C4E1"
bordercolordark="#FFFFFF">
<tr>
 <td width="80" height="25" bgcolor="#A6C4E1">  글쓴이</td>
 <td width="510">  <input name="name" type="text" id="name"
        value="<? echo $name ?>" size="20"></td>
</tr>
<tr>
 <td width="80" height="25" bgcolor="#A6C4E1">  제목</td>
 <td width="510">  <input name="title" type="text" id="title"
        value="<? echo $title ?>" size="50"></td>
</tr>
<tr>
 <td height="21" colspan="2">
 <table width=100% bgcolor=#A6C4E1>
      <tr>
        <td colspan=2 align=center>
          <img src='images/w_bold.gif' width="23" height="25" border=0
      title='진하게'  onClick="srBold('wswEdit')">
          <img src='images/w_italic.gif' width="23" height="25" border=0
      title='이탤릭'  onClick="srItalic('wswEdit')">
```

```
        <img src='images/w_under.gif' width="22" height="22" border=0
    title='밑줄'  onClick="srUnderline('wswEdit')">
        <img src='images/w_fontcolor.gif' width="32" height="25" border=0
    title='글자색' onClick="underlook('wswEdit_colorchoice')">
        <img src='images/w_fontbackcolor.gif' width="35" height="25"
    border=0 title='글자 배경색'
    onClick="underlook2('wswEdit_colorchoice2')">
        <img src='images/w_cut.gif' width="25" height="25" border=0
    title='자르기(Ctrl + X)'  onClick="srcut('wswEdit')">
        <img src='images/w_copy.gif' width="28" height="25" border=0
    title='복사(Ctrl + C)'  onClick="srcopy('wswEdit')">
        <img src='images/w_paste.gif' width="24" height="23" border=0
    title='붙이기(Ctrl + V)'  onClick="srpaste('wswEdit')">
        <img src='images/w_justifyleft.gif' width="25" height="25" border=0
    title='왼쪽 정렬'  onClick="srjustifyleft('wswEdit')">
        <img src='images/w_justifycenter.gif' width="24" height="25"
    border=0 title='가운데 정렬'  onClick="srjustifycenter('wswEdit')">
<img src='images/w_justifyright.gif' width="24" height="25"
    border=0 title='오른쪽 정렬'  onClick="srjustifyright('wswEdit')">
        <img src='images/w_insertorderedlist.gif' width="24" height="25"
    border=0 title='숫자로 된 목록'
    onClick="srinsertorderedlist('wswEdit')">
        <img src='images/w_insertunorderedlist.gif' width="25" height="25"
    border=0 title='점으로 된 목록'
    onClick="srinsertunorderedlist('wswEdit')">
        <img src='images/w_outdent.gif' width="24" height="25" border=0
    title='들여쓰기 줄이기'  onClick="sroutdent('wswEdit')">
        <img src='images/w_indent.gif' width="25" height="25" border=0
    title='들여쓰기 늘이기'  onClick="srindent('wswEdit')">
        <img src='images/w_img.gif' width="25" height="25" border=0
    title='이미지 삽입'  onClick="srinsertImg('wswEdit')">
        <img src='images/w_link.gif' width="25" height="25" border=0
    title='하이퍼링크 만들기' onClick="srcreateLink('wswEdit')">
        </td>
    </tr>
    <tr>
        <td width=140 align=left>
        <select name="select3"
```

```
    onChange="fontct('fontname',this[this.selectedIndex].value);
    this.selectedIndex=0">
        <option selected>Font
        <option value="굴림">굴림
        <option value="궁서">궁서
        <option value="돋움">돋움
        <option value="바탕">바탕
        <option value="고딕">고딕
        <option value="신명조">신명조
        <option value="Arial">Arial
        <option value="Century">Century
        <option value="Roman">Roman
        <option value="SimSun">SimSun </select>
<select name="select3"
    onChange="fontct('fontsize',this[this.selectedIndex].value);
    this.selectedIndex=0">
        <option selected>Size
        <option value="1">1
        <option value="2">2
        <option value="3">3
        <option value="4">4
        <option value="5">5
        <option value="6">6
        <option value="7">7
        <option value="8">8
        <option value="9">9
        <option value="10">10 </select> </td>
<td>
<div id=wswEdit_colorchoice style="VISIBILITY:block;DISPLAY:none">
    <table border=0 cellpadding=0 cellspacing=3 >
        <tr>
            <td><span style=font-size:10pt;>글자색</span></td>
            <td><a href="javascript:srColor('wswEdit','#FF0000')">
            <font color='#FF0000'>■</font></a></td>
            <td><a href="javascript:srColor('wswEdit','#C00000')">
            <font color='#C00000'>■</font></a></td>
            <td><a href="javascript:srColor('wswEdit','#FF8080')">
            <font color='#FF8080'>■</font></a></td>
```

```
<td><a href="javascript:srColor('wswEdit','#FFC0C0')">
<font color='#FFC0C0'>■</font></a></td>
<td><a href="javascript:srColor('wswEdit','#FFFF00')">
<font color='#FFFF00'>■</font></a></td>
<td><a href="javascript:srColor('wswEdit','#808000')">
<font color='#808000'>■</font></a></td>
<td><a href="javascript:srColor('wswEdit','#00FF00')">
<font color='#00FF00'>■</font></a></td>
<td><a href="javascript:srColor('wswEdit','#008000')">
<font color='#008000'>■</font></a></td>
<td><a href="javascript:srColor('wswEdit','#00C000')">
<font color='#00C000'>■</font></a></td>
<td><a href="javascript:srColor('wswEdit','#00FFFF')">
<font color='#00FFFF'>■</font></a></td>
<td><a href="javascript:srColor('wswEdit','#008080')">
<font color='#008080'>■</font></a></td>
<td><a href="javascript:srColor('wswEdit','#00C0C0')">
<font color='#00C0C0'>■</font></a></td>
<td><a href="javascript:srColor('wswEdit','#0000FF')">
<font color='#0000FF'>■</font></a></td>
<td><a href="javascript:srColor('wswEdit','#0000C0')">
<font color='#0000C0'>■</font></a></td>
<td><a href="javascript:srColor('wswEdit','#FF00FF')">
<font color='#FF00FF'>■</font></a></td>
<td><a href="javascript:srColor('wswEdit','#800080')">
<font color='#800080'>■</font></a></td>
<td><a href="javascript:srColor('wswEdit','#C000C0')">
<font color='#C000C0'>■</font></a></td>
<td><a href="javascript:srColor('wswEdit','#000000')">
<font color='#000000'>■</font></a></td>
<td><a href="javascript:srColor('wswEdit','#808080')">
<font color='#808080'>■</font></a></td>
<td><a href="javascript:srColor('wswEdit','#C0C0C0')">
<font color='#C0C0C0'>■</font></a></td>
<td><a href="javascript:srColor('wswEdit','#FFFFFF')">
<font color='#FFFFFF'>■</font></a></td>
</tr>
</table></div>
```

```
<div id=wswEdit_colorchoice2
style="VISIBILITY:block;DISPLAY:none">
  <table border=0 cellpadding=0 cellspacing=3 >
    <tr>
      <td><span style=font-size:10pt;>배경색</span></td>
      <td><a href="javascript:srBackColor('wswEdit',
      '#FF0000')"><font color='#FF0000'>■</font></a></td>
      <td><a href="javascript:srBackColor('wswEdit',
      '#C00000')"><font color='#C00000'>■</font></a></td>
      <td><a href="javascript:srBackColor('wswEdit',
      '#FF8080')"><font color='#FF8080'>■</font></a></td>
      <td><a href="javascript:srBackColor('wswEdit',
      '#FFC0C0')"><font color='#FFC0C0'>■</font></a></td>
      <td><a href="javascript:srBackColor('wswEdit',
      '#FFFF00')"><font color='#FFFF00'>■</font></a></td>
      <td><a href="javascript:srBackColor('wswEdit',
      '#808000')"><font color='#808000'>■</font></a></td>
      <td><a href="javascript:srBackColor('wswEdit',
      '#00FF00')"><font color='#00FF00'>■</font></a></td>
      <td><a href="javascript:srBackColor('wswEdit',
      '#008000')"><font color='#008000'>■</font></a></td>
      <td><a href="javascript:srBackColor('wswEdit',
      '#00C000')"><font color='#00C000'>■</font></a></td>
      <td><a href="javascript:srBackColor('wswEdit',
      '#00FFFF')"><font color='#00FFFF'>■</font></a></td>
      <td><a href="javascript:srBackColor('wswEdit',
      '#008080')"><font color='#008080'>■</font></a></td>
      <td><a href="javascript:srBackColor('wswEdit',
      '#00C0C0')"><font color='#00C0C0'>■</font></a></td>
      <td><a href="javascript:srBackColor('wswEdit',
      '#0000FF')"><font color='#0000FF'>■</font></a></td>
      <td><a href="javascript:srBackColor('wswEdit',
      '#0000C0')"><font color='#0000C0'>■</font></a></td>
      <td><a href="javascript:srBackColor('wswEdit',
      '#FF00FF')"><font color='#FF00FF'>■</font></a></td>
      <td><a href="javascript:srBackColor('wswEdit',
      '#800080')"><font color='#800080'>■</font></a></td>
      <td><a href="javascript:srBackColor('wswEdit',
```

```
                    '#C000C0')"><font color='#C000C0'>■</font></a></td>
                    <td><a href="javascript:srBackColor('wswEdit',
                    '#000000')"><font color='#000000'>■</font></a></td>
                    <td><a href="javascript:srBackColor('wswEdit',
                    '#808080')"><font color='#808080'>■</font></a></td>
                    <td><a href="javascript:srBackColor('wswEdit',
                    '#C0C0C0')"><font color='#C0C0C0'>■</font></a></td>
                    <td><a href="javascript:srBackColor('wswEdit',
                    '#FFFFFF')"><font color='#FFFFFF'>■</font></a></td>
                  </tr>
          </table>
        </div></td>
    </tr>
    <tr>
      <td colspan=2> <table width=100% border=1 bgcolor="#A6C4E1">
          <tr>
            <td bgcolor="#FFFFFF">
              <iframe  id=wswEdit src="boardcontent.php?idx=<? echo $idx?>"
            width=100% height=200 scrolling="auto" border=0
            frameborder=0 framespacing=0 hspace=0 marginheight=0
            marginwidth=0 vspace=0></iframe>
            <textarea name=storycomment id="storycomment"
            style="display: none"></textarea>
              <script language="JavaScript">
                     frames.wswEdit.document.designMode = "On"
              </script> </td>
          </tr>
        </table></td>
    </tr>
  </table></td>
</tr>
<tr>
 <td height="25" bgcolor="#A6C4E1">  첨부파일</td>
 <td>  <input name="file" type="file" id="file" size="40"></td>
</tr>
<tr>
 <td width="80" height="25" bgcolor="#A6C4E1">  패스워드</td>
 <td width="510"> 
```

```
197:  <input name="pwd" type="password" id="pwd" size="15">
      (수정및 삭제시 필요)</td>
198: </tr>
199: </table>
200: <p align="center">
201: <input type="submit" name="Submit1" value="수정">
202: <input type="reset" name="Submit2" value="취소">
203: </p>
204: </form>
205: </body>
206: </html>
```

【설명】

게시판 내용 수정하기 소스코드는 게시판 글쓰기 코드와 흡사하다. 특히 위지윅 편집에 관련된 JavaScript와 글자색, 배경색에 대한 부분은 일치한다. 따라서, 일치하는 코드 부분은 설명을 생략하기로 하고, 게시판 글쓰기 코드와 다른 부분에 대해서 설명하기로 하자.

[131] "수정"버튼을 클릭하면 수정된 정보와 글번호를 갱신하는 boardupdateok.php에 전달한다.

[133] 데이터베이스를 연동하는 connection.php를 연결한다.

[134] 선택된 글에 대한 모든 내용을 선택하는 질의문을 생성한다.

[135] 134행에서 생성한 질의문을 실행하여 그 결과를 $result 변수에 저장한다.

[136~141] $result 변수에 기억된 값을 각각의 변수에 저장한다.

[144~199] 각각의 변수에 저장된 내용을 화면에 출력한다.

[180] 게시판의 내용을 iframe에 출력한다. 여기서 <textarea> 태그만을 사용하지 않고, iframe을 이용해 선택된 내용을 화면에 출력한 것은 실행결과처럼 위지윅 형태로 화면에 나타내기 위해서이다. <textarea> 태그만을 사용해서 내용을 화면에 출력하면, HTML 태그까지 그대로 출력되기 때문에 iframe을 이용해 내용을 출력하는 boardcontent.php 연결시켜서 내용을 입력할 때 작업했던 위지윅 형태 그대로를 화면에 출력한다.

- boardcontent.php

【코드】 content 필드 내용을 위지윅 형태로 편집 화면에 출력하기

```
<?
include "connection.php";
$query = "select content from board where idx='$idx'";
$result = mysql_query($query);
$message = mysql_result($result, 0, "content");
echo $message;
?>
```

• boardupdateok.php

수정된 글 내용을 데이터베이스에 저장하는 것은 새로운 글을 데이터베이스에 저장하는 것과 거의 흡사하다. 다른 점이 있다면, 수정된 글을 데이터베이스에 저장하기 전에 패스워드를 확인하는 것으로, 패스워드가 일치하지 않으면 “패스워드가 틀렸습니다...”라는 경고창을 출력시킨다.

【코드】 게시판 내용 수정 내용 데이터베이스에 저장

```
<?
include "connection.php";
$writeday = date("Y-m-d");
$board = "board";
$savedir = $board;
if(is_uploaded_file($_FILES["file"]["tmp_name"])){
        $mktime = mktime();
        $file_name=$mktime."_".$file_name;
        $dest = $savedir."/".$file_name;
        if(!move_uploaded_file($file, $dest)){
                die("파일 업로드에 실패하였습니다");
        }
}
$query = "select pwd from board where idx='$idx'";
$result = mysql_query($query);
$check_pwd = mysql_result($result, 0, "pwd");
if (strcmp($pwd, $check_pwd)==0){
```

```
18:     $query = "Update board set name='$name', title='$title',
          content='$storycomment', filename='$filename', filesize='$filesize',
          pwd='$pwd', writeday='$writeday' where idx='$idx'";
19:     mysql_query($query);
20:     echo ("<meta http-equiv='Refresh' content='0; URL=boardlist.php'>");
21: }
22: else{
23: ?>
24:     <script language="javascript">
25:     <!--
26:       alert("패스워드가 틀렸습니다. 확인 후 다시 수정하세요!");
27:       history.back();
28:     //-->
29:     </script>
30: <?
31: }
32: mysql_close($connect);
33: ?>
```

【설명】

[14] 선택된 글에 해당하는 패스워드를 선택하는 질의문을 생성한다.

[15] 14행에서 생성된 질의문을 실행한 후, 그 결과를 $result 변수에 저장한다.

[16] $result 변수에 기억된 패스워드를 $check_pwd 변수에 저장한다.

[17] 글 수정화면에서 입력된 패스워드 $pwd와 board 테이블에 저장되어 있던 패스워드 $check_pwd를 비교하여 같으면 18~21행을 실행하고, 32행으로 이동한다. 패스워드가 같지 않으면 22~31행을 실행한다. 즉, 26행에서 경고창을 실행하고 확인 버튼을 클릭하면 27행의 history.back();명령에 의해 글 수정화면으로 되돌아간다.

[18] 선택된 글을 수정하는 질의문을 생성한다.

[19] 18행에서 생성된 질의문을 실행한다.

[20] 게시판 목록으로 이동한다.

(6) 게시판 글 삭제하기

게시판의 글을 삭제하기 전에 먼저 게시된 글의 패스워드를 확인한 후, 패스워드가 같으면, 선택된 글을 삭제하고 게시판 목록으로 이동하고, 패스워드가 같지 않으면, 경고 메시지창을 출력한다.

패스워드 입력은 "게시판 내용 확인(boardview.php)"에서 "삭제"를 클릭하면 새 창에 패스워드 입력화면이 출력되고, "취소"버튼을 클릭하면 패스워드 입력창이 닫히고, 게시판 내용 확인 창으로 활성화 된다.

【실행화면】

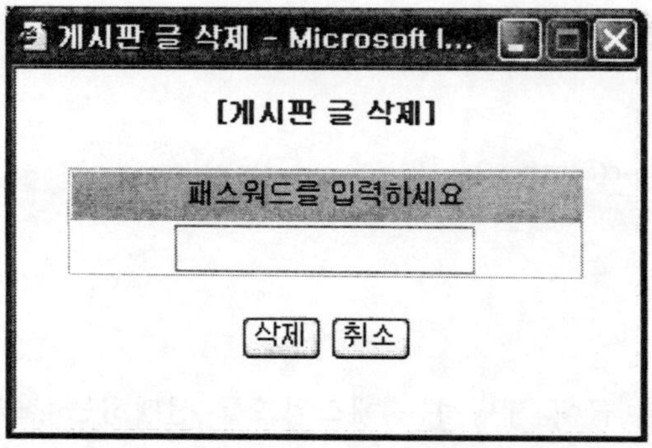

- boarddel.php

• 소스 •

```
<html>
<head>
<title>게시판 글 삭제</title>
</head>
<body>
<p align="center"><strong>[게시판 글 삭제]</strong></p>
<form name="form1" method="post" action="boarddelok.php">
<table width="250" border="1" align="center" cellpadding="0" cellspacing="0"
  bordercolorlight="#A6C4E1" bordercolordark="#FFFFFF">
```

```
 9:  <tr>
10:    <td height="25" bgcolor="#A6C4E1"><div align="center">패스워드를 입하세요
             <input name="idx" type="hidden" id="idx" value="<? echo $idx ?>">
             </div></td>
11: </tr>
12: <tr>
13:    <td height="25"><div align="center">
             <input name="pwd" type="password" id="pwd"></div></td>
14: </tr>
15: </table>
16: <p align="center">
17: <input type="submit" name="Submit" value="삭제">
18: <input type="button" name="Submit2" value="취소"
     onClick="javascript:window.close();">
19: </p>
20: </form>
21: </body>
22: </html>
```

【설명】

[10] 선택된 글번호 idx를 삭제 버튼을 클릭하면 boarddelok.php에 전달하기 위해 hidden 타입으로 숨겨놓는다.

[18] 취소 버튼을 클릭하면 현재의 창을 닫는 javascript 명령어인 window.close()함수를 실행한다.

- boarddelok.php

• 소스 •

```
<?
include "connection.php";
$query = "select pwd from board where idx='$idx'";
$result = mysql_query($query);
$check_pwd = mysql_result($result, 0, "pwd");
if (strcmp($pwd, $check_pwd) == 0){
```

```
 7:           mysql_query("delete from board where idx='$idx'");
 8:           echo ("<meta http-equiv='Refresh' content='0; URL=boardlist.php'>");
 9: }
10: else{
11: ?>
12:           <script language="javascript">
13:           <!--
14:              alert("암호가 틀렸습니다. 확인 후 다시 입력하세요!");
15:              history.back();
16:           //-->
17:           </script>
18: <?
19: }
20: mysql_close($connect);
21: ?>
```

【설명】

[3] 전달 받은 글번호에 대한 패스워드를 선택하는 질의문을 생성한다.

[4] 3행의 질의문을 실행한다.

[6] 입력받은 질의문과 board 테이블에 저장되어 있는 질의문을 비교하여 같으면 7~8행을 실행하고 20행으로 이동한다. 같지 않으면 12~17행을 실행한다.

[7] 선택된 글번호를 삭제한다.

[8] 게시판 목록으로 이동한다.

[12~17] “암호가 틀렸습니다”라는 경고창을 실행시키고, 경고창에서 “확인” 버튼을 클릭하면 패스워드 입력 화면으로 되돌아간다.

(7) 검색하기

게시판에 저장된 글쓴이, 제목, 내용을 키워드로 하여 등록된 글을 검색한다.

【실행화면】 검색어 입력

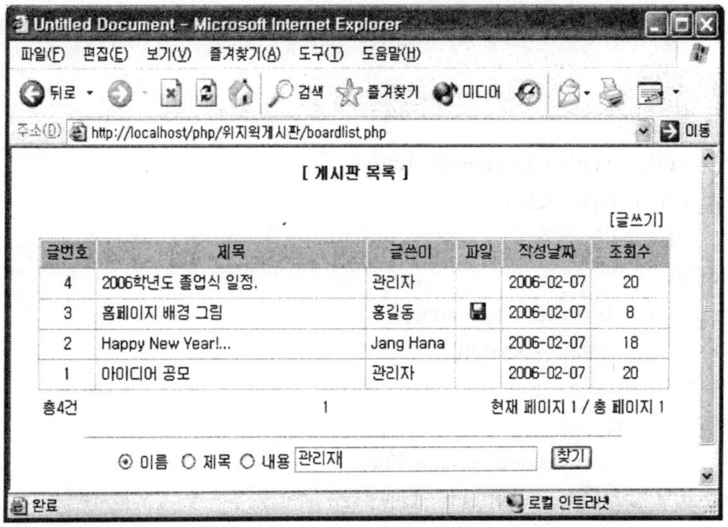

【실행화면】 검색 결과

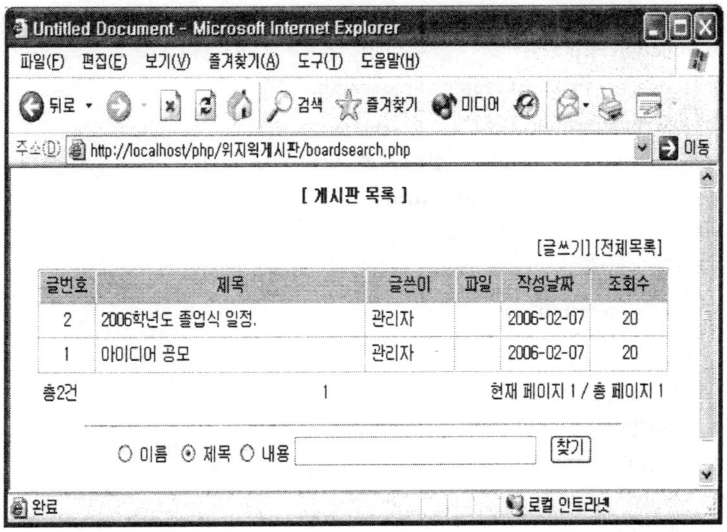

- boardsearch.php

• 소스 •

```
<html>
<head>
<title>Untitled Document</title>
<style type="text/css">
<!--
a{
	text-decoration:none;
	color: #000000;
}
a:hover{
	text-decoration:underline;
	color: #0000FF;
}
//-->
</style>
<script language="JavaScript">
<!--
function send(f){
	search = f.search.value.length;
	if(search < 1){
		alert("검색어를 입력하세요!");
		f.search.focus();
		return(false);
	}
	return(true);
}
//-->
</script>
</head>
<body>
<?
include "connection.php";
$query = "select * from board where $key like '%$search%' order by idx DESC";
```

```
$result = mysql_query($query);
$total = mysql_num_rows($result);
$pagemax=10;
$pagecount=(int)($total/$pagemax);
if ($pagecount==0) $pagecount=1;
if (!$page)
    $page=1;
if (!$total){
?>
<p align="center"> <strong>등록된 글</strong>이 없습니다. </p>
<p align="center">- <a href="boardlist.php">목록으로 이동</a> - </p>
<? }else{ ?>
<p align="center"><strong>[ 게시판 목록 ]</strong></p>
<table width="570" border="0" align="center" cellpadding="0" cellspacing="0">
  <tr>
    <td height="25"><div align="right">[<a href="boardin.htm">글쓰기</a>]
    [<a href="boardlist.php">전체목록</a>]</div></td>
  </tr>
</table>
<table width="580" border="1" align="center" cellpadding="0" cellspacing="0"
 bordercolorlight="#A6C4E1" bordercolordark="#FFFFFF">
  <tr bgcolor="#A6C4E1">
    <td width="50" height="25"><div align="center">글번호</div></td>
    <td height="25" bgcolor="#A6C4E1"><div align="center">제목</div></td>
    <td width="80" height="25"><div align="center">글쓴이</div></td>
    <td width="40"><div align="center">파일</div></td>
    <td width="80" height="25"><div align="center">작성날짜</div></td>
    <td width="70" height="25"><div align="center">조회수</div></td>
  </tr>
  <?
  $counter = ($page-1)*$pagemax;
  $i=0;
  $no = $total-($page-1)*$pagemax;
  while($counter < $total){
    if($i < $pagemax){
            $idx = mysql_result($result, $counter, "idx");
            $name = mysql_result($result, $counter, "name");
            $title = mysql_result($result, $counter, "title");
```

```
            $filename = mysql_result($result, $counter, "filename");
            $writeday = mysql_result($result, $counter, "writeday");
            $hit = mysql_result($result, $counter, "hit");
  ?>
  <tr>
    <td width="50" height="25" align="center"><? echo $no ?> </td>
    <td height="25"> <a href="boardview.php?idx=<? echo $idx?>">
    <? echo $title ?></a></td>
    <td width="80" height="25"> <? echo $name ?></td>
    <td width="40" align="center">
        <? if (strlen($filename) < 1){ ?>
         
        <?} else{ ?>
        <img src="images/diskette.gif">
        <? } ?>
    </td>
    <td width="80" height="25" align="center"><? echo $writeday ?></td>
    <td width="70" height="25" align="center"><? echo $hit ?></td>
  </tr>
  <?
        $i++;
            $no=$no-1;
    }
    $counter++;
  }
  ?>
</table>
<table width="580" border="0" align="center" cellpadding="0" cellspacing="0">
  <tr>
    <td width="150" height="30"> <? echo "총".$total."건" ?></td>
    <td height="30" align="center"><? include "pagelist.php" ?></td>
    <td width="200" height="30" align="right">
    <? echo "현재 페이지 ".$page." / 총 페이지 ".$pagecount?> </td>
</tr>
</table>
<table width="580" border="0" align="center" cellpadding="0" cellspacing="0">
<tr>
    <td height="25">
```

```
108:    <form name="form1" method="post" action="" onSubmit="return send(this);" >
109:        <div align="center">
110:        <hr width="85%" size="1">
111:        <input type="radio" name="key" value="name">이름 
112:        <input name="key" type="radio" value="title" checked>제목
113:        <input type="radio" name="key" value="content">내용
114:        <input name="search" type="text" id="search" size="30"> 
115:        <input type="submit" name="submit1" value="찾기">
116:      </div>
117:  </form></td>
118: </tr>
119: </table>
120: <?
121: }
122: mysql_close($connect);
123: ?>
124: </body>
125: </html>
```

【설명】

검색하기는 게시판 목록의 33행에 조건식을 추가한 질의문과 검색결과 없을 때 출력하는 메시지 부분만 다르고 나머지 부분은 같다. 따라서, 게시판 목록과 다른 부분에 대해서만 설명하기로 하자.

[33] where $key like %$search% 부분은 $search 변수의 값이 포함되어 있는 레코드들은 모두 선택하는 질의문이다.

예를 들어 조건문 where title='공무'와 where title like '%공모%'를 비교해 보자. 전자는 제목이 공무인 레코드만 선택하고, 후자는 제목중에 공모라는 단어가 포함된 것은 레코드들은 모두 선택한다. 따라서 검색하기 프로그램을 작성할 때에는 조건식이 후자가 더 바람직하다.

[35] $result 변수에 기억된 레코드 수를 $total 변수에 저장한다.

[41] $total 값이 거짓이라면, 즉 선택된 레코드 수가 0이라면 43~45를 실행하고 122행으로 이동하고, 참이라면 46~121행을 실행한다.

[43~44] 선택된 레코드가 없으므로, "등록된 글이 없습니다" 라는 메시지를 출력한다.

찾아보기

웹 프로그래밍 제대로 배우기

2007년 8월 25일 1판 2쇄 발행

저 자 이병관 · 정은희 · 양승해
발행인 남 승 우

발행처 도서출판 상尙 학學 당堂

서울특별시 동작구 사당3동 220-43
TEL : 02) 595-1692～4
FAX : 02) 595-1394
E-mail : namdoo6@unitel.co.kr
신고 : 2-155호 (1968. 11. 29)

정가 19,000원

ISBN 89-85437-31-3 93000
ISBN 978-89-85437-31-8 93000